旅游片区

每个区域划分为若干旅游片区，全面介绍。同时突出重要旅游点。

旅游景点

每个旅游景点包括介绍、攻略、链接等版块。力求景点收录全面。

旅游资讯

每个区域旅游资讯版块，包括住宿、美食、购物、娱乐等内容。

如何使用本书

1 多角度解读

全书从地理、历史、文化等多个角度解读上海。包括主题地图、分类景观、精美图片等形式，力图给读者呈现出一个更直观、丰富的上海。

主题地图 精美而实用的地图，是了解上海的最好窗口。书中还有大量的区域旅游地图、景区导览图。

分色标签 每个区域都有一个特定的检索色，便于翻阅。

2 专题知识

对于认识上海具有重要意义的关键词条，书中特设专题，图文并茂，让读者迅速读懂词条。

3 精华景点

三维立体图更深度地引导读者鉴赏那些特别重要的必游的景点。

4 攻略

大部分景点配有位置、交通、门票、链接等丰富的实用攻略。

5 资讯

每个区域都包括交通、美食、住宿、购物、娱乐等资讯。

发现者旅行指南

上海（第2版）

北京·旅游教育出版社

目录

CONTENTS

地图目录

专题目录

手绘上海

▶ 龙华古镇

因龙华寺得名，是上海中心城区唯一的千年古镇，始建于宋代。

▶ 七宝古镇

素有“千年上海看七宝”之美誉，属江南太湖流域的千年古镇，是典型的城中之镇。

▶ 泗泾古镇

一个有一千多年历史的古镇，文物资源异常丰富。武安桥、福连桥、普度桥和宝塔构成了这块风水宝地的“三弓一箭”，应和了民间“三弓一箭安一方”的说法。

▶ 朱家角古镇

离上海最近的江南水乡古镇，有“上海威尼斯”之称。镇内街巷众多，河港纵横，或踱步，或泛舟，都韵味无穷。

▶ 金泽古镇

素有“江南第一桥乡”之称。金泽除桥多水多外，庙也很多，历史上有“桥桥有庙，庙庙有桥”的说法。

▶ 枫泾古镇

已有一千五百多年历史，别号“芙蓉镇”。古镇周围水网遍布，河道纵横，素有“三步两座桥，一望十条港”之称。

▶ 罗店古镇

古镇始建于元朝至正年间，至今已有600多年的历史。古镇水陆交通发达，经济繁荣，有“金罗店”之称。

上海古镇和最美乡村

▶ 前卫生态村

鸟语花香，绿荫碧水，一派田园风光。这里是体验农村生活，感受人与自然和谐相处的好去处。

▶ 瀛东村

崇明岛上第一个迎来日出的村庄，村内自然风光美不胜收，还开辟了渔家乐等旅游项目。

▶ 桃源民俗村

民俗村融合了当地的民俗风貌，表现了中国农村的生机与纯朴。每年桃花开放之时，当地人便组织“南汇桃花节”。

▶ 新场古镇

“十三牌楼九环龙，小小新场赛苏州”。具有千年历史的新场古镇有明清老街、水乡河道、石拱桥、马鞍形水桥、明清建筑群等景点，至今仍保留着比较完整的水乡古镇格局。

手绘上海

▶ 上海马戏城

有“中国马戏第一城”之美誉，融马戏、杂技、驯兽、音乐舞蹈表演等为一体。

▶ 欧罗巴世界乐园

园内建有欧洲民居、桥堡、城堡等异国风情景区，配有森林狩猎场、水上迷宫、水上舞池、淘气游乐宫等众多娱乐项目。

▶ 青浦大观园

依《红楼梦》而建造的海派寻梦乐园。园内春有红楼娱乐节、夏有荷花节、秋为红楼艺术节、冬办梅花展。

▶ 大世界游乐中心

由“游乐世界”“博览世界”“竞技世界”“美食世界”四部分组成，推出八大系列的游乐项目。

上海主题公园

▶ 上海海洋水族馆

国际一流的超现代大型海洋水族馆，展示主题是“通过水世界，亲历五大洲”。特有的自动步行海底隧道，让人流连忘返。

▶ 上海自然野生昆虫馆

国内首家活体昆虫展示馆，有昆虫长廊、蝴蝶谷、热带雨林区、昆虫沙龙等游览区，还可以自己动手制作昆虫标本。

▶ 迪士尼乐园

中国内地首座迪士尼主题乐园。拥有米奇大街、奇想花园、探险岛等七大主题园区，是理想的亲子游目的地。

▶ 上海野生动物园

5A级风景区，中国首座国家级野生动物园，有动物万余头（只）。可观看人兽同台的大型表演以及大型驯兽表演。

▶ 中华民族大观园

中国规模最大、设施最全、表现最为丰富的展示各民族风情、文化、艺术的人文景观之一。

手绘 上海

▶ 外滩

拥有美不胜收的夜景，52幢风格各异的大楼使其获得“万国建筑博览”的称号，是上海的象征之一。

▶ 上海大剧院

拥有世界一流的舞台设施，是上海吸纳世界文化艺术之博大胸怀的象征。

▶ 静安寺

建于三国时期，为全国重点寺院。有三圣殿、真言宗坛场等景，每年四月初八举行庙会。

▶ 新天地

古老的石库门和现代生活艺术的结合，是上海娱乐、餐饮时尚的前沿之地。

▶ 田子坊

是由上海特有的石库门建筑群改建后形成的时尚地标性创意产业聚集区，也是不少艺术家的创意工作基地。

▶ 徐家汇天主教堂

中世纪哥特式建筑，被誉为远东最壮观宏丽的天主教堂。

▶ 南京路步行街

采用不对称的布置形式，以4.2米宽的“金带”为主线，贯穿于整条步行街中。

上海经典建筑

▶ **上海国际会议中心**

与著名的外滩建筑群隔江相望，曾被评为“建国五十年十大经典建筑”之一，素以举办大型国际会议、商务论坛而蜚声海内外。

▶ **金茂大厦**

上海地标之一，其第88层的观光厅是登高远眺，欣赏大上海夜景的绝佳场所之一。

▶ **东方明珠**

上海标志性文化景观之一。包括科幻城、太空舱、旋转餐厅等景点，设有众多休闲娱乐项目。

▶ **豫园**

上海五大古典园林之一，中国明代江南名园，附近的老城隍庙被称为“上海小吃王国”。

▶ **世博园中国馆**

中国馆的建筑外观以“东方之冠，鼎盛中华；天下粮仓，富庶百姓”为构思主题，馆形如冠盖，像一枚红彤彤的篆体中国印，表达中国文化的精神气质。

▶ **沉香阁**

又名慈云禅寺，初建于明万历二十八年（1600年），以沉香观音闻名于海内外，是上海著名的佛教比丘尼道场。

▶ **小桃园清真寺**

原名清真西寺，是上海最大的近代伊斯兰教建筑。

手绘
上　海

▶ 乍浦路

乍浦路美食街成名较早，20世纪80年代就已享誉上海滩。这里多是一些民营餐馆，以不断翻新的菜式、贴心的服务，开创上海美食风气之先。

▶ 吴江路

上海人气颇旺的小吃一条街，是上海滩美食街里的神话，这条曾经乱糟糟的小马路永远人满为患，小杨生煎、西北郎烧烤是每一个来到上海的人必吃的美味。

▶ 淮海路

上海老字号美食店的聚集之地，“老大昌”“哈尔滨食品厂”、冰糕、西番尼、咖喱饺，只是听着就让人嘴馋。

▶ 天钥桥路

在这条全长不过1000多米的街上，大大小小的餐饮店遍地开花，十分热闹。年头久的老字号定有自己的独门功夫，新铺子则噱头十足。

上海美食

▶ 城隍庙

以各种上海风味小吃云集而闻名，各式诱人的滋味都在不断诠释着“老庙小吃”的内涵，是吃货的必去之地。

▶ 云南南路

上海美食街之首，老上海风情浓郁，以上海菜和四川菜以及南方小吃为主。

▶ 黄河路

以海派美食著称的美食街，这里各类餐馆门牌高大密集，到了夜里，五彩的霓虹灯光又把整条小街渲染得格外生动。

▶ 肇周路

这里的夜市云集了“长脚面线”“耳光馄饨”“阿婆豆浆”“辣肉丝面”等诸多在上海吃货心中响当当的美食摊子，俨然是夜猫子的觅食佳地。

▶ 昌里路

世博园旁的吃货圣地，消费也平民化，来到世博园游玩千万不可错过。

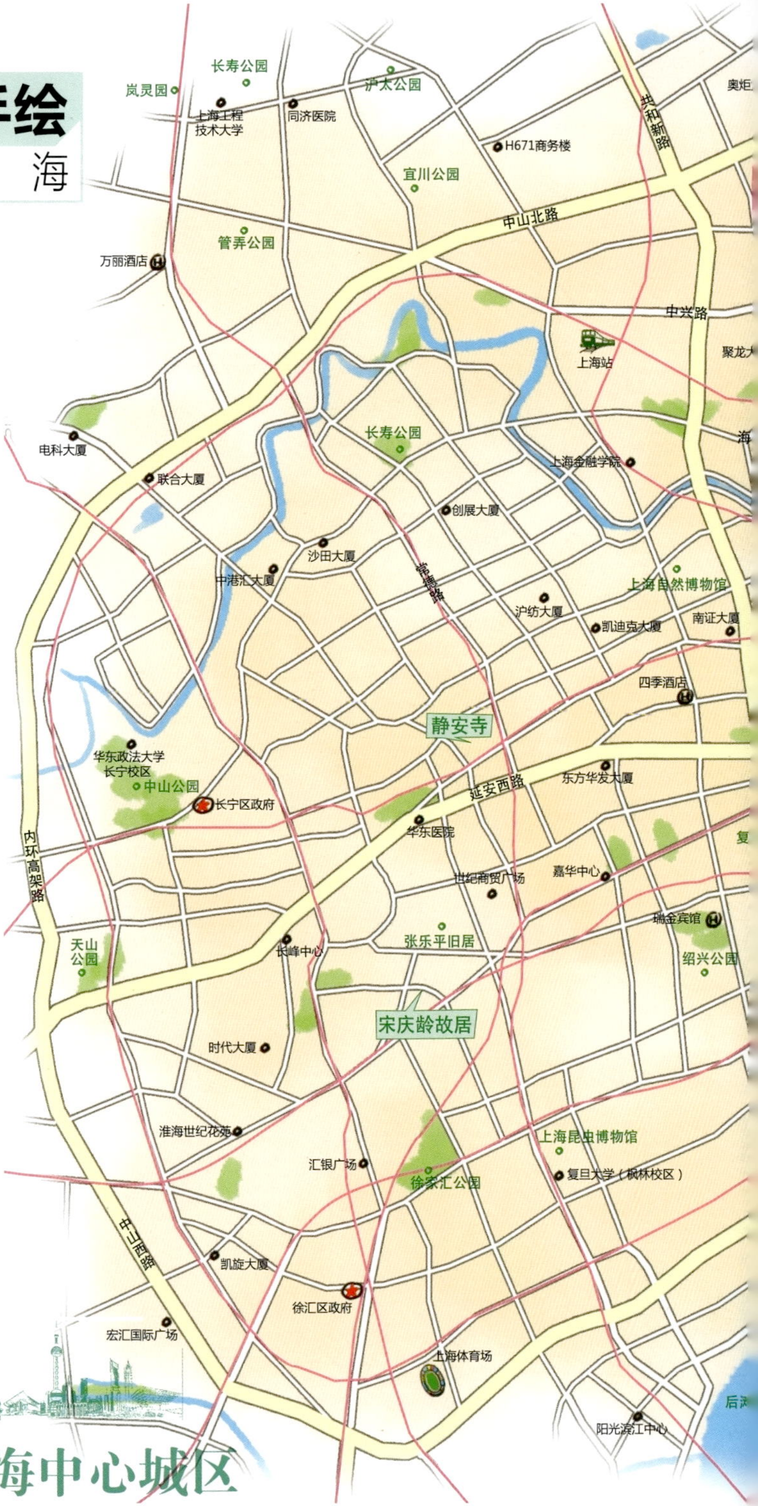
长寿公园
岚灵园
沪太公园
上海工程技术大学
同济医院
共和新路
H671商务楼
宜川公园
中山北路
管弄公园
万丽酒店
中兴路
上海站
电科大厦
长寿公园
联合大厦
上海金融学院
创展大厦
沙田大厦
中港汇大厦
常德路
上海自然博物馆
沪纺大厦
凯迪克大厦
南证大厦
四季酒店
静安寺
华东政法大学长宁校区
中山公园
长宁区政府
东方华发大厦
延安西路
华东医院
内环高架路
世纪商贸广场
嘉华中心
瑞金宾馆
天山公园
长峰中心
张乐平旧居
绍兴公园
宋庆龄故居
时代大厦
淮海世纪花苑
上海昆虫博物馆
汇银广场
徐家汇公园
复旦大学（枫林校区）
中山西路
凯旋大厦
徐汇区政府
宏汇国际广场
上海体育场
阳光滨江中心

上海中心城区

和平公园
鲁迅公园
江浦公园
虹口区政府
新能源大厦
多伦路文化名人街
金象大厦
北美广场
杨浦区政府
市中医院
嘉来登酒店
1933
老场坊
华申大楼
鼎立大厦
大连路
聚源大厦
海宁路
海泰国际大厦
鹏欣外滩悦榕庄酒店
上海滩国际大厦
良丰大厦
凯宾斯基大酒店
时代金融中心
新天安堂旧址
国际会议中心
金穗大厦
上海建工大厦
上海物资大厦
东方明珠
金茂大厦
梅园
外滩
金融广场
浦发大厦
环球金融中心
外滩中心
海市政府
华都大厦
古城公园
江苏大厦
上海博物馆
豫园
华融大厦
城隍庙
复兴东路
中共一大会址
复星商务大厦
石库门老街
南门大厦
众鑫大厦
旧法租界
永业商务楼
内环高架路
内环高架路
洲际酒店
华南大厦
上海市商务委员会
江天大厦
海瀛通绿地大厦
南北高架路
白莲泾
白莲泾休闲绿地
庙中山水园
自由公园
世博园
月亮船
临沂公园
中华艺术宫
大华北公园

手绘
上 海

月扬工业区
新华造纸厂
顾村地段医院
上海一钢铁厂
刘行中学
顾村中学
宝山船厂
南北高架路
顾村公园
泰和西路
万欣贸易广场
环西二大道
高境新村
上海大学
新校区
遵义医院
彭浦汽车站
陶行知纪念馆
汶水路
南北高架路
上海马戏城
爱使大厦
大宁灵
石公园
闸北
公园
鲁迅公园
上海火车西站
普陀区
武宁路汽车站
中山北路
上海火车站
上海长途客运总站
北新泾苗圃
金沙江大酒店
望春花宾馆
长风
公园
中山
公园
静安区政府
上海市政府
豫园
北虹路
长宁区政府
天山公园
瑞金
宾馆
重庆南路
仙霞宾馆
环西一大道
中山西路
宋庆龄故居
上海交通大学
上海动物园
宋庆龄陵园
徐家汇天主教堂
中山南路
逸和龙柏饭店
徐汇区政府
新基地实验学校
千鹤宾馆
龙华
烈士园
新世纪酒店
康健园
虹梅路
华东理
工大学
黄道婆纪念堂
上海植物园
林昌中学
闵行体
育公园
龙湾大酒店

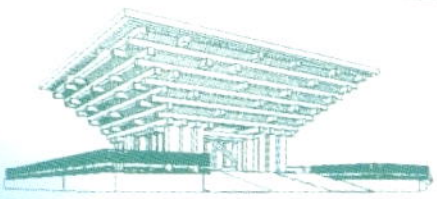

上海主城区

吴淞西炮台遗址
军上海博览馆
滨江森林公园
淞公园
凌桥中学
淞吴船厂
上海农药厂
高桥公园
学
区
浦
上海化工研究所
宝塔庵
国际贸易大厦
共青森林公园
上海体育学院
体育公园
杨高北路
东沟新村
上海理工大学
高行卫生院
黄兴公园
上海海洋大学
路
杨浦公园
黄兴路
江
电视大学
电力学院
建信大厦
杨浦区政府
华浦大厦
浦东模范中学
国际医药贸展大厦
罗山路
和信大厦
上海海事大学
中欧工商学院
杨高中路
源深体育中心
大厦
浦东新区
汤臣高尔夫球场
汇文中学
龙东大道
自由大酒店
世纪公园
杨高南路
德宏大厦
龙阳路
视台
外国语学校
东莲大厦
汽车总站
海关专科学校
浦发学校

摄影
上海

唯美夜色在外滩

如果说来上海只能讲一个理由，那么看外滩可能是最佳的选择。每当夜幕降临，黄浦江面驶来装饰华美彩灯的画舫，换上锦衣的万国建筑也如约登场。十里洋场的昔日故事，从华灯初上一直要说到灯火阑珊。

摄影
上 海

千年古镇朱家角

千年的古镇芳韵，代表着上海的另一种风貌。与闹区的灯红酒绿，霓光流彩相比，这里更有一种世外桃源般的意境。它静静伫立在那里，不是甘于孤寂，而是随时准备将喝厌了咖啡的人揽入怀里。

诗情画意

崇明岛

对于厌倦了大都市喧闹的人来说，这个由长江冲积而成的沙岛绝对是一处秘境。它像一位隐居山林的人士，对所有享受清净的方式了如指掌。岛上村落密布、阡陌交通，每一处青山碧湖，都是享受诗意栖居的理想之所。

茂昌眼镜公司
OPTICAL
得强酒庄
华美大药房
上海卧室用品有限公司
Madame Tussauds SHANGHAI
上海杜莎夫人蜡像馆

霓虹璀璨南京路

南京路是上海开埠后最早建立的一条商业街。两侧商厦鳞次栉比，异常繁华，是一道亮丽的风景线。每到夜晚，华灯初上，南京路犹如灯海一般绚烂。喧嚣的闹市，璀璨的长街，诠释着什么是华丽和繁荣。

摄影
上 海

摩登时尚

陆家嘴

陆家嘴是上海的重要金融中心，位于浦东新区的黄浦江畔，隔江面对外滩，区域内著名建筑物有代表上海的东方明珠电视塔、88层高的金茂大厦及中国第一高楼上海中心大厦。

不变的老上海生活

上海虽包裹着繁华的外衣，但依旧保留了它淳朴古老的内核，这内核就是不变的老上海风韵。它是城隍庙附近的蟹黄包子，是古老斑驳的石库门，是吴侬软语的上海话，是清晨时分举着红扇子晨练的老上海人……

到世博源看霓虹璀璨

世博源是由中国2010年上海世界博览会的永久性建筑——世博轴改建而成的综合购物中心。每当夜幕降临，世博轴就会绽放出耀眼的五彩光芒，华丽的影子倒映在水面上，变幻多姿，宛如一个绚烂的万花筒。

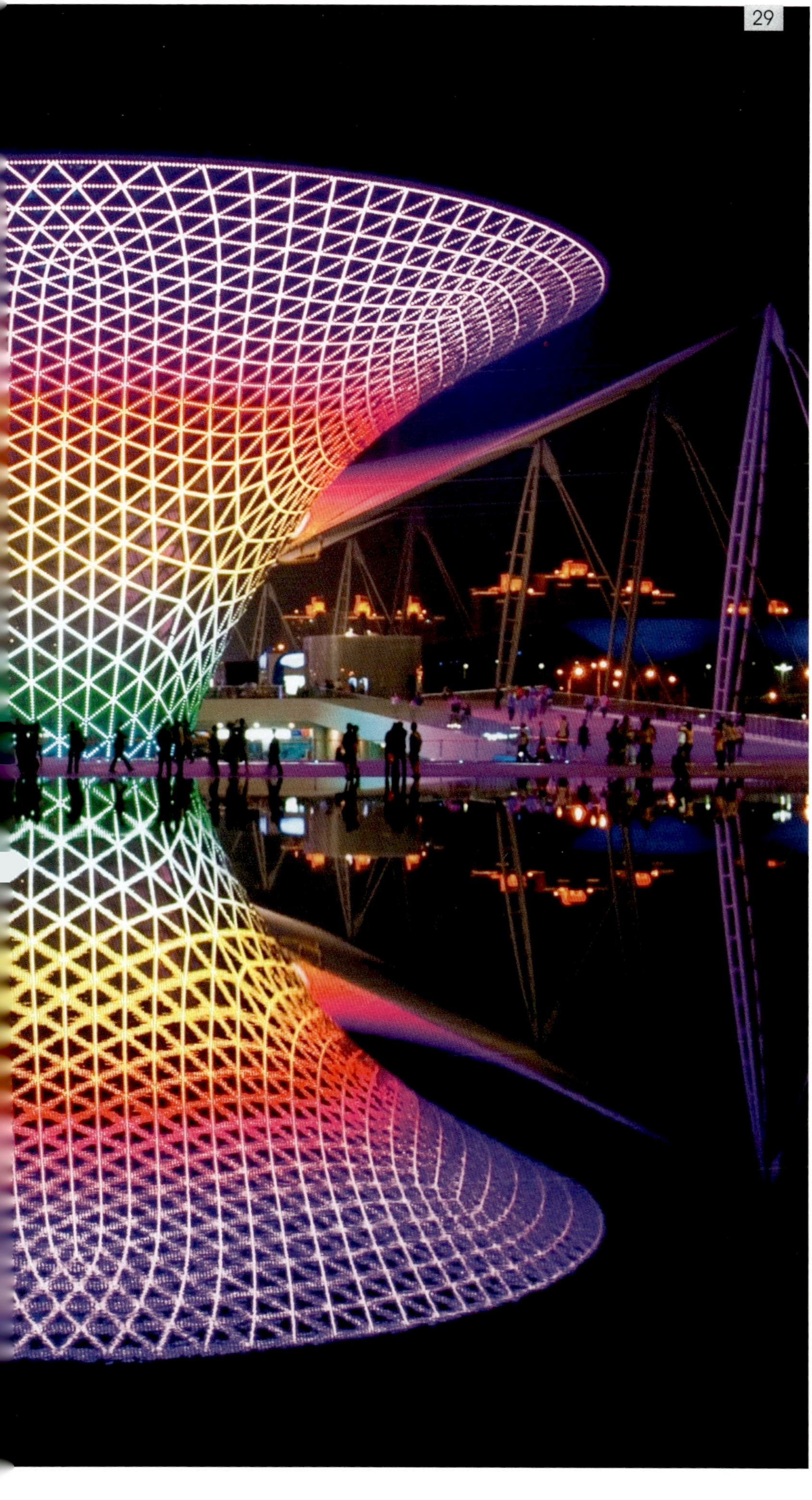

印象上海

文化符号

魔都

是20世纪二三十年代上海的别称，“魔都”一词被许多人用来形容上海那错综迷离的世相。

夜上海

20世纪中期的上海，夜幕降临预示着人们夜生活的开始，霓虹灯下的城市妖娆迷离。

海派文化

既有江南文化的古典与雅致，又有国际大都市的现代与时尚，是上海特有的文化现象。

黄浦江

黄浦江是上海的母亲河，是上海的象征和缩影，见证了这座城市的百年发展史。

十里洋场

旧时的上海滩被称作“十里洋场”，这里有西式的建筑和异国文化，是一座国际大都会。

上海话

上海话属于吴语方言，有着深厚的文化积淀，是上海本土文化的重要根基。

印象上海

时尚上海

外滩

外滩的西式古典建筑有“万国建筑博览群”之称，是上海十里洋场的真实写照。

陆家嘴

浦东新区黄浦江畔的陆家嘴高楼林立，是中国最具影响力的金融中心之一。

徐家汇

上海十大著名的商业中心之一，是各类商品和美食的汇聚地。

南京路

上海最早的商业街，两侧商厦鳞次栉比，异常繁华，以奢侈品和高端个性消费为主。

新天地

是一处保持着旧上海历史文化风貌，却又富有现代时尚气息的地方。

M50

莫干山路50号的简称，是上海最具规模的当代艺术社区，有着浓厚的艺术氛围。

印象
上 海

文化上海

嘉定竹刻

嘉定竹刻以刀代笔，将书、画、诗、文各种艺术融为一体，赋予竹以新的生命。

顾绣

是以名画为蓝本的“画绣”，以技法精湛、形式典雅、艺术性极高而著称。

豫园灯会

是展现上海灯彩和民俗风情的万花筒，是春节期间上海影响力最大的活动。

滑稽戏

上海一带的戏剧剧种之一，类似于北方的相声小品，是一种独特的喜剧艺术形式。

阿拉上海话

阿拉在上海话里是“我们”的意思，代表了上海话的柔软与精致。

旧法租界

旧法租界里至今保存着众多具有西式风格的古建筑，具有迷人的欧陆风情。

印象上海

上海美食

大闸蟹

上海人爱吃大闸蟹是出了名的，大闸蟹在这里可清蒸，可水煮，还能做成美味的上海醉蟹。

生煎

生煎又称“生煎馒头”，是沪浙一带的名吃，其上部松软可口，底下金黄脆香，十分美味。

云南路

上海著名的美食街，总长度虽只有200多米，却美食云集，汇聚大江南北各种口味。

城隍庙

云集各种上海风味的小吃，各式诱人的滋味都在不断诠释着“老庙小吃”的内涵。

八宝鸭

是上海名菜，以上海城隍庙老板店烹制最佳，深受食客欢迎。

南翔小笼包

是上海嘉定区南翔镇的传统名产，以皮薄、肉嫩、汁多、味鲜、形美著称。

印象 上 海

上海建筑

东方明珠

上海的标志性建筑之一，塔高约468米，塔内有太空舱、旋转餐厅等景观。

弄堂

上海和江浙地区特有的民居形式，由连排的石库门建筑所构成。

上海大剧院

具有强烈的时代感和浓厚的民族风情，是上海重要的中外文化交流窗口。

中华艺术宫

上海美术馆的华丽转身。2010年迁至上海世博会中国国家馆，建筑富有中华传统文化特色。

石库门

是一种融汇了中西建筑艺术，极具上海特色的居民住宅。

上海中心大厦

上海的一座超高层地标式摩天大楼，总高632米，是目前中国最高的摩天大厦，于2016年3月15日完工。

自驾上海

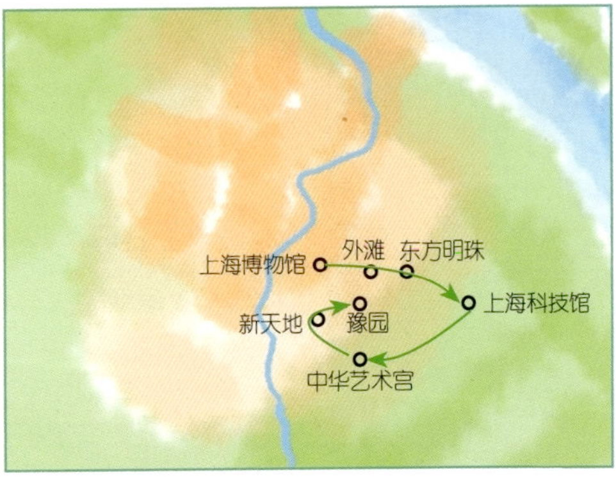

线路 1

上海市区精华之旅

上海城区 南京路步行街

上海城区 外滩

上海城区 上海科技馆

上海城区 中华艺术宫

上海城区 上海新天地

花花绿绿的上海，行色匆匆的上海，穿睡衣的上海，泡夜店的上海。三天时间游览上海的主要景点，时间还是比较充裕，顺便体会一下上海的小资生活。第一天主要寻觅上海的历史。第二天感受上海的现代化。第三天体验上海的多元文化。

第一天 早上到上海博物馆深入了解一下上海的过去。之后去杜莎夫人蜡像馆，带着好奇心，寻找自己心目中的偶像。下午漫步在有着百年历史的南京路商业步行街上，傍晚去外滩，听上海故事，赏大上海夜景。晚上住在附近酒店。

第二天 早起去东方明珠，可坐在高塔的旋转餐厅，品着美食，观黄浦江两岸美景。然后前行来到世纪广场，看到雕塑艺术与现代高科技建筑的完美结合，你一定会赞不绝口的。下午去上海科技馆，了解现代先进的科学技术。之后去世博园参观中国馆改成中华艺术宫后的精彩展览。晚上住在市区。

第三天 上午在豫园，体验闹市里的江南园林。然后穿梭在上海老街，找回往日的记忆，在这里享受地道的小吃。下午来到中共一大会议纪念馆，听革命故事。临近傍晚时分，在弥漫着浪漫的欧式风情的上海新天地，品着一杯咖啡，体验独特的小资情怀。

线路 2

上海浦东休闲之旅

上海博物馆 上海市区

上海野生动物园 浦东新区

东海影视乐园 浦东新区

中国航海博物馆 浦东新区

浦东新区不仅是上海经济发展的引擎，还是旅游者的天堂。这条线路深入浦东滨海地区，以休闲娱乐为主题，同时还能在华夏文化旅游区感受中华文化的博大，在新场古镇体验江南水乡的宁静与淡雅。

第一天 上午从上海市区前往浦东新区游览华夏文化旅游区，园内有冯天兴藏石馆（目前国内最大的藏石展馆）、紫烟阁、观澜堂、藏珍楼、锦绣堂、吴昌硕纪念馆等建筑；下午前往三甲港滨海景区游玩，这里具有海滨风光、现代建筑、田园气息、绿色天地等四大特色，是休闲度假的理想场所。

第二天 上午前往上海野生动物园参观，这里有众多珍稀的野生动物种类，还可观看人兽同台的大型表演以及大型驯兽表演；下午前往新场古镇欣赏江南的古建筑和水乡风光，夜宿新场古镇。

第三天 上午前往东海影视乐园参观，乐园分为生活、生产、外景拍摄三大区域，外景区内有旧上海一条街、明清街、江南水乡等景点；下午可游览附近的中国航海博物馆或者到海滨休闲旅游区游玩。

自驾 上海

线路 3

上海放松海岛之旅

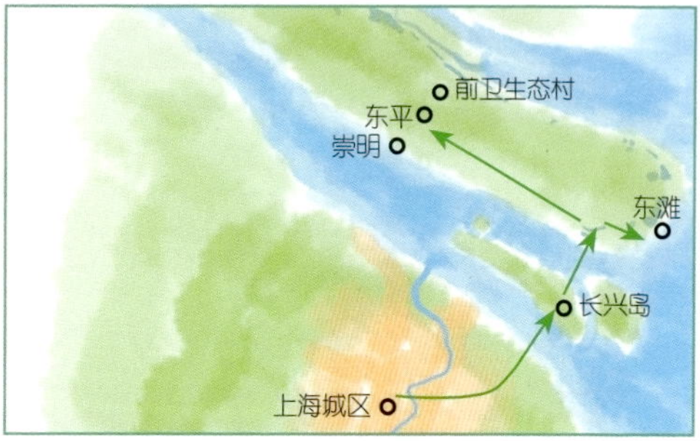

如果你厌倦了大都市的繁华与嘈杂，不妨给自己的心灵放个假，周末去上海周边郊游。第一天去长兴岛，摘橘子，观海鸟。第二天去崇明岛，赏古村落，漫步于大森林里，呼吸新鲜空气。

线路 4

上海近郊休闲之旅

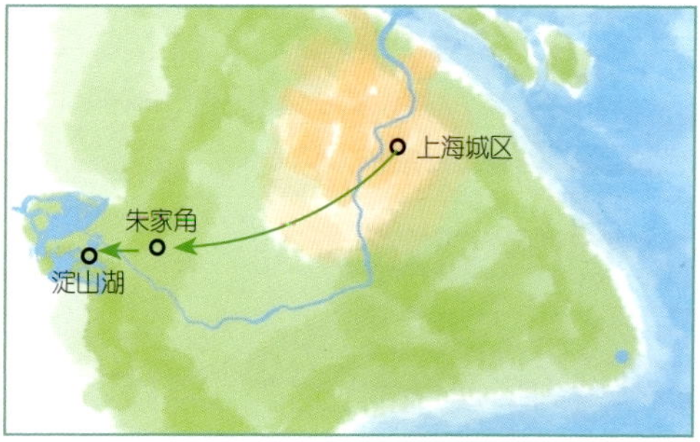

上海城区—朱家角—淀山湖，这是一条经典的周末轻松一日游线路。上午去朱家角古镇，感受“上海威尼斯”风情。下午去淀山湖风景区，观赏“东方日内瓦湖”风光。

线路 5

上海古城名园之旅

这是一次古城名园之旅。漫步南翔古镇，可体验其特有的古朴、素雅气质。嘉定古城是一座已有 780 多年历史的古镇，仍保留着各类古塔、古庙、古树等遗迹，在这里看一看小桥流水，名居街巷，参观著名的秋霞圃，别有趣味。

宝山 东滩候鸟自然保护区

崇明 前卫生态村

第一天 上午来到长兴岛橘园，既可享受芦荡泛舟、橘园赏橘和采橘的独特乐趣，又能在滩涂上拾贝壳、寻螃蟹。中午在景区内用餐。下午前往东滩候鸟自然保护区，区内有众多的农田、鱼塘、蟹塘和芦苇塘，沼生植被繁茂，动物资源丰富，是欣赏众多候鸟以及“落霞与孤鹜齐飞”绝妙美景的最佳观赏地。晚上住在附近宾馆。

第二天 早上到前卫生态村，漫步绿荫碧水之间，欣赏树木成林鸟语花香，感受富有田园诗意的古村落，中午品尝农家乐的新鲜菜肴。下午在东平森林公园，进行森林日光浴、狩猎、攀岩等。

青浦 朱家角古镇

青浦 淀山湖风景区

早上从上海市区出发，来到朱家角古镇，可乘罗锅船在淀山湖泛舟，体验江南古镇风情，中午品尝古镇美食黄栗肉粽、红烧扎肉、螺蛳、酒香草头等。

下午前往淀山湖风景区，参观根据古典小说《红楼梦》所描述的意境格局建成的上海大观园，还可参加青少年野营基地、民族文化村、福克游艇俱乐部、日月岛度假村等组织的活动。

嘉定 古猗园

嘉定 安亭老街

第一天 上午游览古猗园，在这里探古问胜，悠然自在。下午前往参观嘉定古城，在这里游览州桥老街，感受古朴的韵味，夜宿嘉定。

第二天 上午参观上海国际汽车城，感受速度与激情。下午逛安亭老街。

解读上海

地理

朱家角

面积和区划

上海市简称沪，是中国四个直辖市之一，地处长江三角洲前缘、中国南北海岸的中心地带，东濒东海，南临杭州湾，为北界长江入海口。全市总面积约6340平方千米，境内辖有崇明、长兴、横沙三个岛屿，其中崇明岛面积1041平方千米，为中国第三大岛。

上海市共设黄浦、徐汇、长宁、静安、普陀、虹口、杨浦、闵行、宝山、嘉定、金山、松江、青浦、奉贤、浦东和崇明16个市辖区。

人口和民族

截至2018年末，全市常住人口约为2423万，其中户籍常住人口约1447万，外来常住人口约976万，是世界人口最多的城市之一。

上海是全国人口密度最大的城市，也是户籍人口老龄化程度最高的城市。上海外来人口主要是青壮年，这在一定程度上也弥补了全市户籍人口结构上的不平衡。

地形

上海市地处太平洋西岸，亚洲大陆东沿，中国南北海岸中心点，是长江和黄浦江入海汇合处，属于长江三角洲冲积平原的一部分，平均高度为海拔4米左右。

上海外滩

上海市西部有天马山、薛山、凤凰山等残丘，佘山为上海陆上最高点，海拔高度99米。海域上有大金山、小金山、浮山（乌龟山）、佘山岛、小洋山岛等岩岛。大金山海拔高度103.4米，为上海境内最高非人造点。在上海北面的长江入海处，有崇明岛、长兴岛、横沙岛3个岛屿，崇明岛为中国第三大岛。

上海地区河湖众多，水网密布，主要有黄浦江及其支流苏州河、川扬河等，其中黄浦江是上海的水上交通要道。上海的最大湖泊为青浦区的淀山湖，面积为62平方千米。

气候

上海属亚热带海洋性季风气候。气候温和湿润，春秋较短，冬夏较长。春天温暖，夏天炎热，秋天凉爽，冬天阴冷。

3~5月是春暖花开的时候，也是上海最好的旅游季节。6月中旬至7月上旬是梅雨季节，忽晴忽雨，20多天的雨量约占全年的1/4，相对来说这段时间不宜出游。秋季来临，梧桐叶黄，落叶铺地，令这座城市显得别有一番风味。

上海的母亲河——黄浦江

黄浦江是上海的母亲河，蜿蜒曲折地穿过整个上海市区，将上海分成浦西和浦东，是上海市界内最大河流。在上海市中心白渡桥，黄浦江接纳吴淞江（苏州河）后注入长江，是长江汇入东海之前的最后一条支流。黄浦江两岸分别形成了举世闻名的外滩以及陆家嘴金融中心等上海重要地标。

黄浦江流经青浦、松江、奉贤、闵行、徐汇、黄浦、虹口、杨浦、浦东新区、宝山10区，至吴淞口注入长江，全长约113千米，流域面积约2.4万平方千米，河宽300至770

夜幕下的黄浦江

青草沙和上海人的饮用水

万里长江发源于中国西部地区，横穿大半个中国，最终注入东海。长江从上游带来了大量泥沙，最终在长江入海口附近形成数个沙洲，包括崇明岛、长兴岛和横沙岛，在这些岛的外围还有一些无人居住的沙洲，青草沙就是其中一个。青草沙位于长江口江心部位，不受陆域排污的干扰，拥有大量的优质淡水。2006年9月，上海市政府决定将崇明青草沙建成上海的水源地，以改变上海80%以上原水取自黄浦江的格局，青草沙水库已于2010年建成并投入使用，成为了上海重要的饮用水源地。

取水泵闸

水库上下游均设有取水泵闸，用于将长江水引入水库。上游取水闸位于水库西北侧，闸孔总净宽70米，下游水闸设在水库库尾，闸孔总净宽20米。

水库大堤

高8.5米、总长约49千米的大堤，围起了60余平方千米的水面，形成我国目前最大的江心水库，面积相当于10个杭州西湖大小。

输水泵闸

是将青草沙水库的饮用水注入输水管道的总开关，饮用水经输水管道直接流入上海市区。

青草沙水库

最大有效库容达5.53亿立方米，在不取水情况下，水库可连续68天向上海正常供应优质长江原水。

长江过江水管道

建在上海长江隧道下游约80米处，平行于长江隧道，穿越长江南港，至上海陆域五号沟登陆点。

青草沙水库紧邻崇明长江大桥，为满足长江口的最大通航需要，大桥主通航孔跨径达到730米。

青草沙水源地的供水占上海原水供应总规模的50%以上，受益人口达到1000多万。

上海四大水源地

黄浦江上游水源地：供应上海西郊及市区浦西部分地区。
长江口青草沙水源地：供应市区及浦东部分地区。
长江口东风西沙水源地：供应崇明等地区。
宝山陈行水库水源地：供应嘉定、宝山等地区。

米。黄浦江的水直接始于上海市青浦区朱家角镇淀峰的淀山湖，而其上游的起点则是太湖流域的众多来水，黄浦江水系承太湖总泄水量的78%，为太湖水系最重要的注入长江水道。

黄浦江是上海重要的航道，万吨轮船可由黄浦江上溯至吴泾，从吴淞口至松浦大桥一段可通万吨级轮船，松浦大桥至毛竹港可通1000吨级轮船。由于受到长江和海洋潮汐影响较大，江水水位涨落比较显著，河流水位一般冬季小于夏季。

黄浦江是上海的一处重要景观，不仅在于黄浦江是上海的母亲河，代表着上海的象征和缩影，还在于浦江两岸，荟萃了上海城市景观的精华，有外滩万国建筑、杨浦大桥、南浦大桥、东方明珠广播电视塔、环球金融中心、金茂大厦、上海世博园等，令人目不暇接。

长江门户——崇明岛

崇明岛位于西太平洋沿岸中国海岸线的中点，是万里长江东流入海的门户，历来是我国东部沿海地区水路交通的重要十字路口，古时就有“外捍百岛、内障三吴”之称。崇明岛是中国第三大岛，是中国最大的河口冲积岛，全岛面积约1200平方千米，海拔3.5~4.5米。岛上地势平坦，土地肥沃，林木茂盛，物产富饶，是有名的鱼米之乡。

崇明岛已有千年以上的形成历史。大约在两千多年前，长江入海口在今天江苏江阴一带，由于江水携带着大量泥沙淤积，入海口的南北两岸缓慢增长，江心的沙洲逐渐形成了崇明岛和后来出现的长兴岛、横沙岛。崇明岛把长江口分为两部分，北支水道最窄处只有2.4千米，南支水道最窄处8.3千米，最宽处60千米，为长江入海口的主要水道。

崇明岛水洁风清，到处都有未经人工斧凿的天然风光。岛上有东滩鸟类国家级自然保护区、东平国家森林公园和西沙湿地公园等保存完好的自然景观，均为上海著名的观光胜地，每年都会吸引大量的游客前来。

2009年10月31日，上海长江隧桥正式通车，结束了崇明岛与上海市区分离的历史。上海长江隧桥起自浦东五号沟，经长兴岛，止于崇明陈家镇，全长约25千米，使得从上海市区开车不到1小时就可到达崇明。便捷的交通也使得崇明岛迎来了更好的发展机遇。

上海的自然景观

▼ 国家级自然保护区

- 九段沙湿地国家级自然保护区
- 崇明东滩鸟类国家级自然保护区

▼ 国家地质公园

- 崇明长江三角洲国家地质公园

▼ 国家森林公园

- 佘山国家森林公园
- 东平国家森林公园
- 海湾国家森林公园
- 共青国家森林公园

历 史

华亭渔村

昔日华亭小渔村

如今的上海是一座规模宏大的国际性大都会，但上海的真正发展却是在距今数百年之间，古代的上海滩还仅仅只是东海岸一个落后的小渔村。

公元前223年，秦始皇统一六国后，修筑了一条由咸阳直抵上海一带的宽阔驰道，驰道“经青浦古塘桥，西通吴城”。当时的松江西境和青浦南境的横山、小昆山、三泖地带，人们还是划船在水上交易。

近千年后的751年，今天的松江一带首先建起了行政县，称为华亭县，因而松江也被称为是“上海之根”。991年，松江上海岸青浦东北出现了青龙镇。1119年，随着松江航道重新疏浚，青龙镇发展更快。据宋代诗人梅尧臣在《青龙杂志》中记载，青龙镇有二十二桥、三十六坊，还有“三亭、七塔、十三寺，烟火万家”，时人誉称“小杭州”。青龙镇虽如此繁华，但当年作为华亭一个海口的上海，仍然是个荒凉的渔村。后来因为吴淞江下游的淤浅，曾经繁华一时的青龙镇，逐渐丧失了作为长江口良港的地位，而日趋萧条冷落。

宋熙宁年间，上海一带的贸易中心转移到华亭东北地区，这里形成居民点，由渔村变成初具规模的小镇。1267年，南宋在此正式设立镇治，并派镇将驻守，因地处上海浦西侧，便称“上海镇”。

上海之根广富林

历史大事记

秦汉时期

相传春秋战国时期，上海曾经是楚国春申君黄歇的封邑，故上海别称为“申”。

秦始皇统一六国后，修筑了一条由咸阳经湖北、湖南抵江苏、上海一带的宽阔驰道，该驰道通过今松江西北。

公元四五世纪，今上海一带的居民多以捕鱼为生，他们的捕鱼工具叫“扈”，后又改“扈”为“沪”，后“沪”成为上海的简称。

1291年，元朝正式建"上海县"，是上海建城的开始。到了明代，上海地区商肆酒楼林立，这时的上海已经成为远近闻名的"东南名邑"。明末清初，上海的行政区又进行了沿革，逐步形成了今天上海的规模。1685年，清政府设立上海海关，一个国际性大商埠从此开始发展起来。

老上海银行

上海开埠，在屈辱中前进

在中国近代和现代历史舞台上，上海是从昔日的被动开放饱受屈辱，到如今的主动开放充满自信的见证。从鸦片战争后的开埠到如今的国际化大都市，上海走过了不平凡的百年历程，创造了不朽的传奇。

1840年鸦片战争后，《南京条约》的签订使得上海成为五处通商口岸之一。1843年英国首任驻上海领事巴富尔到任，他根据后来的《虎门条约》要求上海道台宫慕久划出一块土地作"居留地"，专供英国侨民使用，宫慕久默许巴富尔的要求，上海于1843年11月17日正式开埠。1845年，上海宫道台与巴富尔签订了《上海土地章程》，当年，外滩便建起11所房屋，开设23家洋行。洋人喜欢在泥滩上跑马，跑出了一条500米长的小道，这便是南京路的前身，当时上海人称它为"马路"。

上海被迫开埠后，帝国主义列强纷纷侵入上海，他们在上海竞相设立租界。整整一个多世纪，上海成了"冒险家的乐园"。由于租界提供了市民免于遭受反动政府、军阀以及历史战乱的侵袭打扰的相对自由安全的环境，加之作为自由贸易港的便利，上海各项民族产业得以迅猛发展。此外，自由开放的环境也吸引了全国乃至全世界的商贾贵族、文人墨客、革命者及各色人等的大量涌入。1853年9月，上海爆发"小刀会起义"，战乱使大批难民进入上海租界区，难民们在这里开设了各种店铺、茶馆、烟馆、妓院和赌场。

1912年中华民国成立前后，清朝旧势力尚未彻底清除，民国新势力尚且稚嫩，军阀当道，政府几近瘫痪，社会无序混乱。上海的租界却如国中之国独享平和，甚而在经济、人口等方面都进一步加快了发展速度。租界的存在使得上海的核心腹地未被战火波及，并享有实际独立的地位和充分的国际联系，为时至今日的繁荣奠定了基础。

漂亮的西式大厦，顶级的国际享受，大量流浪者、难民的窝棚，一个个形成强烈对比的画面出现在了这座城市。间谍、刺客、毒贩、流氓……三教九流充斥十里洋场，纸醉金迷的旧上海滩让人眼花缭乱。

唐宋时期

751年，在今松江首先建起了行政县，称为华亭县，这也是上海最古老的称呼。
1267年，南宋正式设立上海镇治，上海逐渐成为南宋朝廷新的贸易港口，商贾云集。

元明清时期

1277年，朝廷在上海镇设立市舶司，是当时的全国七大市舶司之一。
1292年，元朝中央政府把上海镇从华亭县划出，批准设立上海县，标志着上海建城之始。

1295年，黄道婆从海南返回上海传授纺织技术。到明代，上海已经成为全国棉纺织手工业中心。
1685年，清政府在上海设立海关。至19世纪中叶，上海已成为商贾云集的繁华港口。

小刀会起义

清末鸦片战争以后，支付赔款和五口通商加剧了中国社会的矛盾。农民纷纷揭竿而起，尤其是在太平天国起义后，各地农民风起云涌积极响应，上海的小刀会起义就是在这样的背景下爆发的。

小刀会是清道光二十九年（1849年）成立于福建厦门的民间秘密团体，1851年传到上海的上海小刀会属天地会支派。1853年八月初五，小刀会领袖刘丽川、潘启亮联合福建帮小刀会首领李咸池、陈阿林等在上海起义，迅速占领了上海县城，击毙了上海知县袁祖德，活捉了苏松太道吴健彰。起义军最初不过千人左右，几天之内发展到万人以上。小刀会起义后，迅速向四郊发展，占领了宝山、南汇、川沙、青浦等县城。

小刀会占领上海后，清政府从江南大营抽调兵力，由江苏巡抚许乃钊率领到上海镇压。英、美、法等外国资本主义侵略者公然支持清政府，共同镇压小刀会起义。起义军曾毙伤法军40多人、清军2000多人，但终因众寡悬殊，弹尽粮绝，被迫于1855年2月17日弃城突围。

小刀会起义

中共一大会址

突围后，刘丽川率领一支起义军到达上海近郊的虹桥，在同敌人激战中，刘丽川、徐耀等相继牺牲，潘启亮率领一部分起义军参加了太平军。上海小刀会起义，一共坚持了17个月之久，虽以失败告终，但狠狠打击了中外反动势力。

中共一大的召开

上海是中国共产党的诞生地。1920年夏至1921年春，随着马克思主义在中国的广泛传播，中国工人运动的蓬勃兴起，共产党的建党条件基本成熟，召开全国代表大会也在建党骨干中开始酝酿。

1921年6月3日，共产国际代表马林取道欧洲来到上海，与从西伯利亚南下的另一位国际代表尼科尔斯基会合，并就建党情况交换了意见。7月23日晚，中国共产党第一次全国代表大会在上海法租界望志路106号（今兴业路76号）正式开幕，会址设在李书城、李汉俊兄弟住宅。出席会议的有上海的李汉俊、李达；北京的张国焘、刘仁静；长沙的毛

元明清时期

1840年鸦片战争后，上海被殖民主义者辟为“通商口岸”，帝国主义列强纷纷在上海设立租界。
1853年，上海爆发小刀会起义，几乎占领了整个上海地区，后被镇压。
1865年，晚清重臣李鸿章在上海成立的“江南制造总局”，成为晚清中国最重要的军工厂。

近现代时期

1915年9月，陈独秀在上海创办《新青年》杂志，成为新文化运动的发端。
1921年7月，中国共产党第一次全国代表大会在上海召开。
1927年，蒋介石在上海闸北发动了“四·一二政变”，国共分裂。

泽东、何叔衡；武汉的董必武、陈潭秋；济南的王尽美、邓恩铭；广州的陈公博；留日学生周佛海以及陈独秀委派的包惠僧。陈独秀和李大钊因公务在身未出席会议。

7月24日，第二次会议继续举行，各地代表报告本地区党团组织的状况和工作进程，并交流了经验体会。25、26日休会，开始起草党的纲领和今后工作计划，27、28和29日三天，分别举行三次会议，集中议论此前起草的纲领和决议。

7月30日晚，中共一大举行第六次会议，原定议题是通过党的纲领和决议，选举中央机构。会议刚开始几分钟，法租界巡捕房密探突然闯入，这次会议被迫中断，后移至浙江嘉兴南湖的一艘船上举行。

中共一大的召开标志着中国共产党的正式成立，从此，中国出现了一个完全崭新的，以马克思列宁主义为行动指南的政党，为后来中国的历史进程埋下了伏笔。

"一·二八"事变

1931年的"九一八"事变后，日本为了转移国际视线，并迫使南京国民政府屈服，日本侵略者于1932年初在上海不断寻衅挑起事端。1932年1月18日，天崎、启升等五名日本僧人在毗邻上海公共租界东区的三友实业社外被殴打，一人死亡，一人重伤，接着，50名日侨青年同志会成员放火焚烧了三友实业社，回到租界后又砍死砍伤三名工部局华人巡捕。当天，1200名日本侨民沿北四川路（今四川北路）游行，前往该路北端的日本海军陆战队司令部，要求日本海军陆战队出面干涉。途中走到靠近虬江路时，开始骚乱，袭击华人商店，扩大事端。

中共一大会址

近现代时期

1932年，日本侵略者进攻闸北，史称"一·二八"事变。
1937年，日军全面进攻上海，中日爆发淞沪会战，后上海被日军占领。
1949年5月26日，上海宣布解放，陈毅任首任上海市市长。
1990年，国家实施开发浦东战略，如今的浦东新区已成为上海现代化建设的缩影。
2002年12月，世界上第一条正式投入商业运营的高速磁悬浮铁路在上海通车。
2010年，上海举办了第41届世界博览会。
2011年，京沪高铁全程通车运营。
2013年，上海自贸区设立，是全国首个自由贸易区。

淞沪会战

1937年7月7日，日本制造卢沟桥事变，发动了全面的侵华战争。在侵占北平、天津以后，日本准备对上海发动大规模进攻。蒋介石为掌握战争主动权，以准备长期作战，而在上海采取主动反击，于8月13日与日军展开大战，这就是著名的淞沪会战。

淞沪会战爆发后，日军先后投入陆、海、空军与特种兵部队近30万人，动用舰船130余艘、飞机400余架、战车300余辆，狂妄地宣称1个月内占领上海。国民政府先后调集中央部队、地方部队和税警总团等近80万人奋勇迎战。会战虽以失败告终，但打破了日军三个月灭亡中国的计划，为长期抗战争取了时间。

第一阶段

中国军队进攻。8月9日，日军海军大山勇夫等在虹桥机场制造事件，中日双方开始向上海增兵。8月14日，蒋介石下令对日军进行总攻击，并宣布封锁长江下游，在中国军队进攻下，日军节节败退，开始向上海大量增兵。8月19日，日军援军抵沪，先头部队由吴淞登陆，向我军阵地攻击，会战进入僵持阶段。

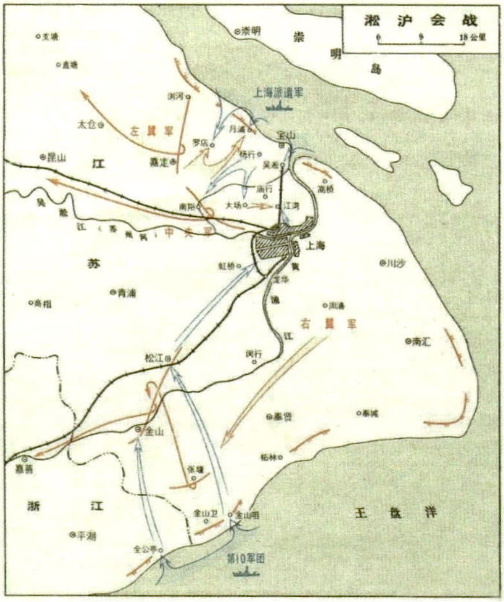

第二阶段

日军进攻。9月份开始，日军逐渐掌握战场的主动权，增兵后的日军向中国军队发动强大攻势，我军在宝山、罗店等地同敌展开殊死搏杀，伤亡惨重，被迫转入防御。

第三阶段

中国军队撤退。会战进入11月初，中国军队一再后撤，但仍控制上海。11月5日，日军在杭州湾登陆，中国军队腹背受敌，开始全面撤退，上海沦陷。

谢晋元

在淞沪会战中，他率领“八百壮士”死守上海四行仓库，鼓舞了全国人民的抗战热情。

中国军队

司令长官：冯玉祥（后由蒋介石兼）

右翼军	中路军	左翼军
总司令张发奎	总司令朱绍良	总司令陈诚
第八集团军 司令张发奎兼	第九集团军 司令张治中 （后由朱绍良兼）	第十九集团军 司令薛岳
第十集团军 司令刘建绪	第二十一集团 军司令廖磊	第十五集团军 司令罗卓英

海军部队（舰艇40余艘）

空军部队（约200架飞机）

日本军队

司令官：松井石根大将

上海派遣军	重藤支队	国崎支队	第十军
第三师团 第九师团 第十一师团 第十三师团 第十六师团 第一〇一师团	（原台湾守备队）	（第五师团）	第六师团 第十八师团 第一一四师团

海军部队（舰艇30余艘，其中航母4艘）

空军部队（约390架飞机）

1月24日，日本海军陆战队向上海增兵。1932年1月28日夜间，日本侵略军由租界开始向闸北进攻，驻守上海的国民党十九路军在军长蔡廷锴、总指挥蒋光鼐的率领下，奋起抵抗。在中国共产党领导下，上海日本工厂工人举行抗日同盟罢工，各界人民组织反日救国会，纷纷参加抗日义勇军、运输队、救护队等，积极支援前线。

"一·二八"抗战在上海军民的英勇斗争下，坚持了一个多月，使日本侵略者受到沉重打击，死伤数千人，四度更换司令。但由于国民党政府坚持不抵抗政策，十九路军被迫撤离上海。在英、美、法等国调停下，国民党政府与日本签订了《淞沪停战协定》，使上海成为日本侵华的重要基地。

高速发展的新上海

新中国成立后，尤其是改革开放以来，上海迎来了其发展的黄金期，各方面事业都取得了巨大的进步，成为中国经济、金融、贸易、航运中心。2014年上海的GDP总量居中国城市第一，亚洲第二，在全国经济建设和社会发展中具有十分重要的地位和作用。

上海港

上海港位于长江三角洲前缘，扼长江入海口，地处长江东西运输通道与海上南北运输通道的交汇点，是我国沿海的主要枢纽港，也是我国对外开放，参与国际经济大循环的重要口岸。上海市外贸物资中99%经由上海港进出，每年完成的外贸吞吐量占全国沿海主要港口的20%左右，近年来的货物、集装箱吞吐量连续位居世界第一。

浦东新区

浦东曾是上海经济落后地区，20世纪80年代有"宁要浦西一张床，不要浦东一间房"的说法。1990年后，中国政府开始开发浦东。1994年东方明珠广播电视塔落成，从此每天能吸引几千名游客登塔观光，成为了上海的城市地标。1997年，金茂大厦封顶。2008年，上海环球金融中心竣工。一座座高楼拔地而起，一个个跨国巨头金融企业入住陆家嘴，浦东新区迎来前所未有的发展。

世博会

2010年，第41届世界博览会在中国上海举办，这是由中国举办的首届世界博览会。在历时六个月的博览会期间，共有190个国家、56个国际组织参展，创造了世界纪录。上海世博会以"城市，让生活更美好"为主题，场地位于南浦大桥和卢浦大桥之间，沿着上海城区黄浦江两岸进行布局，共建有五大场馆群，主要展示各国各地区的科技和文化成果。上海世博会中国馆在世博会后被保留了下来，成为了现在的中华艺术宫。

京沪高铁

京沪高铁于2008年4月18日开工，2011年6月30日正式开通，总长度1318千米。全线纵贯北京、天津、上海三大直辖市和河北、山东、安徽、江苏四省，是新中国成立以来建设里程最长、投资最大、标准最高的高速铁路，它的建成使得北京和上海之间的往来时间缩短到5个半小时以内。

上海自贸区

上海自贸区是中国政府于2013年9月29

旧上海的租界

第一次鸦片战争后，上海被辟为通商口岸，外国势力开始不断涌入上海，在上海设立租界。上海租界从1845年11月设立开始，至1943年8月结束，历时近百年。在近代中国史上，上海的外国租界开辟最早，存在时间最长，面积最大，对中国近现代历史产生了深远的影响。

在上海租界中，外国人投资公共事业，兴学办报，租界当局负责市政建设，并颁布一系列租界管理的行政法规。上海租界逐渐发展成为当时中国的金融中心，今天美国最大的保险公司AIG和欧洲最大的银行——汇丰银行都创始于原上海公共租界。上海租界也成了中国人了解和学习西方文化的一个窗口。

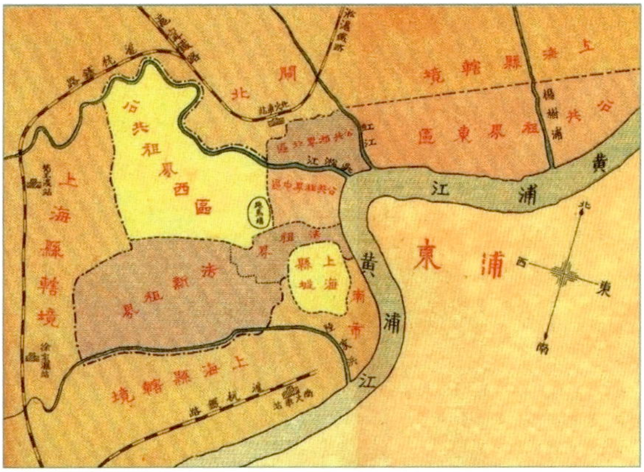

1845年
英国领事巴富尔首先在上海设立上海英租界，是上海租界的设立之始。

1937年
淞沪会战期间，苏州河以北地区租界被日军控制。

1943年
日本人支持的汪精卫傀儡政权经过对日交涉，收回包括法租界和公共租界在内的所有租界。

法租界

主要范围在今天的淮海中路及周边一带。
1849年建立，约66公顷。1899年扩至约142公顷。1914年进行了较大扩张，设立法新租界，扩至1010公顷。
20世纪20年代发展成上海最好的住宅区。

↓

管理机构：公董局

下设6个分区捕房
会审公廨

近代中国四个法租界
上海法租界
天津法租界
汉口法租界
广州法租界

上海公共租界

英租界
1845年建立，约55公顷。1848年扩至188公顷

美租界
1848年，确定在苏州河以北虹口地区的租界。

主要范围在今天的外滩及周边一带。
1863年，英租界与美租界合并。1893年扩至约712公顷。陆续接纳其他国家领事和侨民。
1899年，正式更名为“上海国际公共租界”，扩至约2236公顷，划分为中、北、东、西4个区。

↓

管理机构：工部局

上海公共租界工部局是上海公共租界的行政管理机关。工部局由董事会领导，1870年以后一般有9名董事，主要控制在英国手中。

巡捕房
是租界里为压制中国人民而设立的巡捕办事机关，相当于旧中国的警察局。共14个。

总办处
捐务处
卫生处
工务处
……

会审公廨
上海公共租界的司法机构，即法院。

上海租界内的古迹

上海公共租界会审公廨旧址：
公共租界北浙江路
今闸北浙江北路191号
1924年毛泽东寓所旧址：
公共租界慕尔鸣路甲秀里
今威海路583弄
中共中央特科机关旧址：
公共租界麦特赫司脱路张家花园
今泰兴路郑家巷91号
上海鲁迅故居旧址：
公共租界日本区施高塔路
今山阴路132号
上海法租界会审公廨旧址：
法租界薛华立路
今建国中路20号
上海孙中山故居旧址：
法租界莫利爱路29号
今香山路7号
中共一大旧址：
法租界望至路106号
今兴业路76号

旧上海公共租界徽章

法租界边缘的徐家汇天主教堂建于1906年，当时被誉为"远东第一大教堂"。
外滩一带于1844年被划为英国租界，外国人在这里建设了大量古典复兴大楼，成为旧上海时期的金融中心。

上海旧租界建筑

日设立在上海的区域性自由贸易园区，位于浦东境内。上海自贸区范围涵盖上海市外高桥保税区、外高桥保税物流园区、洋山保税港区和上海浦东机场综合保税区、金桥出口加工区、张江高科技园区和陆家嘴金融贸易区七个区域。上海自贸区是中国经济新的试验田，它的设立是先行先试、深化改革、扩大开放的重大举措，意义深远。

上海历史名人

上海是中国东海岸的门户，自古便为中外文化交汇的前沿地，在历史上，尤其是在近现代涌现出了不少影响中国历史进程的人物。

陆机（261—303）：字士衡，吴郡吴人（今松江）。西晋文学家、书法家，与其弟陆云合称"二陆"，代表作有《君子行》《长安有狭斜行》《赴洛道中作》等。

陆龟蒙（？—约881）：字鲁望，吴郡县华亭（今松江）人，唐朝农学家、文学家。著有《耒耜经》，是研究古代耕犁最基本最可靠的文献，是中国有史以来独一无二的一本古农具专志。

黄道婆（约1245—1330）：松江府乌泥泾镇（今徐汇区华泾镇）人，元代棉纺织家。出生贫苦，少年流落崖州（今海南岛），学会纺织技术，返回家乡后，教人织棉，并传授和推广织布机。

徐光启（1562—1633）：明朝南直隶松江府上海县人，明末数学和科学家、农学家、政治家、军事家，中西文化交流的先驱之一。他是我国第一位引进西方科技的杰出科学家，与人合译《几何原本》前6卷，撰写了中国古代农业百科全书《农政全书》。

宋庆龄（1893—1981）：生于上海，著名的政治家、社会活动家。青年时代追随孙中山先生，献身革命。孙中山去世后，宋庆龄积极支持共产党的工作。

胡蝶（1907—1989）：生于上海，20世纪三四十年代中国最著名的女影星之一，她为人温良敦厚、娇美风雅，一度被观众评为“电影皇后”，主演了中国第一部有声片《歌女红牡丹》。

傅雷（1908—1966）：上海市南汇县（今属浦东新区）人，著名的巴尔扎克文学翻译家，文艺评论家。他写给长子傅聪的家书《傅雷家书》自20世纪80年代出版至今，已经感动了数百万读者。

阮玲玉（1910—1935）：生于上海，中国早期的著名影星之一。主演的一系列荧屏形象真实再现了当时社会底层劳苦群众生活，成功塑造了各种饱受苦难的中国妇女形象，代表作《野草闲花》《神女》。

张爱玲（1920—1995）：本名张瑛，生于上海公共租界，清末洋务派名臣李鸿章的曾外孙女，现代著名作家，海派文学的代表人，她的身上有最典型的上海味道。代表作有《倾城之恋》《半生缘》《小团圆》《雷峰塔》等。

豫园

上海的人文景观

▼ 全国重点文物保护单位

黄浦区：豫园、上海外滩建筑群、国际饭店、上海中山故居、中国社会主义青年团中央机关旧址、中国共产党第一次全国代表大会会址

徐汇区：龙华革命烈士纪念地、徐光启墓、上海宋庆龄故居、龙华塔、徐家汇天主堂

长宁区：宋庆龄墓

静安区：马勒住宅、中国共产党第二次全国代表大会会址

普陀区：真如寺大殿、志丹苑元代水闸遗址

虹口区：鲁迅墓、上海邮政总局、提篮桥监狱早期建筑

松江区：松江唐经幢、兴圣教寺塔、广富林遗址、佘山天文台

青浦区：福泉山遗址、崧泽遗址

浦东新区：张闻天故居

闵行区：上海马桥遗址

嘉定区：嘉定孔庙

杨浦区：杨树浦水厂

▼ 国家历史文化名城

上海

▼ 中国历史文化名镇

金山区枫泾镇
青浦区朱家角镇
浦东新区新场镇
嘉定区嘉定镇
嘉定区南翔镇
浦东新区高桥镇
青浦区练塘镇
金山区张堰镇
青浦区金泽镇
浦东新区川沙新镇

▼ 中国历史文化名村

松江区泗泾镇下塘村
闵行区浦江镇革新村

文 化

海派文化雕塑

兼容并蓄的海派文化

海派文化是在中国江南吴越文化的基础上，融合上海开埠后传入的舶来文化而逐步形成的上海特有的文化现象。海派文化既有江南文化的古典与雅致，又有国际大都市的现代与时尚，具有开放而又自成一体的独特风格。

海派文化经历了三个发展阶段。海派文化形成于1843年到1898年，一开始便折射出上海移民社会的习性以及中西交融的文化特征。上海是个典型的移民社会，这里不仅华洋共处，而且沿海以及内地各省的城乡居民因各种原因均落脚于此。各种“移民文化”汇集上海，使得上海的语言、饮食、习俗等文化呈现出多元化的特征。

1898—1949年是海派文化的全盛时期。五四运动之后，新文化运动在全中国兴起，并在北京和上海均有很大的发展，其早期骨干胡适、鲁迅、钱玄同、刘半农等虽在北大成名，但其文化能量均源于上海。随后伴随着“左联”以及“孤岛文学”的兴起，上海文学界出现了持续繁荣，有“上海文坛姊妹花”之称的张爱玲与苏青成为了海派文学的代表人物。这一时期，上海经济高度发展，海派文化呈现出明显的商业性、政治性和市民性特征。

黄浦江

上海卷轴

《半生缘》：是张爱玲第一部完整的长篇小说，原名《十八春》，通过年轻人的婚姻的悲欢离合，揭示了旧上海社会和人性的方方面面。

《长恨歌》：女作家王安忆的长篇代表作之一，描述了一个女人四十多年的情与爱，其中还交织着上海这座大都市从40年代到90年代沧海桑田的变迁。

《上海的N种表情》：是一本从不同角度描述、解读上海的图文书，回顾、再现了老上海的风情，也记录了新上海的繁华和国际化，是了解上海这座城市的不错选择。

1949—1978年是海派文化的转折期，新中国成立后文化中心北移至北京，同时也带走了大批文艺工作者。海派文化从艺术形态逐渐向生活形态转化，也由此奠定了上海的城市基调。

标新立异、中西结合的海派文化不仅继承了吴越文化的亲水性特征和其敏感、细腻的特点，还表现出对异质文化的宽容，既多元又自由，既古老又现代，既传统又时尚。海派文化在形成过程中，虽因其浓厚的商业化色彩，受到正统势力的指责和嘲讽，但却并未由此而改变原有的特色，仍继续按既定的方向发展，而且影响越来越大，成为近现代中国的一个重要流派。

富有都市气息的沪剧

源于黄浦江两岸的田头山歌和民间俚曲的沪剧，是富有上海文化特色的重要剧种，流行于上海、苏南及浙江杭、嘉、湖一带。

沪剧在流传中受到弹词及其他民间说唱的影响。清代道光年间，浦江一带的滩簧发展为二人自奏自唱的“对子戏”和三人以上演员装扮人物、另设专人伴奏的“同场戏”。1898年，已有艺人流入上海，并固定在茶楼坐唱，称作本滩。1914年，本滩易名为申曲。1927年以后，申曲开始演出文明戏和时事剧。1941年上海沪剧社成立，申曲正式改称沪剧。

沪剧音乐委婉柔和，曲调优美动听，带有浓郁的江南水乡情调。伴奏乐器以竹筒二胡为主，辅以琵琶、扬琴、三弦、笛、箫等。后吸收了少数广东乐器，将一些江南丝竹乐及广东乐曲的音调融入唱腔过门。沪剧演出剧目丰富，既有《庵堂相会》《杨乃武和小白菜》《珍珠塔》等传统剧目，又有《秋海棠》《家》《雷雨》等新编的现代题材剧目。

沪剧《燕燕做媒》

每一种地方戏曲剧种的发展同当地土壤有着密切的关系，沪剧反映的大多是上海都市、城镇以及农村人物故事、生活场景，体现出一股浓厚的上海风情。例如沪剧著名代表作《庵堂相会》里有一场戏叫“看龙船”，里面唱到的市民扶老携幼到黄浦江边看龙船这一场景，正是当时上海端午节的一个民风习俗。

近年来，随着现代化进程的加速，沪剧艺术面临着越来越严重的生存危机，演出市场日益萎缩，观众减少，出现人才流失和断层现象。为抢救和保护沪剧艺术，2006年，沪剧入选国家首批非物质文化遗产保护名录。现在上海很多小剧场和文化中心定期会有沪剧沙龙的演出，这也是学习上海方言和了解上海风情的一个重要窗口。

上海影像

《上海闲话》：既是反映上海这座充满市井生活气息的移民大都会世态百相的窗口，也是了解“阿拉上海人”生活状态的最佳切入点。

《上海滩》（1980年）：故事以民国年间的上海为背景，描述上海帮会内的人物情仇和男女主人公间的爱情故事，是华人世界最有影响力的影视作品之一，影响了无数中国人。

《阮玲玉》（1991年）：由关锦鹏导演，张曼玉等人主演，透过时光交错半个多世纪的两代影人的隔空对话，全方位展现了中国默片时代著名影星阮玲玉的传奇一生。

老上海的时代印记

上海是一座有历史有故事的都市，人们在谈论它高速发展的同时总不时地想起它那些如烟的旧印记，《良友》画报、石库门、黄包车、月份牌、夜上海……这些曾经引领中国时尚文化潮流的符号都是老一辈上海人心中永远的记忆。

《良友》画报

《良友》画报于1926年诞生于上海，创办者是伍联德先生。作为一份大型综合画报，它一出现便受到了大众的欢迎。《良友》伴随了一代上海人的成长，从1926年创刊至1945年10月停刊，20年间共出172期。《良友》画报涉及社会发展、政局变化、风云人物、社会风貌、文化艺术、戏剧电影等各方面。《良友》画报不仅在国内拥有众多的读者，在国外也享有很高的声誉，尤其受到华侨同胞们的欢迎，美国、加拿大、澳大利亚、日本等多个国家都有《良友》画报的忠实读者，影响十分广泛。

黄包车

黄包车最初是由日本人发明的，后来在旧上海发扬光大。到20世纪30年代，上海街道上发照运营的黄包车已经超过23000辆，平均每150人一辆。当时的很多大户人家都有私家黄包车，雇用专门的司机。黄包车可以轻松自如地通过上海城内每一个拐角，可以随叫随停，十分方便。随着更多现代交通工具的出现，黄包车从1956年开始退出了上海的历史舞台。然而随着弄堂文化游的升温，作为旅游一景的黄包车又开始重出江湖，穿梭在上海的老弄堂之间。

夜上海

20世纪中期的大上海，每当夜幕降临，华灯初上，整个城市便会在灿烂的霓虹灯下

老上海有轨电车

《夜上海》（2007年）：由赵薇、本木雅弘联袂主演，讲述了日本顶级发型设计师在上海邂逅女出租车司机，二人从相识、相知到相爱的浪漫唯美幽默的都市爱情故事。

《上海王》（2009年）：以20世纪初的上海滩为背景，再现十里洋场黑帮势力的角逐纷争，讲述了乱世之中一代奇女子筱月桂与三代上海王之间充满传奇色彩的爱恨情仇。

上海天籁

《上海滩》：由叶丽仪演唱的电视剧《上海滩》的主题曲，唱出了上海滩纷繁扰攘的争斗和刻骨柔情，“浪奔，浪流，万里滔滔江水永不休”的歌词在中国家喻户晓。

格外妖娆迷离。当时的“百乐门”舞厅素有“远东第一乐府”美誉，是上海三四十年代最洋气、最风光的地方，“大世界”则是当时中国最富盛名的娱乐中心。阮玲玉、周璇、胡蝶、赵丹……这些20世纪三四十年代红遍上海滩的大明星都曾是这里的座上宾。

中国剧坛奇葩——上海滑稽戏

滑稽戏是由上海的曲艺独角戏接受了中外喜剧、闹剧和江南各地方戏曲的影响而逐步形成的一种独特喜剧艺术样式，是中国剧坛的一朵奇葩。它流行于上海、江苏、浙江的许多地区，受到广大观众的欢迎。

滑稽戏经过曲折漫长的艺术发展道路，形成了自己独特的艺术个性和美学特征。在题材上，它善于从社会底层普通人的日常生活中选取和提炼喜剧题材和喜剧人物，提出众所关注的社会问题。在表现手法上，既继承民族喜剧艺术传统，又借鉴外国喜剧艺术优点，从民间说唱、杂技、相声、地方戏曲等到中外话剧、电影电视、舞蹈美术，不拘一格、兼收并蓄。在演出风格上，注重运用传统写意化的变形夸张手法和“噱头”技巧，生活气息浓郁、地方特色鲜明。

优秀的滑稽戏演员不但要会多种戏曲唱腔、常用民间曲调或流行歌曲，而且还要学会各种流派唱腔。滑稽戏演员大多口齿伶俐、反应敏捷，能讲一口漂亮的代表性各地

月份牌

月份牌是19世纪40年代后产生于上海，风行全国的一种商业绘画，因画面附有年月历表而得名。月份牌年画的题材并不广泛，以时装和古装的美女居多。很多月份牌上都带有商品的宣传，香烟和香水的广告居多，因此很多老上海人都把月份牌年画称为“香烟牌子”。20世纪30年代是上海月份牌的鼎盛时期，它是整个民国时期生活侧面的记录。

郑曼陀是中国近代广告擦笔绘画技法的创始人，1914年，他采用此法创作了第一幅月份牌画《晚妆图》。

20世纪30年代是月份牌创作鼎盛期，当时的电影红星如胡蝶、阮玲玉、黎灼灼等都作为模特走入月份牌画中。

《夜上海》：是周璇1947年主演的爱情片《长相思》中的插曲，由她本人演唱，描绘出了老上海灯红酒绿的情景，在中国传唱半个多世纪。

《微笑上海》：由多位知名歌手合唱的2010年上海世博会倒计时200天纪念歌曲，歌曲充满活力，唱出了世博会“城市，让生活更美好”的主题。

《上海姑娘》：是一首由林白创作、张信哲演唱的歌曲，歌词简单明了，描绘了一个少年对于爱情的内心独白。

月份牌上最显眼的多为打扮时尚的摩登女郎，这些美女代表了当时社会审美的整体取向与追求，成为社会的理想形象。

月份牌是外国资本家在上海开厂设店、进行广告宣传的产物，因此月份牌上多印有商业广告，以香烟和香水广告居多。

月份牌上配有中西对照日历表，可查阅日期节气，月份牌也因此而得名。

画家的署名
金梅生是著名画家，他的四季美女月份牌画被世人誉为“梅生屏”，名传四方。

月份牌画最初以中国传统工笔淡彩或重彩画为主，后来发展为用技术更为先进的铜版纸以胶版彩色精印，色彩明净鲜丽，广受欢迎。

企业的介绍

方言，如上海话、宁波话、绍兴话、苏州话、南京话等，而且往往以会讲混杂的方言为妙。另外，有时根据戏剧的需要他们还要讲带有其他语言特色的英语、日语等外国语言，在上海，这种语言被称作洋泾浜英语。

滑稽戏的上海地方色彩很浓郁，很多人听不懂，所以没法像相声、小品那样能在全国范围火起来，但也正是其独特的地方味道，才使滑稽戏有了无限的生命力。

东方巴黎的优雅

上海是中国的时尚前沿，被誉为“东方巴黎”，从曾经纸醉金迷的“十里洋场”发展至今日霓虹交织的国际都会。自20世纪二三十年代起，上海保持不变的就是它的时尚与优雅。古老与现代、传统与时尚，糅合出这座国际大都市复杂而迷人的气质。

说到上海的时尚，首先要说的便是南京路孕育的中国服饰改革。十里洋场的上海滩，青楼女子曾一度是服饰新潮的领导者，南京路成为她们服装展览的舞台。到了20世纪20年代，新式旗袍在南京路出现，它脱胎于满清妇女旗袍，上海师傅在旗袍上注入了西方时尚元素，集中体现了女性的曼妙曲线美。旗袍出现后，交际花和电影明星取代青楼女子领导服装潮流，她们在旗袍式样上标新立异，从长袖到中袖，从短袖再到无袖，从高领到低领甚至无领，诞生于南京路的新式旗袍成了东方女性的标准服装。

今天的淮海路在20世纪二三十年代，堪称上海城市的时尚之源。这条长约4千米的商业大街，名店林立、名品荟萃，是著名的富人区。王安忆小说《长恨歌》里李主任给王琦瑶租的公寓就在这里。今天，“淮海路”这个词依然意味着时尚、繁华、人流和品位，这里聚集着无数国际国内一流品牌，淮海路因为它们而尊贵无比。

上海是中国最西化的城市，上海人也同样如此，他们用自己的身体力行维护着上海“时尚之都”的地位。如今的上海，已经走出了石库门，上海人也从小家碧玉式的摩登，走上了国际化的时尚之路。上海之于中国，就相当于美国的纽约、法国的巴黎、日本的东京……

南京路是孕育中国服饰改革的地方

上海的文化景观

▼ 国家级非物质文化遗产

民间文学：吴歌、沪谚

民间音乐：江南丝竹、上海港码头号子、瀛洲古调派琵琶艺术、浦东派琵琶艺术

传统舞蹈：舞草龙、浦东绕龙灯、马桥手狮舞、奉贤滚灯

曲艺：锣鼓书、浦东说书、独脚戏、浦东宣卷

杂技与竞技：绵拳、精武武术

传统手工技艺：乌泥泾手工棉纺织技艺、印泥制作技艺、钱万隆酱油酿造技艺、中式服装制作技艺、周虎臣毛笔制作技艺、曹素功墨锭制作技艺、石库门里弄建筑营造技艺、上海民族乐器制作技艺、古陶瓷修复技艺、上海本帮菜肴传统烹饪技艺

民俗：罗店划龙船习俗、豫园灯会

传统医药：朱氏推拿疗法、六神丸制作技艺、陆氏针灸疗法

传统戏剧：昆曲、越剧、沪剧、京剧、淮剧、滑稽戏、海派木偶戏

传统美术：顾绣、竹刻、上海面人赵、徐行草编、黄杨木雕、上海灯彩、上海绒绣、海派玉雕、紫檀雕刻

石库门

石库门是一种融汇了中西建筑文化、极具上海特色的居民住宅。兴起于19世纪60年代，是一个多世纪以来上海最普遍的民居形式。

石库门房子大都建造在当时由英、法等西方列强管辖的租界内，这种建筑大量吸收了江南地区汉族民居的式样，价格比花园洋房便宜很多，因而发展很快，最多时占全上海住宅面积的六成以上。现存的石库门建筑主要集中在上海黄浦和静安等地区，至今仍有200万左右上海人住在石库门建筑中。

上海石库门建筑

新天地：是以石库门建筑旧区为基础改建的时尚、休闲文化娱乐中心。漫步新天地，仿佛置身于20世纪二三十年代的上海。

静安别墅区：迄今为止仍然是上海最大的新式里弄住宅群，183幢老式石库门红砖房里住着900多户居民。

中共一大会址：位于上海市兴业路76号，是一座沿街砖木结构旧式石库门住宅建筑，坐北朝南。

步高里：建于1930年，属行列式旧式石库门里弄，共79幢。巴金、胡怀琛、张辰伯、平海澜等著名人士曾先后居于此处。

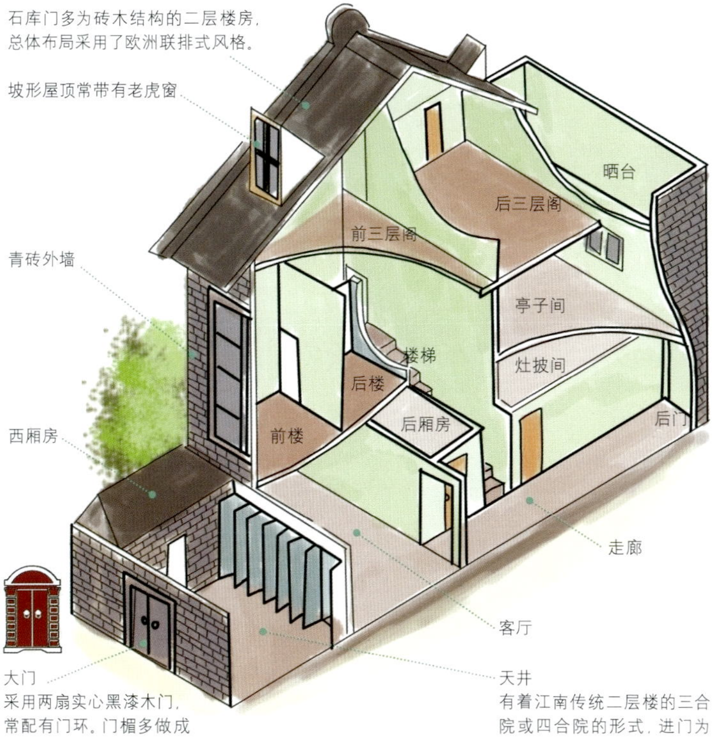

行走上海

带什么

洗漱用具

上海作为国际大都会，商业非常繁华，几乎所有东西都可在各地超市、商店买到。因此在行李选择上，只需携带一些必要衣物，即可轻装出行。

常规必带

服装、鞋袜

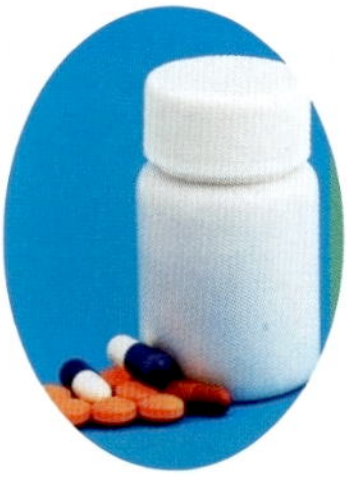

上海大部分地区气候温和湿润，衣物选择上可以根据出行的季节选取，一般穿春秋服装即可。但若是遇到高温、雨雪等极端天气，也要视情况而定。

鞋子方面，两双舒适的运动鞋即可，无需太多考虑。袜子选择弹性较好、排汗良好的棉袜即可。

药品、食品

常规旅游准备一些感冒药品、胃肠类药品和一些去热止痛的药品就可以了，如感冒片剂、感冒冲剂、泻痢停、复方阿司匹林、扑尔敏、抗生素等。

上海美食很多，路上只需简单携带一些喜欢的食品即可，纯净水、饮料视消耗情况，可在路上随时补充。

洗漱用品

毛巾、牙膏、牙刷、香皂、护肤霜、洗发水、梳子、剃须刀、手纸、湿纸巾等。

上海立交桥

⊕ 特殊选带

防晒霜、太阳镜、帽子

上海夏季炎热，选择此时出行应携带一些防晒霜以削弱紫外线的影响，一副好的太阳镜和一顶带有边沿的帽子也起着相同的作用。

摄影器材

前往多姿多彩的上海，相机是一件必不可少的装备。普通旅游需求下，家用卡片机基本满足需要。若是想拍摄高质量的自然美景和当地风土人情，镜头中带上一只广角镜头和一只中焦变焦镜头基本满足需要，一只轻便的三脚架也十分有必要。多带一些电池和几张容量大点的SD卡是明智之选，此外偏振镜、UV镜、清洁套装、防尘防雨塑料袋等设备也十分有用。

旅行用品

何时去

南汇桃花

上海位于长江三角洲前缘，属典型的亚热带海洋性季风气候，四季分明，温和湿润，雨水充足，且多集中在5~9月。上海气温最热的时候是在7~8月，最冷的时候是1月下旬到2月初，虽然很少有降雪，但湿冷的空气、刺骨的北风往往令人难以忍受，要注意防寒保暖。6月中旬至7月上旬是梅雨季节，阴雨连绵；8月底到9月上中旬是台风多发季节。

上海旅游主要以各种现代化建筑以及历史古迹为主，天然景观的匮乏也使得前往上海无须考虑太多的时节因素，一年四季皆可前往。

春天，柳絮纷飞、莺歌燕舞，游人可前往南汇赏桃花、品春桃。

红叶漫天的秋季是品尝大闸蟹的最佳时节，此时的大闸蟹蟹黄足、蟹脂厚、蟹肉美，令人垂涎欲滴。

值得注意的是，清明前后是上海人阖家外出扫墓的时节，到周边城市的交通会非常紧张；黄金周期间上海到处人满为患，可能还会遇到交通管制，出行有所不便，想要体验悠闲旅游的话最好避开这些时间。

▼ 上海旅游月历

月份	节日
1月	东方明珠登塔运动会　佘山元旦登高节
2月	城隍庙元宵庙会　东方绿舟梅花节 元宵走桥
3月	上海国际服装文化节　上海桃花节
4月	上海国际花卉节　上海国际茶文化节
5月	上海国际音乐节　郁金香花节 西塘庙会
6月	上海国际电影节　端午龙舟赛（华亭湖） 瘟元帅会
7月	上海马陆葡萄节
8月	
9月	上海旅游节 陆家嘴金融博览会 森林旅游节 淀山湖旅游节
10月	上海国际音乐烟花节　柑橘节 上海南翔小笼文化展
11月	上海国际艺术节　上海艺术博览会 老毛蟹节 上海欢乐谷万圣南瓜节 阳澄湖品大闸蟹
12月	东滩湿地观鸟节

吃什么

白斩鸡

上海的传统菜式为沪菜，本帮菜是上海菜的别称，是江南地区汉族传统饮食文化的一个重要流派。旅游者到此，一定要将地道的上海美味好好品尝一番。

生煎

上海生煎包可以说是土生土长的上海点心，据说已有上百年的历史。生煎皮酥、汁浓、肉香、味鲜。轻咬一口，肉香、油香、葱香、芝麻香融合的美味在口中久久不散。

南翔小笼包

南翔小笼包为上海郊区南翔镇的传统名点，素负盛名。因其形态小巧，皮薄呈半透明状，以特制的小竹笼蒸熟，故称“小笼包”。

糖醋小排

冷热皆宜的特色上海菜，多为冷盘。小排肥瘦相间，开胃健脾，酥嫩入味，是偏好糖醋又乐于尝鲜的食客不容错过的美食。

白斩鸡

白斩鸡是上海本帮菜中的名菜，香味浓厚，皮黄肉白，肥嫩鲜美，更有滋补功效。

枫泾丁蹄

金山出产的枫泾丁蹄已有一百多年历史。它采用黑皮纯种“枫泾猪”的蹄子精制而成。外形完整无缺，色泽红亮，肉嫩质细。热吃酥而不烂，冷吃喷香可口，别有风味。

贵妃鸡

贵妃鸡香气扑鼻，鲜美不腻。其制作方法是用肥嫩的母鸡作为主料，用葡萄酒作调料，成菜后酒香浓郁，美味醉人，故得名“贵妃鸡”。

塘里鱼炖蛋

为青浦区的名菜之一，鲤鱼加入生鸡蛋，一块慢炖，浇上猪油而成。肥而不腻，口感独特。

红烧塘里鱼

色泽深沉，味道别具一格。全身呈绿色的昂刺鱼晶莹剔透，如娃娃一般，烧成汤后，颜色淡黄，仿佛放了牛奶一般，绵软润滑，入口即消。

南翔小笼包

四鳃鲈鱼汤

上海松江地区最著名的特色菜肴。松江四鳃鲈是天下闻名的席上珍馐。宋代孔平仲的《孔氏谈苑》记载：“淞江鲈鱼，长桥南出者四鳃，天生脍（细切鱼）材也。”

住哪儿

上海半岛酒店

上海的旅游业十分发达，住宿选择相对来说也十分广泛，在上海的中心城区，无论是青年旅舍、客栈，还是宾馆、酒店，都随处可见，十分便利；若是前往一些清幽偏远的景点及小岛，也有一定数量的小宾馆和农家客栈方便入住。

星级酒店

主要分布在外滩、浦东新区等人流密集的地区，上海星级酒店的服务设施十分完善，游客可根据需求，放心选择入住。

快捷连锁酒店

如家、汉庭等连锁酒店在上海大多数地区均有分布，各处著名的景点附近也有开设。需注意的是，若是遇上节假日，往往需要提前预订。

普通宾馆及客栈

上海宾馆分布广泛，除去节假日，价格还算合理，且住宿条件都还不错。此外，著名的朱家角古镇等旅游景点，往往分布有众多的客栈，也可选择入住。

青年旅舍

上海作为国际化的大都会，自然也吸引了全球众多的背包青年前来。上海也不辜负青年们的厚爱，为他们提供了众多的青年旅舍，价格低廉的普通床位足以满足探奇为主的青年们的需求，而且还提供做饭、洗衣等设施。具体可参见YHA的中国官网：www.yhachina.com。

野外露营

酷爱户外旅行的游客也能够在上海找到大量的露营之地。优美的自然风光和丰富的海派风情，一定会让您流连忘返。一般情况下，只需携带适合春秋季的野外露营帐篷、睡袋和衣物即可。

上海漕泾休闲水庄

怎么走

铁路

前往上海的交通方式有多种，方式也十分快捷。在上海市内旅行时，所选择的交通方式不同，也可以领略到别样的上海风貌，带给我们的人生体验与感受也大不相同。

在上海坐地铁旅行是最为经济方便的选择，上海的轨道交通十分发达，配套措施完善，十分便利。

上海拥有浦东国际机场和虹桥国际机场两个机场，两个机场相距约60千米，分别位于城市的东西两侧。游客可根据旅游目的地做出最佳选择。国内航班在浦东和虹桥机场都有起降，大家要看好机票。

乘坐汽车或自驾在上海旅游，也十分便利，上海全市范围内，不对外地车辆限行，只是周一到周五上下班高峰时段内外地牌照车辆不能上内环线高架、中环线等路段。游客可根据实际情况做选择。

此外，乘船夜游黄浦江也是十分惬意的体验。迎着江风，换个视角欣赏外滩，一定别有一番情趣。

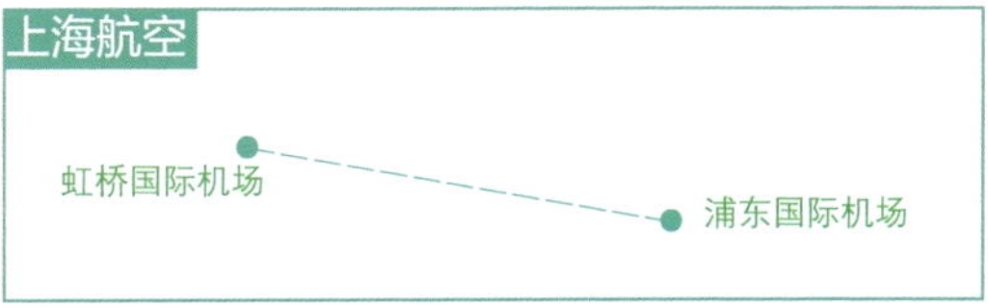

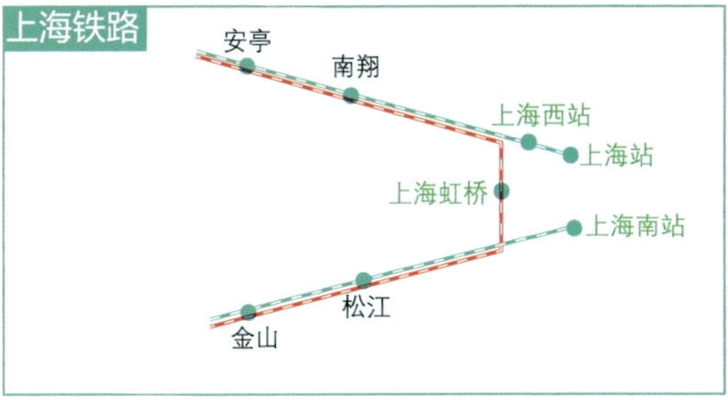

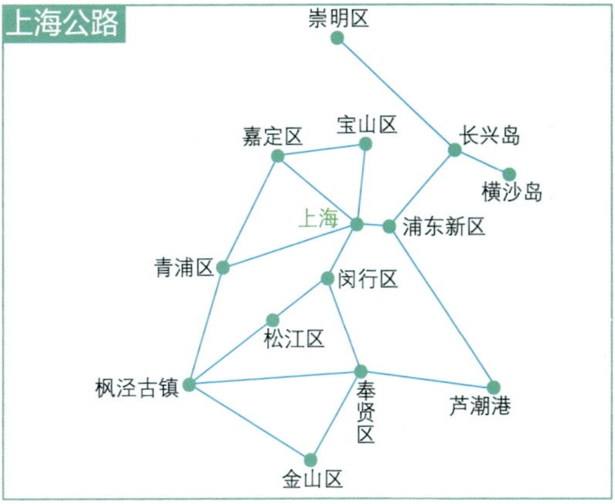

有用信息

旅游通信

上海话十句

上海	普通话
做撒	干什么
色一	舒服
工作	做事情
排场	气派
结棍	厉害
伐来塞	不行
躺伐老	受不了
泥子	儿子
女恩	女儿
阿拉	我们
侬	你

通信

上海全境基本都通手机，信号覆盖全面广泛，从信号强度上来说，三家运营商的信号均表现良好，偏远地区则是移动最强，电信次之，联通最弱。一般除非进入深山老林之中，否则无须担心通信问题。

银行

上海的众多市区，商业银行设施齐备，一般持具有银联标识的银行卡即可使用。但在小城镇，多是农业银行、邮政储蓄及农村信用合作社等机构，若是持有农行银联卡或是邮政绿卡前往，则较为便利。

节约技巧

1.选择入住品牌连锁酒店时，除了订房网站外，不妨到团购网站和酒店官网看看，往往有更多惊喜。此外，数量众多的客栈及青年旅舍，往往是比较实惠的选择。

2.要善于利用淘宝、大众点评及各种团购APP应用，不仅能吃到美味，还能得到众多优惠。

3.合理安排行程，不仅可节省时间，又能减少交通费用，可参考携程、途牛等网站的行程攻略。

4.在城市内，尽量选择公共交通。前往较为偏远的地区时可拼车同行。

5.淡季出行是省钱的撒手锏。淡季不仅门票价格减半，还能避开众多的游人，也可以欣赏到别样的风光。

青年旅舍

6.在上海购买旅行纪念品，商业街区的各种店铺只是选择

上海浦西风光

之一。在当地人开的店铺中，也能买到理想的纪念品。

突发状况

旅途中总是会出现一些不期待发生的情况，但只要做到“事前认真准备，事后冷静处理”，一切都会迎刃而解的。

汽车抛锚：开车自驾游之前您应当掌握一些简单基本的维修技术，若是途中出现汽车抛锚，先依据经验，判断是否可以自己解决。不能解决或无法判断，则打电话给保险公司寻求帮助，或拨打114查询最近的修理厂。

钱物丢失：这在旅途中是一件十分重要的事，无论损失大小，总会给美好的旅行蒙上一层阴影。为避免财务损失，应以预防为主。最好做到少携带现金，把现金放到贴身衣物中，只把零钱放在包里；银行卡不要与身份证放在一起。若是钱物丢失，马上联系可以联系的朋友以获得及时帮助，切不可拖拉；并准确找到丢失地点，对相关人员进行考察以期获得合适的数据资料。

水土不服、食物中毒或生病：因为水土不服、食物不洁或者天气因素，生病也是会发生的事情。特别是一个人的话，更是需要时刻注意。因此，旅途中应带足相关药品（如感冒类、胃肠类药品等），不随便吃东西、避免在太阳下暴晒、少在雨里蹚行等。不幸生病的话，要及时吃药或到医院就诊，若是严重的话要联系朋友及家人。

请爱护亮丽的上海

上海风光优美，我们前往上海获得了旅行带来的快乐，也有义务承担带去的影响。每个人都应做到不随便破坏或是占有当地的各类资源，旅途中尽量减少垃圾的产生，更不能乱丢垃圾，尤其是在崇明岛、朱家角古镇等较偏远的地区，最好将其带回城市中，进行回收处理。亮丽的上海需要我们每个人的爱护。

发现者旅行指南

上海城区

概览

亮点

外滩

拥有美不胜收的夜景，52幢风格各异的大楼使其获得“万国建筑博览”的称号，是上海的象征之一。

豫园

上海五大古典园林之一，中国明代江南名园，附近的老城隍庙被称为“上海小吃王国”。

新天地

古老的石库门和现代生活艺术的结合，是上海娱乐、餐饮、时尚的前沿之地。

上海大剧院

拥有亚洲最大、世界上最先进的舞台，是上海吸纳世界文化艺术之博大胸怀的象征。

陆家嘴

东方明珠、上海中心、环球金融中心、金茂大厦……这里是是上海大都会最好的地标。

田子坊

是由上海特有的石库门建筑群改建后形成的时尚地标性创意产业聚集区，也是不少艺术家的创意工作基地，人们往往将它称为“新天地第二”。

必逛街道

南京路： 有“中华第一街”之誉。沿街汇集众多的名特商店，是上海乃至全国最繁华的商业街。

衡山路： 上海最负盛名的休闲娱乐一条街，被誉为“上海的香榭丽舍”。

云南南路： 上海美食街之首，老上海风情浓郁，连锁性强，以上海菜和四川菜以及南方小吃为主。

线路

上海二日精华游

第1天，先去豫园领略明代名园的风姿，顺便尝尝很有名的城隍庙小吃。然后去新天地，感受下上海新旧建筑的不同风貌，接着穿过气势磅礴的南浦大桥去浦东，观赏高耸入云的金茂大厦和东方明珠。最后，可以去外滩或南京路欣赏夜景，购物或者吃饭，并在此住宿。第2天，先去鲁迅公园，然后穿过繁华的四川北路，去参观人民广场（有兴趣可以吃吃炸鸡）。最后去参观中华艺术馆。

陆家嘴风光

上海文化二日游

第1天，先去参观宋庆龄陵园，然后去静安寺，感受上海的佛教文化。接着去逛逛上海新天地、豫园和城隍庙，领略上海的建筑、园林艺术和民间的文化习俗。第2天，先去龙华镇，可以去龙华寺拜拜佛。然后去参观上海博物馆和上海大剧院，接着去逛逛多伦路，游玩鲁迅公园，一路上感受各种文化气息。

为何去

上海不仅站在中国经济的最前沿，还是国家历史文化名城，从骨子里弥漫着丝丝缕缕的情调，吸引着天南地北的游人。

上海大剧院

上海的母亲河黄浦江穿城而过，造就了美丽的浦江风景：浦西拥有深厚的文化底蕴和众多的历史古迹，外滩、石库门房子以及各种海派建筑、现代设施，汇聚古今中外的各种建筑风格；与浦西一江之隔的浦东，却呈现出近代文明的繁华景象，东方明珠、金贸大厦、环球金融中心等共同组成了全球第五大天际线。2010 年世博园也选址浦江两岸，更是让上海为世界瞩目。

何时去

上海属于典型的亚热带海洋性季风气候，一年四季都适宜旅游，但春秋最佳。5 ～ 9 月是上海的春雨、梅雨、秋雨三个雨期，雨水较多，这时候去上海旅游需要备好必要的雨具。

国庆上海花车

豫园等景点一年四季景色各异，任何时候都适合游玩，其他的古寺、建筑、博物馆等景点更不受天气影响。

上海城区旅游示意图

景点推荐 人民广场周边

人民公园

享有“城市绿肺”之美称

上海市黄浦区南京西路231号

乘地铁1、2、8号线

人民公园地处上海市中心，享有“城市绿肺”之美称。原是旧上海跑马场的一部分，现包括健康乐园、花卉展览区、健身区等区域。

园内有草坪、碧翠湖（荷花池）、张思德塑像及上海当代艺术馆等建筑，另有一块中国南极考察队带回的“南极之石”。人民公园是一座具有综合性休闲功能的公园。

玩家 攻略

1.人民广场的健康乐园是一个椭圆形的石池，石池里面密密麻麻地铺满了鹅卵石，在上面走路，可以按摩足底穴位，有益身体健康。

2.游览完人民公园，也可以到附近的人民广场散散步。人民广场上有上海大剧院、上海美术馆、上海城市规划展示馆等景点。

3.公园的湖上有个叫巴巴露莎（Barbarossa）的酒吧餐厅，是个具有民族风格的餐厅。

上海城市规划展示馆 AAAA

了解上海的好去处

上海市黄浦区人民大道100号

地铁1、2号线人民广场站下

30元

021-63184477

周一闭馆（节假日除外）

上海城市规划展示馆是目前世界上最大的综合性城市规划展示馆，是一座通体白色、外观线条流畅、富有海派风情的大型建筑，曾获国家建筑最高荣誉鲁班奖等奖项。

上海城市规划展示馆以“城市、人、环境、发展”为主题，分为临展厅、总体规划厅等展厅。让人们了解并参与城市规划，架起了政府与市民间的沟通桥梁。

序厅

一层大堂内的“上海之晨”艺术模型，写意化地将上海各个时期的标志性建筑融为一体，气势恢宏，拉开了游客参观的序幕。“百万市民大搬迁”的巨型浮雕、国内最大的室内LED高清晰大屏演示墙，以鲜艳的色彩和高清晰的画面，烘托气氛，并可根据需要进行各种演示。

二层（临展厅）

从2001年开始，规划馆开辟了以二楼展厅为主，一楼、五楼展厅为辅的适合各种需求的临时展览场所，其中有市民比较关心的重大工程规划方案展览、有上海与各国友好城市之间的文化交流展览，更有许多文物和艺术精品展。

三层（总体规划一厅）

重点介绍了上海城市发展的今天和明天，以上海核心区域城市主体模型为中心，采用声、光、电集成技术反映上海至2020年，内环线内规划与现状的城市景观。模型占地600多平方米，辅以社会经济和区县规划与建设展区，以及“十五”期间试点城镇规划展区，帮助游客了解上海未来的发展。

四层（总体规划二厅）

总体规划二厅重点展示了上海未来发展的各项专业规划，主要有中近期建设规划、深水港、航空港和信息港、黄浦江开发、苏州河综合治理；综合城市交通、市政基础设施规划、环保、绿化、房产、旅游等各展区，这里无不采用各种高科技的展示手段，让游客能够全方位畅想上海未来的美好前景。

五层（休闲环廊）

五层设环形临展厅及休闲观光环廊和多功能会议影视厅，登高远眺，广场美景尽收眼底。

“上海1930”风情街

以上海30年代独特的建筑风貌，向观众展示上海近代典型的法式、英式、日式、西班牙式等建筑和典型的石库门里弄。这里所展示的每座单体建筑里面，都能在上海找到其原型和出处。来到这里就仿佛置身于30年代的老上海，在这里休闲、观光，别有一番情趣。

链接

老上海风情街

地下一层的老上海风情街参照1930年淮海路建造。从城市规划馆出来，经地下通道去乘地铁1号线。走下阶梯，便是古色古香的老上海风情街，醒目处标有“上海1930风情街”，20世纪30年代的老上海风情民俗顿时呈现眼前。

街道的两旁全是五花八门的小店铺，琳琅满目的商品也很有特色，意在为市中心黄金路段增加一些怀旧景观，引来更旺的人气。

老上海风情街不长，布置了几个亮点，有很浓烈的老上海味道。旧时代有轨电车的造型最具特色，昏黄色的灯光下，壹路电车正在驶近，背景是一幅30年代的上海老照片，附近是穿着旗袍长衫的男女老幼，地上还仿造了一段轨道，仿佛一下子让人回到了20世纪的30年代，从而吸引了不少路人驻足留影。

上海城市规划展示馆

沿街的石库门建筑中开设了许多小店，有酒吧、茶馆、魔术城、首饰行、旗袍庄，有各种小吃，重庆麻辣烫、乐乐柠檬、韩国年糕、日本丸子等。店铺招牌有用繁体字的，也有用简体字的，有古典装修的，也有现代布置的，时尚与古典结合，带给人们时空交错的感觉。

上海博物馆 AAAA

大型中国古代艺术博物馆

上海市黄浦区人民大道201号

乘地铁1、2、8号线人民广场站下

9: 00~17: 00，周一闭馆（节假日除外）

上海博物馆是一座大型的中国古代艺术博物馆，其藏品之丰、质量之精，在国内外享有盛誉。整幢建筑是上圆下方的造型，寓意中国的传统说法"天圆地方"。从远处眺望，整幢建筑就如一尊中国古代的青铜器。

馆内分中国古代青铜馆、古代陶瓷馆、历代钱币馆、历代绘画馆等12个陈列馆，馆藏珍贵文物12万件，其中以青铜器、陶瓷器、书法、绘画最有特色。开展的上海博物馆珍藏青铜器展览、6000年的中国艺术展览、上海博物馆珍藏瓷器展览、明清书法展览、扬州八怪展览、明末文人书斋展览等曾到香港和日本、美国等地展出，并受到国内外一致的好评。

玩家攻略

1.博物馆提供专门的残疾人车道，免费提供轮椅车、婴儿推车、针线服务，观众携带的大件包、袋可免费寄存。另外，还可以在入口处免费领取有多种语言版本的参观指南，还可以租中文讲解机。

2.上海博物馆艺术品商店专营青铜器、陶瓷器、书法、绘画、玉器、木器等文物的复、仿制品和独具特色的文物旅游纪念品。商店内还设有书柜，兼营全国各大博物馆编印的大型文物图录。为方便购物，商店还设有外币兑换、报关、托运、保险等服务项目。

3.博物馆提供餐饮服务，茶室装修和陈设具有中国古代建筑特色，与博物馆的艺术氛围交融协调。

链接

上海博物馆馆藏精品

大克鼎：西周后期著名重器，清光绪年间出土于陕西扶风法门寺任村，属于一位名叫克的贵族。口沿饰兽面纹，腹部饰流畅的波曲纹。腹内壁有铭文290字，字体工整，叙述克依凭先祖功绩，受到周王的策命和赏赐，是研究西周经济制度的重要史料。

鸟兽龙纹青铜壶：圆体，宽颈，深腹外鼓，但两耳已失。器物主体纹饰是人首鸟体的怪兽和相互缠绕的龙，体现了晋国青铜铸造业的高超水平。

青釉弦纹尊：是现存原始青瓷中难得的精品。此尊釉色鲜亮，成色稳定，器表匀净光洁，造型端庄工整，朴实无华。

汝窑盘：采用芝麻状细钉支烧，通体满饰天青釉，釉面布满细小不规则的开片，看上去素雅清逸。

上海博物馆

苦笋帖卷：唐代草书大家释怀素的传世墨迹之一，共14字，从中不仅能观赏到娴熟的笔法和走蛇舞龙般的线条之美，还能直接感受到作者书写时的内在情感。

中国古代青铜馆

馆内古色古香的深墨绿色调，古朴典雅的木质展柜，以及顶部的射灯和柜内的灯光所营造出的气氛，散发出浓郁的青铜时代的文化气息。1200平方米的展室内，陈列了400余件精美的青铜器，完整地反映了中国古代青铜艺术发展的历史。

中国古代雕塑馆

馆内气氛热烈而庄严，它以金、红、黑三色为基本色调，以佛教艺术中常用的莲瓣形做隔墙，石窟寺中的佛龛做壁橱，以及露置的陈列形式，使人有流连于石窟寺的特殊感受。整个展室内最引人注目的是中国佛像雕塑艺术，从北魏佛像的飘逸隽秀到北齐和隋代佛像的优雅洗练、生动传神；从形态丰满、姿态优美的唐代造像到清新秀丽、富有世俗情态的宋代菩萨像，都栩栩如生。

中国古代陶瓷馆

绿色的基调和各个时代的陶瓷精品交相辉映，给人带来轻松、和谐的感觉。馆中陈列了陶瓷精品500余件。其中有新石器时代的彩陶和灰陶、商周及春秋战国时代的原始青瓷、东汉时代的成熟的青瓷，还有人们熟知的唐三彩。

中国历代玺印馆

中国历代玺印馆是目前国内外第一个专题陈列玺印篆刻的艺术馆。展馆内借助高低错落的展柜，应用多种技术手段，使实物与辅助陈列相互配合。馆内展出玺印篆刻500余件。整个陈列以印章艺术的发展历史为线索，上自西周，下迄清末，是从馆藏一万余枚印章文物中遴选出来的具有代表性、艺术性的精品。

上海博物馆明代家具

中国历代绘画馆

中国历代绘画馆展厅内长廊飞檐，轩窗低栏，颇有传统古建筑风格和儒雅的书卷气息。为有效地保护展品和方便观众欣赏，展室内还采用了自动调节光照的感应射灯。展厅内共陈列历代绘画精品120余件，从唐代至近代，各种绘画门类均有所体现。

中国古代家具馆

中国古代家具馆700平方米展厅内陈列了明清时代中国家具精品100多件。其中，有造型洗练、线条流畅、比例匀称、榫卯严密的明代家具；有用料宽绰、体态凝重、装饰繁缛、厚重华丽的清代家具。为再现古代家具的使用场景，展厅还复原了明清时代的厅堂书房。

中国古代玉器馆

中国素有“玉石之国”的美誉，制作玉器已有七千多年的历史。古代社会，玉不仅被用于装饰，而且是财富、权力的标志，又是统治者祭天祀地、沟通神灵的法物。玉的自然属性被人格化、道德化。在中国古代玉器馆内，现代化的光导纤维照明和独特

上海大剧院结构简洁流畅，占地11 528平方米，共设有1800个座位。

上海市政大厦是民主和公正的象征，高72米，主楼计19层，可容纳2500人办公。

人民广场总面积达14万平方米，过去作为全市人民游行集会的场所，可容纳120多万人。

人民广场绿化地以中心广场喷水池为圆心，逐渐向外展开。

上海人民广场

上海城市规划展示馆是一座底蕴丰厚、设施完备、全面展示上海形象的专业性场馆。

上海博物馆是一座方体基座与圆形出挑相结合的建筑，造型具有“天圆地方”的寓意。

的底座设计，使一件件古玉器凸显晶莹润泽的气色，图案纹饰更是纤毫毕现，体现出中国古代玉器高贵典雅、巧夺天工的艺术特征。

上海大剧院

拥有亚洲最大的舞台

上海市人民大道300号

乘地铁1、2、8号线人民广场站下

021-63868686

上海大剧院是上海的标志性建筑，由法国著名建筑大师Charpentier（中文名：夏邦杰）运用世界上最先进的材料、灯光，以全新的构思设计而成。

大剧院为简洁流畅的几何造型，皇冠般的白色弧形屋顶弯翘向天际，上面有古典的户外剧场和空中花园，形似聚宝盆，象征着上海吸纳世界文化艺术的博大胸怀。上海大剧院高40米，它分为主剧场、中剧场和小剧场三个剧场，用于上演芭蕾、歌剧和交响乐等，其中主剧场的舞台是亚洲最大、世界上最先进的舞台之一。

玩家 攻略

1.节目开演后，请勿任意更换座位、离席或交谈。演出进行中应保持肃静，不要翻弄塑料袋之类的物品，不要大声咳嗽。演出场所禁止使用手机等有声响的物件。

2.欣赏音乐类演出时，乐章与乐章之间不要鼓掌，待演出结束时再报以掌声。

3.走进剧场观赏演出，着装需整洁、整齐，以正装出席为宜。

4.演出中未经允许，禁止摄影、摄像、录音等。

玩家 解说

上海大剧院内的三个剧场分别有不同的功能：拥有1800个座位的主剧场，用于上演芭蕾、歌剧和交响乐；拥有600个座位的中剧场，用于室内乐演出；只有200个座位的小剧场，可以进行话剧和歌舞剧表演。整座建筑融汇了中西方文化的韵味，宛如一个水晶宫殿。

链接

上海大剧院设计师——夏邦杰

夏邦杰（1939—2010），建筑师、城市规划师，1939年出生于巴黎，曾是法国建筑师学会会员、国际建协常务委员会主席和巴黎商会法中委员会成员。他于1992年创立的夏邦杰建筑师事务所，由1969年在巴黎创立的设计公司发展出来，是一个包罗了建筑、城市、室内和景观设计的国际性事务所。

同时，夏邦杰是在中国取得成功的法国建筑师的代表，上海大剧院这一项目是夏邦杰和他的事务所在1994年全世界18个建筑事务所参与的国际竞标中赢得的。这个拥有2600个座位的现代化歌剧院，是他的杰出作品之一。

另外，他在中国的成果除了上海大剧院，还有南京路步行街、浦东世纪大道、路易凯旋宫等。

大光明电影院（南京西路店）

有“远东第一影院”之美誉

上海市黄浦区南京西路216号

可乘坐地铁1、2、8号线人民广场站下

021-63274260

大光明电影院享有“远东第一影院”的盛名，它始建于1928年，京剧大师梅兰芳亲自为大光明电影院的开张剪彩；1933年，由著名的匈牙利建筑师邬达克设计重建。作为国内现存最古老的影院之一，大光明不仅目睹了80多年来中国电影的兴衰浮沉，更创造了无数的辉煌。影院风帆形的外立面、荷花形的屋顶、圆弧曲线形的大厅、高挑堂皇的进厅，让人重新找回十里洋场中的“洋气”感觉，其欧美建筑风格的辉煌外观令观众有着置身20世纪30年代的错觉。

玩家 解说

20世纪90年代后，随着中国电影市场化的进程，影院本身设施老化，大光明开始走下坡路。到1999年，上海首家多厅影院开业后，对老影院产生了巨大冲击，大光明也渐渐失去市场。2008年，大光明影院斥资1.2亿元人民币，开始对影院进行修复工作。改造后的大光明形成“1大加5小”的放映格局。原本可容纳1900人的放映大厅被缩减了600个座位，不过，依然保持了其原本两层楼的设置，即一楼设800多座、二楼设500多座。此外，大光明影院还新开发出了5个小观众厅，包括一个VIP厅，使得观众在影院中有了更多的选择。

上海音乐厅

中国第一座音乐厅

上海市黄浦区延安东路523号

乘地铁8号线大世界站下

021-53866666

上海音乐厅原名南京大戏院，建于1930年，是中国第一座音乐厅，也是近代上海第一座由中国建筑设计师设计的、具有西方古典风格的建筑。建筑装饰多变化且有层次，色调淡雅，具有文艺复兴式风格，而廊柱、大旋梯、正立面、穹顶等都是典型的西方古典风格。

上海音乐厅一直是上海音乐活动的中心之一，历届上海之春音乐节、国际广播音乐节都以此为中心场所，众多的中外著名音乐家、乐团先后登临音乐厅舞台展现艺术风采。2019年3月到12月，上海音乐厅将进行修缮，停了所有对外演出和经营活动。

上海大世界

上海最早的游乐中心之一

上海市黄浦区西藏南路1号

乘地铁1、2、8号线大世界站下

60元

021-63203484

大世界游乐中心始建于1917年，是上海最早的游乐中心之一。建筑风格为中西结合，大门圆柱大厅及剧场是仿西方古典风格，而内部则多为中国传统形式。大世界里面有许多小型戏台，轮番表演各种戏曲、曲艺、歌舞和游艺杂耍等，一楼的12面哈哈镜成了大世界独有的吸引物，还设有电影院、商场、小吃摊和中西餐馆等。

上海历史博物馆

介绍上海近100年来发展史的史志性博物馆

上海黄浦区南京西路325号

乘坐20、37、330等公交车在南京西路下车可到

上海历史博物馆原名上海历史文物陈列馆，是专门介绍上海近100年来发展史的史志性博物馆。

博物馆通过珍贵的文物、文献、档案、图片，以先进的影视和音响设备，形象生动地反映近代上海城市发展的历史。该馆有6个部分，展出各类文物、文献数千件，现有藏品近2万件，其中原英商汇丰银行门廊铜质对狮、原江南制造局“阿姆斯特朗”铁炮、物华号百字大礼轿、百年老店鸿运楼金字招牌等均为具有浓厚上海地方特色的珍贵文物。

上海音乐厅

景点推荐 南京东路周边

南京路步行街

有“中华商业第一街”之美誉

上海市黄浦区

可乘坐地铁2、10号线南京东路站下，步行10分钟即到

南京路步行街素有“中华商业第一街”的美誉，沿街汇集众多的名特商店，是上海乃至全国最繁华的商业街。它西起西藏中路，东至河南中路，东西两端均有一块暗红色大理石屏。

玩家 攻略

1.若想提高购物效率，建议走黄河路与河南中路的南京路精华段。中百一店（原“大新公司”）、永安百货、上海时装公司（原“先施公司”）和第一食品商店（原“新新食品公司”）不容错过，这“四大公司”把南京路的过去与今天不断叠映在眼前，为老街增添了别样的魅力。

2.从地铁1、2号线人民广场站的地下通道可直接进入新世界城，过了西藏中路地下人行通道就是中百一店和南京路步行街，步行街东端是南京东路地铁站，从这里乘地铁2号线去浦东陆家嘴（东方明珠、金茂大厦），或折返去南京西路上另一顶级商圈——梅陇镇、中信泰富和恒隆广场。

链接

南京路步行街上的店铺

1853年，福利公司（现今的真维斯商店）在街上开业。1862年，屈臣氏、老德记药房等14家洋行，还有9家洋布呢绒庄等在此开设。而永安百货、先施服装公司、新新食品公司、大新百货、中国百货的崛起几乎是标志着南京东路繁荣时代的到来。现在南京路步行街上除了那些老牌的大商场外，鹤鸣、蓝棠、博步皮鞋等中华老字号店铺也在这里开设。

百联世茂国际广场

百联世茂国际广场坐落在南京路步行街西口，建筑风格独具特色，这里专门经营高档时尚品牌，包括国内外时尚品牌专卖店、时尚特色餐饮、休闲娱乐服务，融购物、餐饮、娱乐、休闲为一体。

上海市第一百货商店

上海市第一百货商店建于1949年10月，与共和国同龄，坐落在南京东路步行街西口。上海市第一百货商店每天接待着数以万计的来自全国各地的客人，是全国规模最大、商品最齐全的商场之一。

第一百货商店属于传统的百货大厦，经营商品从服装百货、针棉织品到钟表、眼镜、家用电器等用品。

燕云楼

燕云楼建于1936年，是上海烤鸭老字号，号称“北有全聚德，南有燕云楼”。燕云楼的烤鸭皮脆肉嫩，加上甜甜的酱和葱丝，再用嚼劲十足的面包包裹，肥而不腻。

宝大祥青少年儿童购物中心

宝大祥青少年儿童购物中心是非常典型的青少年用品综合商场，从0岁宝宝开始到16岁以下青少年的衣服玩具用品应有尽有。购物中心还按照年龄阶段分成4个楼层，整体布局十分合理亲切。

东亚饭店

东亚饭店是上海著名的饭店之一，距今已有90多年的历史。如今的东亚饭店内部经过了重新装修，各项设施都很现代时尚，住宿条件一流。另外，这里还提供本帮菜、川菜、中式茶点、西餐等美食。

燕云楼

新世界冰上乐园

上海首家室内真冰溜冰场

上海市黄浦区南京西路2—88号（新世界六楼）

乘地铁2号线南京西路下

周一至周五9：30～11：30，30元/一个半小时；11：30～17：00，40元/一个半小时；17：30～22：00，50元/一个半小时；周六、周日50元/一个半小时

021-63596692

新世界冰上乐园是上海首家室内真冰溜冰场。溜冰场引进全套加拿大、美国顶级制冰设备，制造完美冰面，超强演出灯光、音响、完善的配套设施，带你进入一个奇幻的冰上世界。乐园运用国际化管理模式，科学、规范、系统的教学培训，众多国内外冠军组成高水准的优秀教练团队以及精彩纷呈的冰上表演、比赛，让你充分感受“艺术溜冰”带来的不一样的溜冰体验。

福州路

被誉为“中华文化第一街”

上海市黄浦区人民广场附近，是与南京路平行的一条东西向马路

乘地铁1、2、8号线人民广场站下

福州路是旧租界最早开辟的马路之一，是海派文化的源头，也是上海出版业的一个前沿阵地。这里汇聚了众多的出版社与书店，如中国科技图书公司、上海图书城（上海书店）、外文书店、古籍书店、上海博古斋、长征测绘仪器商店、杨振华笔庄等，文化气息浓厚，被誉为“中华文化第一街”。

链接

海派文化

海派文化融汇吴越文化等中国其他地域文化的精华，吸纳消化一些外国的主要是西方的文化因素，创立出了新的富有自己独特个性的特征。其特征主要有开放性、创造性、多元性。

开放性体现在海派文化海纳百川，熔铸中西，

为我所用，化腐朽为神奇，创风气之先。还表现在不闭关自守，不故步自封，不拒绝先进，不排斥时尚；创造性主要体现在不是重复和模仿别人，而是富有创新精神，洋溢着创造的活力；海派文化和其他事物一样，是复杂的共同体，雅与俗，洋与土，阳春白雪与下里巴人，先进与落后等，是一个多元的文化体系。

海派文化在日常生活中的体现主要有建筑文化、舞台文化、音乐文化、书画文化。建筑文化造就了中西并存、中外合璧、艺术交融、风格独特的“世界建筑博览会”；舞台文化形成了本乡本土的“申曲”（沪剧）与国剧京戏、越剧、淮剧等地方戏，以及来自域外的话剧、芭蕾舞等百花争妍的“大联袂”；音乐文化由乡土气息浓烈的“紫竹调”“梅花三弄”，吹来了喜气洋洋的“广东音乐”、喧腾激越的“欢庆锣鼓”、回肠荡气的“二泉映月”，以及来自欧美的交响乐、铜管乐、管弦乐；书画文化不但传承、光大了传统中国书画的风骨，出现了被称为“海派”的“海上画派”，而且使发源于古希腊的雕塑艺术和来自文艺复兴发祥地佛罗伦萨的油画艺术在这里留下了“神秘的微笑”。

上海笔墨博物馆

以文房四宝为陈列对象

上海市黄浦区福州路429号

乘地铁1、2、8号线人民广场站下

上海笔墨博物馆是以中国文房四宝为陈列、收藏、研究对象的专业主题博物馆，以上海著名的老字号“周虎臣”“曹素功”的历史发展和传世遗存为主线，探究上海以至全国文房四宝发展的轨迹，展示中国文房四宝的传统技艺和文化。

链接

上海笔墨博物馆馆藏精品

御园圆墨：画面取材颐和园景色，材料则是高级矿物颜料，纯天然的朱砂、石绿、石青、雄精等，每一块墨的色彩都特别纯正，完全不掺杂一点化学原料，所以特别珍贵。

金不换：这是鲁迅用笔中唯一一支买去尚未来得及用的毛笔。

笔中之王：两支毛笔格外显眼，它的毫毛长达10厘米，称得上笔中之王，是八十多岁的李可染先生花了70年的时间，从千万根正冬北狼尾毛中挑出的足以做成两支毛笔的特长毫毛制成的，正所谓“千万毛中拣一毫”。

逸夫舞台

20世纪初上海最大的戏院

上海市黄浦区福州路701号

乘地铁1号线人民广场站下

021-63225294

逸夫舞台，也叫天蟾戏院，于1925年建成，位于福州路中心地带云南路的转角处。当时吸引了绿牡丹（黄玉麟）、麒麟童（周信芳）等一批名家在这里登台献艺。后来又有梅兰芳、李万春、姜妙香等一大批名角从北京南下在此献艺。剧院现在除了京剧还兼演越剧、沪剧。

链接

逸夫舞台上的京剧名家

周信芳（1895—1975），名士楚，字信芳，艺名麒麟童，浙江慈城人，中国京剧表演艺术家，京剧麒派艺术创始人。

梅兰芳（1894—1961），京剧大师。形成了自己的艺术风格，世称“梅派”。代表戏京剧有《贵妃醉酒》《霸王别姬》等；昆曲有《思凡》《游园惊梦》等。梅派艺术传人有李世芳、张君秋、言慧珠、杜近芳、梅葆玖等。

李万春，著名京剧表演艺术家、戏曲艺术教育家。《佟家坞》《阴阳鱼》《田七郎》《大力将军》等为其独有剧目。

姜妙香，名汶，字慧波，又字静芳，著名京剧表演

逸夫舞台

艺术家，京剧小生演员。幼年从田宝琳习青衣，出师后常与王凤卿、贯洪林同台合演。后因病嗓音转暗，遂拜冯慧林、陆杏林为师，改习小生。

沐恩堂

美国学院式哥特建筑

上海市黄浦区西藏中路316号（面对人民广场）

乘地铁1、2号线人民广场站下

021-63225069

平时不对外开放，周日7：00、9：00、14：00、19：00做四次礼拜，可进去参观

沐恩堂意为沐浴于主恩之中，原名慕尔堂，又名慕乐堂，属基督教美国卫理斯教派。沐恩堂由著名建筑师奥匈籍捷克人邬达克设计，为美国流行的学院式哥特建筑。沐恩堂建筑为砖木结构，大堂西南角有一塔楼，在塔楼顶部安装了5米高的霓虹灯十字架，夜光下分外夺目，成为人民广场上的一大景观。

上海杜莎夫人蜡像馆

世界第六座杜莎夫人蜡像馆

上海市黄浦区南京西路2—68号新世界商厦10楼

乘地铁1、2号线人民广场站下

成人票190元，儿童票140元（不含黑暗迷宫）

021-63597166

上海杜莎夫人蜡像馆是世界第六座杜莎夫人蜡像馆，也是拥有最高科技含量和最丰富互动体验的一座。蜡像馆分为七个主题展区：魅力、在幕后、名人、音乐、电影、速度和运动。有姚明、刘翔、成龙、杨振宁等人的蜡像。馆内还有刺激的黑暗迷宫可游玩。

玩家 解说

杜莎夫人因创作了作家伏尔泰的蜡像，一时间名声大噪。1835年，74岁高龄的她将自己的作品放在伦敦贝克街的永久性展馆内，正式开始了蜡像馆的展览。

通过这些蜡像，欧洲发生的重大事件如法国大革命、普法战争等，得到真实的再现。近200年来，杜莎夫人蜡像馆不断地以写实的手法制作当时政治家、演艺明星等风云人物的蜡像，深受世人喜爱。上海馆中的明星蜡像有影坛明星赵薇、范冰冰、言承旭、成龙、李冰冰等；好莱坞明星查理·卓别林、奥黛丽·赫本、安吉丽娜·朱莉、布莱德·皮特、玛丽莲·梦露等；乐坛明星迈克尔·杰克逊、艾尔维斯·普莱斯利、凯莉·米洛、蕾迪卡卡（Lady Gaga）、张国荣、邓丽君、梅艳芳、郭富城、刘德华、容祖儿、Twins、谢霆锋、蔡依林、陈慧琳、李宇春、周杰伦、罗志祥等；体坛明星大卫·贝克汉姆、泰格·伍兹、迈克尔·乔丹、科比·布莱恩特、克里斯蒂亚诺·罗纳尔多（C罗）、杰拉德、聂卫平、刘翔、姚明、林丹等；科学及政坛名人：爱因斯坦、戴安娜王妃、威廉王子、杜莎夫人、奥巴马、米歇尔等；曲艺名人：周立波。

杜莎夫人蜡像馆

景点推荐

外滩周边

外滩

有“万国建筑博览会”之美誉

上海市黄浦区中山路

乘55、135、928路公交车可达

外滩，北起外白渡桥，南抵金陵东路，全长约1.5千米，由万国建筑博览群和黄浦江、苏州河风光两部分组成。

万国建筑博览群包括亚细亚大楼、东风饭店、有利大楼、日清大楼等52幢风格各异的建筑。另外，景区还有外白渡桥、情人墙、浦江观光隧道等景点。

玩家 攻略

1.外滩比较有名的建筑有东风饭店、外滩12号圆顶建筑、海关大楼、和平饭店、中国银行大楼等。

2.游览外滩建筑时可按照中山东一路上的门牌顺序游览。

3.外滩的白天和晚上各有特色，白天去可以细细地观看两岸的建筑；晚上去则可以领略外滩的夜景与繁华。如果是情侣前往，最好是等22：00关了彩灯以后，气氛特别浪漫。

4.观赏外滩夜景的最佳地点是外白渡桥边的海鸥宾馆。

5.外滩北端原黄浦公园内，即人民纪念碑附近，可拍摄外滩全景、浦东东方明珠、外白渡桥等。

玩家 解说

外滩的建筑虽不是出自同一位设计师，也并非建于同一时期，然而它们的建筑色调却基本统一，整体轮廓线处理惊人地协调。无论是极目远眺或是徜徉其间，都能感受到一种刚健、雄浑、雍容、华贵的气势。其建筑主要有文艺复兴式风格、巴洛克风格、折中主义风格、新古典主义风格等。

文艺复兴式风格：文艺复兴式建筑最早兴起于意大利佛罗伦萨，随后传入威尼斯、罗马等城及法、德等国。这种风格的建筑多为世俗的官邸、别墅，表现为按照古典柱式比例、采用半圆形拱券和以穹隆为中心的建筑形体，其典型之例有佛罗伦萨的美弟奇府邸、维琴察的圆厅别

墅和法国的枫丹白露宫等。

巴洛克风格：巴洛克建筑是17~18世纪在意大利文艺复兴建筑基础上发展起来的一种建筑和装饰风格。其特点是外形设计自由，追求动感，喜好富丽的装饰和雕刻、色彩浓烈，常用穿插的曲面和椭圆形空间。

折中主义风格：折中主义建筑是19世纪末到20世纪初的一种建筑创作思潮，它的主题思想是要弥补所谓的“古典主义与浪漫主义在建筑上的局限性”，这种思潮认为只要能实现美感，可以不受风格的约束，自由组合各种建筑式样或拼凑不同风格的装饰纹样，因此又称“集仿主义”。

新古典主义风格：新古典主义的设计风格其实就是经过改良的古典主义风格。一方面保留了材质、色彩的大致风格，仍然可以很强烈地感受传统的历史痕迹与浑厚的文化底蕴，同时又摒弃了过于复杂的机理和装饰，简化了线条。新古典主义将怀古的浪漫情怀与现代人对生活的需求相结合，兼容华贵典雅与时尚现代，反映出后工业时代个性化的美学观念和文化品位。

亚细亚大楼

亚细亚大楼原名为麦克倍恩大楼，建成于1906年。其高8层，建筑面积11984平方米，占地1739平方米。大楼外观具有折中主义风格。立面为横三段、竖三段式，底段与上段均为巴洛克式造型，中段为现代主义建筑风格。

玩家解说

上海开埠后，亚细亚大楼最初是英商兆丰洋行的产业，后来几经易主，1913年成为麦克贝恩的产业，并重新建造。在1996年的外滩房屋置

换中，这栋大楼成为中国太平洋保险公司总部，并保持至今。

在进入楼门两边的立柱上，原有两块壳牌公司的抱柱铜牌，当年该公司离开大楼时曾将其一同拆往圆明园的办事处，现作为历史文物，被收藏在上海历史博物馆中。

链接

亚细亚大楼建筑风格

该大楼是一座折中主义风格建筑，外观采用巴洛克风格辅以爱奥尼克柱式，巴洛克风格用曲面、曲线、断折、疏密等多种手法，突出立面与空间的凹凸起伏和运动感，讲究视觉效果，使建筑外貌雄奇华丽。

东洋伦敦

东洋伦敦建于1910年，原名东风饭店，因为外貌仿效英国古典主义，又参照日本帝国大厦，所以又被称为“东洋伦敦”。大楼一楼为餐厅，二楼为国际海员俱乐部，其余均为客房。现为东风饭店所在地。

玩家 解说

东洋伦敦曾经是上海最豪华的俱乐部——上海夜总会的所在地，以拥有当时东方最长的吧台（约34米）而名噪一时。内部的墙壁有几处模仿英国皇宫，所使用的别致的三角形电梯是西门子公司制造的，距今已有90年的历史。

有利大楼

有利大楼原名联合大楼，为美国有利银行所有，故称有利银行大楼，现为外滩三号。该大楼于1916年建成，楼高7层，整体仿效文

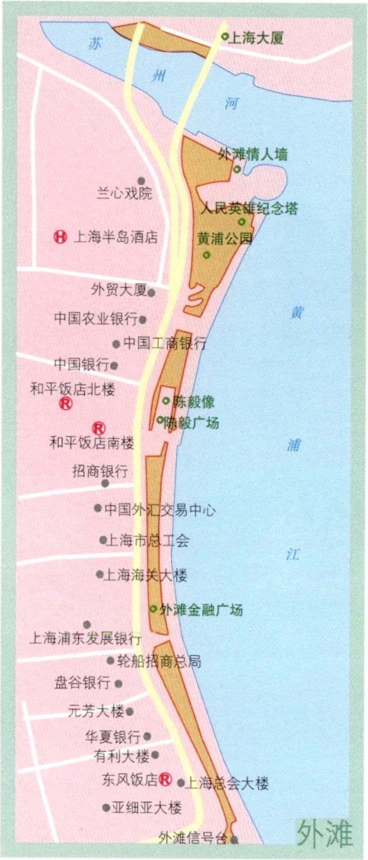

艺复兴建筑风格。

大门有爱奥尼克立柱装饰，高大的落地窗，窗框多采用巴洛克艺术富有旋转变化的图案，十分浪漫。有利大楼的精心设计和规划，使其成为上海的时尚地标，品位高而不失亲和力。

链接

有利大楼的历史

有利大楼最初是由英商天祥洋行于1860年购入的，后来又由数家商号联合租赁了天祥洋行，所以又被称为“联合大楼”。1936年，大楼被美国有利银行购买了部分产权，改称“有利大楼”。从2002年8月一直到今天，新加坡佳通私人投资有限公司为这座大楼的主人。

链接

外滩建筑一览表

名称	地址	现使用单位	风格
亚细亚大楼	中山东一路1号	中国太平洋保险公司总部	折中主义风格
东洋伦敦	中山东一路2号	东风饭店	英国古典主义风格
有利大楼	中山东一路3号，4号	新加坡佳通私人投资有限公司	文艺复兴式风格
华夏银行大楼	中山东一路5号	华夏银行和锦都实业总公司	中西合璧
中国通商银行大楼	中山东一路6号	香港侨福国际企业有限公司	英国哥特式建筑
盘古银行大楼	中山东一路7号	泰国盘古银行	新古典主义风格
轮船招商局大楼	中山东一路9号	招商局集团（上海）有限公司	文艺复兴式风格
汇丰银行大楼	中山东一路10~12号	浦东发展银行	新希腊建筑
海关大楼	中山东一路13号	上海海关	新古典派希腊式
交通银行大楼	中山东一路14号	上海市总工会	近现代主义风格
华俄道胜银行大楼	中山东一路15号	中国外汇交易中心	意大利文艺复兴复古风格
台湾银行大楼	中山东一路16号	上海工艺品进出口公司	日本近代西洋建筑风格
字林西报大楼	中山东一路17号	友邦保险公司	近现代主义与新古典主义风格
麦加利银行大楼	中山东一路18号	欧洲时尚品牌尼亚地区总部	罗马古典主义建筑风格
汇中饭店大楼	中山东一路19号	和平饭店（南楼）	英式风格
沙逊大厦华懋饭店	中山东一路20号	和平饭店（北楼）	美国芝加哥学派建筑风格
中国银行大楼	中山东一路23号	中国银行上海分行	中国民族特色
工商银行上海分行大楼	中山东一路24号	横滨金正银行	日本近代西洋风格
台湾银行大楼	中山东一路26号	中国农业银行上海分行	折中主义风格
怡和洋行	中山东一路27号	上海市外贸局等单位	严谨的古典主义风格
怡泰邮船大楼	中山东一路29号乙	中国光大银行上海分行	文艺复兴式风格
东方大楼	中山东一路29号	中国光大银行上海分行	巴洛克式风格
英国领事馆	中山东一路33号	上海机关事务管理局	文艺复兴式风格
气象信号台	中山东二路1号	无	“阿脱奴婆”式建筑

华夏银行大楼

华夏银行大楼原名日清大楼，又名海运大楼，现为华夏银行上海分行所在地。大门在外滩路上并不醒目，6层钢筋水泥结构建筑，灰色的花岗石外墙，风格与周围的建筑一样，都是中西合璧的建筑，稍有不同的是，这栋大楼在内部结构上偏向日本风格，线条处理以横条为主。

链接

华夏银行大楼的历史

华夏银行大楼是于1921年由日清洋行投资兴建的，新中国成立前，此楼曾是日本在华最大的航运集团日清汽船株式会社的总部所在地，因此被称作“日清大楼”。抗日战争胜利后，此楼被国民党政府没收，一度为轮船招商局所用。

中国通商银行大楼

1897年5月，中国人自筹资金开设了第一家银行——中国通商银行，在中国金融史上翻开了开篇性的一页。该楼最初是一栋东印度式建筑风格的3层砖木结构房子，后由英商玛礼逊洋行重新进行了设计。设计后的楼具有英国哥特式建筑风格。

大楼分为四层，第四层有五个尖顶层面，原先还有十字架，南面为平台，是观光黄浦江的胜处，现为香港侨福国际企业有限公司所在地。

盘古银行大楼

盘古银行大楼原是旗昌洋行的产业，后被轮船招商局买下，即归属下的电报总局使用，故称“电报大楼”。大楼为假5层砖石结

外滩

外滩九号

构，为新古典主义风格的建筑，并以变化多端的古典式柱子装饰二楼到四楼的窗框，使建筑的立面富于变化和充满立体感。同时在顶层两边建有巴洛克艺术风格的屋顶，使整幢大楼更具艺术韵味。

链接

盘古银行大楼的主人

盘古银行大楼自建成以来曾四度易主，从最早的大北电报公司大楼到新中国成立后的长江航运管理局，再到后来的长航医院，直到现在的泰国盘古银行。现在大楼底层还设有酒家。

轮船招商局大楼

轮船招商局大楼建于1901年，是中国自己经营的第一家新式轮船企业。1873年，由李鸿章筹建中国第一家新式轮船运输公司即轮船招商局，后以220万两白银购入外滩9号地块，成为现在的轮船招商局大楼。该楼宇为欧洲文艺复兴式风格的三层砖木结构，是19世纪末20世纪初外滩建筑的典型。现在这里成为招商局上海分公司的所在地。

链接

轮船招商局大楼的历史

轮船招商局大楼的前身是美国旗昌洋行大楼，1877年，美国旗昌轮船公司连同在外滩9号的办公楼，以220万两银子的价钱卖给1873年成立的中国轮船招商局。

汇丰银行大楼

汇丰银行大楼建于1923年，该楼八角形门厅的顶部有8幅由几十万块仅几平方厘米的彩色马赛克镶拼成的壁画，宽4.3米，高2.4米，分别描绘了20世纪初上海、香港、伦敦、巴黎等8个城市的建筑风貌，还有24幅为神话故事中动物的形态，顶部巨大的神话故事壁画，总面积近200平方米。大楼现为浦东发展银行大楼所在地。

玩家解说

美国当时将这座建筑自诩为从苏伊士运河到远东白令海峡的最讲究的建筑。建成时大楼门前放了两只引人注目的大铜狮，据说狮子铸成后，铜模立刻就被毁掉了，从而使这对铜狮成为绝版珍品，现其已被送入上海城市历史发展陈列馆。

该建筑有28根13米高的意大利天然大理石石柱，其中4根是没有拼接的巨石，据说这样的石柱世界上只有6根，另2根在法国罗浮宫内。

黄浦江观光平台

可观赏江景，饱览两岸风光

上海市黄浦区新开河至黄浦公园

可乘55、135、928路公交车可达

外滩观光平台是外滩旁边的一条长长的观景台，在这里，可以观赏江景，饱览两岸风光。远眺浦东，东方明珠电视塔、金茂大厦、国际会议中心构成一幅美丽画卷。

上海邮政博物馆

西方古典式建筑

上海市虹口区天潼路395号

乘地铁10、12号线天潼路站下

免费

周三、周四、周六、周日

上海邮政博物馆建于1922年12月，大楼主体是集古罗马巨柱式建筑与意大利巴洛克钟式建筑风格于一身的西方古典式建筑，展出面积达8000余平方米。邮政博物馆内最为引人注目的是“邮票与集邮馆”内设立的珍邮馆和临展区。底楼中庭还陈列有仿真邮件运输工具。

链接

上海邮政博物馆馆藏精品

全国山河一片红邮票：邮票图案为工农兵手持《毛主席语录》，背景中“革命委员会”的红旗汇成红色海洋和工农兵群众热烈欢呼的场面，上方为一幅中华人民共和国地图，地图上除台湾省外全部绘成大红色，上面印有“全国山河一片红”金字，邮票票幅为30毫米×40毫米，齿孔11.5度×11度，整张枚数50（10×5）。

红印花小字当壹圆邮票：简称红印花小壹圆，是中国早期最珍贵的邮票。清政府邮政当局嫌加盖字体过小，决定改用大字“当壹圆”字模，故加盖小字的称为红印花加盖小字当壹圆。已发现存世仅为32枚。其中有四方联1件，横双联1件，其余均为单枚。

邮政博物馆

外白渡桥

旧上海的标志性建筑之一

上海市黄浦区外滩最北端

乘地铁2、10号线南京东路下

外白渡桥建于1870年，是旧上海的标志性建筑之一，由于不用交过桥费，故名白渡桥。它坐落在黄浦公园西侧，苏州河下游河口，架在中山东一路、东大名路之间的苏州河河段上。外白渡桥是一座全钢结构的桥梁，两跨52.16米，宽18.3米，是上海市区连接沪北、沪东的重要通道。

浦江观光隧道

中国第一条越江人行观光隧道

上海市黄浦区浦西南京东路外滩与浦东陆家嘴东方明珠塔之间，共有4个出口

乘地铁2、10号线　单程40元，双程50元

5～10月19：00～22：30；11月至次年4月17：00～22：00　021-58886000

浦江观光隧道是中国第一条越江人行观光隧道，全长646.7米，连接浦西外滩与浦东陆家嘴两个商务旅游区，隧道内经过穿梭区、漩涡区、岩浆喷射区等8个景色不同的观光区，在短短几分钟内完成以“穿越地球”为主题的高科技梦幻旅程。

另外，观光隧道还运用现代高科技手段，演示了反映人物、历史、文化、科技、风景等各种图案、景象及背景音乐。

玩家 攻略

1.浦西出入口位于外滩陈毅广场北侧，与南京东路、北京东路外滩人行地道相连，浦东出入口位于国际会议中心南侧、滨江大道绿化带内，分别通往东方明珠、游船码头和陆家嘴路方向。

2.黄浦江是上海的象征，乘船游浦江是浦东旅游的一大亮点。浦江游览从外滩“浦江之光”码头起航至吴淞口，沿路江景很美。主要登轮地点有中山东二路153号和明珠游船码头。

黄浦公园

上海最早的欧式花园

上海市黄浦区中山东一路500号

乘地铁2、10号线南京东路站下

黄浦公园始建于1886年，占地10余公顷，总体布局开阔明快，既富有地方特色，又具有现代气息。公园由前广场、雕塑、艺术广场、汉代阙柱和架构拱等建筑组成，广场上的风铃、风帆、池水、日晷雕塑和树木等分别象征着自然界中的风、水、阳光和生命，它们构成一幅南国港口城区的立体彩画。

另外，公园内有上海人民英雄纪念塔，人民英雄纪念塔为三块枪状塔体，象征鸦片战争、五四运动、解放战争以来先烈们的永垂不朽。

陈毅广场

有陈毅元帅纪念广场

上海市黄浦区中山东一路外滩（近南京东路）

乘地铁2、10号线南京东路站下

陈毅广场有陈毅的雕像，塑像坐北朝南，用青铜浇铸，高5.6米，再现了陈毅视察工作时的典型形象。广场上最具特色的是内圈椭圆的现代化喷水池。水柱随着声音喷射，时高时低。喷水池的池底安装了彩色的光源，到了晚上，水柱随着灯光的变换，辉映出红、黄、蓝、绿的光束，非常好看。

链接

陈毅

陈毅（1901—1972），字仲弘，四川乐至人，中国共产党的优秀党员，伟大的无产阶级革命家、政治家、军事家、外交家；中国人民解放军的创建者和领导者之一，中华人民共和国元帅（十大元帅之一），党和国家的卓越领导人。新中国第一任上海市长。

陈毅广场

景点推荐

豫园周边

豫园 AAAA

有“城市山林”之誉

上海市黄浦区安仁街137号

乘地铁10号线豫园站下

淡季30元，旺季（4~6月，9~11月）40元，中小学生10元

8：30~17：30

021-63260830

豫园是江南古典园林中的一颗明珠，为中国明代江南名园，上海五大古典园林之一。它始建于明嘉靖年间，原是明朝一座私人花园。

豫园园内有穗堂、大假山、铁狮子、得月楼、玉玲珑、听涛阁、古戏台等亭台楼阁以及假山、池塘等40余处古代建筑。这些建筑设计精巧、布局细腻，以清幽秀丽、玲珑剔透见长，具有小中见大的特点，体现明清两代南方园林建筑艺术的风格。

玩家攻略

1.豫园开设了一个藏有千奇石雕的展馆——石头城，规模很大，奇石很多，而且具有极高的观赏价值和人文价值。

2.元宵节是豫园最为热闹的时候。这个时候来豫园，不仅能够看到很多琳琅满目的彩灯花车，还可以看到很多具有民俗风格的表演，同样还能饱尝一下江南地区的风味小吃。

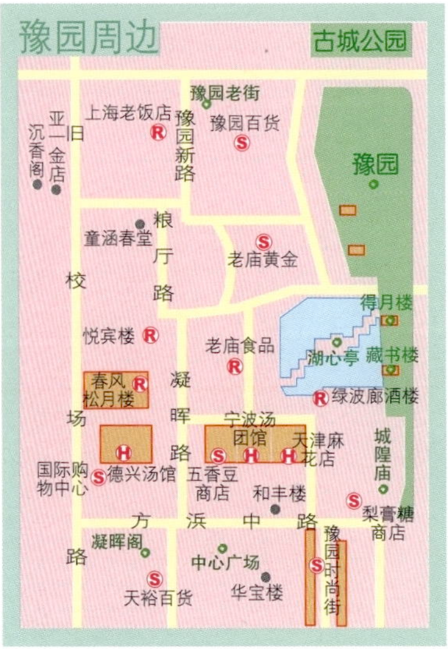

玩家解说

豫园是城内游览和举办各种活动的主要场所。花会以菊花为主，其次有兰花、梅花等，参展的盆花皆由私人提供，并评出优胜者。此外，还有重阳节登高望远、元宵节灯会等游艺活动，平时常举办奇石、书画展和茶道活动等。

菊花会在每年农历九、十月间举行，会址通常设在萃秀堂一带，届时各室内廊间、径边石上均菊影婆娑。梅花会，多在农历正月初二举行，但不是年年举办。兰花会，通常每年在东园举办一次，时间多在农历四月下旬，会期三天，会上将公认的最佳品称为“状元”。

链接

豫园的历史

明嘉靖年间，上海有一位大孝子名叫潘允端，曾任过四川布政司，为了博得父母的欢心，于嘉靖三十八年（1559年）开始在上海城内东南区建造这座私家园林。工程浩大，一建就是20年，直至明万历五年（1577年）园林才规划整齐。

潘允端取《诗经》中“逸豫无期”安乐之意，同时也是“愉悦双亲，颐养天年”，把这座充满神奇的园林命名为豫园，可惜未等豫园全部建成，他的父母就相继去世。

清初，潘氏家族开始没落，豫园被其后人卖掉，成了行业工会的办公和经营场所，后来又成为兵家争夺的目标和鸦片战争中外国侵略者的屯兵之地。直到1958年，豫园被列为上海市重点文物保护单位才重新得到保护。

三穗堂

三穗堂坐落在豫园正门处，建成于清乾隆二十五年（1760年）。原为乐寿堂，清初曾被征为上海县衙办公之地。堂内有5间大厅，屋宇轩敞，大厅中间有“城市山林”和“灵台经始”匾额。

仰山堂、卷雨楼

仰山堂、卷雨楼坐落在三穗堂之后，与大假山隔池相望，清同治五年（1866年）建。底层称仰山堂，上层为卷雨楼。卷雨楼为曲折楼台，取唐诗“珠帘暮卷西山雨”之意。在雨中登楼，只见烟雾迷蒙，山光隐约，犹如身入雨山水谷之中，实为豫园之绝景。

大假山、挹秀亭、望江亭

大假山由明代江南叠石名家张南阳设计建造，用数千吨武康黄石堆砌。大假山上有两个亭子，分别名为“挹秀亭”与“望江亭”。昔日重阳节时，游人来此登高望远，那浦江帆樯，历历在目。

豫园风光

玉玲珑、玉华堂

玉玲珑为江南三大名石之一，玲珑剔透，周身多孔，具有皱漏瘦透之美，为石中精品。玉华堂原为潘允端书斋，清道光年间重建，堂内现按文人书房布置，陈列着明代紫檀木画案等珍贵家具。

得月楼、绮藻堂

得月楼位于玉华堂、玉玲珑西，建于清乾隆二十五年（1760年），取“近水楼台先得月”之义而命名。得月楼为二层楼房，建筑精致，雕梁画栋，华丽幽静。皓月当空时，俯视湖心亭、九曲桥上月光，别有情趣。

藏书楼

藏书楼又名书画楼，位于得月楼对面，在清末曾是有名的书画市。清宣统元年（1909年）在此设豫园书画善会，上海知名书画家常来雅集。现楼上辟为海派书画陈列室。

静观大厅

静观大厅亦称晴雪堂，是内园主要厅堂。大厅雕梁画栋，轩昂高敞。堂面阔5间，进深3间，厅前有两尊石狮，厅内有“静观”和“灵沼埼”两块贴金匾额。大厅东面一小院落，中有池水一泓，两侧曲廊回绕，树荫蔽日，修竹潇洒挺拔，环境幽深。

古戏台

古戏台位于内园之南，建于清末。戏台正面有狮子、凤凰、双龙戏珠、戏文人物等木雕图案，顶部藻井呈穹隆状，不仅装饰华丽，而且符合声学原理，即使没有扩音设备，也能取得良好的音响效果。戏台对面设贵宾嘉座，均为清代太师椅和茶几；两边有双层看廊，安放着仿古红木靠椅和条桌，共有200个座位。

湖心亭茶楼

湖心亭茶楼是明代嘉靖年间由四川布政司潘允端所构筑，属豫园内景之一，也是上海现存最古老的茶楼之一。它位于九曲桥上，如一条纽带一样连接着城隍庙与豫园。

豫园

茶楼分上下两层，楼顶上有28只角，并有明清时期各种栩栩如生的砖刻和绘画。茶楼能容纳200余人品茶，古朴典雅的设备布置，极富民族传统特色。

链接

湖心亭茶楼的历史

清康熙年间，豫园附近已开设了不少酒楼茶馆，湖心亭是清乾隆四十九年（1784年）在旧址上重建的。直到道光年间，湖心亭始终是专供经营青蓝大布的商人们聚会商议的场所，直到咸丰五年（1855年）以后，湖心亭开始改为茶楼。如今茶楼已有200多年的历史，在20世纪80年代时，英国女王也在这里喝过茶。

城隍庙 AAAA

上海人心目中的神圣庙宇

- 地址：上海市黄浦区南部，临近豫园，徒步至豫园只需5分钟
- 交通：乘地铁10号线豫园站下
- 门票：10元
- 电话：021-63284494

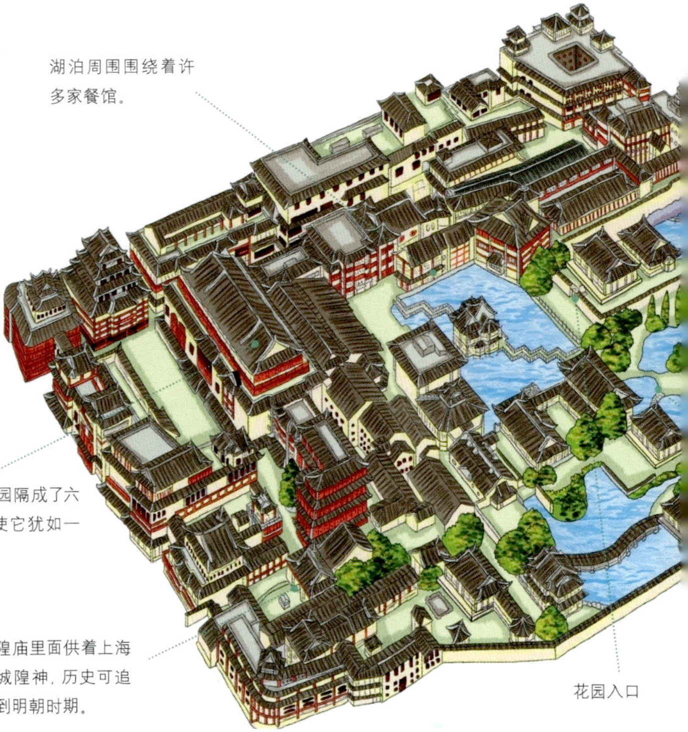

上海城隍庙俗称“老城隍庙”，是上海地区重要的道教宫观。明朝永乐年间由原金山神庙改建而成。城隍庙内供奉有三位城隍，分别是霍光、秦裕伯和陈化成。

清朝道光年间，老城隍庙达到全盛，占地面积达到3公顷多。民国时期，庙宇屡遭火灾，1926年重建了大殿。20世纪六七十年代1994年，老城隍庙被修复，重新成为道观。目前，老城隍庙总面积约一千余平方米，包括大殿、元辰殿、财神殿、慈航殿、城隍殿、娘娘殿等殿堂。

玩家攻略

在老城隍庙内，汇集了众多的上海地方小吃，各种店摊多达百余家，什么样的口味都能得到满足。绿波廊的特色点心、松月楼的素菜包、桂花厅的鸽蛋圆子、松云楼的八宝饭、南翔小笼包、宁波汤团和酒酿圆子以及五香豆、南翔馒头、血糯米羹、糟田螺等尽人皆知的上海名吃都能在这里找到，有“上海小吃王国”之美誉。

大殿

大殿正门上悬“城隍庙”匾额，并配以对联“做个好人心正身安魂梦稳，行些善事天知地鉴鬼神钦”。大殿内供奉金山神主汉代博陆侯霍光大将军坐像，左首为文判官，右首为武判官，次为日巡与夜查，日巡、夜查以下为八皂隶。

第一对立柱悬有对联“威灵显赫护国安邦扶社稷，圣道高明降施甘露救生民”以赞

扬城隍神的功绩，上悬匾额“牧化黎民”。第二对立柱上悬“刻薄成家难免子孙浪费，奸淫造孽焉能妻女清贞”的对联以警示世人。

◻ 元辰殿

元辰殿又称六十甲子殿，元为“善”，元辰，就是指吉利时日的意思。元辰神灵是中国的年岁神灵，与每一位中国人的年运有关。道教以六十甲子配以神名，从而形成了道教元辰信仰。因六十甲子神灵是星神，故也称太岁神。信徒礼拜本命太岁，祈求年年平安，吉祥如意的仪式，就称为顺星。

◻ 财神殿

财神殿内供奉文昌帝君（主功名利禄）、关圣帝君（主平安）、财神（主财运）。财神殿门上悬有对联“生财有道义为先，学海无涯苦作舟”，上悬匾额“福佑众生”。

◻ 慈航殿—娘娘殿

慈航殿内供奉眼母娘娘（主治眼疾）、慈航大士（主平安）、天后娘娘（主出海平安）。慈航殿门上悬有对联“善恶到头总有报，举头三尺有神明”，匾额“慈航普度”。娘娘殿位于城隍殿西面，供奉上海县城隍神夫人储氏。

◻ 城隍殿

城隍庙内最后一进殿为城隍殿。城隍殿两侧悬有对联以赞扬城隍神公正无私：“祸福分明此地难通线索，善恶立判须知天道无私”，上悬匾额“威灵显赫”。殿内另有一副赞神对联：“天道无私做善降祥预知吉凶祸福，神明有应修功解厄分辨邪正忠奸”，横批“燮理阴阳”。城隍殿中央供奉上海县城隍神红脸木雕像，正襟危坐。城隍殿内仿照明代县衙公堂陈设，仪仗森严。

城隍庙

城隍庙夜景

上海老街
一条记忆上海昨日时光的街

上海市黄浦区方浜中路（中华路—河南路）

乘11、926、920等路公交可到

021-63281796

上海老街，原名方浜中路，全长825米，全街的商业经营以传统特色行业为主流，突出传统民俗文化，营造海派文化氛围。它和北侧的“明星街”一起成为呈现出老上海商旅百业、市井百态的一幅“清明上河图”。

上海老街以馆驿街为界分为东西两段，东段经过装饰和改造，保留了清末民初的民居特色，老街两侧恢复了花格窗、排门板、范氏栏杆、落地摇杆门等，再配以屋顶上的飞檐翘角，花边滴水和马头墙。西段的房屋外立面仿明清建筑，突出上海老城厢的民俗风情。

玩家 解说

古玩店是上海老街的一部分，而老街上的藏宝楼一直是古玩收藏界关注的对象。藏宝楼的周末市场让人大开眼界，在地摊上可以看到瓷器、玉器、铜器、连环画、紫砂壶等。有趣的是，这里的摊主按照地区的区分有各自的买卖，如卖明清仿古旧家具的一定是河北人，卖老红木家具、木雕物件的以上海人居多，卖瓷器的是景德镇人士，而卖玉器的大部分是河南人。

上海老街

东台路古玩街
著名的古玩市场

上海市的东南部，近西藏南路、复兴中路

乘地铁1号线到黄陂南路地铁站下；乘地铁8、10号线到老西门站下再步行前往

东台路原名安纳金路，在上海几乎没有人不知道它，而在国内的古玩界更有“北（北京）有琉璃厂，南（上海）有东台路”的说法。

东台路古玩街的市场区别于其他市场的是店后店、铺中铺。在不少新奇工艺品小店铺的后面，还有一些古色古香的真正古玩店铺，这些店铺的主人是最早在东台路发迹的店家，他们买卖的多是些极有收藏价值的珍品。

福佑路清真寺
上海伊斯兰教活动中心

上海市黄浦区福佑路378号

乘地铁10号线到豫园站下

021-63282135

福佑路清真寺原名穿心街礼拜堂，后改称穿心街口教堂，俗称北寺。始建于清同治九年（1870年）。该寺曾长期为上海伊斯兰教主要宗教团体的活动中心。上海近代第一所穆斯林学校——务本小学，以及清宣统元年（1909年）成立的上海清真董事会，均设于此。

小桃园清真寺
上海最大的近代伊斯兰教建筑

上海市黄浦区复兴东路小桃园街52号

乘64、66、929等路公交车可达

021-63775442

小桃园清真寺原名清真西寺，因寺门正对着小桃园街，故得名。这座具有西亚伊斯兰建筑风格的清真寺是上海伊斯兰教活动的重要场所，也是上海伊斯兰教协会所在地。

小桃园清真寺大门北向为拱形花格铁门，上额嵌书“清真寺”三字，门头横嵌《古

白云观

兰经》的经文一节，内是长方形庭院。庭院西侧是宏伟的礼拜大殿，东侧有厅堂结构的一幢三层楼房，二、三层是图书室、阅览室，藏有中外各种版本的《古兰经》和伊斯兰教珍贵文物。庭院底层为讲经厅堂，厅内放有一部清代中国木刻《古兰经》和一部乌尔都文注释的印度版巨型《古兰经》。

沉香阁

别具特色的比丘尼寺院

上海市黄浦区沉香阁路29号

乘地铁10号线豫园下可到

5元

021-63203431

沉香阁又名慈云禅寺，初建于明万历二十八年（1600年），以沉香观音闻名于海内外，是上海著名的佛教比丘尼道场。

沉香阁内有天王殿、大雄宝殿、观音阁、伽蓝殿和应慈法师纪念堂等。中轴线上分布着明代石牌楼和天王殿，其中明代石牌楼飞檐斗拱，气宇轩昂，著名书法家沙孟海先生题写的匾额“沉香阁”悬挂在上面。天王殿内珍藏着天冠弥勒、韦驮和四大天王像，全部新塑装金，具有极高的观赏价值。

玩家 攻略

1.沉香阁的东部，建有一幢综合楼，楼下是能供二三百人用餐的斋堂。在佛教节日和香期中，斋堂为佛教信徒们供应有广东风味的素斋，可以在参观完建筑后品尝。

2.在二楼上，还设有一个小巧精致的餐厅，古色古香，装饰有贴金的宝相花图案，饭菜有当地特色。

白云观

上海道观之首

上海市黄浦区大境路239号（大境阁旁）

乘135、911、930等路公交车可达

5元

021-63287236

白云观是上海道教协会和道教文化研究中心的所在地，现保存灵官殿、灵宵金殿、老君堂、雷祖殿等，其现存的七尊明代铜像，为全国其他道观所未见。另外，白云观的镇观之宝——明版《道藏》经已移至上海图书馆珍藏。

书隐楼

上海市中心仅存的大型清代民居

上海市黄浦区小南门天灯弄77号

乘866、920、930等路公交车可达

书隐楼始建于清乾隆年间，俗称“九十九间楼”，是上海市中心仅存的大型清代民居。书隐楼是上海老城厢现存的最大的一家私家藏书楼，与宁波天一阁和南浔嘉业堂齐名，并称为三大藏书楼。

书隐楼占地2000多平方米，悬挂的一块匾额由沈初题写。书隐楼建筑雕梁画栋，异常精美，最精美的是四周封火墙上的砖雕艺术，西侧为“八仙游山”，东侧为“三星祝寿”，都是难得的旷世珍品，被誉为“中国砖雕艺术之王”。

董家渡天主教堂

中国首座大天主教堂

上海市黄浦区董家渡路185号

乘55、65、305等路公车可达

董家渡天主教堂又名圣沙勿略天主教堂，建成于清咸丰三年（1853年），是中国首座大天主教堂。教堂为中西结合式建筑，平面为长方形，砖木结构，建筑正立面带有文艺复兴时代的巴洛克形式。

大门开有三个入口，进门旁的双柱中间有砖砌的中国式对联，外端的两对立柱间则塑有神龛；中段墙面正中嵌入一只圆形大时钟；其上两端各耸立一座钟楼，上段山墙做成具有典型巴洛克气质的卷涡式样，中央辟出一个空间，写有“天主堂”三个大字；顶上竖起铁十字架。大堂内部采用拱顶而非穹顶，辅之以青绿藻井图案构成天花。

玩家 解说

唱经楼位于进门上的一道夹层内，是中西合璧的具体体现。它遥对远处的祭坛，侧望还可以清楚地看到堂内墙面高处的精美浮雕，这些浮雕表现了十分中国化的莲、鹤、葫芦、宝剑、双钱等内容。

上海自然博物馆（延安东路老馆）

综合性自然科学博物馆

上海市黄浦区延安东路260号

乘320、125、934等路公交车可达

成人30元，儿童12元，老年25元

周二至周日9：00~17：00，周一闭馆

021-68622000（总机）

上海自然博物馆是我国最大的综合性自然科学博物馆之一，是一所包括古生物学、植物学、动物学、人类学、地质学、天文学等多种自然科学的综合性博物馆。

陈列内容包括古动物史、古人类史、现代动物三部分，现代动物又包括无脊椎动物、鱼类、两栖动物、爬行动物、鸟类和哺乳动物等，另外还有上海地区古尸展、海洋动物展览陈列室。此外，博物馆还经常举办各类专题学科展览。

链接

馆内主要展品

合川马门溪龙：身长22米，肩高3.5米，体重几十吨，发掘于四川合川县，为世界上最大的恐龙之一。

黄河古象：体长8米，身高4米，一对门牙就有3米长，发掘于甘肃东部黄土高原，也是古兽中的庞然大物。

古人类史陈列展品：陈列展品370件，展示了人由古猿进化而来，人类社会由猿群发展而来的历史。

中国历代古尸陈列厅：陈列厅里展出有新疆的出土距今3000多年前的哈密古尸，以及唐、宋、明三朝古尸。

雷鸟和雪兔电动生态景观：为国内首创，展现动物体色能随季节变化而变化的适应环境的保护作用。

上海自然博物馆

上海文庙

上海文庙 AAAA

上海中心城区的儒学圣地

上海市黄浦区文庙路215号

乘坐地铁8、10号线到老西门站下

10元

平日9:00~17:00;周六、周日7:30~16:00

021-63771815

上海文庙是上海中心城区唯一一处儒学圣地，也是古代上海最高的学府。其建筑群布局严谨，气势恢宏，极具民族特色。

元至元二十八年（1291年），上海县建立后即建文庙，供士绅祭祀大成至圣先师文宣王孔子，同时，作为县中秀才读书深造的学府。元、明、清三朝，上海县籍秀才考上进士做官的有270多人，所以文庙在古代是培养人才的地方。

链接

文庙书市

文庙书市是上海最大的旧书交易市场，每周的周日开市，风雨无阻。喜爱淘书的人往往在这里有意外的收获。翻检各色新旧书籍，可以挑选到有收藏价值的好书。花很少的钱，可以买到称心如意的产品。书的种类也是无所不包，上至高雅的文学名著，下至武侠言情小说，应有尽有。

上海书城

文化标志建筑之一

上海市黄浦区福州路465号（总店）

乘49、123、14等公交车可达

021-63914848

上海书城是上海重要的文化标志建筑之一，是上海市中心一道亮丽的风景线。最早的上海书城位于具有百年历史的上海市福州路文化街，书城主体建筑和装潢设计风格宏伟、典雅，透出浓郁的书香气息，是上海有史以来第一家超大型零售书店。

链接

上海书城分店

名称	位置	电话
长宁店	长宁区长宁路1057号	62120202
曹杨店	普陀区枣阳路107号	62544895
悦荟mosaic店	南京东路353号悦荟mosaic5楼	63526512

上海古籍书店

出售书法、绘画方面的书籍

上海市黄浦区福州路401号1~2楼

乘地铁2号线到南京东路站下

021-63282891

上海古籍书店出售的基本上是与书法、绘画相关的书籍，老少皆宜的老版新出小人书也能在这里找到。这里的一楼主要为国内文、史、哲等书籍，二楼为线装书，并且有不少老版和旧版的线装书。

外文书店

经营外文类图书的书店

上海市黄浦区福州路390号

乘地铁1、2、8号线人民广场下

021-23204888

上海外文书店是一家经营外文类图书的专业书店。它涉及几十个语种，外文图书品种常年保持在6万种以上。

一楼除了各类辞典、外语小说、CD、工艺品外，“老外”专柜是外国人经常光顾之地。专柜内提供大量介绍中国历史、地理、文化、风情、中医、餐饮、经济、法律等各种语种的书籍与图册。二楼的小语种专区共有近50个语种的学习资料，是学生、白领必到之处。考试区还陈列了各大出版社出版的有关大学及国内外各类外语考试的参考资料。

古城公园

体现了“古”与“新”的结合

上海市黄浦区人民路333号

乘地铁10号线豫园下可到

古城公园采用现代的园林表现手法来体现“古”与”新”的结合与过渡，以丹凤楼、钱业公所、民居缩影等景点来反映上海传统文化历史。其中丹凤台为全园最高点，站在这里，能从不同的角度感受到上海的历史文化价值。

另外，园内的植物众多，有桂花、榉树、银杏、枫杨、小叶罗汉松、白玉兰、紫薇等。

公园绿植

景点推荐 新天地周边

上海新天地以上海近代建筑的标志——石库门建筑旧区为基础，改变了石库门原有的居住功能，创新地赋予其商业经营功能，把这片反映了上海历史和文化的老房子改造成了融餐饮、购物、演艺为一体的时尚、休闲、文化、娱乐中心。

上海新天地分为南里和北里两个部分，南里以现代建筑为主，石库门旧建筑为辅。北部地块以保留石库门旧建筑为主，新旧对话，交相辉映。南里建成了一个巨大的购物、娱乐、休闲中心，有年轻人最爱的时装专卖店、时尚饰品店、美食广场、电影院及健身中心等，为本地和外地的消费者及游人提供了一个多元化和极具品味的休闲娱乐热点。

北里由多幢石库门老房子组成，并结合了现代化的建筑、装潢和设备，化身成多家高级消费场所及餐厅，菜式来自法国、美国、德国、英国、巴西、意大利、日本等国家，充分展现了新天地的国际元素。在南里和北里的分水岭——兴业路（中共“一大”会址的所在地），沿街的石库门建筑也成为凝结历史文化与艺术的城市风景线。

上海市黄浦区淮海中路

乘地铁1号线黄陂南路站下

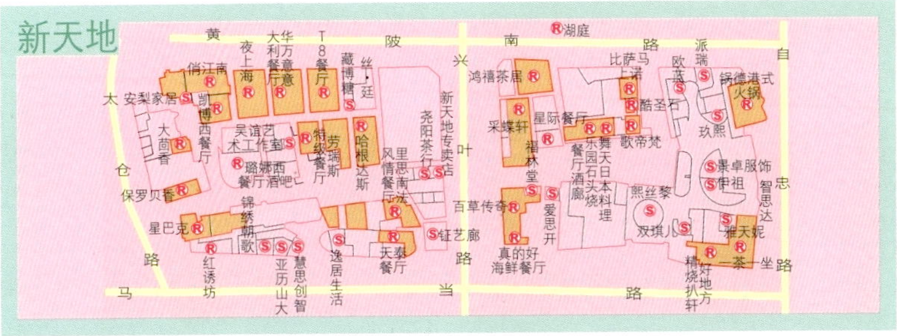

中共“一大”会议纪念馆 ⓧ

全国爱国主义教育示范基地

✉ 上海市黄浦区黄陂南路374号

🚌 乘地铁1号线到黄陂南路站下

🕘 9：00~16：00，周一、四闭馆

📞 021-53832171

中共“一大”会址是两栋两层石库门楼房，原为“一大”代表李汉俊之兄李书城的住宅，现辟为中共“一大”会址纪念馆。

纪念馆分为2层，收藏有革命文物、文献和历史照片3.8万余件，其中24件为国家一级文物。

新天地壹号

弄堂公馆式建筑

✉ 上海市黄浦区新天地北里广场，太仓路181弄1号楼

🚌 可乘坐地铁1号线在黄陂南路站下车，步行5分钟即可到达

📞 021-53829898

新天地壹号建于1925年，是一幢共有四层主楼的混合结构建筑物。在整个新天地广场中，新天地壹号是保留最完整的一幢建筑。这幢四层的建筑并不属于石库门房子，它在外形上属于“弄堂公馆”式建筑，目前在上海的老式住宅中已经相当罕见。

新天地壹号现在的主要功能是会务、餐饮、艺廊等，餐饮以粤菜、本帮菜、海派菜为特色。曾接待过多国首脑、政要，如俄罗斯总统普京及其家人、前美国副总统戈尔、前新加坡内阁资政李光耀等。此处还承接各重大外事接待任务，如六国峰会等。另外，新天地壹号也是全球各知名企业非常看好的活动场地。

链接

新天地壹号的历史

新天地壹号原地址为太仓路155号，在20世纪中期，太仓路是文房四宝店铺的集中地。新天地壹号这座建筑易主频繁，它最早的主人已无从稽考。2001年，新天地壹号经过修复，已恢复了往日的光辉，现为新天地发展商香港瑞安集团之会所。

抗日战争时期，它一度成为因被轰炸而失去原校的新新小学校址；新中国成立前，这幢大宅成为经营宣纸毛笔生意的商人毛伯庸的私宅，毛将大宅的北面改成铺面，南面的主楼则保留为住宅，成为前铺后居的格式。新中国成立后，大宅归入政府机关做办公室之用，后逐渐演变为员工的集体住所。后来居住人口慢慢密集起来，当初动迁时搬出去有四十多户人家。

上海石库门博物馆

展示上海独特的石库门建筑

✉ 上海市黄浦区太仓路181弄新天地北里25号（近马当路）

🚌 乘146路、大桥一线、781路、932路公交可到

¥ 20元

📞 021-33070337

上海石库门博物馆，是由一幢建于20世纪20年代的石库门老房子保留、改造而成。整个展示馆占地面积367.2平方米，建筑面积为513.9平方米，按照20年代里弄单元一户住户模式建成，主要展示房间七间，分别是客堂间、书房、老人房、主人房、女儿房、儿子房、灶披间，以一个石库门家庭的故事，贯穿参观始终。它不仅展示了上海独特的石库门

石库门

建筑文化，重现了当年上海人的生活空间和生活方式，也介绍了上海新天地项目的理念和改造开发过程。

玩家 攻略

石库门是摄影的好地点。拍摄时可以抓住一些细节，表现其质感：采用侧面光拍摄建筑物，也可获得适当的影调，且光线具有立体感，而用逆光或侧逆光拍摄，会使得建筑物显得更加深沉，营造出一种凝重的历史感。

太平桥公园

休息、散步的好去处

上海市黄浦区淮海中路

乘地铁10号线到新天地站下

公园占地面积44054平方米，为上海市中心城区一大规模的开放式公园。公园原为旧式里弄住宅密集地区，为营造太平桥商住园区生态环境改建而成。园内有人工湖、绿地、石库门楼、观景台、湖滨路等，是休闲的好去处。

上海邮政博物馆

展示上海邮驿通信发展史

上海市黄浦区兴业路123弄3号新天地邮政所内

乘地铁10号线到新天地站下

021-63936666

上海邮政博物馆新天地分馆位于兴业路123弄3号新天地邮政所内，装修古朴，有点怀旧的味道。

馆内以模型、老照片、实物微缩复制品为主，从古代驿站、驿路说起，然后依次介绍清代、民国直到新中国邮政的发展历程，完整地概括出上海的邮驿通信发展史。

公园古桥

景点推荐 思南路周边

思南路
回味古老故事之地

上海市黄浦区，北到淮海中路，南到泰康路

乘24、41、301等路公交车可达

思南路原名为马斯南路，源自法国一名著名的音乐家马斯南，是一条南北狭长比较静谧的小路。路的两边是充满生活气息的旧式洋房和里弄，房屋上爬满了浓郁的藤蔓，窄窄的路面被两边梧桐的投影完全覆盖。

另外在思南路上，有一片保存完好的旧法租界街道，路上的二十几栋花园式洋房，集中了上海几乎全部的居民楼样式，被誉为“上海历史的标本”。

思南路这块夹杂在闹市中的平静地带，成为了人们休闲、散步的好去处，而到此散步的最佳时间为早晨或傍晚。

雁荡路步行休闲街
淮海路后花园

上海市黄浦区北部，与复兴公园大道连通

乘146、320、911等路公交车可达

雁荡路街道周边有孙中山故居、科学会堂、周公馆等大量历史人文景观。街道两侧有许多经典的建筑、露天的酒吧、富有情趣的茶坊、幽静的咖啡厅等，几乎全球知名的异国美食，在雁荡路上都可以找得到，这是条很有地球村风味的休闲街。

孙中山故居 文

孙中山生前最后的家

上海市黄浦区香山路7号

乘24、41、301等路公交车可达

20元

021-53063361

孙中山故居是当时旅居加拿大的华侨集资买下送给孙中山的。1918—1924年，孙中山和夫人宋庆龄曾在此居住。孙中山逝世后，宋庆龄继续在此居住到1937年。

在这里，孙中山总结了他几十年的革命经验，完成了《孙文学说》《实业计划》等重要著作，酝酿了三民主义、实行三大政策的伟大决策，还在此促成了第一次国共合作，接待过李大钊、瞿秋白、毛泽东、林伯渠、邓中夏、恽代英、向警予、罗章龙等中国共产党人。

思南路周公馆

周公馆

周恩来旧居

上海市黄浦区思南路73号

乘36、780、781等路公交车可达

免费

9：00~11：00，13：00~16：30（周一、周四闭馆）

021-64730420

周公馆虽名为周恩来故居，实际上为中国共产党代表团驻沪办事处，因国民党当局不同意这样挂牌而称为周公馆。

周公馆是一栋三层楼的独立式花园楼房，红瓦屋顶，红色百叶窗，简洁而大气。墙上满是绿色，幽静宜人。楼前有一个花园，在草坪中央有一个大塔松。据说，周恩来在这里曾经接待过美国总统特使马歇尔将军，还举行过中外记者招待会。

邹韬奋纪念馆

三层新式里弄建筑

上海市黄浦区重庆南路205弄53、54号

乘17、932等路公交、隧道八线、大桥一线可达

免费

021-63842811

邹韬奋纪念馆是一幢三层的新式里弄建筑，著名作家、新闻人邹韬奋先生于1930年至1936年居住于此。目前室内陈列的都是原物，供瞻仰的有卧室、会客室和写作室。馆额为沈钧儒先生题字。而53号是介绍邹韬奋的思想发展、革命事业和战斗历程的文物资料陈列室。陈列品有珍贵的邹韬奋手稿，他主编的报刊，各种版本的著作，生前所用的遗物及党和国家领导人的亲笔题词。

瑞金宾馆

上海环境最优美的老房子之一

上海市黄浦区瑞金2路118号

可乘坐24、96路公交到达

上海瑞金宾馆位于新中国成立前上海滩的法租界内，是一座建筑典雅、环境优美的

花园式别墅型花园宾馆。它始建于20世纪20年代，属于英国古典式建筑风格，分别由四栋风格迥异的老别墅组成，每栋老别墅内都有宽敞明亮的高级卧房、宴会厅和会议室。

宾馆有占地约7公顷的大花园，大花园内有小桥流水、鸟语花香、参天大树、小天使大理石喷水池以及风格不同的亭院和果实累累的葡萄架长廊等。宾馆内四季绿草如茵，植有名贵花卉和参天古树，四季如春，景色宜人。

淮海路

上海著名的商业街

乘地铁10、12号线在陕西南路站下可达

在上海，广义的淮海路一共包括3段：东端的淮海东路，东起人民路，西迄西藏南路，长373米，在法租界时代原名宁波路。西端的淮海西路，长1506米，东起华山路，西迄虹桥路、凯旋路交会处，原名乔敦路，开辟于1925年，是最后一批的上海公共租界越界筑路，1930年改称陆家路。

淮海东路和淮海西路都是长度较短的僻静马路，位于两者之间的淮海中路则以繁华高贵闻名于世，被誉为“东方香榭丽舍大街”。主要有百盛、大上海时代广场、华亭伊势丹等时尚百货商场。

链接

淮海中路的历史

淮海中路辟筑于1900年，辟通于1901年。辟筑之初，东段名西江路，西段名宝昌路。1906年10月10日两段统合，以法租界公董局总董宝昌（Paui Brunat）

瑞金宾馆1号楼

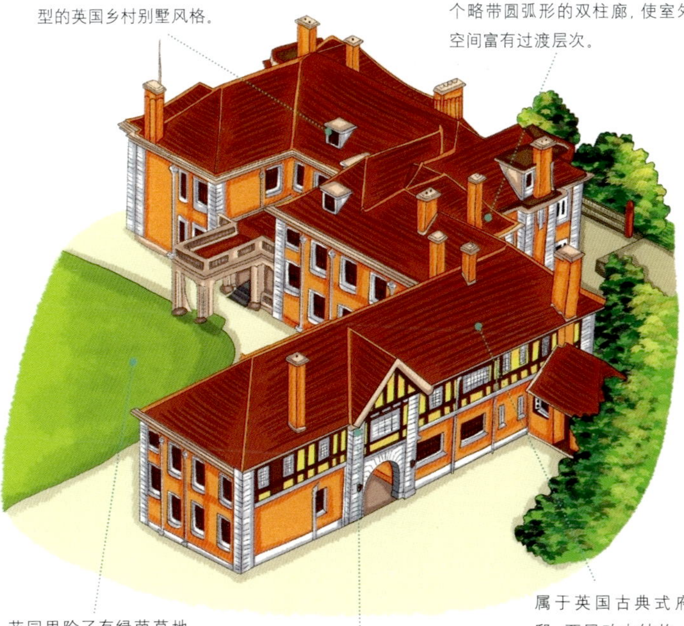

之名，统称宝昌路，又称勃吕纳路（同名异译）。1915年6月21日，由法公董局以欧战时法国元帅霞飞（Joffke）之名更名为霞飞路。1943年10月10日更名泰山路，1945年11月28日，又宣布改称林森中路，1950年5月为纪念淮海战役胜利，而改名为淮海中路。它全长约5.5千米，是一条繁华而又高雅的大街，一条堪与巴黎的香榭丽舍大道、纽约的第五大道、东京的银座、新加坡的乌节路媲美的大街。

上海三联书店

上海学者首选书店之一

上海市黄浦区淮海中路624号

乘坐41、104、955路等公交车淮海中路下可到

021-53064393

上海三联书店于1990年10月成立，由上海图书公司、三联书店（香港）有限公司和上海三联书店出版社联合投资组建，是国内第一家沪港合资的书店。

成立至今，三联书店在经营上通过不断调整，逐渐在社科、经管、艺术、文史类书籍和各类音像制品方面有独到的专业定位，同时还充分利用公司拥有进出口业务的优势，在进口原版的广告设计、文博和经管类图书等方面已形成自己的品牌特色，成为沪上各方学者的首选书店之一。

兰心戏院

曾是上海高贵的娱乐场所

上海市黄浦区茂名南路57号

乘24、26、304等路公交车可达 021-62565544

兰心戏院于1931年建成，在20世纪30年代，是上海设施最完备的剧场，也是当时一座高贵的娱乐场所，晚场常有西方剧团演出或是音乐会，男士均身穿燕尾服，女士则穿曳地长裙。

兰心戏院

兰心戏院为钢筋混凝土结构，楼高三层，外貌与结构虽有仿美国近代建筑风格之处，但整体仍是意大利文艺复兴时期府邸式风貌。主要由大堂、观众厅、舞台、化妆间、咖啡厅等组成。

玩家 解说

兰心戏院具有典雅欧式建筑风格，是中国最早的欧洲式剧场，也是上海开埠至今历史最久的剧场之一。当时作为各国驻沪领事、各界名流的聚会场所，它在上海滩独领风骚。新中国成立后，中国主要领导人和外国元首多次莅临剧场并观看演出，这里接待过的各国友人、海外华人不计其数，著名艺术家如梅兰芳、赵丹、金焰、秦怡、高重实、乔奇、丹尼等人也曾在此登台表演。至今，兰心大戏院还是富丽堂皇、玲珑精致、座位舒适、设备齐全、效果上佳，走进大门犹如进入了艺术的宫殿。

共青团中央机关旧址

砖木结构的老式石库门房子

上海市黄浦区淮海中路567弄（渔阳里）6号

乘146、911、26等路公交车可达

021-53823370

共青团中央机关旧址是一幢砖木结构的老式石库门房子，原是上海共产主义小组的活动场所。2001年，全面整修扩建并成立旧址纪念馆。

旧址纪念馆包括序厅、中国青年英模展厅（动态展厅）、上海青年运动史展厅、“渔阳里”团中央机关旧址历史展厅以及团中央机关旧址（即6号旧址）五个部分。纪念馆在综合运用历史照片、珍贵实物、艺术品、模拟场景等传统展示方式的基础上，增加了青少年喜闻乐见的多媒体和互动项目的比重，如巨幅铜质壁画、多棱翻动牌、网络游戏、检索点播台等，受到青少年的喜爱。

田子坊

链接

共青团中央机关的历史

1920年8月22日，经陈独秀倡导，俞秀松、施存统、袁振英、叶天底、金家凤等八人在这里宣告上海社会主义青年团成立，俞秀松任书记。1921年初，中国社会主义青年团成立，这里为团中央机关。1920—1921年，中国共产党的第一个通讯社（华俄通讯社）在这里建立并开始编辑发行工作。

淮海坊

众多名人住过的地方

上海市黄浦区淮海中路927弄

可乘地铁1、10、12号线到陕西南路站下

淮海坊在瑞金一路、成都南路之间，始建于1924年。从繁华热闹的大街拐进弄堂口，一切就静止下来了，使人感受到浓厚的历史和文化气息。

淮海坊曾住过很多的名人。巴金曾在这里的59号住过，并创作了激流三部曲；鲁迅的妻子许广平在这里的小楼中整理了《鲁迅全集》。除此之外，徐悲鸿、田汉等名人也在此居住过。

渔阳里

造型别致，风格独特

上海市黄浦区淮海中路567弄

乘146、320、911等路公交车可达

渔阳里是一栋一正一厢的欧式联排建筑，它造型别致，风格独特。1920年，上海社会主义青年团诞生在此地，它是中国第一个有共产主义色彩的青年组织，当时，刘少奇、任弼时等爱国人士也相聚在此。现在，这里是团中央革命纪念馆。馆内用多媒体等手段，记录了团组织的发展历程。

田子坊

艺术家的创意工作基地

上海市黄浦区泰康路210弄

乘17、24、304等路公交车可达

田子坊是由上海特有的石库门建筑群改建后形成的时尚地标性创意产业聚集区，也是不少艺术家的创意工作基地，人们往往将它称为“新天地第二”。无论是招牌还是商品，每家店铺都极力展现只属于自己的风格，目的就是为了突出“唯一”特性。

步高里

造型漂亮的法式建筑群

上海市黄浦区陕西南路287弄

可乘坐17路公交车建国西路下即到

步高里是一片漂亮的法式建筑群，这里有雕花的窗户、漂亮的屋顶。而弄堂门口有中式的牌坊和法文标注的门楣，它们构成了老建筑特有的魅力。正因如此，步高里的石

库门曾引来了无数名人的驻足，如巴金、法国前总统夫人贝尔纳黛特•希拉克。

丰子恺故居
上海永义里缘缘堂

上海市黄浦区陕西南路39弄93号

乘49、311等路公交车可达

著名画家丰子恺一生转战各地，留下多处故居。有意思的是，只要是他居住时间比较长的地方，都被命名为“缘缘堂”，上海永义里的缘缘堂是仅次于其故乡浙江石门镇的缘缘堂。

在上海的缘缘堂，丰子恺创作了很多作品，编辑出版了《丰子恺画集》《丰子恺儿童漫画》等，翻译了《源氏物语》。

复兴公园
保存较完整的法式园林

上海市黄浦区107号

可乘地铁1号线黄陂南路站下车

免费 021-53861069

复兴公园占地面积8.89万平方米，是上海开辟最早的公园之一，也是目前我国唯一保存较完整的法式园林。初建时南北东西基本呈对称，后几经变迁，新增大量花木，乔灌木总数达140种、1万余株，其中参天悬铃木之多，比例居本市公园之首，还有七叶树、椴树、枫香等名贵树木。

公园主要景点有沉床花坛、玫瑰园、茶花、杜鹃花坛、马恩雕像广场等。沉床花坛又称沉床园，位于公园中部，一年四季以各种不同的花色或叶色，配合成地毯一般的图案花纹，故亦称地毯式花坛。加之彩色喷泉伴于其中，成为复兴公园的特色景区。

张学良故居
西班牙风格的花园洋房

上海市黄浦区皋兰路1号

乘26、42、146等路公交车可达

张学良故居位于复兴公园西门旁，是一座西班牙风格的三层小楼，主楼面积约800平方米，楼下有大厅，是当年宴客之所，会客室在二楼，张学良、赵一荻的卧室在三楼，是西班牙式的套房，房内放着一张西班牙式的大床，是按原样仿制的。

房外有20平方米的平台，楼前有一座大花园，面积约1000平方米，现名荻苑。园中栽种香樟、雪松、紫藤、玉兰、金桂、银桂，草坪是马尼拉式的，还有可坐几个人的秋千架等。

丰子恺故居

景点推荐

徐家汇周边

衡山路

异国情调浓郁

上海市徐汇区

乘地铁1号线衡山路站下

衡山路是上海最负盛名的具有异域风情的休闲娱乐一条街，被誉为“上海的香榭丽舍”。道路两旁屹立着许多颇具特色的欧式建筑，堪称万国建筑博览园。走在衡山路，就是走进了上海的万种风情。

衡山路上除了建筑，美食也是有名。这里有来自澳洲的“史东岩烧烤”，来自美国的连锁店“星期五餐厅”，大型主题音乐餐厅“红蕃”、日本料理的“缘禄寿司”，德式西餐的“运通豪士”、泰国风味的“天泰餐厅”、经典意大利菜的“沙华多利”以及众多环境优雅的中餐馆如“香樟花园”“席家花园”“金鱼翅坊”等。

娱乐活动除了“欧登”，还有“富豪东亚国际网球中心”的网球、室内高尔夫、游泳馆，“外高桥俱乐部”等，更少不了沪上首屈一指、热力十足、夜夜火爆的“真爱Disco”。另外，衡山路还是上海最大的酒吧街。

上海国际网球中心

外形为造型别致的“八”字形姐妹楼

上海市徐汇区衡山路516号

乘地铁1号线到衡山路站下车

上海国际网球中心占地27000平方米，

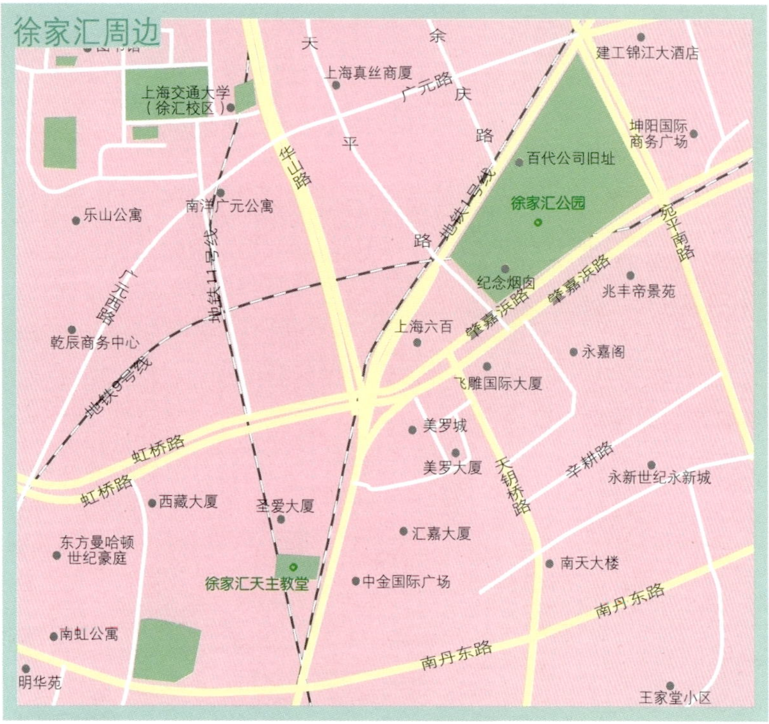

由一幢22层的五星级酒店富豪环球东亚酒店、一幢22层的高级外销公寓东亚公寓和一个综合性会员制俱乐部所组成。

整个建筑群统一和谐、匠心独具。它的外形为造型别致的“八”字形姐妹楼，中间有三层裙房连接。外墙面用进口仿花岗石喷涂配高级外墙玻璃，在设计上既保持了本地区的传统风格，又不失鲜明的时代感，整个建筑品质优越，充分体现了欧陆古典风格的建筑特点。

衡山公园

绿化环境优美的市民公园

上海市徐汇区广元路2号

可乘坐地铁1号线到达

衡山公园占地面积1.19万平方米，园内绿化基本保持原有布局，三株百年香樟，两株在大门西面，一株在园东侧树丛中。公园中央有千余平方米的大草坪，高大的乔木与大块草坪、灌木、花卉组成各色景观。园内主要景观有椭圆形大花坛、大草坪和沈钧儒塑像。

宋庆龄故居 AAAA

宋庆龄曾经的寓所

上海市徐汇区淮海中路1843号

乘26、911、920等路公交车可达

¥20元　021-64376268

宋庆龄故居为一座19世纪20年代建造的西式寓所。整个院落前有草坪，后有花园，四周环绕着40株百年香樟，四季常青。

故居内收藏着大量宋庆龄的遗物，如她使用过的日常生活用品，写下的文稿、函札，收藏的字画、印章和图书，珍藏的照片，党和国家领导人、外国元首及贵宾、中外友人赠送的礼品，还有孙中山的遗物等，总数在一万件以上。

徐家汇公园

突出显示地域特色

上海市徐汇区徐家汇广场东侧

可乘坐地铁1、9号线到达

徐家汇公园占地面积约7.27万平方米，设计以生态理论为指导，以绿为主，特别突出与原有徐家汇繁华商业圈以及衡山路殖民地时期的花园别墅风格的融合。

园内还有密密麻麻的竹林，四季常青的松林，有展示热带风情的海枣和椰子，也有季相明显的栾树林，沿湖还有芬芳的桃李和摇摆的垂柳。公园主要的看点有烟囱、公园整体布局、观景桥。

港汇广场

节日与庆典丰富

上海市徐汇区虹桥路1号（华山路口）

可乘坐地铁1、9号线到达

港汇广场为大型购物中心，地处徐家汇商业中心区域，是上海市的一个地标性建筑。港汇恒隆广场购物中心共有四百多个特色专卖店，涵盖了消费领域各种标杆品牌。

提到港汇广场，不可忽略的是它独具个性的主题活动，这里的节日与庆典常常令都市的时尚一族津津乐道。

徐家汇天主教堂

被誉为“远东第一大教堂”

上海市徐汇区蒲西路158号

乘地铁1号线徐家汇站下

13：30～16：00（周六、周日）

徐家汇天主教堂是上海天主教“三自爱国会”所在地，始建于清光绪三十一年（1905年），是中国第一座按西方建筑风格建造的教堂。

教堂外观是典型的欧洲中世纪哥特式，采用清一色红砖，双尖顶砖石结构。尖顶有两个十字架，堂身正中是盘形浮雕，繁复华丽，远看极像罗马钟表的形状，并饰以许多圣子、天主的石雕，纯洁而安祥。作为上海最大的天主教堂，每天清晨都有多台弥撒，逢周日与宗教节日，教友济济一堂，仪式盛大。

徐光启墓园 文

全国重点文物保护单位

上海市徐汇区南丹路17号

乘205、73、920等路公交车可达

021-64381780

徐光启墓占地约1.3公顷，共有10个墓穴，葬徐光启和其夫人吴氏，左右两边是四个孙子及其夫人。由于徐光启去世后被葬在当时的法华浜和肇嘉浜汇合处，后世的子孙也都葬于此地，“徐家汇”就由此得名。1957年，墓地进行了修整，墓地增添了徐光启的花岗岩雕像。徐光启墓园北为徐光启墓区，东部为游憩区，西部为青少年活动区。

链接

徐光启

徐光启（1562—1633），字子先，号玄扈，教名保禄，汉族，明朝南直隶松江府上海县人，中国明末数学家、科学家、农学家、政治家、军事家，官至礼部尚书、文渊阁大学士。赠太子太保、少保，谥文定。徐光启也是中西文化交流的先驱之一，是上海地区最早的天主教徒，被称为“圣教三柱石”之首。

徐家汇藏书楼

上海现存最早的近代图书馆

上海市徐汇区漕溪北路80号

可乘坐地铁1号线到达

021-64874072

徐家汇藏书楼创建于1847年，是上海现存最早的近代图书馆，也是我国西学东渐和东学西传的缩影。

现存徐家汇藏书楼为南北交错的两幢建筑：北楼，即大书房，建于1897年，为两层双坡顶，砖木结构，南北立面设多个欧式壁柱尖券洋松百叶窗框，两层的设计理念和风

徐家汇天主教堂

格融合了中西文化内涵，上层为西文书库，布局和藏书排架为梵蒂冈图书馆式样；其下层原为中文书库，仿照明代宁波天一阁风格；

徐光启墓

南楼，原神甫楼，建于1867年，几经改建，于1931年固定为四层坡顶，外廊式建筑。

玩家攻略

徐家汇藏书楼集读者服务、文献保管、开发研究功能于一身。一楼为会展区，展厅设有特色文献陈列展，并不定期举行各种中小型会议展览活动。二楼为读者阅览区，并提供iPac查询、资料复印、参考咨询等各项服务。

国际礼拜堂

上海规模最大的基督教堂

上海市徐汇区衡山路53号

乘地铁1号线可到

星期日礼拜时可免费参观　021-64376576

国际礼拜堂建成于1925年，是上海规模最大的基督教堂，占地7330多平方米。整个建筑由礼拜堂和三层高的副楼两部分组成。国际礼拜堂主体建筑样式为德国的仿哥特式教堂建筑，礼堂可容纳700余人。

大堂屋面两坡陡峭，铺盖石板瓦。内为3廊型巴雪利卡式，侧廊2层。大堂正中为祭台，两侧为2层廊式楼厅。1931年建造了3层侧楼小礼堂、牧师住房、办公室、活动室，后又置管风琴和建造400平方米交谊厅（今衡山路网球场）。

蒋介石寓所

美丽的法式洋房

上海市徐汇区东平路9号

乘坐地铁1号线可达

蒋介石寓所又被称“爱庐”，为一座美丽的法式洋房，是蒋介石与宋美龄结婚后宋家的陪嫁之物。现在，寓所一部分已属于上海音乐学院，还有一部分成为上海著名的老洋房餐厅——玲珑坊。

洋房外墙嵌有黑白黄色鹅卵石，一楼为大客厅，二楼为蒋介石、宋美龄的卧室和卫生间，卧室旁边有一通道，可直达楼外。

马歇尔公馆

旧上海最豪华的老洋房之一

上海市徐家汇太原路160号

乘坐地铁1号线到达

马歇尔公馆别名太原别墅，是旧上海最豪华、最有品位的老洋房之一。公馆由一幢主楼和四幢副楼组成，周围是花园，原是法国律师狄百克在1928年仿照法国路易十四皇宫建筑设计建造的私人花园别墅，被誉为上海法国式建筑的经典之作。

1945—1947年，已退休的美国五星上将、美军最高军衔获得者乔治•马歇尔应杜鲁门总统之邀，担任赴中国的特使，下榻在此处调解国共两党和谈，会见各方代表。

田汉故居

上海新式话剧主要起源地

上海市徐汇区永嘉路371弄

乘96、42、45等路公交车可达

田汉故居位于新新街的老弄堂里，新新街外表非常普通，但因为这里住过著名的剧作家田汉而闻名。田汉故居楼上是住家，楼下是厅堂。1927年，田汉主持的南国剧社成立，这里人来人往，热闹异常，成为上海新式话剧的重要起源地。

在这里，田汉组织并上演了法国作家梅里美的小说改编的六幕话剧《卡门》。田汉和南国社为中国的进步话剧事业做出了杰出的贡献，他们后来加入了中国左翼作家联盟和中国左翼戏剧家联盟。

链接

田汉

田汉（1898—1968），原名寿昌，曾用笔名伯鸿、陈瑜、漱人、汉仙等。汉族，湖南省长沙县人。话剧作家，戏曲作家，电影剧本作家，小说家，诗人，歌词作家，文艺批评家，社会活动家，文艺工作领导者。中国现代戏剧的奠基人。多才多艺，著作等身。他还是中华人民共和国国歌《义勇军进行曲》词作者。文化大革命中，被“左”的社会势力迫害而死于狱中。

总董官邸
白色宫殿般的建筑造型

上海市徐汇区汾阳路79号

乘坐地铁1号线衡山路下车

8元

总董官邸建于1905年，原是法租界公董局总董官邸，因官邸白色宫殿般的建筑造型颇像美国白宫，因此，又被称为“小白宫”。宫殿端庄华丽，严谨而富有艺术感，外墙用高大的树木代替，水平线条流畅，主楼前是一块占地很大的带法国艺术风格的大草坪。现在的总董官邸是上海工艺美术博物馆的所在地。

上方花园
为公寓式花园里弄

上海市徐汇区淮海中路1285弄

乘坐地铁1号线、7号线

上方花园建成于1941年，又名沙发花园，与新康花园相邻，均为英商马海洋行设计。曾是英籍犹太人沙发的私人花园，为公寓式花园里弄，总体布置为5排整齐的行列式住宅74幢，3层砖木结构。住宅类型多，造型活泼，有独立式、联列式、行列式等，大多是西班牙风格建筑。

园中布局为西洋园景，有草坪、喷水池和小别墅。商务印书馆编译所所长、著名出版家张元济曾居住在此花园。

徐家汇夜景

景点推荐 静安寺周边

静安寺

上海著名真言宗古刹

- 上海市静安区南京西路1686号
- 可乘地铁2号线到静安寺站下
- 30元
- 021-62566366

静安寺原名沪渎重玄寺，建于三国东吴赤乌十年（247年），距今已有1800多年的历史，是上海著名佛教古刹。有天王殿、大雄宝殿、三圣殿等建筑。

大雄宝殿中的释迦牟尼玉像用整块玉石雕琢而成，为中国之最。另外，每年四月初八，静安寺还会举行3天的庙会，静安寺的素食很值得品尝。

玩家 攻略

静安寺有素斋馆，素面有素什锦和双菇两种浇头，每月初一、十五去吃的人很多。另外还有素点，中秋节也有素月饼。

玩家 解说

静安寺庙会起源于一年一度的浴佛节。清光绪七年（1881年）重开，终于1963年。每年农历四月初八浴佛节，商贾云集，游人如织。数十年来，庙会逐渐形成规模宏大的庙市，堪称静安区商业的渊源。

随着城市建设的发展，寺院相继出租土地营造商业用房和里弄住宅，变幽静乡郊为商街闹市，十里洋场西端市口日趋繁荣。至20世纪30年代，静安寺商市已初具规模，今发展为上海重要的商业中心之一。

静安寺

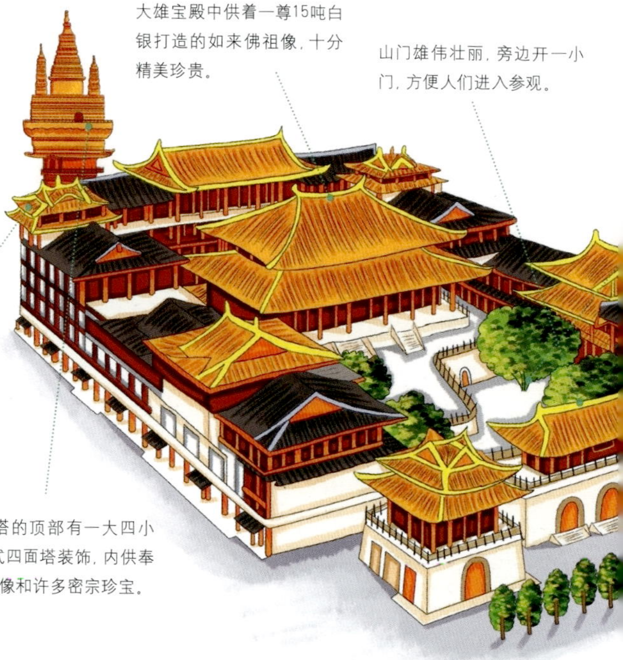

静安公园

上海市中心的都市绿洲

上海市静安区南京西路1649号

可乘地铁7号线到静安寺站下

021-62483238

静安公园位于静安寺对面，全园面积3.94万平方米，呈“凸”字形，南临延安中路，西靠华山路，东为住宅。

公园以中央大道32棵百年大树悬铃木为中心，北部正门入口处为银杏广场，东部为历史人文空间，以古“静安八景”为素材，采用小中见大，遮隔景深的传统造园手法，建成“静安八景园”，东南部为高低起伏的观赏大草坪；西部开阔区利用地铁静安寺站高隆的穹顶与地面的落差，因势叠山理水，堆砌大型假山瀑布，山坡种植名贵花木，设观赏平台，具有壮观的“城市山林”景观之称，成为人们在现代大都市中感受自然山水的空间。

蔡元培故居

保存最完好的蔡元培故居

上海市静安区华山路303弄16号

乘45、327、15等路公交车可达

免费

021-62484996

上海蔡元培故居为一幢三层英式花园洋房，是蔡元培在上海的最后一处住所，也是国内保存最完好的一处蔡元培故居。现在，故居一楼辟为故居陈列馆，二楼、三楼居住着蔡元培先生的子女。故居的陈设基本保持蔡元培先生生前的原样，展示他生前使用过的打字机、行李箱等文物。

丁香花园

保存好的老洋房

上海市静安区华山路849号

乘地铁1、7号线常熟路站下

丁香花园由美国著名建筑师艾赛亚·罗杰斯所设计，是上海滩最负盛名、保存最为完好的老洋房之一。据说，这里曾是晚清大臣李鸿章的七姨太居住之地，因七姨太名叫丁香，故名。走进丁香花园，满眼绿野，西式园林、中式园林尽收眼底。园林中有巨大的草坪，高大的香樟以及3座红白相间的小洋楼。曲径通幽，修竹蔽天。花园大门处有一条长达百余米的龙墙，十八个起伏博得了“一条蛟龙卧半园”的美名。

上海佛教居士林

影响巨大的佛教居士林团体

上海市静安区常德路418号

乘15、21、315等路公交车可达

上海佛教居士林原名中国佛教研究会、世界佛教居士林、上海佛教敬业社，始建于1918年11月，是国内影响巨大的佛教居士林团体之一。

上海佛教居士林净土道场明净开阔，前身是“文革”期间的工厂，场地内可放置400余个摆凳，内有一尊金身释迦牟尼像，在道场内有一间暗房，那里是内供间，只有在年度法会期间对外开放。在道场内有专供佛教居士阅读的图书馆，其地方狭小，但藏书颇多。

张爱玲故居（常德公寓）

作家张爱玲的旧居之地

上海市静安区常德路195号

乘坐地铁2、7号线静安寺站下

张爱玲故居是一幢非常女性化的大楼，肉粉的墙面夹杂着咖啡色的线条，非常漂亮。由于时间的关系，这幢大楼看上去有些暗暗的色调，仿佛是旧日里女人用过的胭脂扣。

张爱玲故居

张爱玲的故居，当年名叫爱丁堡公寓。1939年，张爱玲与母亲和姑姑住在51室；1942年搬进了65室（现在为60室），直至1948年。在这里，她写下了《第一炉香》《红玫瑰与白玫瑰》《金锁记》等著作，她笔下妙趣横生的《公寓生活记趣》，说的是这座大楼里的喜与忧。

上海展览中心

上海的代表性建筑之一

上海市静安区延安中路1000号

地铁2号线静安寺站，或乘21、825等路公交可达

上海展览中心亦称为上海展览馆，原名中苏友好大厦，是上海的代表性建筑之一，与北京展览馆一样同属俄罗斯古典主义建筑风格。这里承办了许多国内外重要的展览会，在经济、政治、科技等方面发挥着巨大的作用。

马勒别墅

极具北欧风情的私人花园别墅

上海市静安区陕西南路30号

乘24、4、104等路公交车可达 62478881

马勒别墅建成于1936年，是由英籍犹太人马勒委托当时著名的华盖建筑事务所设计建造的一幢极具北欧风情的私人花园别墅，历时九年才得以完工。别墅里挪威式的尖塔，哥特式的尖顶，中国式的琉璃瓦、老虎窗、泰山面砖、彩色花砖、随处可见的佛龛汇聚一堂，到处都雕着美丽精致的图案。内部装修得酷似一条豪华的游轮，一幅幅木雕画面全是船队的海上情况，就连地板也用细细的木条拼出了海草、海带的图案。走在里面，仿佛进入了一个童话般的梦幻世界。

玩家 攻略

现在的马勒别墅已成为一家饭店，并更名为

马勒别墅

衡山马勒别墅饭店，主楼内的一层是饭店的大堂，如果要参观是可以的。

绿房子

曾为远东第一豪宅

上海市静安区铜仁路333号

可乘坐地铁2号线在静安寺站下

绿屋是匈牙利建筑师邬达克于1938年设计完成的，曾被称为“远东第一豪宅”。建造之初为上海富豪吴文同的私宅。

绿屋总共4层，配有电梯，电梯门是弧形木制的，绿屋是上海第一家装电梯的私人房子。另外，整幢楼里共有12个颜色各异的厕所，现在绿屋的一楼是个高档的西餐馆，二楼是个酒吧，采用现代别墅中层层退台的设计，三楼、四楼为私人住宅。

吴江路美食街

平民的美食街

乘坐地铁2号线南京西路站下

吴江路被称为“平民的美食街”，虽然少了云南路的辉煌和大气，但却更具生活化。和周边高级的大酒店相比，街内那一家家不起眼的小店，颇有几分“大隐隐于市”的感觉，而且别有一番风味。尤其是这里的小杨生煎，深受人们喜爱。

美琪大戏院

建筑融合现代与古典美之精华

上海市静安区江宁路66号

乘23、11、24等路公交车可达

021-62472010

美琪大戏院建于1941年，取其“美轮美奂，琪玉无瑕”之意，被海内外人士誉为“亚洲第一”。美琪大戏院的风格极其典雅、独特，融合现代与古典建筑美之精华，入口处的圆形巨塔，气势磅礴，大型水晶吊灯灿烂缤纷，大、小两座灯光喷泉流光溢彩，青铜艺术雕塑造型典雅，观众休息大厅视觉富丽庄

街边美食

重，宏伟壮观，观众厅座位总数1328座。

美琪大戏院是上海市以演出大型歌剧、芭蕾舞剧、音乐舞蹈为主的综合性剧场，是国内外文化交流的主要演出场所。新中国成立前和新中国成立初，京剧表演艺术大师梅兰芳和世界著名芭蕾舞大师乌兰诺娃都先后在美琪演出过经典剧目。

中共二大会址

已有百年历史的房子

上海市静安区成都北路7弄30号

乘坐地铁2号线南京西路站下

中共二大会址是一座已有上百年历史的石库门房子，曾是党的中央局宣传主任李达的私人寓所。

会址掩映在延中绿地的碧草和青竹间，原址的门额上，清晰地雕刻着“腾蛟起凤”的字样，在这个典型的石库门建筑的底楼客堂中央，摆放着一张八仙桌，周围放八个方凳，两边是太师椅和茶几，中共二大第一次全体会议就在这里举行。

如今，除客堂外，底层已被布置成展厅，二楼则是李达书房和卧室，内有简单的帆布床和办公桌椅。现在的会址，不仅是老

年同志怀旧的地方，也是青少年学习历史的地方。

愚园路
曾引领上海新式里弄之风

上海市静安区愚园路

乘323、15、21等路公交车可达

愚园路在区境西部，镇宁路、乌鲁木齐北路之间，始建于1936年，因原涌泉坊得名。

这里有一大批有钱人留下的别墅，曾引领了上海新式里弄之风。涌泉坊为西班牙风格3层新式小楼，弄底是陈楚湘的私宅陈家花园。现在，陈家花园仍为私人住房，它掩映在涌泉坊的最深处。

愚园路上，最豪华气派的房子当属汪精卫旧公馆。公馆为4层钢筋混凝土结构，耗资30万银圆，在当时可谓是上海滩少有的豪宅。

百乐门
号称“东方第一乐府”

上海市静安区愚园路218号

可乘坐地铁2号线静安寺站下

百乐门舞厅是上海著名的综合性娱乐场所，全称“百乐门大饭店舞厅”。该娱乐场由杨锡镠建筑师设计，号称“东方第一乐府”。

百乐门

建筑共三层，底层为厨房和店面，二层为舞池和宴会厅。三楼为旅馆，顶层装有一个巨大的圆筒形玻璃钢塔，当舞客准备离场时，可以由服务生在塔上打出客人的汽车牌号或其他代号，车夫可以从远处看到，而将汽车开到舞厅门口。

玩家解说

如今的百乐门经内部重新修缮，以崭新的面貌再度迎客。如今提起上海，很多人都会想起它的高楼大厦，它的现代化和国际化，但上海还有这么一个地方，弥漫着老上海的气息，旗袍、爵士乐，还有似乎从80多年前传来的音乐旋律，黄包车、爵士乐、高衩旗袍，空气里弥漫着80多年前老上海的气息，这里就是百乐门，一个有着七十多年历史，既怀旧又颇具现代风格的娱乐场所。

中山公园
融合中西园林文化

上海市长宁区长宁路780号

乘坐地铁2、3、4号线中山公园站可到

中山公园原是旧上海英国大房地产商霍格的私家花园，1914年改建为租界公园。现在的中山公园，成为了以大树、草坪、山林、湖泊等自然风光为特色的、中西园林文化相融合的、具有深厚历史文化意蕴的城市园林。

全园的景点约120处，各具特色，其中银门叠翠、花墅凝香、绿茵晨晖、芳圃吟红、双湖环碧、荷池清月等12处景点被评选为“中山公园十二景观”。

链接

中山公园的历史

中山公园原称兆丰花园（Jessfield Park），也称极司非尔花园，原是英国兆丰洋行大班、地产商霍格（H. Fogg）在上海西郊的私家花园，由极司非尔路通往静安寺。霍格将花园北半部靠近苏州河的部分卖给了美国圣公会，圣公会在那里创办了圣约翰书院，以后发展成圣约翰大学，也就是今天毗邻中山公园的华东政法大学。1914年上海公共租界工部局将花园南半部改建为租界公园，定名为兆丰公园，实质却属于越界筑路。公园当时占地约21.3公顷，大门位于白利南路和愚园路路口。1943年日本占领军将租界交还汪精卫政权，兆丰公园于是改名中山公园并沿用至今。

银门叠翠

银门叠翠实为中山公园南大门，始建于1917年，2001年因地铁二号线建设需要，改建为总面积1.6万平方米的开放式广场绿地，保留原有的香樟树林，设置架空式弧形园门、大型景观石等，与都市市容景观融为一体。

花墅凝香

花墅凝香为中山公园的牡丹园，建于1956年，内有始建于1916年的牡丹亭（原名中国式凉亭）。牡丹园以盆景式树坛为中心，有大小15个牡丹花坛，颇有历史记载的“殿春花墅”遗风。

水榭絮雨

水榭絮雨为中山公园的陈家池，池的北面有水榭，水面宽阔，景色清新，春暖花开时节，沿岸杨柳飞絮铺天盖地，蔚为奇观。兼以春雨潇潇，细雨如絮，临榭观景，令人心旷神怡，是公园观雨佳处。

绿茵晨晖

绿茵晨晖实为中山公园的大草坪，公园内分布6处草坪，其中有占地面积达8000平方米的大草坪区，绿茵绵延，视野开阔，周围有众多景点簇拥，富有自然风光，是公园景区精华之所在。

芳圃吟红

芳圃吟红为中山公园的月季园，月季是公园的特色花卉。初在园内散植，为方便游客观赏月季而辟建月季园，成为旧上海著名的月季培植园地。1956年扩建为规则式和不规则式两处月季园。2001年再次扩建，使园地面积扩展到3300平方米。

中山公园

双湖环碧

双湖环碧实为中山公园的鸳鸯湖，1958年扩建公园时，以人工挖湖筑山造成，以后又植树造林、围砌湖岸，形成“凹处聚水凸为山”的鸳鸯湖景区，四围碧水清澈，景色清新。

荷池清月

荷池清月为中山公园内的荷花池，1937年堆造西山时，形成荷花池塘，成为公园主要景观之一。池呈月牙形，背靠西山坡，面对西草坪，绿化设置富有特点，黄杨造型的“中山公园”四个大字，别具情趣。

林苑耸秀

林苑耸秀为中山公园内的山水园，用原有小河浜围砌石岸，依自然风格构筑园林小品，有太湖石、小石桥、花架穿廊、山地竹亭、高山跌水、荷池水湾、石罅洞天等诸景，高低错落，精巧自然。

独木傲霜

独木傲霜为中山公园内的大悬铃木，据工部局年报载，大悬铃木来自意大利，1866年由花园园主霍格种植，至今已经历150年沧桑岁月。现在已是华东地区树冠，上海中山公园最大、树干最粗、树身最高的悬铃木。

石亭夕照

石亭夕照实为中山公园的大理石亭，大理石亭是1935年迁建园内的西方古典主义园林建筑，1999年被列为“上海市近代建筑保护单位”。石亭面对大草坪区，亭后以龙柏树为屏障，极富欧陆古典园林情调。

虹桥蒸雪

虹桥蒸雪实为中山公园的大石桥，东泥山风景区地势起伏蜿蜒，湖岸曲折，水波荡漾。1959年建成的花岗岩大石桥跨越陈家池，隐身于香樟树林之中，处在水雾蒸腾、岚气吞吐之间，意境深邃幽静。

旧园遗韵

旧园遗韵为中山公园的后园门，后门园区原来是英商霍格的私家“兆丰花园”。1914年花园改建为公园时，园门即设在现址。近百年来，这里林木蓊郁，风貌依旧，颇具幽思。

玉佛寺

仿宋殿宇建筑

上海市普陀区安远路170号

乘19、206、316等路公交车可达

平时10元

021-62663668

玉佛寺是一座仿宋殿宇建筑，寺庙布局严谨，结构和谐，气势宏伟。寺内中轴线上，依次分布着天王殿、大雄宝殿、玉佛楼（方丈室），左右两侧有卧佛堂、观音殿、铜佛殿和斋堂，错落有致。

每逢初一、十五或佛教传统节日，院内香烟缭绕，福烛高照。寺庙内除立有两尊尊贵的玉佛外，还有许多珍贵的文物，如石雕佛像、释迦牟尼青铜立像。

玉佛坐像

玉佛坐像位于大殿正中，为释迦牟尼的法相。像高1.92米，重1吨，由整块白玉精雕而成，玉质细洁，造型优美。佛身上装贴的金箔和镶嵌的宝石，光彩夺目，系信徒们所捐。游客到此，无不赞叹玉佛雕琢巧夺天工，精美绝伦，举世无双。

白玉卧佛

白玉卧佛在寺庙西侧卧佛堂内，为慧根法师请回的另一尊玉佛，长96厘米。红色佛龛中，佛祖如来侧身而卧，右手支头，神态安详。1989年，新加坡信徒又赠一尊大卧佛，长约4米，就供在对面。

玩家攻略

在法物流通处的东侧是玉佛寺的苏斋饭店，同时也卖各种素点。如果饿了，可以在这里尝一下素斋，也可以购买一些素点回家。玉佛寺的素斋在上海很有名气，历史也很悠久，其中净素月饼最有名。

玉佛寺

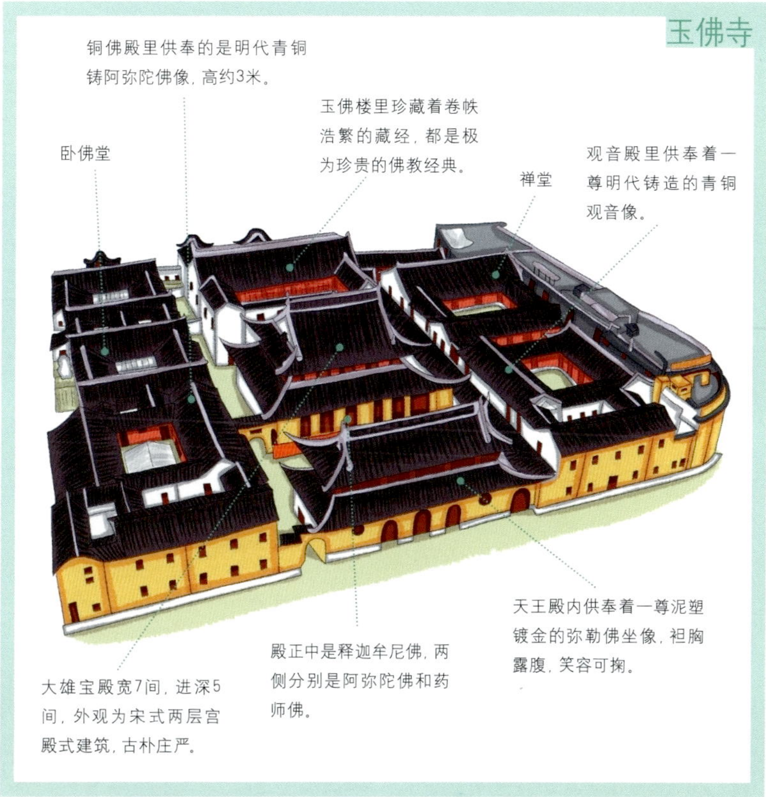

莫干山路50号艺术仓库

孕育艺术的宝地

上海市普陀区莫干山路50号

乘坐地铁1、3、4号线上海火车站下

简称M50。对于一些不懂艺术的人来说，莫干山路50号不过是一堆破旧的老厂房。但是，在真正的艺术家眼里，莫干山路50号就是一块孕育艺术的宝地。

自从第一批艺术家看中莫干山路仓库的宽敞空间和合理租金并租来做工作室之后，这些旧厂房仓库就成了中国艺术家聚集的地方。现在的莫干山路50号，是画廊、设计公司、艺术机构和艺术家的聚集地，是目前上海最具规模的当代艺术场所。

普陀公园

集休闲娱乐于一身的公园

上海市普陀区光复西路255号

乘36、40、69等路公交车可达

普陀公园坐落于普陀区境内轻轨明珠线以南，苏州河以北，东临东新支路，占地约13187平方米。其中，园内绿化面积6841平方米、道路面积4759平方米、游乐区1086平方米、生活办公区154平方米、服务设施347平方米。

园内有平顶长廊、紫藤架、枣红色磨石地坪、六角亭阁、健身园、小型游艺设施等。公园初建时种植的海棠、枫树、银杏、梧桐、香樟、雪松等历经四十多年生长，枝繁叶茂，蔚然成林。

景点推荐 龙华寺周边

龙华古镇 ⓧ

市中心的千年古镇

上海市徐汇区龙华路

乘41、933路公交或轻轨3号线可到

龙华镇以龙华寺得名，是上海中心城区唯一的千年古镇，始建于宋代。明嘉靖三十二年（1553年）四月，被倭寇焚毁“市廛千余间”。清同治十三年（1874年），江南制造局创龙华火药厂，为境内近代工业之始。至新中国成立前夕，镇内先后建造龙华水泥厂、大明火柴厂、亚美无线电厂等10余家私营工厂，并有小型作坊百余户。

镇上每年农历三月，龙华寺香汛、三月半庙会及三月桃花盛集于一时，香客、商贾、顾客和踏青赏花者纷至沓来，店铺生意兴隆。

玩家攻略

1.龙华古塔一般不对外开放，即使偶尔开放，也有较为严格的要求。比如不能携带火种、硬器，连穿高跟鞋的人也将被谢绝入内。

2.镇上的节庆有临塔听钟（元旦迎新春）、二月春节进香、四月清明祭陵、农历三月三庙会、十月吉祥龙华游、龙华皋鼓等。

3.这里有八宝饭、素鸭、净素月饼等几十款小包装系列食品，是深具佛教文化和龙华地域特色的礼品。

4.龙华素斋颇为有名，但食客很多，得排队。

龙华寺

龙华寺寺名来源于佛经上弥勒菩萨在龙华树下成佛的典故。它是上海地区历史最久，规模最大的古刹，距今已有1700多年历史，保持了宋代伽蓝七堂制的格式，依次为弥勒殿、天王殿、大雄宝殿、三圣殿、方丈室和藏经楼（有“镇寺三宝”）。

龙华烈士陵园

龙华寺西侧的龙华烈士陵园原为国民党淞沪警备司令部旧址和龙华革命烈士就义地，素有“上海雨花台”之称。设纪念瞻仰区、烈士墓区、地下通道与就义地、青少年教育活动区和游憩区等八大功能区。

玩家 攻略

从农历三月初一到三月十五的半个月里去龙华瞻仰烈士，观桃花，敬香登塔逛庙会已成为上海人的习俗。

上海体育场

设施先进的大型体育场

上海市徐汇区天钥桥路666号

乘地铁4号线在上海体育场站下车可到

64266525

上海体育场是目前我国规模最大、设施最为先进的大型室外体育场和上海的标志性建筑之一。

体育场占地面积19万平方米，建筑面积17万平方米。建筑外形采用具有国际先进水

龙华塔

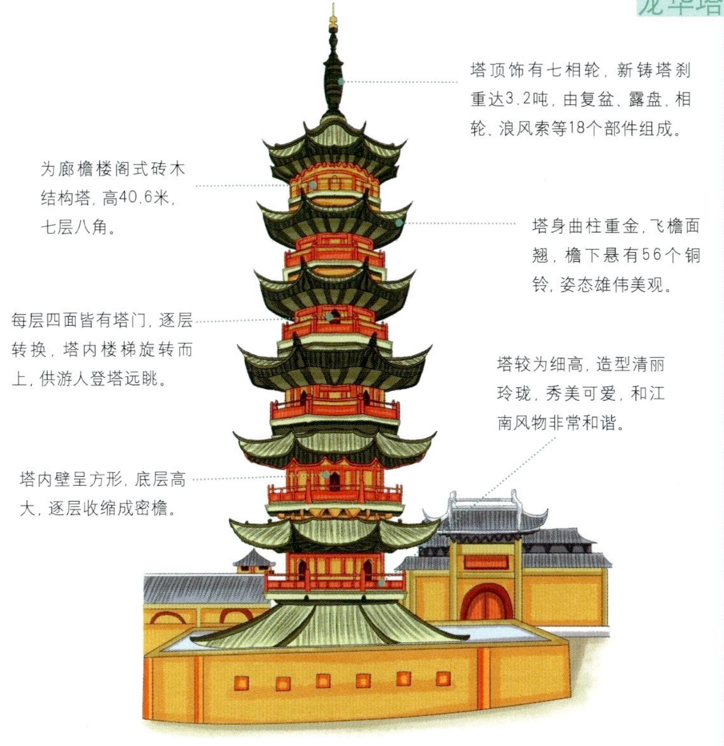

平的马鞍形、大悬挑钢管空间层盖结构，覆以赛福龙涂面玻璃纤维成形膜。层盖最长悬挑梁达73.5米，为世界之最。场内设有符合国际标准的、四季常绿的足球场和塑胶田径比赛场地。

上海体育馆

国内大型体育馆之一

上海市徐汇区漕溪北路1111号

乘坐地铁1、4号线上海体育馆下

上海体育馆建成于1975年，是国内大型体育馆之一，也是目前国内首家剧院式的体育馆。

体育馆内附设有游泳馆、羽毛球馆、乒乓球练习馆、排球馆、室外网球场、室外三人制篮球场和健身广场等场馆，可满足市民多种健身的需求，还可承接各类文艺演出、大型体育比赛、集会、大型展览等。

上海体育馆

希尔西海洋世界

大型室内水上游乐中心

上海市徐汇区天钥桥路666号

乘坐15、42、43、89、926等路公交可达

希尔西海洋世界位于上海八万人体育场内，是国内首家集水上娱乐、体育休闲、海洋动物表演及餐饮于一身的大型室内水上游乐中心。

海洋世界内汇集了香港海洋公园最精彩的游乐项目，如室内海豚表演剧场、夏威夷人造海浪沙滩、007深海历险潜艇、欢乐童年儿童嬉水池、超宽水上滑道以及热带雨林漂流等，让每一个游客都能陶醉在其中。

博库书城

种类齐全的书籍大卖场

上海市徐汇区宜山路515号

乘坐830、93路公交车可达

博库书城的书籍种类相当齐全，许多在上海其他书店难得一见的书在这里都能买得到，前几年出版的经典老书也有。另外，书籍的陈列特别清晰，每个书籍区域专门用吊牌吊在书架上空标注书籍的分类。

博库书城三楼设立了可供读者阅读喝茶吃点心的咖啡吧，在文学社科类区域专门开辟了40多平方米的地方供读者阅读。

上海康健公园

自然的生态公园

上海市徐汇区康健路1号

乘224、725、43等路公交车可达

康健公园紧靠漕河泾港，设计者充分利用其资源优势，结合木栈桥和多样性的水生植物，强调亲水性与休闲性，将其设计成一个非常自然的生态公园，成为上海市区中不可多得的一块生态湿地型公园。

该园的造园风格采用日式的建筑、庭院式的绿化布局，因洼成池，沿阜垒山，亭榭散布错落有致。园中景色宜人，山水相映成趣。花木以芙蓉、樱花、牡丹、桂花为主，还有含笑、玉兰、紫薇，更有百年牡丹花，四季花开不绝。

玩家攻略

1.到康健公园必去二处，一处是平整如毛毯

桂林公园荷塘

的大草坪。在这里，可以放风筝，也可在冬天沐浴阳光；另一处是步行道，沥青路面，旁边竹影婆娑、浓荫覆盖，在夏天，在这里散步，犹如进入了清凉的森林里。

2.康健公园内有一个儿童游乐场，内有旋转木马、摇摇车等，还可以划船。

桂林公园

中秋赏月、闻桂花香的好去处

上海市徐汇区桂林路128号

乘地铁12号线桂林公园站下

021-64830915

桂林公园建于1933年，原是私人花园，新中国成立后改为公园对外开放。公园采用江南古典传统布景，布局精巧别致。园内龙墙花墙回绕，小桥流水，楼台亭榭，曲径通幽。

公园内还遍植金桂、银桂、丹桂等23个品种1000余株。每逢中秋，满园飘香，是中秋赏月、闻桂花香的好去处。

玩家 解说

桂林公园的园中有座四面厅，四面广开门、窗88扇，门、窗、檩、椽、柱、梁饰有隋唐戏浮雕，结构严谨，造型别致，在江浙地区罕见。大厅西北60余米长的九曲长廊，由三个亭子相接，亭顶塑龙头，称为“多角龙头亭”。

上海植物园 AAAA

融科研、科普、游览、生产为一体

上海市徐汇区龙吴路1111号

乘坐56路、714路、徐闵专线、莘龙线等可到

门票15元，展览温室30元，盆景园7元，兰室7元；联票40元

021-54363369

上海植物园前身是建于1954年的龙华苗圃，1974年改建为上海植物园，融科研、科普、游览、生产为一体，目前已成为自然景观优美、生态环境良好、最具植物特色的专类园。园内现有植物5000余种，包括十几个专类园区，其中盆景园、展览温室、兰室，在国内有一定的知名度。

玩家 解说

1.植物园有很多珍贵的树木，其中无忧花据说是释迦牟尼在其下觉悟的圣树，只要坐在无忧花树下，任何人都会忘记所有的烦恼，无忧无愁；桫椤生活在一亿多年前的中生代侏罗纪时期——恐龙生活的时期。

2.植物园内的“面包树”生活在印度半岛、巴西、墨西哥和南太平洋的一些岛屿上，为一种四季常绿的热带奇树。它的果实圆圆的，嫩时绿色，成熟以后变成黄色，大的像西瓜，小的像橘子，挂在树上好像烤熟了的面包。而这种果实，放在火上烤一烤就可以吃，甜中带酸，并有一股

烤面包的香味，人们把它叫作“面包果”，把这种树叫“面包树”。

牡丹园

牡丹园位于水生植物池北，种植牡丹150个品种和芍药近万株，其中有牡丹中的“花王”姚黄、“花后”魏紫，以及枣红色的首案红、青白色的昆山夜光、肉红色的胡红和紫乔、洛阳红、大棕紫、玉楼春等精品。另外，园内还配植香樟、月桂、杜英、紫椴、杜仲、红果榆、枫香等80多种乔灌木。

盆景园

盆景园位于本区西北部，由序景、树桩盆景、山石盆景和服务区等4个区组成。竹亭、竹廊、树皮亭、柴门、藤架及青瓦粉墙的展室，构成了一座江南庭院式园林。区内展出迎客松、松鹤延年、枯木逢春等巨型盆景，还有五针松、罗汉松、黑松、梅、榆、紫藤、海棠、石榴等盆景。

兰花区

兰花区内小桥流水、白墙青瓦，假山、水池、水溪、瀑布、小桥等建筑，营造出高雅、别致的江南园林景观，为人们提供了一个良好的休憩场所。目前，兰室设立了兰花展览温室，营造了兰花原始生态环境，还专门设立了赏兰、咏兰、介绍养兰技术的活动场所。

展览温室

展览温室是园内的标志性建筑，位于盆景园东侧，草药园西侧，室内布置设计热带雨林和室内花园两大主题。热带雨林展区主要分绞杀现象、大板根、空中花园、老茎生花等，融汇布置成景点。室内花园展示热带果树40余种，包括树菠萝、可可、咖啡和能改变味觉的神秘果等。

上海植物园

景点推荐 长风公园周边

上海动物园 AAAA

人、动物、自然的和谐之境

上海市长宁区虹桥路2381号

乘地铁2号线上海动物园站下

40元 021-62687775

上海动物园追求的是动物与环境的和谐、人与动物的和谐、人与自然的和谐。目前，动物园饲养展出珍稀野生动物600余种6000多只（头），包括大熊猫、金丝猴、华南虎等我国特有珍稀野生动物以及黑猩猩、长颈鹿、北极熊、袋鼠等世界各地的代表性动物。

另外，动物园还新建了一些花境景观区，种植了一些姿态优美、色彩丰富的岸边植物，如黄馨、紫藤、红花继木、黄菖蒲等，以丰富整个景观层次增添景观效果。

沙逊别墅

典型英国古典乡村别墅风格

上海市长宁区虹桥路2419号

乘地铁2、10号线上海动物园站下

沙逊别墅又叫罗别根花园，是20世纪30年代上海房地产大王沙逊兴建的私人别墅。

别墅属典型英国古典式乡村别墅风格，室内装饰全部采用橡木和柚木，门窗特选带节疤的木料，保留粗糙的斧凿痕迹，小五金构件全部用手工制作，以示古朴的乡土气息。众多影视剧都曾在这里拍摄，如张国荣的电影《红色恋人》。现在，这栋老洋房为一家外资企业使用。

刘海粟美术馆

集美术馆、小型博物馆和个人纪念馆于一身

上海市长宁区虹桥路1609号

乘坐57、69、925、936等路公交车可到

15元　021-62701018

星期一闭馆，其他时间9：00~16：00开放

刘海粟美术馆是以中国新美术运动的奠基人之一——刘海粟先生之名命名的一座国家现代美术馆。

它集美术馆、小型博物馆和个人纪念馆于一身，主要向公众进行美术教育，组织学术研究，开展国际国内的文化交流，推进我国的美术事业。自开馆以来，美术馆先后举办了许多具有较高学术性的美术展览，如当代油画艺术展，中国艺术大展•齐白石作品展、刘海粟作品展、林风眠作品展及当代中国山水画、油画风景展等。

链接

刘海粟

刘海粟（1896—1994），著名画家、美术教育家，祖籍安徽凤阳。1912年11月与乌始光、张聿光在上海创办现代中国第一所美术学校"上海国画美术院"并任校长，后取苏轼"渺沧海一粟"词义，改名"海粟"。首创男女同校，采用人体模特儿和旅行写生，被责骂为"艺术叛徒"，但得蔡元培等学者支持。1918年到北京大学讲学，并举办第一次个人画展。1919年到日本考察美术教育，回国后创办天马会。其代表作有《刘海粟画集》《刘海粟油画选集》《刘海粟国画》等。

刘海粟旧居

宋庆龄陵园

全国爱国主义教育示范基地

上海市长宁区虹桥路南侧宋园路21号

乘72、149、320等路公交车可达

021-62754034

宋庆龄陵园是全国爱国主义教育示范基地。

陵园以宋庆龄墓为中心，主要有宋氏墓地、纪念广场、宋庆龄汉白玉雕像、由邓小平亲笔题词的宋庆龄纪念碑和宋庆龄生平事迹陈列室等。陵园内的录像室还放映介绍宋庆龄生前主要活动的《国之瑰宝》以及《宋庆龄的葬礼》等文献纪录片。

上海儿童博物馆

校外活动场所

上海市长宁区宋园路61号

乘113、72、149等路公交车可达

20元，团体参观（20人以上）凭单位或学校介绍信，根据预约确定，享受八折优惠

021-62783130

上海儿童博物馆坐落在宋庆龄陵园东南部，由航天馆、航海馆、玩具馆和展示厅、球幕电影厅、多功能厅组成。

广场和廊架、绿茵和水波烘托着四个造型独特的建筑单体，富于韵律变化；馆内淡雅宜人的背景映衬出琳琅满目的展品，有模拟火箭升空等演示装置、机器人和航天知识"一万个为什么"多媒体系统等，富于儿童情趣，是一个融思想性、知识性、科学性和娱乐性于一体的校外活动场所。

上海儿童博物馆航天馆航模

玩家 解说

上海儿童博物馆在馆藏品共计有近千件，其中综合类157件、家具类1件、纸质藏书类703件、瓷器玻璃器皿类76件以及棉纺织类39件。部分藏品由异域儿童类博物馆及社会友好人士捐赠。

除此之外，还常年征集与儿童相关的物质文化藏品及富有创意和特色的儿童个人创作作品，对符合条件的儿童自创作品和相关儿童物质文化藏品予以收藏，并颁发特制收藏证书。

仙霞路美食街

吃喝玩乐的理想之地

上海市长宁区仙霞路

乘88、827、836等路公交车可达

仙霞路是一条老牌而口碑良好的美食街，至今被人们津津乐道。

在这条千余米的小街上，汇聚了100多家餐馆，日本菜、韩国料理、东南亚风味应有尽有，川鲁粤各大菜系也是一应俱全。其中又以台湾菜居多，因此素有“沪上小台北”的美誉。仙霞路美食街上著名的店铺有王品台塑牛排、黑三娘、三进山城、新旺茶餐厅、婉君烧烤、鸭王。除了美食，仙霞路上还有很多玩乐场所，如玩具吧、茶馆、酒吧、饰品店等，在吃完饭后，可以找到一个理想的休闲场所。

王品台塑牛排

王品台塑牛排以“只款待心中最重要的人”为招牌台词。从进门开始，就有种特别尊贵的感觉，店堂布置得特别精致，甜蜜的气息在静谧与幽雅中散发开来。这里的牛排味道绝对正宗，适合国人的口味。

黑三娘

黑三娘环境布置得很古朴，放眼望去，都是木椅木桌木碗筷。店小二叫菜吆喝的声音，颇有几分龙门客栈的感觉。传统的川菜，味道正宗，价格公道。水煮鲇鱼鲜香麻辣，入口爽滑；泡椒牛蛙鲜嫩可口，蛙肉和泡椒组合，刺激着味蕾，实属美味佳肴。

三进山城

三进山城的厨师是四川人，做的也是川菜。来这里就餐，一定要点他家的招牌——飘香辣鸭头。鸭头香香的，而且辣得恰到好处；下面垫着的配料很出彩，特别是年糕，非常好吃。

新旺茶餐厅

新旺茶餐厅是一家港式茶餐厅。这里的冰火菠萝油外壳热，里面夹着冰凉爽滑的黄油片；鲜虾云吞做得很地道，皮很薄，内里的虾仁清晰可见；化皮烧肉皮很脆，蘸着带点芥末味的蘸料，味道不错。

婉君烧烤

婉君烧烤这家店并不像店名那样细腻与温柔，而是比较粗犷豪迈。在这里吃烧烤可以自己动手，也可以让店家烤。烧烤的种类多，味道非常好。除了烧烤，这里也提供韩式料理，石锅拌饭人气最旺，价格让每一个人都可以接受。

鸭王

鸭王的烤鸭有三种片法，分别为鸭皮、鸭肉、鸭皮带肉，剩下大半只鸭子可以打包或煮汤。烤鸭皮脆肉嫩、油光适中，蘸料符合上海人的口味；鸭汤也很鲜美。而其他以鸭子为原料的特色菜也值得一尝。

长风公园

园景以湖为主，山水结合

上海市普陀区大渡河路189号

乘44、67、94等路公交可到

大洋海底世界80元

021-52818888

长风公园借鉴北京颐和园风格和杭州、苏州园林的造景手法，总体布局模拟自然，园景以湖为主，山水结合，浩瀚的湖面和26米高的铁臂山构成全园独特的景观。

湖内可以划船，亭、榭、廊处处可见，铁臂石景、银锄碧波、夕阳晚照、岁寒三友等20余处园林景点姿态万千。另外，牡丹园、樱花园、杜鹃园、月季园及季相各异的海棠、桃花、桂花等200多种灌木，使公园香飘四季。

大洋海底世界坐落在长风公园银锄湖底，主要有亚马孙河景区、浅海景区、深海景区、海底隧道、企鹅馆等。其中亚马孙河景区有瀑布、假山、小木屋，景致和音效特别好，逼真的波涛声、水泡汩汩声，让你仿佛身临其境；深海景区有海象、银龙、德州豹、天使鱼、剑尾鱼、燕子鱼、鲇鱼、灯鱼等；海底隧道还有凶狠的鲨鱼和笨重的大海龟。

玩家攻略

在大洋海底世界这里，有一个名叫“渔人码头”的商店，里面布置得像个乡村渔市，造型均与海洋动物有关。这里可以买到来自新西兰和海南的各种贝壳、珊瑚等工艺品。而“渔人餐厅”则设计成了船舱的模样，在这里，透过餐厅玻璃墙，可以看见银锄湖的全景。

长风公园

景点推荐

马戏城周边

上海马戏城

被誉为“中国马戏第一城”

上海市静安区共和新路2266号

乘地铁1号线或95、46、114、893等路公交可达

ERA—时空之旅票价按等级划分，为80～580元不等

上海马戏城有“中国马戏第一城”之美誉，融马戏、杂技、驯兽、音乐舞蹈表演、高科技文化娱乐以及休闲、购物、餐饮为一体。

上海马戏城是上海杂技团的表演场所，是上海标志性建筑之一，马戏城以杂技场为主体建筑，配有排练辅助楼、兽房和文化商业城等配套设施。均配备有先进的灯光设备和多声道、多重环绕音响，能够同时在高空、半空和地面做立体化、大场面演出，既能供杂技、马戏大赛和表演用，还能为综合性音乐、歌舞演出提供良好的表演空间。

另外还有豪华的演员阵容，齐全的节目品种。ERA—时空之旅是融杂技、舞蹈、戏剧、音乐和世界一流多媒体技术为一体的晚会，唯美、浪漫又惊险。

新静安体育中心

综合性的现代化体育场

上海市静安区汶水路116号

乘地铁1号线汶水站下，乘坐19、36、112等路公交车可达静安体育中心是一座现代化的综合体育活动馆，主体建筑是游泳馆。游泳池配有一个标准池，两个准备池，还有两个观众台，是室内一流的游泳场馆。

体育中心总建筑面积7万多平方米，目前为静安体量最大的公共体育场馆。中心内设5600人座位的综合体育馆、2片篮球场、2片排球场、4片网球场、16片乒乓球场、20片羽毛球场、1个游泳馆等，是集综合体育馆、全民健身场馆及室外屋顶足球场为一体的综合体建筑。

大宁灵石公园

自然山水公园

上海市静安区广中西路288号

乘坐地铁1号线上海马戏城站下可到

2元

大宁灵石公园东起共和新路，西至沪太路，北临广中西路，南至大宁路，是一座自然山水公园。

整体上，大宁灵石塑造了“东湖西岭”的山水大结构，东部围绕水面次第展开，不仅有开敞的大湖面，而且岛、堤、湾、桥星罗棋布，曲岸回环，水脉绵延。园的西部则以山景为中心，在以水为主的东部，有沙滩和湿地，而在以山为主的西部，“天池”和多彩的山间流水则成了景色的亮点。

甘泉公园

以保健功能为主要特色

上海市普陀区西乡路100号

可乘坐68、78、224、909等路公交到达

甘泉公园以保健功能为主要特色，运用生态园林观点，以植物造景为主，形成湖光山色美景，同时为老人、儿童的活动留有更多的空间，与邻近的甘泉苑居住区相映生辉。

公园设东、西两个出入区，并按照功能将公园分成六个部分：主景区、怡心小筑、开心天地、天乐共舞、林家秋色、百步绿廊。六个部分既分又合，形成一个有机整体。公园植有香樟、悬铃木、合欢、竹、桂花、红叶李、海棠、杜鹃等120多个植物品种。甘泉公园是一座着意人与自然和谐，融运动、保健、游憩为一体的自然山水公园，是附近居民理想的休息活动场所。

大宁灵石公园南湖景色

闸北公园

采取自然式布局

上海市静安区共和新路1555号（近洛川东路）

乘107、858、876等路公交车可达

闸北公园从东至西大体呈长方形，采取自然式布局。园西部以宋墓为主体，其后有土山、荷花池。园中部为主景区，有一个面积1万多平方米的园湖，水面宽狭不一，岸线曲折多变。湖中有两个大岛，一个半岛，岛上假山高低错落。主建筑春晖堂在园湖东端，其余亭、榭也多在岛中或沿湖岸而建。园东为林区、草坪、荷花池和儿童乐园。

公园沿围墙以白杨、榆树、柳树、香樟、泡桐、朴树、枫树、广玉兰、黄榉等高大乔木组成疏林，配植蚊母、夹竹桃、海棠、紫荆等灌木，以降低马路噪音和工厂烟尘，主要园路以速生、冠幅大的悬铃木、青桐等遮荫。水边植垂柳、樱花、蔷薇、黄馨，桥畔中合欢和杜鹃，点缀四季景色。亭廊周围以海棠、松、杉等衬景。公园尤以海棠为特色，主要有垂丝海棠、木瓜海棠、贴梗海棠、西府海棠、倭海棠等5个品种约1000株。

闸北公园

景点推荐

多伦路周边

多伦路
被称为“现代文学重镇”

上海市虹口区

乘地铁3号线在东宝兴路站下车即到

多伦路修建于1912年，原名窦乐安路（Darroch Road），以曾受到清朝光绪帝接见的英国传教士窦乐安命名。多伦路全长550米，呈“L”形，东、北两端都与四川北路（1945年以前称北四川路）交会。这条小街曲折幽静，街边的小楼风格各异。夹街小楼，鳞次栉比，风格各异。

多伦路号称“现代文学重镇”，因为30年代中国一群左联作家，诸如鲁迅、茅盾、郭沫若、叶圣陶等文学巨匠以及丁玲、柔石等，曾在此频繁地进行文学交流。在现在的多伦路201弄2号还留有左联会址与纪念馆。这些左翼文学健将们的故居也多在这条小路上。而闻名遐迩的公啡咖啡馆（现已改为时装商厦）、孔祥熙公馆、白崇禧公馆、汤恩伯公馆等遗址，更使得多伦路仿佛成为海派建筑的“露天博物馆”。

白公馆
法国新古典主义建筑

上海市虹口区多伦路210号

乘18、21、47等路公交车可达

白公馆建于20世纪20年代，因国民党高级将领白崇禧在此居住过而名声大噪，他在这里留下了很多的传奇。抗战时期曾经被转卖给日本人，抗战胜利后成为白崇禧的寓所。

白公馆是一座带有法国古典主义建筑风格的小洋房，整个建筑平面呈现“凸”字形，四根白色的巨柱为变形的科林斯式，雕刻精致。新中国成立后，白公馆先后被上海画院和上海越剧院使用。现为中国人民解放军上海411医院。

鸿德堂

建筑外貌为中国宫殿风格

上海市虹口区多伦路59号

乘18、21、52等路公交车可达

021-56961196

鸿德堂建成于1928年，是由美国北长老

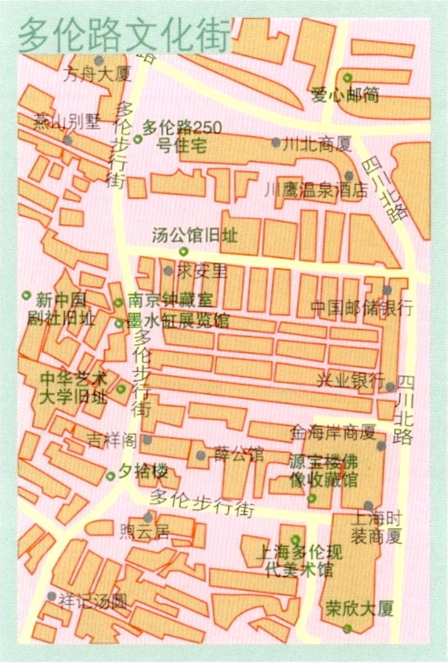

会资助与我国信徒捐资共同建造的，堂名就是为了纪念该会的著名传教士、上海美华书馆负责人之一费启鸿。

教堂平面呈长方形，两层，因上层中厅高出两边侧廊，故外观似3层。底层设小厅，还办了修德小学，二层为礼拜用大厅，主楼建筑面积为700多平方米。建筑外貌为中国宫殿风格，局部处理中西杂糅。

薛公馆

英式宫廷的风格

上海市虹口区多伦路66号

乘18、21、52等路公交车可达

薛公馆建于1920年，三层建筑，为外廊式建筑，底下两层较高，顶层类似楼阁。楼体由青砖砌成，具有英式宫廷的风格。现在的薛公馆住进了许多平民，内部结构基本都进行了改造，只能从外面领略一下它的风采了。

上海多伦现代美术馆

当代艺术交流的平台

上海市虹口区多伦路27号

乘18、21、52等路公交车可达

021-65879059

上海多伦现代美术馆总建筑面积4800平方米，其中，一、二、三楼主要用于展览，五楼

鲁迅雕像

为艺术家工作室，六楼、七楼为艺术家沙龙，是一个按现代多功能目标规划建设的、为中国当代艺术发展和服务的非营利文化艺术机构，是一个当代艺术国际化交流的平台。

它以“原创性、学术性、国际性”为办馆理念，以“传承历史文脉、创新当代艺术”为宗旨，具有展览、研究、教育、收藏、交流五大功能，它将展示当代艺术创新成就、促进中外文化艺术交流、从事当代艺术学术研究，普及现代艺术教育，是中国第一个为当代艺术服务的专业化现代美术馆。

中共四大史料陈列馆

砖木结构的石库门民居

上海市虹口区多伦路215号

可乘坐地铁3、8、10号线支线到达

周二至周六上午9: 00~11: 30，下午12: 30~16: 00

021-56667655

1925年1月11日至22日，中国共产党第四次全国代表大会在上海东宝兴路254弄28支弄8号处召开。1995年是中共“四大”召开70周年，市政府在遗址处立碑纪念，已毁。2006年由虹口区委区政府在左联会址纪念馆临时布展，后搬至现址。

中共“四大”会址原为坐西朝东的砖木结构假三层石库门民居，史料陈列馆展厅分“风起云涌”“历史丰碑”“唤起工农”和“红色虹口”四大部分。展厅面积共计100平方米。共展出藏品35件。

鲁迅故居

鲁迅身前的最后住所

上海市虹口区山阴路132弄9号

乘103、21、47等路公交车可达

8元　9: 00~17: 00

021-56662608

鲁迅故居为一幢红砖红瓦的三层楼房，是鲁迅1933—1936年逝世前居住和工作的寓所。在这里，鲁迅从事了大量创作、翻译、编辑工作，还组织了“中国自由运动大同盟”和

“左联”活动。屋内现陈列着鲁迅生前用过的珍贵物品和写作用具。

链接

左联

中国左翼作家联盟，简称左联，是中国共产党于20世纪30年代在中国上海领导创建的一个文学组织，目的是与中国国民党争取宣传阵地，吸引广大民众支持其思想。左联的旗帜人物是鲁迅。

李白烈士故居

三层砖木结构的洋房

上海市虹口区黄渡路107弄（旧称亚细亚里）15号

乘18、21、47等路公交车可达

021-56960680

李白烈士故居是一幢坐南朝北的三层砖木结构的老式洋房，建筑面积为160平方米。

该故居为黄褐色的卵石外墙，奶黄色的大门，左右两旁镶嵌着李白烈士故居紫铜色挂雕和烈士浮雕。一楼、二楼辟为烈士事迹陈列室，厅里置放着李白烈士全身塑像，在展室中有10幅珍贵的历史照片和李白少年做工踩过的砑光石，送给妹妹的油灯及使用过的部分电信工具、写给家人的亲笔信等实物。三楼已按裘慧英（已故）的回忆恢复了当年居室原貌。居室中有李白使用过的大橱、五斗橱、沙发和装发报机用的皮箱、竹篓等实物。

链接

李白烈士

李白烈士，1910年生，1925年加入中国共产党，1945年至1948年被派到上海搞秘密电台工作，和夫人裘慧英携子住在北屋三楼，共三间，计27平方米。党的地下秘密电台设置在小阁楼上。1948年12月29日正在发报时被捕，1949年5月7日被秘密杀害。

瞿秋白故居

上海市虹口区山阴路133弄12号（鲁迅故居对面）

乘103、21、47等路公交车可达

瞿秋白故居是1933年3月鲁迅把日本友

弄堂

人内山完造夫人在此分租到的一个亭子间给瞿秋白夫妇居住的地方。瞿秋白在这里只住了三个多月，现被定为瞿秋白在上海的旧居。

从1923年底起，瞿秋白夫妇时有危险，曾三次避居于鲁迅家中。瞿秋白把自己的一张写字台、一只皮箱存放在鲁迅家里。瞿秋白牺牲后存放在鲁迅家中的家具、印章、文稿从此成了可资纪念的遗物。瞿秋白的这些遗物在鲁迅逝世后一直由许广平保存，1950年许广平将它们捐献给了国家，现被陈列在上海鲁迅纪念馆内。

链接

瞿秋白

瞿秋白（1899—1935），江苏常州人，中国共产党早期领导人、伟大的马克思主义者、卓越的无产阶级革命家、理论家和宣传家。1935年6月18日在福建长汀县罗汉岭下被国民党杀害。他短暂而又光辉的一生同上海这座城市有着紧密的联系。

鲁迅公园

上海主要历史文化纪念性公园之一

上海市虹口区东江湾路146号

轻轨3号线可到

021-65402288

鲁迅公园原名虹口公园，始建于清光绪

二十二年（1896年），是上海主要历史文化纪念性公园和中国第一个体育公园。公园闹中取静，建有鲁迅墓、鲁迅纪念馆，震撼近代史的尹奉吉义举纪念地梅园等。而且，公园内有山有水有瀑布，山水之间，堤桥相连，景色优美，是一个散步、释放压力的好地方。

鲁迅纪念馆有文物资料约20万件，几乎是鲁迅在上海10年的生活展示，其中包括鲁迅文稿、诗稿、译稿、书信，还有生活用品等。

玩家攻略

1.娱乐：鲁迅公园有很多游乐项目设施，如海盗船、咖啡椅、电动游艇、垂钓等，茶室可提供食品、玩具、盆景、茶水。

2.赏花：鲁迅公园的花很多，比较著名的是樱花、梅花，在花开的季节来此赏花，一定不虚此行。

虹口足球场

全国第一家专业足球场

上海市虹口区东江湾路444号

可乘地铁3、8号线虹口足球场站下

非比赛日周一至周六9：30~18：00，非比赛日周日11：00~16：00，比赛日周六10：00~18：00，比赛日周日12：00~18：00，周中赛事日10：00~22：00

虹口足球场建成于1999年2月22日，占地面积5.6万平方米，总建筑面积72557平方米，是全国第一家专业足球场。

虹口足球场是中国足球超级联赛上海申花足球俱乐部主场。观众席位35000个，包厢47个，另有贵宾用房3045平方米，开发经营用房11840平方米。虹口足球场是国内第一座、亚洲第一流的专业足球场。非赛事期间会作为上海大型演出或者明星演唱会的演出地。

四川北路

上海第三大商业街

上海市虹口区

可乘地铁10号线到四川北路站下

四川北路位于虹口区南部、中部偏西，南起四川路桥北堍北苏州路，中经横浜桥至东江湾路，全长3.7千米。

四川北路是一条具有悠久历史的商业街。光绪二十四年（1898年），淞沪铁路（今轻轨虹口段）通车后，四川北路水陆交通便捷，商贩云集，商业中心开始由百老汇路（今大名路）、吴淞路向四川北路转移，并辐射周围。不久，四川北路商店鳞次栉比、客流量日

虹口足球场

四川北路老公寓

增，成为了一个赫赫有名的商业区域。

新中国成立后，四川北路获得了新的发展，到现在，已成为上海繁华的商业街区之一。而四川北路步行街一直走的是平民路线，立足于国货名牌，是国内名牌最多、质量最优、门类最全的商业基地，一直是上海普通老百姓的最爱。在这里，可以搜到低廉的国内名牌商品，也有女孩最爱的时尚小店。

玩家解说

20世纪30年代初出版的《上海风土杂记》中对原北四川路有过这样的描述："北四川路跳舞场，中下等影戏院、粤菜馆、粤茶楼、粤妓院、日本菜馆、日本浴室、日本妓院、欧人妓院、美容院、按摩院甚多，星罗棋布，全上海除南京路、福州路以外，以北四川路为最繁华，日夕车辆、行人拥挤。"

这一时期，四川北路上已有利男居、新大北、公和、兴丰、复兴等茶食店40余家，祥泰、恒丰祥、德大祥呢绒绸布店8家，照相馆、烤鸭店、茶食店、理发店、药房、酒店等也先后在这里落户。街上车水马龙、行人拥挤，其繁荣程度仅次于南京路、霞飞路（今淮海中路），成为当时上海主要商业大街之一。

东宝百货

东宝百货是一家很大众很平民的商场，在四川北路上小有名气。它以流行为主题，众多商品在四川北路上只此一家，突出了同四川北路上其他商店的错位经营特色——人无我有。在五楼，有一个外贸超值特卖展场，深受时尚人士的欢迎。

巴黎春天

巴黎春天由闻名欧洲的法国巴黎春天百货公司策划及管理，糅合了法国百货精粹，经营中高档国际著名品牌，以化妆品、服饰和家居搭配商品为主体。商品主要来自意大利、法国等欧洲国家和日本、韩国及国内合资企业产品。

春天百货商城

春天百货商城常年打折，但东西的更新速度很慢，逛的时候要有耐心。如果你不是一个时尚的人，可以到这里来逛逛，不仅可以淘到便宜的商品，而且质量也很好。

汤公馆

法国新古典主义建筑

上海市虹口区四川北路203弄35号

乘18、21、47等路公交车可达

汤公馆建于20世纪20年代，曾是国民党著名将领汤恩伯的住宅，在白公馆的旁边，主楼共三层，颇具法国新古典主义风格，高大的红墙，白色的立柱，两边有很有特色的大理石半圆形壁龛，二层楼高的科林斯巨柱，华丽壮观。后来汤公馆一度成为上海的金泉钱币博物馆。

链接

汤恩伯

汤恩伯（1898—1954），国民党军陆军一级上将。名克勤，字恩伯。浙江武义县人。黄埔系骨干将领。抗战时期（前期和中期）表现突出，被日军视为劲敌。1948年后，汤恩伯去台湾，不再担任职务，1954年病故于日本。

乍浦路美食街

饮誉世界的美食街

上海市虹口区乍浦路

乘14、33、55等路公交车可达

乍浦路美食街兴盛于20世纪八九十年代，目前，在这条长约1千米的乍浦路上，已集中了大大小小的饭店酒楼100多家。这里拥有灵活的经营机制，特色的菜肴以及良好的服务，到此吃饭，似乎已经成了一种时尚。新闻媒体，特别是中央电视台的报道，更使其名声大噪、饮誉世界，吸引了不少港、澳、台同胞及海内外知名人士纷纷慕名而来。

除了美食，乍浦路上与此相配套的还有影视厅、舞厅、旅馆、桑拿房、鲜花店、食品店以及新近崛起的服装店。

圣心堂

上海公共租界中第一座天主教堂

上海市虹口区南浔路246号

乘19、135、22等路公交车可达

021-63250524

耶稣圣心堂全称救世耶稣至圣至心堂，该教堂于1874年11月29日投入使用，是上海公共租界中第一座天主教堂。

“文化大革命”期间教堂被占用，后又被拆毁。中共十一届三中全会后，南面的小礼堂还作为教堂。现为二层建筑，楼下设教堂，面积200平方米，可容300人，其余为活动室、接待室、会客室、会议室等，新教堂区为原教堂区域的1/3。

乍浦路老街

景点推荐 五角场周边

复旦大学

博学而笃志，切问而近思

上海市杨浦区邯郸路220号

乘139、59、133、118、大桥五线等公交车可达

021-65642222

复旦大学原名复旦公学，创建于清光绪三十一年（1905年），于当年中秋节正式开学，是第一所由中国人通过民间集资自主创办的高等学校。郭沫若、鲁迅、老舍、竺可桢等著名学者不仅曾在这里讲学，也在学校里任教。校舍曦园前还有朱东润先生的“书声琅琅”的题字；与之相对的燕园，有着更幽深的景致。

玩家攻略

复旦大学周围有很多书店，其中最著名的是位于国权路上的鹿鸣书店，曾被誉为是上海最有品位的书店，不过打折较少。

新平书店位于国年路上，卖的是一色的学术书籍，全场8.5折。左岸书店也在这条路上，书目不错，而且是8折出售。学人书店位于复旦步行街上，书目种类丰富，当代小说家的新作往往能很快在这里找到。

玩家解说

目前的复旦大学由原复旦大学和上海医科大学在2000年合并而成，辖邯郸、枫林、张江、江湾四大校区。中西合璧的校内风景如诗如画，建筑古朴而现代。相辉堂是让很多复旦学子魂牵梦绕的地方，也是复旦的灵魂所在。

鹿鸣书店
上海知名学术书店

上海市杨浦区国权路334号

可乘61、55等路公交可达

021-65647139

鹿鸣书店位于复旦大学旁，以专业的学术性著称，名气很响，自然也聚集了相当的人气。这家小书店里的学术书籍相当密集，文史哲几乎无所不包。新书放在进门的台子上，一般左边是中国文史，右边常有西方理论书。

鹿鸣书店是上海爱书人一个最集中的处所，书店里来来往往的人也都是读书的朋友，其中多数是复旦大学的老师和学生。

同济大学
一座著名的古老而有活力的学校

上海市杨浦区四平路1239号

乘142、310等路公交车可达

021-65982200

同济大学创建于1907年，早期为德国医生在上海创办的德文医学堂，取名同济，象征着同舟共济。1912年大学增设工学堂，1927年正式定为国立同济大学，1946年成为以拥有理、工、医、文、法五大学院著称海内外的综合性大学。1952年院系调整后，同济大学成为国内土木建筑领域最大、专业最全的工科大学。

同济大学

校内绿树成荫，有一批不同年代建成的各具特色的建筑与园林。校内环境带有鲜明的德式风格，大气、稳重，如同同济大学的校风，严谨求实。

玩家攻略

在同济大学里，同济大学出版社设立在教室里的门市部尤为有名，在这里你几乎可以找到同济大学出版社出版的所有书籍，也经常能遇到打折的时候。

共青森林公园 AAAA
以植物造景为主

上海市杨浦区军工路2000号

乘102、124、147、841路公交车可达

15元

65328194

共青森林公园以植物造景为主，植树200多种近20万株，配以丘陵、草地、湖泊、溪流、密林、竹丛等，构成了富有野趣幽深的自然空间。公园拥有松涛幽谷、丛林原野、秋林爱晚、水乡映秀、植树纪念林等12大景区。可在林间骑马、湖中垂钓，还可寄宿于蒙古包进行野炊烧烤，尽情领略大自然的情趣。

玩家攻略

1.春季，是共青森林公园观景的好季节。这时，公园内百花齐放，姹紫嫣红，煞是好看，而此时，公园还会举办大型的游园活动。

2.晚上住宿在共青森林公园也是一件非常美妙的事情。租住公园内的帐篷，体验的是野外露营的别样风味。

冠军溜冰场
国内成功的连锁溜冰场馆

上海市杨浦区淞沪路8号百联又一城7楼

乘坐139、133、538、8等路公交车可达

021-65483358

溜冰的儿童

冠军溜冰场是国内成功的连锁溜冰场馆，由众多国内外大赛获奖选手组成一支优秀的教练员队伍，实行国际标准化规范教学，是普及推广滑冰运动、培养优秀滑冰人才的运动场馆。

溜冰场内全套进口顶级制冰设备，制造完美冰面，精彩纷呈的冰上演出、比赛活动，以及与国内外冰上明星、冠军零距离接触，让孩子充分感受到艺术溜冰带来的快乐。

黄兴公园
都市森林

上海市杨浦区国顺东路369号

乘147、28、522等路公交车可达

3元

黄兴公园占地62.4万平方米，分布在国顺东路南北两侧。公园在设计立意上皆在塑造都市森林，模拟自然山水，强调植物造景，营造具有自然山水品质的都市休闲性绿地。

园内主要景点有森林水景广场、浣纱湖、都市音符、森林舞曲、扇形大草坪、玉兰观赏区、亲水长廊观鱼区、水禽绿岛区、银杏言阵林、浅水湾、多面象形神石、藤本艺圃、北高山组合亭、叠桥柳堤、爱莲水屋等，园内种有植物品种180余种，景色秀丽迷人。

杨浦公园
园区以水面为重心

上海市杨浦区双阳路369号（近控江路）

乘137、6、220等路公交车可达

021-65430028

杨浦公园面积22公顷，始建于1957年初，原系农田、池塘和居民小村落。公园整体布局模拟杭州西湖景观，以水面为重心，用桥、亭、廊、花架等园林建筑与植物组成各个景区，全园分愉湖景区、中央景区、动物景区、游乐景区、牡丹园景区五个游览区。

公园内现有树木180余种，乔木高大挺拔，灌木郁郁葱葱，地被植物种类近30种，遍布公园的各个角落，使公园呈现“春有绿，夏有荫，秋有果，冬有态”的景象。主要景点有：羊哺玉雕、假山瀑布、大草坪、愉湖风光、高坡花带、碧水榭、茶苑、方亭池景等。

愉湖景区

愉湖在园中部偏北，由曲形长堤分成里、外湖，长堤东为“锦带桥”，西为“压堤桥”，50米紫藤长廊居中，扇亭背倚丛林，里湖东有“竹径桃坞”，西有“小溪秋色”“迎舟桥”横架湖上，与游船码头遥遥相望，柳堤上桃红柳绿，把外湖分成东、西两塘，西塘茶苑滨水而建，供游客小憩，三孔石桥轻架湖面，临桥映波顾影，故名“映波”。东塘南岸有碧水榭，湖中雨春双岛一南一北。北岛雨春亭可泊舟小憩取景留影。

中央景区

中央景区大草坪以东为“松林石径”，由雪松、黑松、水杉组成林带。坪东桂花林，连接“香远荷池，廊桥观鱼”“香远亭”依山傍水，以曲桥连接观鱼廊，夏秋置身亭中，近赏荷花睡莲，远闻丹桂飘香。

动物景区

动物景区在公园南部，鸟房建于景区正中，饲鸸鹋、孔雀、画眉、娇凤等。鸟房东为猴馆，饲养福建猕猴一群。南为鹿苑，倚林而建，马鹿成群。西为猛兽房，背倚高坡花带，虎、熊、豹供人观赏。观猴亭竖梁翘角，翠瓦飞檐，南观猴群嬉闹，北与“圆亭”遥对，共赏松林草坪。位于猴馆东部的草坪上数千羽洁白的广场鸽在蓝天下飞翔，是1995年园内新增的景点。

游乐景区

公园东部为游乐园景区，有飞艇、小火车、转马、电动摩托车等小型项目，和激流勇进、高架踏车、摩天轮等大中型游艺设施项目，该景区的绿化面积占整个游乐园的65%，并通过树林、草坪分隔空间，将游乐与绿化融为一体。

牡丹园景区

牡丹园位于公园西南隅，原名“园中园”，遍植杜鹃、山茶，并植有百年罗汉松3株，枝干挺拔。1999年11月从山东菏泽引进牡丹4000株，芍药2000株，种植于园中园内，为本区及周边的市民提供了观赏牡丹的场所，其中有名品：豆绿、青池卧墨池、烟笼紫、蓝田玉、春红争艳、冠世墨玉等，现已改名“牡丹园”。

上海印刷博物馆

可纵览中国印刷发展史

上海市杨浦区水丰路100号

乘22、60、812等路公交车可达

021-65673587

上海印刷博物馆建于上海出版印刷高等

黑天鹅

印刷机

专科学校内，展馆面积约500平方米，由史料馆和器材馆组成。拥有制作精良、内容丰富的展板，历代具有代表性的文物、印刷品及现代高科技印刷品共800余件，从印纹陶、泥活字到高科技的调频网印刷品、纯金箔印刷品及数码印刷品，有关的音像资料及印刷设备，参观数小时可纵览几千年的中国印刷发展史。

内江公园

别致的仿古园林

上海市杨浦区控江路261号

可乘坐6、220、大桥四线等路公交到达

021-65668906

内江公园原系果园苗圃，占地面积1.55公顷，1983年改建，1984年10月1日建成开放。公园园艺布局仿“古园林”，设双重园门，分内外两院：外院皂瓦白墙，方砖地坪，花窗宫灯，置山石盆景；内院芭蕉丛生，纤枝满墙，经内院月洞门，豁然开朗，别有天地。

园内湖水一泓，南窄北宽。湖畔长廊圆亭，典雅古朴，曲桥轻架，“茗乡馆”滨湖而建，西南隅枇杷园，亭馆对峙，曲廊相连，寒冬枇杷开花，春意盎然，有前同济大学教授陈从周题额“忘寒居”。园中遍植松柏翠竹，象征老人健康长寿，为沪东地区唯一仿古园林。

松鹤公园

三面环水的城市公园

上海市杨浦区抚顺路240号（近江浦路）

可乘坐80、115、211等路公交到达

021-65139258

松鹤公园位于杨浦区四平路街道，占地面积1.4公顷，毗邻杨树浦港抚顺路桥西北堍，原系兰州苗圃北圃，1985年改建，1986年10月1日开放。

公园内茶室居中，三面环水，一架石桥北连曲廊、花架，池岸造型自然，垂柳倒映，湖畔圆亭，东西对峙，环形小道贯穿全园，道外侧土山起伏，一片葱翠，湖东草坪似毯，广场置玩具供儿童嬉戏，湖西曲径纵横；石笋园有一座鹤雕，白身黑翅，鹤顶鲜红，栩栩如生。西首园门内有假山莲池，有仙鹤伴老寿星像，均为汉白玉雕。

景点推荐 陆家嘴周边

东方明珠 AAAAA

上海的地标建筑

上海市浦东新区世纪大道1号

乘地铁2号线，81、82、85、870路公交，隧道三、四、六线，轮渡陆金线陆家嘴站下均可达

东方明珠263米观光厅75元，第二个球加城市历史展览馆85元，三个球共135元

021-58791888

东方明珠高468米，坐落于黄浦江畔浦东陆家嘴嘴尖上，与外滩的万国建筑博览群隔江相望，是上海的标志性建筑。整个塔由立柱、塔座、下球体、上球体和太空舱组成，塔内有科幻城、上海历史陈列馆、旋转餐厅、空中旅馆等景点。

旋转餐厅位于东方明珠塔267米上的球体中，从餐厅向下俯视，浦江两岸美景一览无余。

玩家攻略

1.东方明珠塔下的国际游船码头，有“浦江游览”的旅游项目。晚上乘游船，可饱览浦江两岸美景，领略“火树银花不夜城”的意境。此外，国际游船码头里的海鸥坊，还供应自助餐。

2.东方明珠塔上有一个95米长的高空VR过山车，以飞越上海城际高空为主题，将东方明珠塔原有的室内过山车进行改造，融入VR技术。

3.旋转餐厅：菜式是自助餐，以西式为主。推荐法式蜗牛、抹茶蛋糕、芝士蛋糕、三文鱼、俄罗斯浓汤等。

玩家 解说

东方明珠这座高塔的建成不仅有效地改善了上海地区的收视及收听质量，也成为上海人在20世纪90年代引以为豪的一大景观，人们传神地将它誉为“大珠小珠落玉盘”的珠塔。凡是去过外滩的人都可以从浦西瞭望到它的身影。可载50人的双层电梯和每秒7米的高速电梯，只需40秒就可把你直接送上高达263米的球体观光厅。

上海中心大厦

中国第一高楼

上海市浦东新区陆家嘴金融中心区

乘939路公交可达 021-61999766

上海中心大厦是一座超高层地标式摩天大楼，建筑主体为118层，总高为632米，其设计高度超过附近的上海环球金融中心，为目前中国最高的大楼。

上海中心大厦不只是一座办公楼，它的9个区每一个都有自己的空中大厅和中庭，夹在内外玻璃墙之间。1号区是零售区，2号区到6号区为办公区，酒店和观景台坐落于7号区到9号区。空中大厅的每一层都建有自己的零售店和餐馆，成为一个垂直商业区。

上海中心大厦有两个玻璃正面，一内一外，主体形状为内圆外三角。形象地说，就是一个管子外面套着另一个管子。玻璃正面之间的空间在90厘米到10米之间，为空中大厅提供空间，同时充当一个类似热水瓶的隔热层，降低整座大楼的供暖和冷气需求。降低摩天楼的能耗不仅有利于保护环境，同时也让这种大型建筑项目更具有经济可行性。

东方明珠

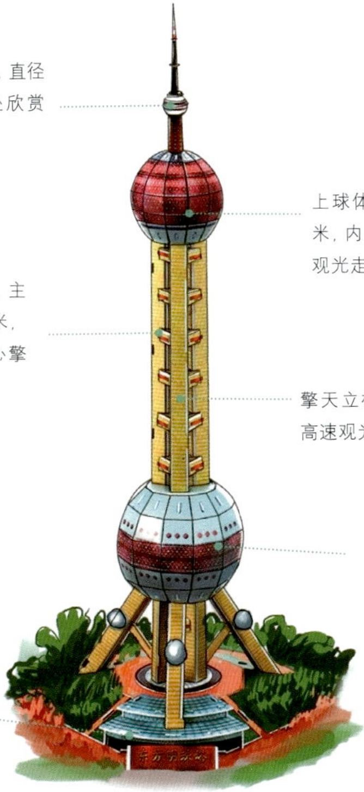

环球金融中心观光厅 AAAA

国际金融基地

上海市浦东新区世纪大道100号

乘地铁2号线，81、797、799等路公交陆家嘴站下可达

参观94、97、100层分别为100元、110元和150元

8：00～23：00（最晚22：00进场）

4001—100—555

环球金融中心是以日本的森大厦株式会社为中心，联合日本、美国等40多家企业投资兴建的项目。大楼与金茂大厦遥相呼应，建筑主体高达492米，大楼地上共101层，地下3层，其中位于第100层高474米的悬空观光长廊，被称为“城市之巅”。

环球金融中心主要是以办公为主，同时集商贸、宾馆、观光、会议等设施于一身。建筑的94～101层为观光层，79～93层是五星级的宾馆，7～77层为写字楼，3～5层为会议室，地下2～3层为商业设施。

玩家 解说

上海环球金融中心是一幢以办公为主，集商贸、宾馆、观光、会议等设施于一身的综合型大厦，楼高492米。

上海环球金融中心共101层，其中94～101层都为观光层。其中倒梯形底部为97层观光天桥，而倒梯形顶部100层则设置了长约55米的贵宾观光天阁，高474米的观光天阁观景平台，超过加拿大CN电视塔（高度为447米）的高度，让贵宾在宽阔的观光空间感受上海的城市魅力。

环球金融中心及周边夜景

此外，大楼94层还设置了面积700平方米、室内净高8米的观光大厅，满足普通观光的需要。行走在474米高的观光天阁，有如云中漫步。俯瞰上海，浦江两岸美景尽收眼底，还可以平视东方明珠的尖顶，能够感觉金茂大厦的屋顶就在脚下。97层观光天桥的玻璃幕顶可以打开，一旦天气条件允许，游客可直接抬头看到蓝天白云，真正达到天人合一。

上海国际会议中心

上海目前最大的无柱型多功能厅

上海市浦东新区滨江大道2727号

乘地铁2号线陆家嘴站，外滩观光隧道，583、81等路公交可到

50元，团体20人以上每人45元

50370000

上海国际会议中心与著名的外滩建筑群隔江相望，包括豪华宾馆客房和高级餐饮设施、舒适的休闲场所和600余个车位。与东方明珠、金茂大厦一起组成陆家嘴地区的一道著名的景观。

上海国际会议中心曾被评为“建国五十年十大经典建筑”之一，素以举办大型国际会议、商务论坛而蜚声海内外。从外滩隔江相望，只见乳白色的外墙轻轻地托起两只巨大的球体，相映成趣。球体上的透明玻璃拼装出世界地图的图形，寓意“上海走向世界”。

玩家 解说

对于很多旅行者来说，上海国际会议中心的吸引力并不是很大，但这个地处陆家嘴金融贸易中心的主体建筑，的确成为展现新上海现代化的重要图画之一。从20世纪最后的一次“财富”世界论坛、2001年APEC领导人峰会及系列会议、第35届亚洲发展银行年会相继在这里举行之后，上海国际会议中心更成为一个历史与现实的见证地。

滨江大道

被称为浦东新外滩

滨江大道2967号，距东方明珠塔约500米

可乘坐583、621、623、778、870、82、85、81、983等路公交，地铁二号线（陆家嘴站）、外滩观光隧道等到达

021-58402782

滨江大道全长2500米，是融观光、绿化、交通及服务设施为一体，着眼于城市生态环境和功能的沿江景观工程，被称为浦东“新外滩”。滨江大道采用多层次的立体设计，绿地、花坛、塑像错落有致，亲水平台、绿化坡地、半地下厢体及观景大道等组成了一步一景的观光长廊。主要的观赏景色有东方游艇码头、亲水平台、喷水广场、天地广场、清风明月广场、周念民烈士的塑像等。

玩家解说

漫步在宽阔的滨江大道上，满目争奇斗艳的花草与名贵树木，眺望浦西外滩全景，聆听黄浦江上传来悠扬的汽笛声，大都市中难得一见的静谧和安逸在心头油然而生。

另外，临江的休闲道上，架立着颇具现代城市景观的棚景，有的如待发之箭，呈欲破苍穹之状；有的像迎浪飞舟，展腾越之势；有的似蝶翼旋空，显流动之感。

东方游艇码头

东方游艇码头位于滨江大道最东端，形状似海鸥展翅飞翔，游客们游览完黄浦江后，可在此踏上滨江大道，继续游览浦东新区的各个景点。

亲水平台

亲水平台长达数百米，沿江而建，标高4～4.5米，与平均潮位3.1米的浦江水位相差仅一米，是黄浦江东岸迄今最靠近江水的游览平台。亲水平台中央有个水景场，由叠水喷泉、流水墙面和瀑布组成，从高到低，三景一气呵成，别具一格，给人以美的享受。

黄浦江清晨

喷水广场

喷水广场位于滨江大道的中央，是一个圆形的旱式喷水广场，喷水时，数只喷管里的水喷涌而出，水柱呈风帆形，象征浦东似航船鼓帆远航。道旁还有21组拱形喷泉，组成追浪敞开式亭台，形成一个露天舞台。喷水池中安装的彩灯，到了夜晚，便大放光彩。

天地广场

天地广场，内圆外方，寓意天圆地方，四枚指针长19.97米，铜环外圆半径长7米，内圆半径长1米，表示1997年7月1日，而这一天既是香港回归祖国之日，又是首期滨江大道建成之时。

清风明月广场

清风明月广场呈圆形，非常宽敞，广场上威耸着八根巨大的图腾柱，柱上分别雕刻着龙、凤、虎、牛等图腾。这些雕刻，把汉族、土家族和苗族先人的原始崇拜物以及山野生活环境刻画得活灵活现。

广场围栏间，镶嵌着100块方形的黑色大理石。大理石上，每块都有一个虎形阴刻

图案，组成了一道“百虎栏杆”。青砂石砌成的广场基座巨大、恢宏，墙面浮雕的以土家、苗人为主体的祭祀、生产、生活、娱乐等场面，形成了一道展示民风、民俗的圆形浮雕墙，把人们引到深深的怀旧情结之中。

周念民烈士塑像

周念民烈士塑像位于清风明月广场中，白色的塑像以及那英俊的面庞、和善的表情，把红军烈士周念民那纯洁坚毅、志存高远和浩然正气的人格风尚表现得栩栩如生，使人们对先烈的崇敬、怀念之心油然而生。

陆家嘴中心绿地

上海规模最大的开放式草坪

上海市浦东新区陆家嘴东路160号（延安东路隧道出口处）

乘地铁2号线陆家嘴站下

021-58875487

陆家嘴中心绿地在陆家嘴金融中心区的核心部位，是上海规模最大的开放式草坪，被称为“都市绿肺”。绿地的草皮面积6.5万平方米，有的是从欧洲引进的冷季型草，四季常绿。绿地中央和北部点缀着垂柳、白玉兰、银杏、雪松等植物，充满着生机和活力。

绿地入口以“春”为主题的塑像，由八朵绽放的钢结构“鲜花”组成。蜿蜒在绿地中的道路，勾勒出上海市白玉兰花的图案，恰似一幅上海市市标图，白玉兰的中间，是8600平方米的中心湖，设计成浦东地图版块的形状。湖畔的景观篷主桅杆高28米，篷形为白色的海螺，又像船帆，给人以无限遐思。

玩家 攻略

景区附近的小南国（位置：正大广场店9楼，电话：57575777）经营地道的上海菜，是宴请宾朋的首选之地。这里的菜肴虽贵，但做得精致美味。尤其是蟹粉豆腐，真材实料，蟹粉的浓郁和豆腐的清香搭配在一起，菜刚上桌，就已让人垂涎欲滴。

金茂大厦88层观光厅 AAAA

浦东新区又一高楼

浦东新区浦东大道88号

乘地铁2号线或81、82、798、992等路公交车可达

成人票120元

021-50475101

金茂大厦是上海的一座标志性建筑，全楼共88层，高420.5米。金茂大厦88层观光厅，面积为1520平方米，高度340.1米，是目前国内最高最大的观光厅之一，荣膺上海大世界吉尼斯之最。

时光穿梭机：金茂大厦两台每秒运行9.1米的直达电梯堪称为“时光穿梭机”，是直升机爬升速度的2倍，只需45秒就可以将游客从地下一层送到88层观光厅，令人感受到前所未有的锋速体验。

上海银行博物馆（7楼）：以上海近代银行发展史为主线，陈列展品1000余件。博物馆另设钱币馆和展示厅。

空中邮局：88层观光厅中还设有中国最高的“空中邮局”，在这里寄一张明信片给朋友或自己，是一份不错的礼物和纪念。

鸟瞰金茂大厦

玩家攻略

1.去金茂大厦，最好是晚上前往，登上金茂大厦顶层，中国第一大都市的夜景尽收眼底。您还可以在观光厅内俯视金茂凯悦大酒店的中庭，这个中庭建筑被建筑师称为“时空隧道”。

2.在裙房的3~6层不但可以观赏独特的建筑，还可以选购各式纪念品。另外，在观光厅进出口处的地下一层，可以品尝到不同风味、价廉物美的快餐小吃。

3.金茂君悦大酒店：金茂大厦53~87层（酒店大堂位于54层，办理入住手续需要先搭乘电梯到这里），世界上最高的五星级酒店之一，若是入住外滩风景标准房，从你的房间就可以看到浦江外滩的优美景色。

上海海洋水族馆

世界一流的水族馆

上海市浦东新区陆家嘴环路1388号

乘地铁2号线或85、81、797等路公交车可到

160元

9：00~17：30（黄金周和夏季延长至20：30）

021-58779988

上海海洋水族馆展示主题是“通过水世界，亲历五大洲”，是一座具国际一流水准的超现代大型海洋水族馆。设8大观赏区，展示300余种海洋水生物，还有4条堪称世界之最的海底隧道，总长达168米。特有的自动步行海底隧道、180度和270度的全方位景观视窗，让您有身临其境之感。其中主要的景点有中国区、南美洲区、澳洲区、冷水区、南极区、海岸区、深海区等。

中国区

上海海洋水族馆是世界唯一一家有独立的中国展区来展示中国特有水生生物的水族馆，其中展示的生物大多数为国家保护动物，如中华鲟、胭脂鱼、扬子鳄、娃娃鱼等。

南美洲区

南美洲区拥有世界上种类和数量最多的热带淡水鱼，还有世界上最大的淡水鱼。

这里还覆盖着大片热带原始丛林，人迹罕至，充满着神秘的色彩。

澳洲区

澳大利亚大约有190种淡水鱼，种类虽然不多，但大多数都是其他地方见不到的特有鱼类。如淡水锯鳐、澳大利亚彩虹鱼、射水鱼等。

冷水区

冷水区唯一的展缸——海豹缸，其半弧形亚克力缸体构造是上海海洋水族馆的一个独一无二的设计，在这里，你可以同三只可爱的斑海豹最近距离地“接触”。

南极区和海岸区

在南极区，能一睹企鹅身着“燕尾服”的绅士风采。海岸区展示了海洋生物品种之多样性，色彩之丰富及其生活习性之奇特。可以看到有“活化石”之称的马蹄蟹、会改变性别的珊瑚礁斜坡鱼、被誉为“镇馆之宝”的叶海龙、草海龙等。

深海区

海岸线、海湾和珊瑚礁以外是开阔的海洋，许多远洋捕食性动物在那里游弋出没，如白点鹰鲸、沙虎鲨、护士鲨等。

水母

上海自然野生昆虫馆

融观赏、科普教育为一体

上海市浦东新区丰和路1号

可乘地铁2号线陆家嘴站下或观光隧道到达

60元

021-58405921

上海自然野生昆虫馆是融旅游、观赏、科普教育为一体的国内首家活体昆虫展示馆。有昆虫长廊、蝴蝶谷、两栖爬虫溶洞区、生态触摸区、水域触摸区、热带雨林区、昆虫沙龙及科普教室等。在这里，游客还可以自己动手制作昆虫标本。

世纪大道

“东方的香榭丽舍大街”

上海市浦东新区

可乘地铁2、4、6、9号线世纪大道站下

世纪大道曾名中央大道，从东方明珠至浦东世纪公园世纪大道长约5.5千米，宽100米。被誉为“东方的香榭丽舍大街”，具有强烈的园林景观效果。沿途有8个植物园和大量建筑雕塑。

世纪大道的建筑雕塑主要有：世纪辰光，位于世纪大道与崂山西路的交会处。以中国古计时器“沙漏”为原型，9根高低不一的不锈钢镶玻璃立柱“沙漏”，呈抛物线分布，构成行星轨迹。每隔2至5天，电泵就会把漏掉的沙再打上去。这座世界罕见的古代科技与现代科技相结合的建筑，别具情趣。

上海新国际博览中心

世界最具吸引力的国际展馆之一

上海市浦东新区龙阳路2345号

乘地铁2号线龙阳路站下

021-28906666

上海新国际博览中心拥有17个展厅、三个入口大厅和一座塔楼，为中外展商举办各类展会提供了一个理想的场所。博览中心还设有商务中心、邮电、银行、报关、运输、速递、广告等各种服务项目，向宾客提供全面的优质服务。

玩家 解说

上海新国际博览中心绝对是上海新时代建筑的设计典范，这个由德国慕尼黑国际博览集团、德国汉诺威展览公司、杜塞尔多夫展览有限公司及上海市浦东土地发展公司联合投资组成的展览馆，一跃成为亚太地区最具现代感的展馆。它有着简洁、清晰、时尚的外观，除此之外，还拥有各项方便设施。

星美正大影城

以埃及文化为主题的影城

上海市浦东新区陆家嘴西路168号正大广场8楼

乘地铁2号线陆家嘴站下车

021-50478026

星美正大影城是国内首座以埃及文化为主题的影城。置身于星美正大影城，宛如置身于浩瀚的埃及文化海洋之中。影城有7个现代化的放映厅，除了具备五星级影城的DTS-ES、DTS、SRD、SR等影音还原系统外，还独具预告片鉴赏区，各类精彩的新片预告都将在该区内循环播放，观众能对各种未上映的新片来个先睹为快。另外，影城里还有丰富多彩的电影附加产品，影迷能够在海外大片发行的同时购买到相关的产品。

钦赐仰殿

享有“千年古观”之美誉

上海市浦东新区源深路476号

乘975、130、169等路公交车可达

5元

021-58828689

钦赐仰殿享有“千年古观”之美誉，是上海最早的道观之一。相传是三国时东吴孙权为其母所建，清乾隆改为“钦赐仰殿”。供奉东岳大帝，故又称“东岳行宫”。现有东岳、三清、城隍、关帝等十余殿，各种神像六百余尊。

钦赐仰殿道观雕像

太清宫

玩家 攻略

该殿于清乾隆三十五年（1770年）重建后，每年农历三、四、七、九月香客络绎不绝，尤其农历三月二十八东岳诞辰，还举行“莲船会”，香火最为鼎盛。每逢初一、十五或其他道教节日，四方信众接踵而至，香烟缭绕，热闹非凡。

链接

孙权

孙权，字仲谋，三国时期吴国的开国皇帝，公元229—252年在位。幼年跟随兄长孙策平定江东，孙策英年早逝，孙权继位为江东之主，他任贤用能，挽救了江东危局，保住了父兄基业。建安十三年（208年），孙权与刘备联盟，大败曹操于赤壁，天下三分局面初步形成。建安二十四年（219年）孙权偷袭刘备的荆州成功，使吴国的领土面积大大增加。章武二年（222年），孙权称吴王，建兴七年（229年）称帝，正式建立吴国。

景点推荐

世博园周边

中华艺术宫

由世博会中国馆改建而成

上海市浦东新区上南路205号

可乘地铁8号线中华艺术宫站下

021-4009219021

中华艺术宫由中国2010年上海世博会中国国家馆改建而成，于2012年10月1日开馆，总建筑面积16.68万平方米，展示面积近7万平方米，拥有35个展厅。

中华艺术宫是集公益性、学术性于一身的近现代艺术博物馆，以收藏保管、学术研究、陈列展示、普及教育和对外交流为基本职能，逐步建立了政府主导下理事会决策、学术委员会审核、基金会支持的“三会一体”运营架构。

上海当代艺术博物馆

由世博会城市未来馆改建而成

上海市黄浦区花园港路200号

乘45、66、306等路公交车可达

上海当代艺术博物馆(Power Station of Art)成立于2012年10月1日，是中国大陆第一家公立当代艺术博物馆。同时，上海当代艺术博物馆也是上海双年展的所在地。

它坐落于上海的母亲河黄浦江畔，占地4.2万平方米，展厅面积1.5万平方米，内部最高悬挑45米，高达165米的烟囱既是上海的

中华艺术宫

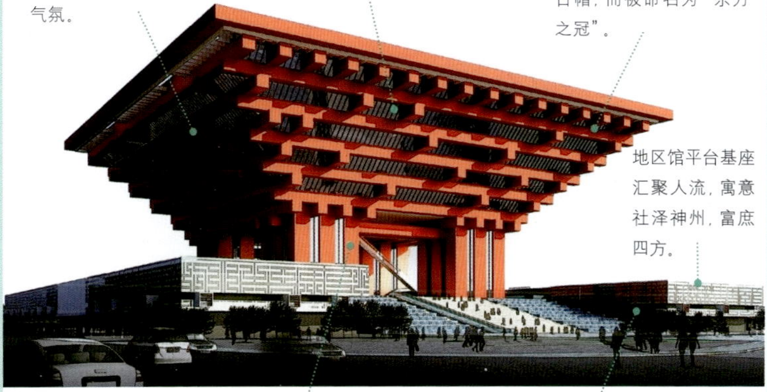

城市地标，也是一个特别的展览空间。

上海当代艺术博物馆建筑不仅见证了上海从工业到信息时代的城市变迁，也挥别了对能源无度攫取的过去。其粗砺不羁的工业建筑风格更是为艺术家的奇思妙想提供了丰富的可能。

月亮船

原为世博会沙特馆

上海市静安区平型关路1220号

可乘地铁8号线中华艺术宫站下

60元

月亮船原为上海世博会沙特馆，因外形宛如一艘“月亮船”而得名。2011年5月下旬，沙特将展馆赠予中方，以促进两国的经济文化交流。2011年9月底，沙特馆“月亮船”正式与广大游客见面。

沙特馆“月亮船”的展示项目包括屋顶花园、珍宝剧场和艺术走廊等，保持世博会期间沙特馆的展示内容，原汁原味地向游客展现沙特的历史、文化和风俗。

沙特馆“月亮船”屋顶花园“种植”着象征沙特王国的枣椰树，而在枣椰树中间还展示着传统的贝都音人帐篷。贝都音人是沙特阿拉伯地区古老的游牧民族，他们以帐篷为家，在屋顶展示他们的帐篷是为了体现贝都音人远离喧嚣繁杂都市的生活方式。

上海意大利中心

世博会意大利馆后续项目

上海市浦东新区世博大道2095号

可乘地铁7号线耀华路站下

60元

全新开放的“上海意大利中心”不仅展示意大利的文化、艺术、设计和美食，还举办意大利名品发布、经贸洽谈等商贸活动。

展示区域为“传统与创新”主题展，从意大利文艺复兴的标志米开朗琪罗的青铜大卫像，到达·芬奇设计稿模型；从18世纪的罗马奎里纳勒宫皇家餐桌到佛罗伦萨圣母百花大教堂穹顶。展览从传统和现代两个视角，向参观者展示意大利的手工业、艺术、饮食文化、珠宝及中意两国悠久的文化商贸交流历史。

世博源购物中心

由世博会世博轴改建而成

上海市浦东新区上南路168号

可乘地铁8号线中华艺术宫站下

021-31117777

世博源是由中国2010年上海世界博览会的永久性建筑——世博轴改建而成的超广域型综合购物中心。世博源充分利用了世博会的原有设施设备，为游客创造出全新的购物体验。在继承原有建筑特色的同时，世博源还因地制宜，增设了大量景观亮点，其设计充满了自然元素和艺术气息。

此外，世博源还打破了以零售商户为主的传统业态布局，增大了餐饮美食、休闲娱乐及功能配套商户的经营面积。

梅赛德斯-奔驰文化中心

由世博文化中心改建而成

上海市浦东新区上南路205号

可乘地铁8号线中华艺术宫站下

滨江而筑的梅赛德斯—奔驰文化中心以其穿梭腾飞的姿态傲立于2010年上海世博会园区的核心区域。整座建筑以其轻盈灵动，宛若飞碟般的独特造型横空出世，犹如一枚“艺海贝壳”，美艳耀世。梅赛德斯—奔驰文化中心秉承着“引领时尚生活新潮流”的创新宗旨，以国际化全局视野致力于打造“永不落幕的城市舞台”，致力于实现“成为亚洲首屈一指的演出、体育及文化集聚地”的发展愿景。

南浦大桥

上海市区第一座跨越黄浦江的大桥

上海市黄浦区外马路1410号

可乘地铁4号线南浦大桥站下

021-64393615

南浦大桥是上海市区第一座跨越黄浦

世博源

南浦大桥

江的大桥，落成于1991年11月19日。桥总长8346米，其中主桥全长846米，引桥全长7500米。主桥为一跨过江的双塔双索面叠合梁结构斜拉桥，两岸各设一座150米高的“H”形钢筋混凝土主塔，桥塔两侧各以22对钢索连接主梁索面，呈扇形分布。桥下可通行5万吨级巨轮。

南浦大桥是一座现代化桥梁，它犹如一架横卧的竖琴，其规模在当今世界同类桥梁中位居第三。南浦大桥规模之雄伟，工艺之严格，技术之复杂，施工难度之高，建设周期之短，是我国桥梁建设史上少有的，在世界桥梁建设史上也不多见。

卢浦大桥

当今世界跨度第二的钢结构拱桥

上海市黄浦区鲁班路909号

可乘地铁4号线鲁班路站下

80元

卢浦大桥位于上海2010年世博会会址的中轴线上，是当今跨度第二长的钢结构拱桥，也是世界上首座完全采用焊接工艺连接的大型拱桥。主桥建造中融合了斜拉桥、拱桥、悬索桥三种不同类型桥梁施工工艺于一身，是目前世界上在单座桥梁建造中所采用的施工工艺最多也最为复杂的一座桥。

站在篮球场大小的观光平台中眺望，浦江美景和上海2010年世博会会址全貌尽收眼底。

玩家攻略

卢浦大桥是继澳大利亚悉尼海湾大桥之后世界上第二座具有旅游观光功能的大桥。与南浦大桥、杨浦大桥不同，“世界第一拱”卢浦大桥将观光平台安在巨弓般的拱肋顶端，游客可乘坐高速观光电梯直达50米高的卢浦大桥桥面，沿大桥拱肋人行步道拾级而上，在“巨弓”背上大约攀登280米，登上100米高的拱肋顶端，即可到达篮球场大小的观光平台。

提示：整个观光过程用时在40分钟至1小时之间，包含参观一楼大厅设立的世博感应器，并配备中、日、英各语种导游全程陪同观光讲解。

景点推荐 世纪公园周边

世纪公园 AAAA

有“假日之国”的美称

上海市浦东新区锦绣路（1001号一号门，901号二号门，701号三号门）

可乘地铁2号线世纪公园站下

10元

7:00～18:00（3月16日～11月15日），7:00～17:00（11月16日至次年3月15日）

021-58333963

世纪公园享有“假日之国”的美称，是上海内环线中心区域内最大的富有自然特征的生态型城市公园，体现了东西方文化的融合、人与自然的融合，具有现代特色的中国园林风格。

公园以大面积的草坪、森林、湖泊为主体，建有乡土田园区、湖滨区、鸟类保护区、异国园区等7个景区，有镜天湖、绿色世界浮雕、缘池等45个景点，以及鸟类保护、科学体验、科学实验、儿童游乐园等设施，可垂钓、放风筝、野餐。

蒙特利尔园

蒙特利尔园位于世纪公园鸟类保护区内，占地面积2万平方米，由岛屿、湖泊、大展厅、多媒体影视厅、咖啡吧等组成。园内主要展示加拿大高科技多媒体技术，该园的总体设计思想体现了两地人民珍视人、自然与科技和谐的主题。

2000年7月13日，上海市市长徐匡迪先生和蒙特利尔市市长皮埃尔·布克先生为该园举行了落成仪式。2001年2月14日，加拿大总理克雷蒂安先生与上海市市长徐匡迪先生共同为蒙特利尔园网站开通剪彩，并种植了象征两国人民、沪蒙两市间友谊之桥的东方基石。

鸟岛

鸟岛位于世纪公园中央，占地面积2公顷，整个岛屿四面环水，水体与镜天湖相通。岛上种植了香樟、女贞、意杨、红叶、桃树、梅花、金合欢、桂花等乔灌木50余种。稳定的植物群落，良好的生态环境，本地和过往的几十种鸟儿将此地视为乐园，公园还在岛上专门驯养了100余只灰喜鹊。每当清晨和傍晚，百鸟争鸣，嬉戏树端，一派盎然野趣。

宛溪戏水

宛溪戏水位于南山疏林草坪区，溪流长达500余米。溪流从南山顶端涌流而出，顺坡而下，或宽或窄，流水时缓时急，蜿蜒曲折。两旁植被茂盛，色彩缤纷，景色秀美。

群龙追月大喷泉

群龙追月（也称大喷泉）是公园内的一处特色景点，距离七号门不远。喷泉长38米，宽14米，有327个大小喷头和300多个射灯排列组合成1个小环和4个大环。当喷泉启动后，四周由雾喷泉环绕，4个大环中分别喷出1根高水柱，其中一根名为“冲天柱”，最高可达80米，巍巍壮观的大规模群喷，将让您叹为观止。夜幕降临，在射灯的映照下，光柱与水柱交融，仿佛游龙翩翩起舞，共能演绎出108种美丽、生动的图案。

卵石沙滩

卵石沙滩位于镜天湖的西南角，长约500米，沙滩蜿蜒曲折，滩上大小卵石错落有致。这里时而浪击飞花、时而水拍岸沙、时而波光粼粼、时而风平浪静。漫步于卵石沙滩上，将会使您产生许多美好的遐想。

四季之园

春园位于镜天湖的西南角，占地0.6公顷。园内种有梅花、蜡梅、迎春花、晚樱、桃花、海棠、金丝桃、竹、柳等早春植物，每当万物复苏的季节，园内便会散发出浓浓的春意。

夏园位于森林群落景区，占地0.5公顷，每当盛夏季节，园内杜鹃啼血，榴花烘天，紫葳抽穗，葵心向日，木槿迎风，槐花浸月，栀子馨香，凌霄登架，夏园将为您营造出姹紫嫣红、绿树郁葱、草木丰茂的景象。

秋园位于森林群落景区，占地0.3公顷。每当秋季来临，园内金秋送爽，丹桂飘香，芙蓉照水，雪泛荻芦，决明育子，红叶胜火，层林尽染，菊花穿金甲，柿子闹枝头，寒蝉犹噪，鸟雀争食，共同编织亮丽的秋景。

冬园位于森林群落景区，占地0.3公顷。每当寒冬，园内枇杷累玉，蜡瓣舒香，瑞香郁烈，山矾畅发，海红逞四时之丽，山茶含五色之葩，尤其是松骨、竹韵、梅风尽现。虽说冬景万物休眠，但冬园里却处处孕育生机。

高尔夫球场

园内小型高尔夫球场区，居世纪公园西侧。会所面积670平方米，由休息厅、咖啡屋、球具出租屋、浴室等组成。小型高尔夫球场占地面积35000平方米，设有九个球洞，可进行以切杆、推杆为主的高尔夫球运动。球场设计精致、环境优雅，沙坑、池塘、灌木丛等障碍区配置合理，是一座高雅的健身活动场所。

观景平台

观景平台位于镜天湖北侧，上下呈四层阶梯状，错落有致。沿着平台拾级而上，您可观赏到四时花景内种植的多种植物，如欧亚活血丹、美丽月见草、牛至、吊钟柳、佛甲草和德国鸢尾等。在平台西侧还栽种了具有传奇色彩的扬州琼花，登上顶端，极目远眺，波光粼粼的镜天湖尽收眼底。

绿色世界浮雕

绿色世界浮雕墙由花岗石制成，全长80米，总面积178平方米，作品展现了亚洲太平洋地区的29种动物和植物，其中动物有中国熊猫、泰国大象、越南水牛、澳洲袋鼠、美洲鹰、俄罗斯熊等。该雕塑设计制作由著名旅

世纪公园美景

美画家陈逸飞先生担任艺术总监，集中展示了人与自然和谐的主题。

云帆桥

云帆桥位于世纪公园中央，西临镜天湖，东依公园生态湖泊——鸟类保护区，南北联结公园两大游憩区域。该桥造型采用悬索结构形式，跨度达43米，是上海地区公园中最大的步行桥，桥体造型优美，倒映水中的桥影恰似一叶云帆，与云影浑然一体，成为世纪公园最美丽的景色之一。

音乐喷泉

音乐喷泉位于观景区，该喷泉融声、光、动、形、韵为一体，具有极强的观赏性、多视角的艺术性和游客的参与性。它的设计理念采用了几何图形排列，20米×20米正方形旱喷泉分割成4米×4米的单元格。每个单元格由8个DN25可调直流喷头以1.33米等距排列，采用一泵一喷头，多媒体电脑变频控制；每个喷头下设3只不同色彩的专用防水灯，208个喷头和600只彩灯使光和水融为一体，达到了完美的效果，体现了高、新、尖技术。和着音乐，魔幻般的水体呈三维立体的变化，给人以乐起水腾、音变水舞、音停水息的动感境界。

露天音乐广场

倚坡而建的露天剧场位于世纪公园西侧，占地面积8000平方米，前区观众席可容纳2500人，全开放条件下可接待游客4000人次。观众席前设舞台及音乐罩、灯控、音控及一些辅助用房，目前是全国最大的人造露天剧场之一。这白色钢膜制成的音乐罩是用于增强音响效果的，它可以将演唱者的声音汇集起来传向观众，声音异常清晰、响亮。广场面向绿水、背倚山林，游客在此无论是欣赏还是自娱演唱，都不失为莫大的享受。

镜天湖

步入世纪公园1号门，映入眼帘的便是面积为12.5公顷的镜天湖。它由人工挖掘而成，最深处达5米，目前是上海地区面积最大的人工湖泊。镜天湖与公园外缘的张家浜相通，湖的东面建有水闸，用以控制湖内的水位。每当微风拂过，湖水波光粼粼，碧波荡漾；每当天高气爽，湖水清澈如镜，天空的云彩被映照得栩栩如生，故名为镜天湖。

世纪花钟

世纪花钟是世纪公园标志性景点，它背靠镜天湖，面向世纪大道。圆形的花坛直径达12米，以绿色的瓜子黄杨为刻度，以花卉作点缀，整个花钟绚丽多彩。世纪花钟由卫星仪器控制定时，误差仅0.03秒，既具有科学性、艺术性，又具有实用性。公园于2000年4月18日正式对外开放，为纪念这个具有跨世纪的意义，加之该钟处于世纪大道末端，故称为世纪花钟。

世纪广场

以时间为主题的露天广场

上海市浦东新区　乘地铁2号线世纪公园站下

世纪广场是上海最大的露天广场，也是唯一一个以时间为主题的雕塑景观广场。整个广场大致涵盖了三个主题，并将著名的世纪大道和世纪公园巧妙和谐地衔接在一起，贯穿浦东，一气呵成。

广场入口是以日晷为原型设计的大型景观雕塑“东方之光”，突出跨世纪的时间主题，是雕塑艺术语言与现代高科技建筑语言的完美结合，令人赞叹。

上海浦东气象科普馆

以气象知识为主题的科普馆

上海市浦东新区锦绣路951号，气象局内

6元　58336470

上海浦东气象科普馆位于浦东世纪公

上海闪电夜

园旁，毗邻上海市浦东新区少年宫、上海信息城、上海科技馆，展厅面积700余平方米，分上下两层，共由11部分组成，是我国首家以气象知识为主题的科普馆。

浦东气象科普馆按照“社会了解气象、气象服务社会”的科普宗旨，以天气预报业务和中小学课本内容为基础，充分利用现有的近700平方米的展示空间，浓缩展示气象探测技术、天气预报技术和气象服务，并将实时业务系统接入展示厅，使参观者可以身临其境。同时配置观测仪器，参观者可以动手操作，以增加参与性和趣味性。展示厅充分运用了视频会议、虚拟现实技术，还放置一些实物模型，如龙卷风、静电发生器、闪电等，让参观者感受大自然的神奇魅力。

上海科技馆 AAAAA

科普教育与旅游休闲基地

上海市浦东新区世纪大道2000号

乘地铁2号线上海科技馆站下

参观票成人45元，球幕电影30元、巨幕电影40元、四维电影30元

9：00～17：15，周一闭馆（法定假日除外）

021－68622000－6888

上海科技馆以“自然、人、科技”为主题，是著名的科普教育与旅游休闲基地，主要由天地馆、生命馆、智慧馆、创造馆、未来馆等12个主题展区与4大科技影院，六大新媒体剧场组成。

玩家攻略

在科技馆的第一层可以观赏地壳探秘、生物万象、智慧之光、视听乐园、设计师摇篮等6个展区，而在地下一层，则设有立体巨幕影院和球幕影院。这里的活动内容相当丰富，全部看完需要花上1天的时间。

生物万象

生物万象展区景观仿照中国云南的自然风光，向人们介绍生物的多样性。在这里你可以尽情领略到丰富多彩的生命现象以及物种与生态的相互依赖关系，并认识到保护自然环境的重要性。

地壳探秘

地壳探秘展区通过模拟场景、互动展项/展品、标本、影视片和多媒体等综合手段，展示了地球是一个“动态的构造体”，无时无刻不在运动，它有一个自身发展演变的规律。展区主要介绍了地球在宇宙中的位置和运动状态，地球的物质组成，地球的构造形式，地球的表面形态特征以及上海自然地理。

彩虹乐园

彩虹乐园是根据1～12岁儿童而设计的梦幻般的儿童世界。这里通过一系列生动活泼的科技娱乐活动，让孩子们感知外部世界，观察自然现象，参与科技实践。展区的主题是知识与娱乐，科学与游戏。在轻松愉快的氛围中获得科技启蒙教育，真正做到寓教于乐。

中国长征火箭模型

智慧之光

智慧之光展区以大量的互动展品为主要展示手段，演示物理学、数学、化学、生物学等学科的典型现象，揭示其基本规律和基本原理，培养参观者的动手能力，了解科学方法和科学思想，以及科学家孜孜不倦的探索精神。

地球家园

地球的自然环境随着人类社会的发展而受到越来越严重的影响，工业革命之后，由于生产力的迅速提高和人口的剧增，引发了一系列的生态环境问题。可持续发展已经引起了全人类的共同关注。地球家园展区通过生态灾难、苏州河的变迁以及环境知识三部分的展示对可持续发展的相关问题做出回答。

信息时代

信息技术的发展，极大地改变了人们的生活、学习和工作的方式。各行各业的应用技术不断地升级换代，推动了产业结构的整体调整，整个社会处在转型的过程中。该展区通过各种实物的展示，使参观者了解信息技术与传统技术的差异，认识信息技术在现代生活、学习和工作中的应用，体验信息时代的社会特征，以加深对信息化社会的理解，愉快地融入飞速发展的信息社会。

机器人世界

以简单的自动机械为基础的传统机器人技术开始转变为基于信息技术的现代机器人

技术。机器人的适用范围渗透到人类活动的各个领域。机器人世界展区让游客在各种与机器人有关的活动中，了解机器人技术是结合了多学科技术的综合性技术。在里面游客可以观看到机器人做操，跟机器人比射箭，看机器人跳舞，体会到机器人给你带来的乐趣。

东方艺术中心
上海文化性标志建筑

上海市浦东新区丁香路425号
乘地铁2号线科技馆站下
021-38424800

东方艺术中心由法国著名建筑师保罗·安德鲁设计而成，总建筑面积近4万平方米，可满足交响乐、芭蕾、音乐剧、歌剧、戏剧等各种演出之需。从高处俯瞰，正厅入口、东方演奏厅、东方音乐厅、展览厅、东方歌剧厅犹如五片绽放的花瓣，组成了一朵硕大美丽的“蝴蝶兰”。建筑的顶部安装了融入高科技的880多盏嵌入式顶灯，当美妙的旋律在音乐厅响起的时候，灯光会随旋律起伏变幻，将夜色中的东方艺术中心变得璀璨奇异，充满动感。

东方演奏厅

东方演奏厅阶梯式观众席的设计是为了让表演者和观众最大限度地亲近和交流。演奏厅共设有333个座位，为独唱独奏音乐会、室内乐、小剧场戏剧以及学术活动提供了卓越的环境。

东方歌剧院

东方歌剧院拥有7种可升降、旋转和移动的不同功能的舞台，能够满足各种演出的需要，让艺术家实现最神奇的创意。另外，剧院拥有1020个观众座位的设计充分体现了人性化，舒适、宽敞，观赏效果极佳，使你得到最完美的艺术享受。

东方音乐厅

东方音乐厅可同时容纳四管制交响乐团和120人的合唱团，并安装有国内规模最大的管风琴。音乐厅拥有1953个座位的观众席设计独具特色，环绕于舞台四周，令观众可以聆听到更为自然优美的音响。

上海八音盒珍品陈列馆
八音盒艺术专题博物馆

上海市浦东新区丁香路425号
可乘地铁2号线科技馆站下
50元
021-68547647

上海八音盒珍品陈列馆位于东方艺术中心内，是国内唯一一家展示欧洲八音盒艺术及其发展历史的专题型博物馆。馆内拥有堪称八音盒至尊珍品的“世界上最古老的八音盒”。它于1796年由瑞士钟表匠安托·法布尔发明制作，是该馆的镇馆之宝。在豪华的纯金图章的底部内藏八音盒，通过转动上部的圆环上发条，带动台座上的开关使其演奏。

东方艺术中心

发现者旅行指南

上海近郊

概览

亮点

七宝古镇

素有“千年上海看七宝”之美誉，属江南太湖流域的千年古镇，是典型的城中之镇。

锦江乐园

是一座现代化的大型综合性游乐园，以经营大、中型参与性游乐项目为主。

临江公园

是宝山区中心城区的主要公园，这里有淞沪抗战纪念馆、陈化成纪念馆陈列展览，孔庙大成殿、古城墙、水关桥历史遗迹、宝善桥、姚子青营牺牲纪念地等。

滨江森林公园

公园保留有最“原始”的次生态林，开辟有木栈道、鸟道、鱼道和虫道等游览设施。

热带风暴里的冒险家乐园

热带风暴

是距离上海市区最近的大型水上乐园。乐园内营造了湖泊、河流、沙滩，拥有30多种惊险、刺激的水上游乐项目，是目前亚洲最大的露天水上乐园之一。

必逛街道

北欧风情街：沿着北欧风情街慢慢穿行，一排排褐红及鲜黄色的北欧风格建筑，典雅中带点稚气，那份闲适的情调伴着夕阳笼罩，浪漫而动人。

七宝老街：七宝老街是七宝古镇内一条南北贯通的明清老街，仅容三人并行，两旁都是朱红排门的老商铺，处处都能感受到与众不同的海派韵味。

线路

上海近郊一日游

早起前往锦江乐园，体验激情刺激的各种游乐设施，之后去七宝古镇，感受千年古镇的文化，参观古建筑，品尝特色美食。

上海近郊二日游

第一天到达高桥，去滨江森林公园，贴近大自然，放松身心。接着去高桥古镇，领略古镇风貌，晚上可投宿于特色客栈。第二天前往上海地质科普馆，了解地质知识，接下来去华夏旅游区，感受各民族文化。还可以参观庆云寺、张闻天故居、黄炎培故居等，以了解名人故事、感受历史为主。

黄炎培故居

为何去

宝山东北濒长江，东临黄浦江，不仅是中国的“钢城”，而且自然环境十分优美。区内有临江公园、东方假日田园、海军上海博物馆等景点，不仅有优美的自然景观，还富有科普和历史意义。

宝钢码头

闵行是上海最靠近市中心的郊区之一，交通便利。区内不仅有锦江乐园、热带风暴、银七星室内滑雪场等游乐景点，还有七宝古镇等古文化和古建筑景点。在体验刺激、激情的游乐项目时，感受一把古镇的慢时光也是很棒的选择。

浦东北部则有中国地质科普馆、黄炎培故居、张闻天故居等，是普及科学知识、感受历史、了解名人的最佳去处。

何时去

上海近郊区域广大、景点众多，所以一年四季都是旅游的好时候。

古桥

春天可以去郊区的果园、农庄踏青，欣赏春色；夏天可以去江滨和水上乐园游玩，休闲消暑；秋天是去郊区采摘果实和品尝特色菜的好时候；冬天则可以去参观各种博物馆、展览馆，了解历史、科普知识。

景点推荐 七宝镇周边景点

锦江乐园 AAAA

现代化的综合性游乐园

上海市闵行区虹梅路201号

021-54204956

50元附赠游玩两个项目（合作项目除外），80元任选六个项目（上海大转盘、探空飞梭、动感电影除外）

乘坐地铁1号线到锦江乐园站下

锦江乐园是一座现代化的大型综合性游乐园，以经营大、中型参与性游乐项目为主，功能齐全，环境宜人。乐园分成"陆上世界"和"水上世界"两大部分，共有40项游乐项目，适合各种年龄游客游玩。

锦江乐园经典游艺项目和令人赏心悦目的园区环境深受游客青睐，如环园列车（原名锦乐新干线）、双层木马、飓风飞椅、单轨脚踏车、碰碰车、云霄飞车、波浪翻滚、鬼屋等。游人可以选择自己喜爱的项目参与，在惊险的气氛中得到欢乐，锻炼胆识，开启智慧。

近年来，景区还先后引进了国内一流的"摩托过山车""欢乐世界""峡谷漂流""探空飞梭""巨型摩天轮""超大型双层豪华转马""溶洞飞车""罗马假日""摩托迪士高"等大型游乐项目；营建了"喀斯特溶洞""古董相机楼""上海老站"等特色景观，绝对是娱乐放松的绝佳体验。

玩家攻略

1.乐园既有"锦轮餐厅""乐岛餐厅""老站茶餐厅"等中西风味特色餐厅，又有奶茶屋、咖啡屋、烧烤亭等休闲小吃场所。

2.乐园游玩时间以夏季最佳。夏季开放时间延长，并且可以进行丰富的水上游乐活动。

云霄飞车

它是锦江乐园从日本引进的前进后退

型往复式超大型过山车，一次可载24名游客。它头尾上翘，中盘接环，连绵横过，宛如巨龙在空中。随车坐行其中，上下翻腾，可以体验上天入地、乾坤颠倒的感觉。

上海大转盘

这是我国第一座高度超过百米的巨型摩天轮，它有63个搭载客舱，最大载客量1260人/小时，运行一周约25分钟。圆盘还配有电脑控制的高功率彩灯，晚间状如一轮高悬空中的彩色明月，美轮美奂。

探空飞梭

它是近年来国际流行的高安全性、高刺激性、高娱乐性游乐项目。模拟航天飞机一次可载16位游客。乘客坐在发射椅上，缓缓离开地面，突然间以发射的速度上升，霎时又以自由落体状态降落，让游客顿时有一种降落伞打开的感觉，十分刺激。

欢乐世界

欢乐世界取材于中外著名的28个童话故事。该项目以声、光、电为一体的表现手法向游客展现巨人国与小人国、魔镜、海神、火焰山、森林等12组场景，其中卡通形象造型活泼可爱，生动有趣。

勇敢者转盘

勇敢者转盘是乐园最具刺激性的项目之一，在大转盘高速旋转的同时还做上下运动，使游客如同坐在剧烈翻滚的战斗机的舱位中，惊险无比。

峡谷漂流

峡谷漂流是大型水上项目，游客坐进漂流筏，顺流而下，宛如在湘西侗家青山绿水中行进。峡谷山水高低落差6米，置身其中，可真正感受到激流的刺激与乐趣。

闵行区博物馆

具地方特色的博物馆

上海市闵行区闵行文化公园西南角

乘坐87、776等路公交车在吴中路下

马桥古文化陈列馆展厅陈列有马桥遗址出土的200余件器物，分别为良渚文化、马桥文化和春秋战国至唐宋元三个时期的遗物，通过新颖的形式陈列，并配以立体模型、触摸式电脑和声、光、影视等多媒体的烘托，立体再现了数千年前马桥先民用智慧和勤劳改善生存条件的景象，生动演绎和解读了上海中部这段古海岸线上的原始文明。

中国民族乐器陈列馆展厅陈列有100多种300余件古今乐器，分为“气鸣、弦鸣、体鸣、膜鸣”四大系列，充分体现了中华民族乐器的分类和发展。该馆还陈列着我国近现代众多乐坛名人捐赠的乐器和珍贵的文献史料，并利用幻影成像、乐器发声原理模型等现代化展示手段，使古今乐器相互交融、映衬，立体再现了中华民族乐器的风采。

陶觚

莘庄公园

以绿萼梅而远近闻名

上海市闵行区莘浜路421号

乘747、125、153等路公交车可达

021-64921817

莘庄公园以梅花为特色，现栽种有梅花30多种700多株，尤以绿萼梅而远近闻名。

主景点花梅观赏园（梅苑）由茶室、长廊、门楼、小溪围合而成，是一处雅致、精美的空间。室外巧置梅桩、精品梅等梅中上品，渲染梅花神韵，同时有一汪清泉从园中山石而出，沿岸景石错落有致。在山石中，栽种梅花、樱花、乌桕、茶花、杜鹃、六月雪等各种色叶树种及花灌木，把整个山涧印染成一条花溪，非常漂亮。

热带风暴

亚洲最大露天水上乐园之一

上海市闵行区新镇路78号

在莘庄地铁站乘坐热带风暴水上乐园的专线或乘坐763、753等路公交可到

021-67783333

热带风暴是距离上海市区最近的大型水上乐园。乐园内营造了湖泊、河流、沙滩，拥有30多种惊险、刺激的水上游乐项目，是目前亚洲最大的露天水上乐园之一。百慕大风暴掀起的巨浪推你进入未知的神秘世界；亚洲最大的人造海滩——风暴滩用1.5米巨浪荡出夏威夷撩人风光；仿真制造潜水艇带你悠游神秘海底世界，诱发孩子求知童心；九条密封通道蜿蜒曲折神秘莫测；欢乐水工厂让你体验真正的玩水乐趣！总之，在热带风暴，从远古恐龙时代到中世纪的海盗大战，从夏威夷沙滩风情到热带丛林探险，从繁花葱树到风味餐厅都将带给你惊喜。

玩家攻略

1.在热带风暴内，有专为儿童设计的海盗船、欢乐水工厂、林屋探秘以及小恐龙滑梯等游乐项目，不仅融合了游乐场的趣味性，符合童趣，而且陪同的家长也可以一同体验热带风暴的乐趣。

2.热带风暴水上乐园周围有众多酒店可住宿，如亚世都酒店、香蜜湖大酒店、24K国际连锁酒店。

3.热带风暴谢绝自带任何食物、游泳气圈入内，内部提供需另外付费的饮料及食品。

4.在购买热带风暴的门票时，要持当年有效的体检卡。

莘庄公园

欢乐水工厂

欢乐水工厂是一个男女老少都适合游玩的项目。带着孩子到欢乐水工厂，可以从弯弯的管道中滑下来，或者在大大的蘑菇下面享受被水泼的乐趣。那适当的惊险与刺激，会让孩子的尖叫声不断。

梦幻北极

梦幻北极的场景都是根据北极的真实情景设计而成。在蓝蓝的海水中，躺着众多的白色“雪堆”；而在夏天，看到这白色与蓝色相结合的景色，心里更是清爽的。

银七星室内滑雪场

全国最早的滑雪场

上海市闵行区华中路138号

乘91、189、196等路公交车到

021-64788666

银七星室内滑雪场是全国最早、规模最大、设施最完备的滑雪场。滑雪场内引进世界最先进的造雪设备及管理模式，其规模与专业水准均居世界领先地位。滑雪场引进日本最新技术的造雪机，积雪厚度达50厘米，室内温度常年保持在-2℃以下。雪道最高坡度为17°，第二坡度为15°，最缓坡度为12°，游客可根据自己的滑雪熟练程度自由选择坡度。

玩家攻略

1.很多人都不清楚滑雪的时间是怎样计算的，害怕自己换衣服慢了或者别的原因耽误了滑雪的时间。其实，计时是等你换好了衣服领完了器材，进入了滑雪场才开始的，所以你有足够的时间来做好你的前期准备工作。

2.登记卡上的身高体重和鞋码是你和孩子领取合适的滑雪服和雪鞋的依据，所以要如实填写。

3.滑雪城只提供滑雪服的外衣和外裤，所以贴身的衣服要自己准备好。最好是选择纯棉的质地或者是薄毛衣。建议是穿棉毛衫和棉毛裤，这样既贴身又吸汗。

4.由于滑雪消耗的体能比较大，所以应该带上一块巧克力、一瓶水，及时补充体内的水分与能量。

夏日清凉

闵行体育公园

以体育为主题的公园

上海闵行区新镇路456号

乘173、753、763等路公交车可达

闵行体育公园是上海首个以体育为主题的公园。该公园将运动休闲融于独特的环境景观中，以自然景观为主，拥有开阔的草坪，宽广的湖面、河流及茂密的丛林。共设有体育场馆区、热带风暴水上乐园、青少年活动中心、湿地生态园、卵石溪流区、翡翠山林区等10个景区，山坡长滑道、迷你高尔夫球场、儿童自行车、游艇和垂钓等众多体育项目设施，成为市民自然休闲、体育活动和生态健身的综合性场所。

诺宝中心游泳馆

现代化的康体会所

上海市闵行区漕宝路1688号（外环线漕宝路口）

漕宝路地铁站换乘沪陈线、沪松线、上佘线可到

021-54855235

诺宝中心游泳馆是一家现代化的康体会所。会所拥有一个国际标准温水游泳池和儿童嬉水池，池内水温常年保持在28℃

左右，水质洁净。另外，会所还拥有一座大型健身馆，馆内设施齐全，设备先进，环境优雅。

七宝古镇

有“千年上海看七宝”之誉

上海市闵行区七宝古镇

乘坐地铁9号线可到

七宝古镇素有“千年上海看七宝”之美誉，属江南太湖流域的千年古镇，是典型的城中之镇。目前已成为继周庄、西塘、朱家角之后，上海人出行水乡的又一选择。

七宝古镇的街分为南北两大街，南大街以特色小吃为主，整条街都是丰富特色小吃以及古色古香的建筑；北大街以旅游工艺品、古玩、字画为主，成为了融“休闲、旅游、购物”为一体的繁华街市。

玩家攻略

1.七宝古镇南大街26号，有一家老街汤团，食客非常多，当然味道也非常好。这里的汤团从水磨粉开始，到拌料做馅全部都是手工操作，其中最受欢迎的是枣泥汤团、芝麻汤团、花生汤团、菜肉汤团、豆沙汤团。

2.七宝古镇的七宝茶馆保留了书场和茶馆两个部分，并开发了晚间茶市。这里的书场主要演出说书、评弹等传统剧目，并在当地有一大批忠实的观众。在古色古香的环境中、茶香飘溢的氛围里，喝喝茶，听听戏，仿佛回到了几百年前的时光。

3.七宝古镇的美食非常多，如汇水楼的冬菜文鹅砂锅，七宝老饭店的七宝鱼头王、红烧羊肉、白切羊肉、酒酿糟肉、美极鸭下巴、老饭店八宝饭，天香楼的全羊宴都深受大众欢迎。另外，卤味扎肉、千里香豆腐干、庄记老鸭汤、七宝方糕、海棠糕等小吃也非常好吃。

4.七宝的蟋蟀非常出名，在明清两代是繁荣的鼎盛时期，一些游手好闲的玩客赌徒，利用蟋蟀进行博彩活动，并逐渐演变成赌博之风。这古代斗蟋蟀的盛风，现在在蟋蟀草堂仍能观摩到。在此可观蟋蟀标本、器具，揣摩捉、养、斗过程，并参与实战，乐趣无穷。

七宝酒坊

“七宝大曲”一向为众人所周知。酒坊集传统大曲酿造过程，让人一目了然。又集全国各地所产酒类，琳琅满目，让人大开眼界。可品酒、喝酒、知酒，陶醉于其间。

棉纺织馆

明、清时期，七宝隶属松江府，是“衣被天下”的主要集散地。馆展以植、收、纺、织、染为主线，全方位介绍七宝曾经辉煌的

棉纺织业。并设“喜堂”，重现古七宝民间婚俗场景，并可参与模拟婚礼活动。

七宝当铺

清道光年间，在此设当铺，颇具规模，成为松郡之地金融活动重要场所。馆展重现传统当铺之场景，模拟当铺经营活动，表现古七宝商业文化风情，并可参与经营活动。

老行当

重现似曾相识的老行当，让人怀旧遐想。那些传统的手工艺劳动，记述了历史的昨天。铁匠铺、竹器坊、园木作铺等，都曾和我们生活密切相关。走进老行当，就像回到了那已经逝去的年月。

周氏微雕馆

周氏父女以石刻、微雕为才艺，创作了颇具功力的众多艺术品，如微雕《华夏之宝》系列、《红楼石刻》系列、《石壶石雕》系列、《金文汉碑》系列等。馆内陈列作品上千件，形态各异，匠心独具，给人以惊叹之观感。

斗姆阁

斗姆阁，是一幢两层的楼阁式建筑，它的建造年代已经无从考证。它本来是为了供道教的斗姆神而造的。斗姆神，是道教信奉的女神，根据《道藏》所谈，她是北斗众星的母亲，斗是她的“魄”，水是她的“精”，号为“斗母元君”。斗姆神的像是三面四首，左右各有四个臂膀。但后来斗姆阁在清代嘉庆元年（1796年）或是嘉庆年间（1796—1820），被改建成了戏台，阁前供奉斗姆神，阁后演戏给城隍看。

七宝寺

唐末因江水啮岸，七宝寺宋初再迁，移至今七宝地。初以张泽舍宅为寺。地缘寺而趋旺，七宝遂成地名。赵孟頫有“探奇来宝地，名刹冠丛林”的诗句吟咏。

七宝当铺

2000年，寺院移址重建，越年落成。寺襟江带湖，建山门、钟鼓楼、天王殿、大殿、讲经堂、法堂、藏经楼，配七层宝塔，筑西园、牡丹园，寺糅合汉唐建筑风格，配以现代工艺和材料，庄严肃穆，现已成为上海名刹。

航华公园

融休闲、健身娱乐为一体

上海市闵行区航新路606号

乘91、196、709等路公交车可到

航华公园建成于2000年，总面积6万余平方米，是一座融休闲、健身、娱乐为一体的综合性公园。园内植物120余种，以雪松、香樟、桂花、刚竹、红枫等为主景，在植物的配置上总体以春、夏、秋、冬各季典型植物进行组合，相互渗透过渡，充分展示园林植物各自的特点，形成四季如春的怡人景色。全园地形错落有致，建有假山、园亭、水榭、仿真岩石沙滩、汀步、廊架、水体、广场等设施，并配备了一批健身器材供游客锻炼身体。

景点推荐

浦江镇周边景点

召稼楼古镇 AAAA

上海农耕文化发祥地

上海市闵行区沈杜公路2059号

乘坐地铁8号线沈杜公路站下，转乘175路、浦江8路或闵行10路公交可到 021-67282828

相传宋末元初，谈氏家族为了垦荒召耕在此建造钟楼，用于鸣钟召集稼耕农夫下田劳作，农夫聚居而成集镇，召稼楼由此得名，堪称上海农耕文化发祥地，与上海城隍秦裕伯、江浦合流叶宗行共同被誉为召稼楼的三大文化亮点。

拥有五百年的历史古镇召稼楼，不仅有荷花墙、骑马墙、青砖黛瓦等充满明清文化韵味的建筑，也不仅有江南水乡小桥、流水、人家所共有的风貌特征，这里更承载着厚重的海派文化和上海之根。

在这里不仅可以看到有着百年历史的江南院落——梅园、礼园、宁俭堂以及蜿蜒曲折的弄堂、爬满故事的青藤……通过粉墙黛瓦的江南民居的独特魅力来感受浓浓的明清江南古镇韵味，还能了解到召稼楼深厚的文化底蕴。

礼园

在这秀美的仿古园林里，乡人们特意为两位改写上海历史进程的先贤建造了纪念馆。秦裕伯纪念馆的中央，安置着著名雕像家创作的高2.6米的馆主铜像。明初，秦裕伯被朱元璋封为城隍，成了上海的保护神，又被人们誉为“奋身一出、为民请命”的人杰。

叶馆

走进叶宗行纪念馆，迎面也是一座铜

浦星公路，北临漕河泾开发区，有着独特的地理位置。与蜗居城市一隅的普通森林公园不同，浦江森林公园本身处于森林的包裹之中，树林中开出几条小路，一切自然天成，在上海这样的都市中颇为难得。

浦江森林公园以植物造景为主，植树种类繁多，配以丘陵、草地、湖泊、溪流、密林、竹丛等，构成了富有野趣幽深的自然空间，形成了“松涛幽谷”“丛林原野”“秋林爱晚”“水乡映秀”等几大景区，呈现了“自然野趣宁静粗犷”为特色的森林景观。是一处宁静自然、清新优雅的野外度假胜地。

像。据记载，叶宗行的最大功绩在于疏浚范家浜、汇并吴淞江、接通上海浦，使江浦得以合流，为数百年后的上海成为东方大港创造了得天独厚的条件。有专家说：有黄浦江才有今天的大上海，叶宗行功莫大焉。

纪念馆门口挂有高式熊先生书写的对联：“论议开江功百世、廉勤敬德品千秋。”在这里，游客既可以放松地阅读农耕时代的文化历史，品味海派文化的包容、欣赏众多的楹联妙语，还可从中获得智慧的启迪、感悟人生的哲理。

浦江森林公园

公园处于森林的包裹之中

上海市闵行区浦江镇联跃路100号

乘坐地铁8号线沈杜公路站下，然后打车前往

浦江森林公园位于上海闵行区的东南角浦江镇，与浦东新区毗邻，濒临黄浦江，西临

上海韩湘水博园

以黄浦江历史文化为内涵

上海市闵行区江川西路3805号

乘坐闵东线可到

021-54725611

上海韩湘水博园占地约80公顷，以黄浦江的历史、文化为内涵，以河道、古桥、古

浦江魂

树、石碑、雕塑、仿古建筑、展馆、广场为主要构件，以古朴、自然和野趣为格调，构成博物园的基本形态。博物园的西北角，是由水文化名人园和历史文化展示馆组成的黄浦江水文化广场。

古生态园

古生态园区随处可见成片成片的古树，或苍天高耸，或老态龙钟，或残枝落发，银杏、香樟、紫薇、木瓜、银桂、对节白蜡、瓜子黄杨，各领风骚，相得益彰，构成了一副苍劲、幽深而又充满活力和诗意的古生态画卷。

园内近50座古桥或仿古桥，或聚集，或潜伏在园区的各个角落。五孔的韩湘桥，单孔的香泾桥、三孔的醒狮桥，还有跨梁式平桥、曲桥、廊桥，每一座桥都有一段历史，处处彰显着传统建筑的精彩。

古文化园

古文化园区以马桥古文化遗址仿真馆、黄浦江历史文化展示馆、董其昌画院、黄埔石林及本地的历史文化名人纪念馆、宗族祠堂等为主要构件。

马桥地区是马桥古文化遗址的所在地，马桥古文化始于距今3200年，分布在环太湖地区，是研究上海历史的重要资料。仿真馆将通过仿造的手段把马桥文化先民的生活形态和马桥遗址的地理风貌真实地展现出来。

而黄浦江是上海的母亲河。黄浦江从春秋战国时期开挖，到明朝永乐年间基本形成，距今已有2000多年的历史，黄浦江历史文化展示馆将系统地介绍黄浦江的形成及在治理当中做出贡献的历史人物和有关黄浦江的水系历史事件、文献、文物等，其中包括历史名人范仲淹、海瑞、林则徐等当时给皇帝奏疏、治理工程的碑文及抒情感怀的诗歌散文，向人们展示了历史的厚重和先人的智慧，缅怀先人、警示后代。

古文化园区配以古树、仿古建筑，营造

上海韩湘水博园

古文化氛围，还原古文化空间，让优秀的传统文化得以延续和发扬。

乡村文化休闲园

乡村文化休闲园区将以江岸村落展示馆、农家休闲度假村、田野、果园、鱼塘为空间，以传统节日为载体，以民风、民俗、民间艺术为内容，让游人尽情体验传统的农家田园生活，充分感受江岸的风土人情和农耕文化。

华漕公园

园内水池中装有五彩泛光灯

上海市闵行区华漕镇华美路5号

乘316、74、190路等公交可达

021-62204286

华漕公园占地30000万平方米，园内绿地以乔木、灌木、草坪三个层次相结合，植物配置上以常绿树香樟、松、竹和花灌木为主，公园入口以中心广场、喷水池、欧式弧形柱廊为主景。池中装有五彩水下泛光灯，入夜后，高达10米的水柱在彩色灯光的映衬下，五光十色，绚丽多彩。

园内人工湖的伴水花镜、水汀步、湖中绿洲、五级台阶的垂钓平台，趣味十足。黄石叠砌假山上的飞瀑三帘，每当飞瀑直泻，水珠飞溅，别有韵味。

上海红园

自然生态极佳

上海市闵行区江川路354号

乘坐闵东线、闵行16路、闵马线等公交可到

红园全园面积4.08万平方米。园内大量种植红叶李、青枫、红枫、三角枫等红叶树种，依山傍水，聚散相成，水面自然曲折，湖中心南部的无名岛由三曲平桥与岸相连，山腰建有枫亭，水道上架有凌波桥，湖面可以行船荡桨，园内大树参天，绿荫蔽日，树木生长茂盛。

植物景区分为“樱花烂漫”“玉兰争艳”“桂子飘香”“水杉林”“雪松林”“棕榈林”等，春之玉兰、海棠、樱花，夏之紫薇、夹竹桃，秋之红枫、桂花，冬之蜡梅、梅花等，景色优美，自然生态极佳，鸟类众多，还有国家二级保护植物金钱松。园内还设有儿童乐园、老年活动中心等娱乐活动区。

吴泾公园

自然式布局

上海市闵行区剑川路2号

乘坐闵行5路、闵行7路等公交可到

吴泾公园位于上海市剑川路2号，以自然式布局，组织多层次空间，小中见大。园内有湖面4800平方米，环湖置景，建有青枫亭、丛桂亭等建筑小品，湖内有小岛一座，以桥与道路相通，湖北面筑土丘，建有登山平台，游人可顺山路拾级而上，俯瞰公园全景。园东黄浦江畔有观江大道和花坛大道，大道中央建有大型叠水池和喷水池，形成各种色块组合，令人赏心悦目。园东北建有欧式弧形柱廊，廊后翠竹丛生，廊前有一块草坪，杜鹃、小檗、月季、湖石点缀其中。

荷花

景点推荐 上海迪士尼乐园

上海浦东新区申迪北路753号 400-180-000

乘坐地铁11号线在终点站迪士尼站下，步行即可到达迪士尼度假区

非指定日双次票平日498元，周日674元；一日票：标准票399元，儿童、老人票299元；两日票：标准票718元，儿童、老人538元，门票详见官网。

https://www.shanghaidisneyresort.com

上海迪士尼乐园又称上海迪士尼魔法王国主题乐园，建于2016年6月16日，是上海国际旅游度假区内的标志性景区，是中国内地第一个、世界第六个迪士尼主题乐园。乐园，无论老幼、都可以感受到充满创造力、冒险和刺激的乐趣。

上海迪士尼乐园包含七个主题园区：米奇大街、奇想花园、梦幻世界、探险岛、宝藏湾、明日世界和迪士尼·皮克斯玩具总动员主题园区，还拥有全球迪士尼主题乐园中最大的奇幻童话城堡，每一个园区都有自己的特色，为游客创造无限可能。华特迪士尼公司将独特的、具有中国特色的体验展现给中国游客，让男女老少都能在这里找到快乐的天地，创造值得珍藏一生的回忆。

米奇大街

米奇大街是奇思妙想的发源地，它是全球迪士尼乐园中第一个以米奇和他的欢乐伙伴们为主题设计的迎宾大道，米妮、唐老鸭、黛丝、高飞以及布鲁托等伙伴都在这里欢聚。这个街区布满了各式各样的商店和餐馆，游客们可信步漫游，尽情地挑选精美的商品，其中有许多是特别为中国游客而设计的，这里也是感受迪士尼欢快气氛的开始。

玩家攻略

米奇大街上有三家特色小吃店：

充满法式风情的小米大厨烘焙坊，甜品的形

状都是迪士尼的卡通人物；有着凉爽的华夫甜筒和圣代冰淇淋的帕帕里诺冰淇淋店；人气比较高的甜心糖果店，这里的糖果色彩斑斓。

链接

米奇大街演出

米奇大街是花车巡游的起点，这里的巡游表演要比别的乐园大的多，大型花车也是精美至极，表演者也是活力十足，场面十分震撼。演出一般在下午3:30开始，通常表演前半个小时，已经有很多人在占位等待了。

奇想花园

奇想花园是一个十分适合孩子们的主题园区。这里主要赞颂的是大自然的奇妙，设计者丰富的想象力给游客带来诸多快乐的体验。可将平日生活抛诸脑后，徜徉于神奇花园中：时而驾着幻想曲旋转木马体验回旋的欢乐，时而深入漫威英雄总部，与自己喜爱的超级英雄见见面，时而踏入米奇俱乐部，问候一下举世闻名的老鼠米奇，时而乘着小飞象在天空中尽情翱翔。

玩家攻略

幻想曲旋转木马是乐园中最经典的游乐项目，灯光和音乐下旋转木马显得十分梦幻，这也是全球迪士尼乐园中第一座缤纷多彩的旋转木马。小飞象也是乐园中人气比较高的项目，这个项目可以看到迪士尼的全景，深受孩子们的喜爱。

链接

奇想花园演出

当夜幕低垂，音乐响起，“点亮奇梦：夜光幻影秀”拉开了帷幔。这场烟火灯光秀持续将近半个小时，它将灯光、音乐、建筑、绘画诸多艺术元素融为一体。在喷泉广场是看灯光秀的最佳地方，不过那里人一般比较多，需要提前2~3个小时去占位。演出一般在晚上8:00开始，表演大约在半个小时左右。

奇想花园其他演出（演出时间详见官网）

时间	项目
09:00~20:00	与米奇见面
10:00~20:00	与漫威英雄见面
10:15	金色童话盛典
13:15	金色童话盛典
15:30	米奇童话系列
16:30	金色童话盛典

小飞象

梦幻世界

梦幻世界是上海迪士尼乐园中最大的主题园区，宏伟壮丽的奇幻童话城堡便坐落其中。游客可以在城堡上俯瞰童话村庄和神奇森林，也可以在各类精彩有趣的景点中沉浸于备受喜爱的迪士尼故事。

在这个童话仙境中，游客可以乘着七个小矮人矿山车在矿洞隧道中穿梭，畅游在小飞侠天空奇遇里俯瞰伦敦，和小熊维尼探索百亩森林，和爱丽丝一起漫游华丽的仙境迷宫。

玩家攻略

七个小矮人矿山车项目深受大家的喜爱，比较适合全家共同体验的过山车项目，行驶在梦幻世界村庄连绵起伏的山峦中，忽上忽下，惊险刺激。爱丽丝梦游仙境迷宫是全球迪士尼乐园中第一个以蒂姆·波顿的真人电影《爱丽丝梦游仙境》为主题的景点，也是一个拍照胜地。

链接

梦幻世界演出（演出时间详见官网）

时间	项目
9:30~17:15	与迪士尼公主见面
10:45	冰雪奇缘：欢唱盛会
11:30	冰雪奇缘：欢唱盛会
14:00	冰雪奇缘：欢唱盛会
14:45	冰雪奇缘：欢唱盛会
16:30	冰雪奇缘：欢唱盛会

探险岛

上海迪士尼乐园的探险岛使用了前所未有的故事情节、原创角色、独特布景和原创音乐。游客或在古迹探索营走出自己的探险之路，或在翱翔·飞越地平线跨越时空欣赏世界，或是在欢笑聚友会上偶遇丛林故事中的可爱朋友们，或是在雷鸣山漂流探索巨兽所在的黑暗领域。探险岛的每一处都充满着古老和神秘，发掘这座与世隔绝的岛屿，留下难忘回忆。

玩家 攻略

探险岛是迪士尼最热门的地方，其中翱翔飞越地平线和雷鸣山漂流这两个项目是园区的明星项目，特别是夏季可以体验一下，但这两个项目排队的人比较多。

链接

探险岛演出（演出时间详见官网）

时间	项目
10:00~19:30	与丛林里的迪士尼朋友们见面
10:35	亚柏栎之歌
11:45	亚柏栎之歌
12:30	人猿泰山：丛林的呼唤
13:25	亚柏栎之歌
14:30	亚柏栎之歌
15:00	人猿泰山：丛林的呼唤
15:30	亚柏栎之歌
16:15	人猿泰山：丛林的呼唤

宝藏湾

宝藏湾是全球迪士尼乐园中第一个以海盗为主题的园区，里面住着一群形形色色、乐天随性的海盗，四处寻找好玩刺激的冒险。在这里，色彩、视觉和音乐的激烈碰撞，将海盗们浮躁轻狂的个性与颠沛流离的生活融入各种异域文化，用丰富的细节讲述精彩的故事。

园区主要有船奇戏水滩、加勒比海盗—沉落宝藏之战、探险家独木舟、探秘海妖复仇号等项目。

玩家 攻略

加勒比海盗—沉落宝藏是园区的主要项目，对于一个海盗迷来说，这里绝对是一次非常好的体验。

明日世界

“明日世界”中展现了未来的无尽可能。它富有想象力的设计、尖端材料的使用和系统化的空间利用，体现了人类、自然与科技的最佳结合。园区主要项目有巴斯光年星际营救、创极速光轮、喷气背包飞行器等，其中“创极速光轮”是迪士尼全球首发的游乐项目，可乘坐两轮式极速光轮摩托体验全球迪士尼乐园中最紧张刺激的冒险之旅，飞速驶过室内、户外轨道，感受丰富多彩的故事。

玩家 攻略

全园人气最高的项目是创极速光轮，由于是全球首发的项目，也吸引了许多国外友人来这里体验。

宝藏湾

迪士尼乐园

链接

明日世界演出（演出时间详见官网）

时间	项目
10:00	大白超酷活力秀
10:00~14:45	惊奇队长见面会
11:25	大白超酷活力秀
13:00	大白超酷活力秀
16:00	大白超酷活力秀
17:45	E空间俱乐部

迪士尼·皮克斯玩具总动员

玩具总动员以迪士尼·皮克斯热门电影《玩具总动员》中的角色为主题，打造的全新景点和体验，成为迪士尼乐园的第7个主题园区。园区主要包括簧狗团团转、抱抱龙冲天赛车、胡迪牛仔嘉年华、餐饮体验的艾尔玩具店和玩具盒欢宴广场等。

玩家 解说

迪士尼乐园是全球性的大型动漫主题乐园，在1955年由华特·迪士尼一手创办，开园后即成为世界上最具知名度和人气的主题公园，至2018年底共在全世界开设6个度假区。

迪士尼乐园是迪士尼度假区中的一个部分。除了乐园外，通常情况下，迪士尼度假区一般还包括：主题酒店、迪士尼小镇和一系列休闲娱乐设施。迪士尼乐园里则包含许多主题园区，不同主题园区内则有不同游乐设施。截至目前，迪士尼大家庭已拥有六个世界顶级的家庭度假目的地：加州迪士尼乐园度假区，奥兰多华特迪士尼世界度假区，东京迪士尼度假区，巴黎迪士尼乐园度假区，香港迪士尼乐园度假区，上海迪士尼度假区。

玩家 攻略

推荐酒店

上海迪士尼乐园酒店：位于浦东新区申迪西路1009号，是一座造型别致的新艺术风格，充满了迪士尼故事情节的酒店。酒店离乐园有一段距离，有免费大巴或游船接送，可以提前一小时入园，可以提前去乐园最火的项目打卡。电话021-20998002

上海玩具总动员酒店：位于浦东新区申迪西路360号，主题取材于迪士尼·皮克斯系列电影《玩具总动员》，酒店客房里处处布满玩具总动员故事里的有趣细节。酒店离迪士尼很近，有接驳车可以往返，有去园区单独通道。电话021-20998003

毗邻上海迪士尼乐园，便是独一无二的购物、餐饮娱乐区，迪士尼小镇。小镇各区域古朴雅致，多元别致，对每个人来说都有其独特之处。

推荐餐厅

极食The Urban Harvest：迪士尼小镇上的一家西餐厅，距离迪士尼商店很近，店内装修风格明快且有特点，环境很有格调。主营各种西式餐点以及中式菜品，这家的甜品做的也不错，价格算比较实惠的。

上海小南国：这家餐厅在装修上将上海的时尚和精致元素融入其中，给大家描绘了一幅幅生动的上海印象。在这里可以品味到纯正的上海味道，感受精致、细腻、周到的海派服务。外婆红烧肉、清炒野生河虾仁、清蒸鲥鱼等都是招牌菜。

景点推荐

川沙镇周边景点

黄炎培故居

黄炎培先生的出生地

上海市浦东新区川沙镇新川路218号

2元　乘977、615、188路等公交车可达

021-58929513

黄炎培故居原为江苏省川沙厅城王前街“内史第”。故居在第三进内宅楼，占地面积306平方米，建筑面积480平方米，坐北朝南，两层砖木结构院落。

故居内安放黄炎培先生铜像，并设有黄炎培生平史陈列室，陈列共分七个部分，展示历史照片154张，实物50件。

链接

黄炎培

黄炎培（1878—1965），号楚南，字任之，笔名抱一。江苏川沙县（今属上海市）人。黄炎培是中国近现代著名的爱国主义者和民主主义教育家，是中国近代职业教育的创始人和理论家。他以毕生精力奉献于中国的职业教育事业，为改革脱离社会生活和生产的传统教育，建设中国的职业教育，做出过重要贡献。

黄炎培文章峭拔清健、傲岸不群。笔歌墨舞、酣畅淋漓。诗初学温、李，继复寝馈李、杜。思力沉厚，趣味隽永，章调铿锵。兴到落笔，虽语必工，富于著述。著作有《黄炎培考察教育日记》《新大陆之教育》《东南洋之新教育》《中国商战失败史》（合作）《中国教育史要》《黄海环游记》《断肠集》等。

鹤鸣楼

黄鹤楼的仿真建筑物

上海市浦东新区川沙镇南桥路437号（川沙公园内）　021-58926539

乘上川线、188、628路等公交车可达

鹤鸣楼于1993年6月落成开放，是一幢武汉黄鹤楼的仿真建筑物。楼有五塔七层，高54米，总面积4200平方米。是反映川沙在开放搞活后腾飞的一个标志。上用琉璃盖顶，下砌玉石平台。画栋四廊，连80立柱，飞檐翘角，系60金钟，宏伟壮丽，气势非凡。

玩家 解说

楼题鹤鸣，蕴意有三：

一是楼仿于武汉黄鹤楼。唐代诗人崔颢诗云："昔人已乘黄鹤去……白云千载空悠悠。"

二是浦东滨海一带，古代产盐，地名下沙盐场；又多沼泽，产鹤，地名又称鹤沙。宋代科学家沈括称此地所产鹤为下沙鹤。浦东尚有鹤坡里、鹤窝村等古地名。

三是《诗经》有"鹤鸣于九皋，声闻于天"句。鹤鸣楼之建，象征浦东开发，名闻天下。

庆云寺

建筑颇多的禅寺

上海市浦东新区龙东大道6907号

乘金祝专线、630、989路等公交车可达

021-58976069

庆云寺原为猛将庙旧址，1993年，政府将当地种福庵、海潮寺、观音堂、三官堂、野三官堂、猛将堂六处庙主动统一规划，建为庆云寺。庆云寺总占地面积共7000平方米，有天王殿、五百罗汉山、千手大慈大悲观音菩萨等景。

天王殿中供有天官弥勒菩萨，其背后为护法韦驮，左右背壁为四大天王像。穿过天王殿，左侧为鼓楼，内供伽蓝菩萨。右侧为钟楼，内有铜钟重3吨。钟楼内供地藏王菩萨。

大雄宝殿东西长30米，前后长20米。殿高18米。正殿供三世如来，法身高5米，连同莲座、佛龛，共高9米。两侧为18罗汉坐像，其后还有500罗汉山。三世如来后壁，背靠千手大慈大悲观音菩萨。

张闻天故居

具有江南农村特色的三合院农舍

上海市浦东新区川沙新镇川南奉公路4398号

乘龙南定班线、机场八线等公交车可达

021-68960317

故居占地面积686平方米，建筑面积495

张闻天雕像

平方米，是一座具有江南农村特色的三合院农舍，一正两厢，砖木结构平房，坐北朝南，正屋5间，张闻天祖辈于清光绪年间先建，两侧厢房各2间为后建，正房西侧另有杂用房4间，共13间。

院前是木结构门头，俗称"秀才亭"。院周围有菜园树木，院后有小河。故居内有张闻天半身玻璃钢塑像和张闻天革命史迹陈列室。展品有《小说月刊》《庐山会议发言》等书刊、文件和张闻天使用过的端砚、书籍、书架等用具共491件。

链接

张闻天

张闻天（1900—1976），原名"应皋"（也作"荫皋"），字"闻天"，取《诗经》中"鹤鸣于九皋，声闻于天"之意。张闻天是杰出的无产阶级革命家和理论家、忠诚的马克思主义者、中国共产党早期的重要领导人。1933年进入中央革命根据地，1934年10月参加长征并出席遵义会议，对确立毛泽东的领导地位起了重要作用；1959年被错定为反党集团成员；文化大革命中受尽迫害，于1976年7月1日含冤病逝。1979年8月，中共中央对其冤案予以平反昭雪，主要著作编为《张闻天选集》。

华夏旅游文化区

内有吴昌硕纪念馆

上海市浦东新区川沙镇华夏东路2700号

在上海体育场旅游集散中心乘坐旅游3号线可到

50元　021-68909803

华夏旅游文化区是浦东唯一定位文化

及旅游功能的区域，毗邻浦东国际航空港，区内有冯天兴藏石馆（目前国内最大的藏石展馆）、紫烟阁、观澜堂、藏珍楼、锦绣堂、吴昌硕纪念馆等建筑。

玩家解说

吴昌硕纪念馆建筑面积972平方米，整个建筑仿上海北山西路吉庆里吴昌硕沪上故居而建，为二层石库门建筑。纪念馆是浦东新区首家艺术纪念馆。

链接

吴昌硕

吴昌硕，浙江湖州安吉人，清晚期海派最有影响力的画家之一，是中国近代诗、书、画、印的艺术大师，也是海上画派的领袖人物。吴昌硕的绘画、书法、篆刻作品集有《吴昌硕画集》《吴昌硕作品集》《苦铁碎金》《缶庐近墨》《吴苍石印谱》《缶庐印存》等，诗有《缶庐集》。

上海地质科普馆

融展览和科普为一体

上海市浦东新区机场镇，凌空农艺大观园内

乘坐川沙3路、方川专线、机场八线、机场环一线等可到 80元 021-33935084

上海地址科普馆收藏着由著名收藏家吕焕皋先生几十年孜孜不倦、呕心沥血从世界各地收集来的数万块珍稀奇石、矿石晶体、古生物化石及各类宝石。科普馆以独特的石类展览和地质科普为载体，从地球的地质构造、地貌概况出发，演绎了岩石进化各阶段、各层次的发展过程，以庞大的气魄和博、精、巨、奇的姿态全方位、全角度地揭示了地球的内在奥秘和大自然的神奇态势。

上海地质科普馆

科普馆按布展区域分为地球厅、地球构造厅、矿物岩石厅、古生物厅、地质地貌厅、国土资源厅、宝石厅和关怀厅八个厅。

太平天国烈士墓

周围环以石栏

上海市浦东新区高桥镇西北三里屯粮巷

乘坐508、793、81路公交可到

高桥太平天国烈士墓是为了纪念1882年在高桥与清军和洋枪队英勇战斗而牺牲的150名太平军战士，先筑“长坟”，1954年重建。墓台四周植松柏和常绿树种，周围环以石栏，营造出肃穆庄严的气氛。

1862年1月太平军第二次进军上海，占领了奉贤、金山、南汇、川沙后，又攻克了高桥。高桥是上海的咽喉，中外反动派感到不安。于是华尔的洋枪队和英法侵略军乘炮舰扑向高桥。太平军建立堡垒、炮台五六十处，猛烈抗击侵略军和清军。侵略军竟纵火焚烧高桥镇，包围太平军，太平军迫于形势遂向南转移。在高桥之役中，太平军牺牲战士很多，后都葬在屯粮巷。新中国成立后经过勘查、整理墓地，并树立了“太平天国烈士墓”碑。

潮音庵

浦东重要的佛教场所

上海市浦东新区顾路镇李家盘37号

乘790、1053路等公交车可达

潮音庵俗称“观音堂”，是浦东新区主要的佛教圣地，始建于明景泰七年（1456年）。寺内有讲经堂和报恩塔，登上报恩塔可东眺东海、西观市区。

报恩塔取义于报四重恩：一报国家恩，二报佛尊恩，三报众生恩，四报父母恩。

景点推荐 外高桥周边景点

滨江森林公园

"三水并流"处

上海市浦东新区高桥镇凌桥高沙滩3号

乘611、90、外高桥1路等公交可达　20元

021-38119999—8135

滨江森林公园占据了上海独一无二的黄浦江、长江和东海"三水并流"的地理位置，是连接市中心区、崇明岛、横沙岛和九段沙等地旅游资源的重要一环。公园保留有最"原始"的次生态林，开辟有木栈道、鸟道、鱼道和虫道等游览设施。

另外，这里的杜鹃园也是目前上海规模最大的专类园。每年4月中旬是杜鹃绽放最美的时节。

玩家攻略

1.公园里有一个果园区，有2000多棵橘子树，还有山楂、枣树、柿子树、杨梅树等果树，金秋时节，可前来采摘，称重量收费。

2.公园设有茶室和沿江的咖啡吧，您可在此休息、品茶、看江景。

高桥古镇

江南水乡古镇

上海市浦东新区高桥镇

乘坐地铁6号线直达　23元

高桥古镇自唐代成陆以来，是一个江南水乡古镇，有悠久的历史和深厚的文化底蕴。高桥地域不大，三面临水，然名人辈出，文物古迹众多。有钱慧安馆、高桥人家陈列馆、绒绣馆、高桥历史文化陈列馆等展览馆。

古镇沿途的风景非常美，古色古香。至今还保留着许多旧宅，如钟氏民宅、杜月笙家祠、黄氏民宅、敬业堂、仰贤堂、印家花园。

玩家 攻略

高桥古镇的精华集中在季景路那东西南北四条街的老房子里。那里有徽式木雕、石雕、砖雕、马头墙，也有上海本地的石库门以及中西合璧的建筑，式样之多可以说是上海本地建筑的精华。循着石街，深入古镇老宅，独有的风情让人渐渐陶醉。

高桥历史文化陈列馆

高桥历史文化陈列馆共有600多件展品，95%是真品，多数来自当地民间，贴近高桥，贴近百姓，贴近生活，浓缩了高桥上千年的历史，较全面地反映了高桥的历史文化、生产生活以及乡风民俗等各个方面。开辟本馆，旨在展示本土历史文化，保护文化遗产，弘扬民族精神，使高桥古镇更趋辉煌。

高桥绒绣馆

2009年高桥镇政府斥资600多万元建造了高桥绒绣馆，并赋予展示、制作、销售、保护、传承五大功能。馆内艺术展品150多幅，其中不少艺术精品具有相当高的文化工艺和社会价值，给人以强烈的艺术感染力。“高桥绒绣”2009年被列入上海市非物质文化遗产保护名录。

仰贤堂

仰贤堂临靠高桥港，坐北朝南依水而建，楼上还有沿河阳台和两座水埠；远望，很像是一艘泊在水上的仿古游船。内部装饰西化，有壁炉和法国琉璃瓦，但外形与古镇十分协调。

杜宅

高桥还是上海滩大亨杜月笙的出生地，所以在这座古镇上你还要去看看杜宅。杜宅是一座五开间三进深仿明清时代的庙宇式建筑，大门前置一对石狮，盘弄石球，雄踞两侧。虽历尽风雨沧桑，但还是很雄伟壮观，依稀可以看见当时的风采。

高桥人家陈列馆

荷兰风情小镇

具有荷兰特色的小镇

上海市浦东新区高桥新城（近张杨北路）

乘坐地铁6号线到高桥，转乘出租车到达

小镇由荷兰两家设计机构分别完成详细规划和设计，小镇占地1.7平方千米，由1平方千米的荷兰风貌区和0.7平方千米的高桥港河传统风貌区组成。

在整体景观上，尽现荷兰港口城镇风貌；在建筑风格上，突出荷兰围合式建筑的灵活多变和船型公寓等具代表性的建筑造型；在功能开发上，充分利用港口特色资源，增添浓郁的海港风情，并兼顾上海地区的实用要求，实现了中西方建筑文化的亲切对话。

玩家 攻略

1.小镇24小时营业。这里是举办婚礼的好地方，游客可有幸参加婚礼。

2.这里是摄影的绝佳去处，欧式风格的建筑别具特色。节假日会有很多人来拍婚纱照。

高东公园

植物种类众多的小公园

上海市浦东新区高东镇

乘坐高川专线或995路公交可到

高东公园坐落于浦东新区高东镇。公

园总规划面积约47公顷，是一个集休闲、观赏、娱乐于一身的社区公园。

公园有大片的树林，榉树、红枫等形成丰富的植物群落，组成具有层次感的生态景观。公园内湖泊环绕，小岛上环境幽静宜人，树影斑驳，水草飘逸葱郁，给人一种诗情画意的享受。

园内还建有一个展馆“高东匾额艺术馆”。高东匾额艺术馆内现展出匾额有57块，其中最“年长”的是清朝藏品，最“年轻”的也有80多岁了。这些匾额记录着历史事件、科举制度、民俗民风，匾额背后的故事更耐人寻味。

高东生态园

可玩门球的美丽生态园

上海市浦东新区高桥新园路998号

乘坐高川专线或995路公交可到

高东生态园风景优美，空气宜人，绿树草地，湖泊小桥，很适宜人们休闲游览。

门球中心坐落其内，里面建有中国门球博览馆和六连片人工草坪球场，其中四连片为盖顶的球场，高大宽敞明亮，自由区都在两米以上，博览馆右边还有12片场地的自然草坪，门球中心的前面是湖泊，可以划船钓鱼，真是个好地方。

高东生态园

九段沙湿地

长江口地区唯一基本保持原生状态的河口湿地

上海市浦东新区长江口外南北槽之间的拦门沙河段

乘浦东47路、金祝专线等公交可达

九段沙湿地自然保护区北以长江口深水航道南导堤中线为界，东以-6米线为界，南以长江南槽航道北线为界，西（江亚南沙）以-6米线为界。保护区总面积为423.2平方千米，东西长46.3千米、南北宽25.9千米，由上沙、中沙、下沙、江亚南沙及附近浅水水域组成。

九段沙湿地是长江口地区唯一基本保持原生状态的河口湿地，系中国自然生态保护网络的重要组成部分。芦苇、海三棱藨草等湿地植物茂盛。青蟹、黄泥螺、蛏子等底栖动物生物量巨大。

每年冬春之交，大量的鳗鲡幼苗在九段沙水域索饵、越冬，中华绒螯蟹在此产卵、育肥。九段沙湿地还是鸟类迁徙的重要中途停歇地和越冬地，有白头鹤和遗鸥两种国家一级保护鸟类，黑脸皮鹭、小天鹅等15种国家二级保护鸟类，是东亚—澳大利亚鸻鹬鸟类保护网络的重要成员之一。

浦东牡丹园

上海第一个真正意义上的牡丹园

上海市浦东新区兰谷路500号

乘坐地铁6号线可到

浦东牡丹园是上海市第一个真正意义上的牡丹园，也是上海市第一个在农村产业结构调整中，由农民自筹资金建成的较大规模的特色园林。

浦东牡丹园占地10余公顷，园内种植有百年牡丹珍品，从河南洛阳引进的九大色系、150多个珍稀品种、近3万株牡丹。

景点推荐 吴淞口周边景点

吴淞炮台抗日遗址

抗日战争的见证者之一

上海市宝山区塘后路109号

乘719、51、宝山23路等公交可达

吴淞炮台始建于光绪十二年（1886年），当时置12英寸口径、800磅炮弹膛炮，光绪十五年（1889年）增设8英寸口径后膛炮2门，后又增4.7英寸口径炮2门、6英寸口径炮1门，均为后膛式快炮。1931年时有炮11门，1937年淞沪抗战中，被日军炸毁。

现在遗址新建"吴淞古炮台"，占地约1500平方米，刻有"平夷靖寇将军"的古铁炮，安置在中心的大理石平台上。1984年3月19日公布为上海市纪念地点。现保存状况较好。

吴淞炮台湾湿地森林公园 AAAA

野趣与人文相映的大型公园

上海市宝山区塘后路206号

乘719、51、宝山23路等公交可达

吴淞炮台湾湿地森林公园位于宝山区东部，总面积为53.46公顷，背山面水，东濒长江、黄浦江，有原生湿地面积50余公顷，沿江岸线长达1974.13米，其西南角就是著名的吴淞口。清朝时，借此有利地形建造了水师炮台，因此得名为炮台湾。

公园分为森林休闲观光区、谷地生态走廊区、荒漠景观区和滨水湿地景观区等五大区域，设有长江河口科技馆、贝壳剧场、矿坑花园、游船码头、体育俱乐部等场所，是集科普教育、休闲娱乐、观光旅游等功能于一身、野趣与人文相映的大型公园。

海军上海博物馆

馆藏丰富的海军博物馆

上海市宝山区塘后路68号

乘坐公交51、101、952、116、90路，旅游五号线可到

中国人民解放军海军上海博物馆位于吴淞军港，主体展览馆是宏大的拱形建筑，内设四大展厅，馆藏海军、海洋历史资料图片3000余幅，实物1000余件，展出面积5000平方米。

中国人民解放军海军上海博物馆是一座匠心独运、构思新颖的浅灰色花岗石建筑，简洁、明快，气魄恢宏，右侧门柱酷似风帆，左侧屋脊矗立着四根形同舰船烟囱的圆柱，连接左右的是一道状如核动力舰体的门梁，象征着中国海军从远古驶来，利箭般射向大洋。走进馆门，迎面是飘扬的旗帜衬映着的“H”形花岗石雕塑，“H”的横档上悬吊着一把硕大的金钥匙，召唤人们打开海洋和海军知识的大门。

玩家 解说

海军上海博物馆现有五大展厅：

第一展厅是中国海军历史展，其中A厅是古代部分，展示中国古代海军从春秋末年诞生以来2000多年的水战历史，直至郑和下西洋、郑成功收复台湾，说明中国古代海军处于世界先进行列；B厅是近代部分，展示鸦片战争后中国海军在向近现代化转变中的坎坷经历和悲惨结局。

第二展厅是以东海舰队简史为主的当代海军历史展，展示人民海军自1949年4月3日诞生后的成长壮大过程：作战866次，解放众多岛屿，首航南太平洋协同进行远程火箭飞行试验，巡逻保卫南沙群岛，出访南亚3国，在革命化、现代化、正规化道路上胜利前进。

第三展厅是海洋奇观珍品展。

第四展厅是世界海军装备和舰模航模展。

第五展厅是海洋科学知识展。海洋艺术馆展示我国从古至今以海军为题材的艺术品。海军兵器馆展示曾参加过海战的鱼雷快艇和各种舰炮。海军少年军校吸收学生参加军训和组织海上夏令营活动。

临江公园

具有众多景点的综合性公园

上海市宝山区友谊路1号

乘813、160、711等路公交可达

临江公园因濒临长江而得名，是宝山的标志性公园。公园东临长江，西接友谊路和南门街，北为居民住宅及农田，原宝山县护城河南北纵贯园东部，然后向西折，成为公园南部界河。1956年利用残存的孔庙大成殿和清代形成的土山建成公园。

公园内保留有孔庙大成殿、古城墙、水关桥等多处历史遗迹，以及淞沪抗战纪念馆、陈化成纪念馆、姚子青营牺牲处、望江楼等人文景观，形成了一个融文化、娱乐、休闲为一体的综合性公园。

陈化成纪念馆

纪念馆建筑面积320平方米，于1992年6月16日建成。2003年1月，被上海市人民政府命名为“上海市爱国主义教育基地”。

陈化成纪念馆突破了传

统的陈列格局，充分利用原有古建筑的高度和深度，将展厅设计为两层，大幅度增加了陈列面积；在陈列形式上充分运用了喷绘、影视、多媒体、大型场景等现代化科学技术手段，极大地增强了可视性和趣味性。

纪念馆以弥足珍贵的文献资料和历史文物，翔实地记录了我国近代史上著名民族英雄陈化成的一生，着重反映了江南提督陈化成在第一次鸦片战争的“吴淞战役”中率部英勇抗击英国侵略军，直至壮烈殉国的爱国主义精神。

孔庙大成殿

孔庙大成殿，始建于清乾隆十二年（1747年），迄今已有二百多年的历史，是上海现存四大孔庙之一。宝山孔庙除主体建筑大成殿外，还有丁东门一座、棂星门一座、名宦祠、分贤祠、圣星阁、明伦堂、藏经阁、儒子署等。

大成殿是祭孔子的正殿，殿内雕龙贴金的巨龛中供着孔子的塑像，正位是孔子，两侧分别是颜子、子思、曾子、孟子等“十二哲”塑像。每年农历八月二十七先师孔子诞辰日，当地的官宦、乡绅、文人骚客、学子都来这里举行隆重的祭祀活动。

宝山孔庙经过二百多年的风风雨雨，大成殿等建筑严重毁损，几经修复，后又遭日本侵略军的狂轰滥炸，孔庙其他建筑大多炸塌，仅大成殿幸免于难。1991年宝山政府投资修复，修复后的孔庙大成殿保持了原有的风格。

临江公园

链接

陈化成抗英小记

鸦片战争时，1842年6月，英舰进犯吴淞口，陈化成的上司两江总督牛鉴欲向英军求和，陈化成当时任江南提督，铸铜炮、筑炮台、造火药、练士兵，在吴淞口积极设防，坚决反对求和。

英军来犯，陈化成以67岁高龄率部奋起还击，在吴淞口炮台击伤英舰多艘，并与英军进行肉搏战，打退英军进攻。后因牛鉴不战而退，从宝山溃逃，英军登陆，从后路抄袭西炮台，陈化成死守阵地，负伤七处，以身殉国。

泗塘公园

有山有水的小公园

上海市宝山区爱晖路710号

乘坐845、312等路公交可到

泗塘公园位于张庙，占地45021平方米，公园内地形连绵起伏，山丘不高，但绿荫常遮，河面不广，却碧波宜人。厅、廊、亭，则以简洁明快的现代手法构成欧式建筑风格，大面积的草坪，大色块的花灌木，高大落叶、常绿乔木，疏密有致，高低错落，与园内和谐统一、相映生辉，融为一体。

淞南公园

有植物混交林的植物园

上海市宝山区淞发路528号

乘坐751、713、810等路公交可到

上海淞南公园由宝绿实业总公司担任设计、施工及养护。建于1998年，总面积为80000平方米。公园以自然形式呈现，利用水杉、欧美杨、香樟等高大树木作为背景，形成高低错落的韵律感，既丰富了林缘线，又给人一种线条美。种植以密植形式呈现，混交密林中以种植香樟、雪松、慈孝竹、红叶李、蜡梅、山茶花为主，是一个具有多层次结构的植物群落。

景点推荐

罗店镇周边景点

罗店古镇

至今已有600多年的历史

上海市宝山区罗店镇

乘坐淞罗线、永罗线、北华线、北罗线、彭罗线、罗南线等可到

罗店古镇始建于元朝至正年间，至今已有600多年的历史。古镇西临嘉定，北达浏河，南抵大场，东至吴淞，水陆交通发达，经济繁荣，有“金罗店”之称。

元代罗店的棉花、布、纱畅销皖、江、浙地区，商贾云集，经济繁荣，作坊、商行达500多家，在具有300多年历史的花神堂里，仍能依稀看到当时的繁华景象。大通桥、丰德桥和来龙桥，都具有三五百年的历史。明、清时期建造的梵王宫和布长街，至今仍保存完好。

花神堂

原城隍行宫建筑之一部分

上海市宝山区罗店镇赵巷西街，现罗店标准件厂

乘834、839、宝山16路等公交车可达

花神堂建于明天启年间，为原城隍行宫建筑之一部分。清咸丰十一年（1861年）因战争遭到破坏。光绪十三年（1887年）重建，共3间，附偏房1间，院前有高大墙门，上书“万花之宰”四字。相传每年农历二月十二为花

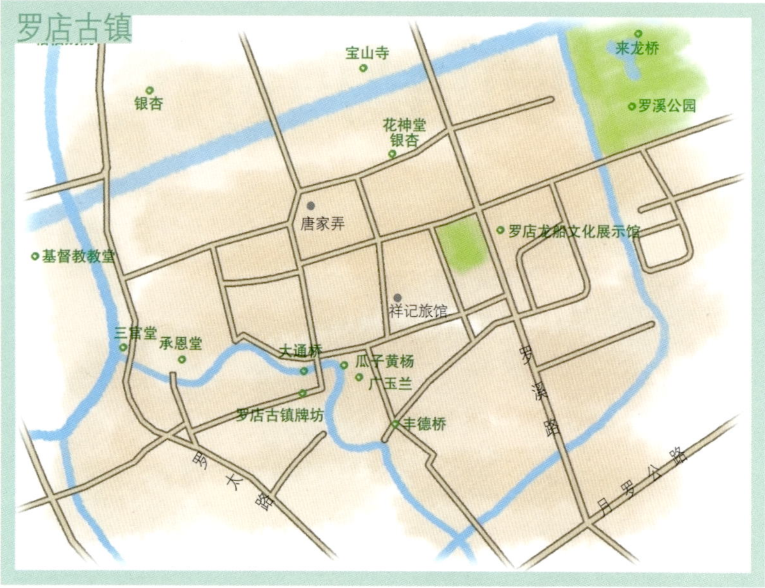

神诞辰，罗店镇花业同人聚会纪念。迄今头门上仍有当地书法家朱六阶所书“花业公所”匾额。

罗店北欧新镇

北欧气息浓厚的新镇

上海市宝山区罗店北欧新镇

021-56590078

乘坐963路公交等可到

罗店北欧新镇融居住、教育、医疗、行政、商业、旅游、休闲等功能为一体，是一个高尚的生态居住区域、理想的商业投资场所、美丽的旅游休闲景点。由欧洲最大的国际性建筑与工程集团公司——瑞典SWECO集团担任总体规划设计，其设计理念是原汁原味地体现北欧城镇的风貌特色，建成罗店中心镇特色风貌的标志性区域。

新镇内配备了全方位的配套系统，涵盖了现代化的智能化信息系统、安全保障系统、居民生活系统、国际化学校教育系统等。新镇还有上海市区第二大人工湖——美兰湖，景色十分美丽。

美兰湖

一座广袤迷人的湖泊，恰似北欧的Lake Malaren般宁静而气质高贵。如果只有一个地方来调整身心，美兰湖就是这个地方。倚身船舷，任船儿随风摇曳，岸边满目红墙绿树、美景依览，思绪就会像长了翅膀一样，前往日德兰半岛与斯堪的纳维亚半岛，那美兰湖的故乡——北欧。

美兰湖旁边建有美兰湖主题公园，半岛形的起伏坡地插入湖畔河流之间。公园内展

美兰湖风光

示不同国家的人文主题，丰富的内涵不但成为孩子们学习娱乐的家园，其浓郁的科技特色和历史氛围也让每个人沉醉其间。另有网球场、健身中心、航模俱乐部和垂钓中心等体育运动设施，开展以培训和体验为主题的拓展教育项目。

国际会议中心

会议中心位于美兰湖中央半岛上，为会展、餐饮、住宿三种功能的完美结合体，包括4个200～600座会议厅、1个近千米的展览厅、22个不同风格的会议室及2个多功能厅。拥有独立的激光投影与音响设施，英语、西班牙语、俄语、日语4种语言的同声传译等高科技系统。76个高标客房则为与会的贵宾提供最体贴的服务。

北欧风情街

都说，从北欧慵懒回来，连走路的节奏都会跟着改变。那么，当您置身美兰湖北欧风情街，就会知道，哦，原来中国也有一个地方叫慢城。

沿着北欧风情街慢慢穿行，一排排褐红及鲜黄色的17世纪尖顶“新”建筑，既现代又典雅，夕阳笼罩下的那份闲适的情调，引人入胜。

国际美术馆

美兰湖国际美术馆是一幢现代风格极强的建筑，面积2400平方米，展馆珍藏了一大批各时期的文物和艺术品，其中有极富我国民族传统文化特色的青铜器、陶瓷、书法、绘画、玉器、红木工艺、黄杨木雕等。名家书法绘画展览是该馆的一大特色，专馆的艺术品有我国黄杨木雕的代表—温岭乐清王家黄杨木雕（已批准为第一批国家非物质文化遗产），有景德镇瓷器精品、宜兴紫砂壶精品，还有红木工艺精品等。展览馆以弘扬中华民族的文化精髓、打造文化品牌为目标。

罗店北欧新镇

亚洲婚纱摄影基地

美兰湖爱情岛上遍布着情侣们的足迹，从婚纱摄影到婚庆礼仪，再到蜜月旅游，形成了集婚纱摄影、礼服租赁、婚庆典礼、婚宴、婚房等于一身的“一站式”婚庆服务基地。这里，成为了爱的彼岸；这里，见证了相爱一生的开始。

在美兰湖幸福小镇举办婚礼，犹如斯德哥尔摩的梦幻相伴，浪漫的气息沁入心脾，如果在波光潋滟的美兰湖上再来一场烛光曼舞，这个时刻，深情会成就永恒。

东方假日田园

体验乡村生活的好去处

上海市宝山区罗店镇张墅村

30元

乘1606、宝山4路等公交可达

东方假日田园内有土地、河流、森林，空气清新，环境优美，在这里，游客可以尽情体验乡村生活情趣。东方假日田园内有迷你宝贝宠物、奇异瓜果，还有垂钓、农艺、水上游乐等娱乐项目。另外，在这里还可以到农家乐饭庄尝尝农家菜，如稻香排骨、双色南瓜冻、农家大三鲜等，都是不得不尝的上海有名的农家菜。

玩家攻略

1.由于罗店北欧新镇、罗店龙船馆、花神堂、宝山净寺、罗店古镇都在东方假日田园附近，所以到这里游玩，可以连同景点一起游玩。

2.动物展示最受孩子们的欢迎。草地上，步态安详的山羊、肥壮可爱的小猪、毛茸茸的兔子都吸引着成群的孩子驻足观赏。而在这里，孩子们可以参与喂养小动物的活动，让他们从小懂得爱护动物的道理，收到寓教于游的效果。

发现者旅行指南

南部海滨

概览

亮点

上海野生动物园

5A级风景区，我国首座国家级野生动物园，有动物10000余头（只）。可观看人兽同台的大型表演以及大型驯兽表演。

新场古镇

"十三牌楼九环龙，小小新场赛苏州。"具有千年历史的新场古镇有明清老街、水乡河道、石拱桥、马鞍形水桥、明清建筑群等景点，至今仍保留着比较完整的水乡古镇格局。

古华园

该园在构筑上采集了奉贤历史上众多典故，迁入和再造了大批历史建筑，具有浓郁的历史文化气韵和江南水乡景象。

枫泾古镇

古镇周围水网遍布，河道纵横，素有"三步两座桥，一望十条港"之称。已有一千五百多年历史，地跨吴越两界，林木荫翳，庐舍鳞次，遍植荷花，清雅秀美，别号"芙蓉镇"。

山阳田园

布局考究，典雅玲珑，溪水潺潺，花木繁茂，置身其中犹如回归桃源仙境，尽享自然生态与欧美建筑相结合所带来的轻松惬意。

必逛街道

枫泾古镇小吃街：这里店铺林立、美食众多，具有本地特色，吴越豆腐、清炒螺蛳、丁义兴蹄子、桂花状元糕、天香豆腐干、金枫牌黄酒等特产非常地道。

线路

上海南部二日游

第一天，到达上海野生动物园，观看动物，并欣赏动物表演。接着去芦潮港，可参观东海大桥、滴水湖等景区，并在此住宿。

第二天，早起去海边看日出，接着去奉贤海湾旅游区，放风筝，玩游艇，欣赏传统工艺等。

上海南部三日游

第一天，去枫泾古镇，欣赏漫画，观看建筑，品尝美食，游玩整个古镇。晚上可投宿特色客栈。

第二天，奔赴金山海滨，游玩金山三岛海洋生态保护区，了解岛上各种稀有动植物，欣赏城市沙滩景区，如果有兴趣，还可以在海边露营。

第三天，乘车去南桥镇，游玩古华园，参观奉贤博物馆、二严寺等，还可以游玩南桥镇其他景点。

为何去

上海南部不仅有海滩、水上乐园，还有古色古香的古镇，小桥流水的江南水乡，历史久远的建筑古物。

碧海金沙

奉贤的水上娱乐天堂碧海金沙，藏品丰富、种类繁多的奉贤博物馆，金山的净土——金山三岛，枫泾古镇，浦东南部的古朴的古钟园、花团锦簇的桃源民俗村、景色秀丽的芦潮港……整体景点多种多样，风格不尽相同，是理想的旅游、休闲胜地。

何时去

上海南部气候温和湿润，景点多样，一年四季都适宜旅游。春天可以在桃源民俗村赏桃花，在中荷玫瑰园看玫瑰；夏天，可以在奉贤海湾旅游区和金山海滨避暑游玩；秋天，可以在文蕾果园、山阳田园采摘水果，品尝河鲜；冬天的枫泾古镇、古华园等则有另一番风景。

施王庙

景点推荐 惠南镇周边景点

古钟园

具有江南造园风格的园林

上海市浦东新区惠南镇卫星河畔

021-58010287

乘1111路内圈、惠南2路等公交可达

古钟园以坐落在园内的古钟命名，该钟造于明隆庆五年（1571年），为当地一宝。

古钟园始建于1982年，占地面积38700多平方米，内有钟亭、文源馆、藏拙苑等景区。古钟园荟萃了我国古典园林的诸多优点，曲径通幽，古朴典雅，集中突出了“青瓦白墙、青桐银杏”的特征，具有江南造园的自然风格，体现了明代园林风格和生活情趣。

玩家攻略

古钟园全年都适宜游玩，每个季节都体现出不一样的美感。

钟亭景区

钟亭景区为全园的中心景区，位于公园中部，四周有梦烟河环绕，以钟亭为主景。景区有青龙、彩凤、靖海、曲桥等四桥与对岸相通。景区内黄石叠山，湖石点景，石板铺路，绿树成荫。

钟亭位于景区中央，基座占地30平方米，建筑面积10.9平方米。钟亭为六角形，混合结构，红漆水泥柱，重檐翘角，青瓦顶，亭前有石狮一对，苏局仙为亭题额。

钟为元代古刹福泉寺旧物，明隆庆五年（1571年）铸，钟体呈喇叭花状，高1.62米，钟口围3.4米，重1600千克。钟身铸有图6幅和铭文2056字，其祈词为“金声一震，虎啸龙吟，皇风清穆，海道安宁”。古钟安放在亭中央的石座上，石座旁刻有八幅石雕。亭四周植银杏、罗汉松、桂花、香樟。

文源馆

文源馆景区位于园西南部，与钟亭景区一水相隔，总面积约2470平方米。景区四周筑长98米的花墙，使之成为封闭型的庭园，馆匾由吴近贤书。

景区内聚秀堂居中，前有观潮阁，后有曲廊、听雨亭，伴以青枫翠竹，应景点石，环境古朴幽静。聚秀堂的堂名寓意南汇聚秀，堂匾由周方白书。堂为砖木结构，正面花格门窗，四周回廊。堂前为石板地坪，近门处竖石鼓礅一对。堂西侧是一个名为月湖的水池。堂后有廊，经文源桥通藏拙苑。

藏拙苑

由文源馆边门入起凤台，即进入藏拙苑景区。藏拙苑位于公园西部，总面积约740平方米。苑内有朴养斋、起凤台、镜亭，入苑可观赏盆花、盆景。

苑内花架石阶上各类盆景粗犷纤巧，姿态各异。遇上晨雾，云帘轻垂，亭斋朦胧，林木披翠，藤蔓缠绕，有“雨游梦烟河，雾入藏拙苑”之说。

南汇烈士陵园

纪念解放战争中牺牲的烈士

上海市浦东新区周浦镇康沈路1646弄58号

021-58113320

乘175、581、624路等公交可达

烈士陵园建于1960年，前身是周浦烈士陵园。解放战争中，周浦作为浦东外围的重要战场，打响了战争的第一枪。在激战中，127名解放军指战员壮烈牺牲，后来，人们为纪念他们建立了这座陵园。

陵园占地14241平方米，设有供群众进行集体纪念活动的广场、烈士史迹陈列室、烈士英名室和音响教育室。陈列室建筑面积达300平方米，展出的是大革命时期、抗日战争时期、解放战争时期、新中国成立以后四个历史阶段本区具有代表性的烈士事迹。

玩家 解说

陵园对学生、社会团体实行免费参观政策，也为青少年举行18岁成人仪式、入团（队）仪式等免费提供活动场所和帮助。

泥城革命史迹馆

泥城人民的精神丰碑

上海市浦东新区南芦公路1887号

021-58071091

乘1059、浦东56路、惠临专线等公交可达

泥城革命史迹馆，原名泥城革命传统教育基地，建于1986年10月。史迹馆占地面积6000多平方米，设有革命烈士纪念雕塑、烈士事迹展览并保存了部分烈士的遗物。

经过扩建后的泥城革命史迹馆占地7380平方米，分四个展厅。其中一个展厅供参观者入党、入团宣誓仪式之用，一个展厅配备多媒体放映设备，两个展厅展示从1928

古钟园

年到1975年，泥城97名革命英雄儿女的光辉事迹。

玩家 解说

泥城镇位于惠南东南部，毗邻杭州湾，属临港新城四镇之一，总面积61平方千米，有着光荣的革命历史和优良的革命传统。1930年，在这里发生了闻名全国的泥城暴动，创建苏维埃政府与中国工农红军第二十二军第一师。1938年，在这里打响了浦东抗日第一枪——汇角战役，周大根等28壮士献出宝贵生命。1940年起，这里又有诸多抗日勇士分批奉命南渡浙东，开辟抗日革命根据地。

南汇博物馆

爱国主义教育基地

上海市浦东新区惠南镇文师街18号

021-68030631

乘1038、1071、浦东40路等公交可达

南汇博物馆建筑面积为3510平方米，陈列厅面积为1500平方米，分为固定陈列厅和临时陈列厅两个部分，其中固定陈列厅面积为1000平方米。

固定陈列有“序厅”“上海成陆及南汇古海塘”“煮海制盐”“婚嫁迎娶”“地灵人杰”五大展厅。500平方米的临时陈列厅，引进展出具有一定特色和影响的展览项目。

观海公园雕塑司南

南汇嘴观海公园

上海陆域的最东端

上海市浦东新区临港新城主城区东南（近滴水湖）

乘浦东33路、滴水湖新能源观光线等公交可达

南汇嘴观海公园总面积18200平方米，是上海陆域的最东端。公园的标志性雕塑“司南”总重超过120吨，长49米，宽21.46米，高13米，首部面向正南方洋面，寓意上海与世界的联系。

“司南”是为了纪念一起真实事件：2003年8月，一条4米多长的幼鲸搁浅海滩。数十位民工将其救至附近正在施工的滴水湖内。由于当时不具备收养条件，又将它放归。当幼鲸游向大海时，曾在南汇嘴水面三次回头探望，似在感谢帮助过它的人类。

桃源民俗村

桃林中的“世外桃源”

上海市浦东新区惠南镇城北村

5元，双休日、节假日10元

021-58058091

乘坐游2线、沪南线、周南线可到

桃源民俗村是上海桃花节新建的一个旅游景点，处在千亩桃林中，占地约40公顷，人工湖泊6.67公顷。民俗村内柴门竹篱，小桥流水，阡陌纵横，空气新鲜，环境洁静，还建有30多个不同游乐景点，融合了当地的民俗风貌，是一个“春有花、夏有荫、秋有果、冬有青”的农业观光旅游胜地。

链接

南汇桃花节

南汇地处东海之滨、杭州湾畔，河港纵横、物产丰饶，田园风光宜人。有3000多公顷桃林，种植面积之大，品种之多，为华东之最，有“桃花源”的美誉。

从1991年起，南汇每年三四月间都要举办桃花节。旖旎的海滨水乡风光与绚丽的桃花美景交相辉映，成为上海南汇桃花节的一大鲜明特色。

上海南汇桃花节的另一鲜明特色是美丽的自然景观与淳朴的乡情民风水乳交融。游客漫步在田埂小径间，休憩于鸟语花丛中，既可垂钓，也可品尝富有乡

野趣味的当地美食，还可观赏舞龙舞狮、桃花篮、江南丝竹、锣鼓书、荡湖船等具有浦东地方特色的民间文艺表演。

上海南汇桃花节已逐渐走出上海，走向全国，开始与北京香山红叶节、河南洛阳牡丹节齐名。现在主要的举办地和场馆景点有大团桃园、新场桃源、南汇桃花村、滨海桃源、上海鲜花港、上海野生动物园、滨海森林公园、新场古镇、洋山深水港观光旅游区、书院人家、南汇博物馆等。

上海野生动物园 AAAAA

中国首家国际级野生动物园

上海市浦东新区南六公路178号（北大门）

021-61180000

120元　乘惠南6路、南新专线等公交车可达

上海野生动物园是我国首座国家级野生动物园，有动物10000余头（只）。分车行和步行两大参观区，整个园区分为食草动物放养区、食肉动物放养区、火烈鸟区、散养动物区、水禽湖和珍稀动物圈养区、百鸟园、蝴蝶园及儿童宠物园，可观看人兽同台的大型表演以及大型驯兽表演。

玩家攻略

1.动物园游览巴士运行时间为8：30～16：00。你也可自备车辆，但一定要确认车况良好。游览区内限速10千米/小时，禁止停车、打开窗门、擅自下车。如中途抛锚，可拨打58036000-2062（如无手机，请鸣长笛），由园方派车牵引。

2.动物迎宾仅限双休日，气温在35℃及以上时格力犬比赛取消，其他照常。另外，园内有海盗船、卡丁车、碰碰车等娱乐项目。

3.园内设有数个小卖部，提供各类饮料、零食等。另外，还有旅游纪念品商店，可以带点儿有特色的小玩意儿回去。

4.高空游览车旁的快餐厅，经济、方便、快捷；观鹤楼餐厅，可以边品佳肴，边欣赏水禽湖风光；长青大酒店，主要提供中高档饮食，是宴请客人的好地方。

百兽山表演场

百兽山表演场建成于1996年，能容纳观

众3000人左右，并同时观看表演，整个表演场三面为观众席，一面为大型实体置景，根据每次节目主题的不同，置景内容也做相应的调整。

自建成以来，百兽山表演场共承办过全国动物运动会、动物时装秀表演、新春大联欢等多项精彩主题节目，动物表演的水平处于国内领先的地位。每天，百兽山表演场都将上演一场由大象、羊驼、斑马、狗熊、猕猴、贵妇犬等30多头（只）动物参加的大型节目，节目内容丰富多彩。

动物竞技场

动物竞技场建成于1995年，是动物园最早的一座动物表演专用场馆。竞技场占地约1000平方米，为圆形半开放场馆。整个场馆分为饲养区、表演中心区和观众席三大部分。中央为动物表演舞台，四周四分之一为动物饲养区和职工工作区，其余四分之三为圆形座位区域，可容纳观众约1000人。

饲养、工作区饲养东北虎、非洲狮、非洲猎豹和珍稀的白虎，并配有饲养、驯化和表演的工作人员10名。场馆每日定时演出精彩的猛兽表演，包括群狮群虎、猎豹群舞、狗熊体操等。

上海野生动物园的黑猩猩

海狮表演馆

海狮表演馆建成于1996年，位于园区的东南角上，与赛狗场毗邻。观众席为半圆弧形梯级看台，中央是500平方米的水池和舞台，可容纳1500人同时观看表演。

海狮馆的节目不仅在海狮的动作上不断创新，而且在节目形式上也是推陈出新，尤其是海狮访问和形式各异的小品让海狮的灵性得到了最充分的体现，在观众一次次走近海狮的同时，也让观众更多地了解和喜爱海狮。

赛狗场

赛狗场是动物园第4个动物表演场馆，可容纳观众4000人以上，拥有400米标准跑道，跑道全部铺设精沙以适应比赛需要，同时配备了自动起跑箱、大型电子屏幕、电子引跑兔等一系列的先进设施。

现进行比赛的动物有格力犬、蒙古马、骆驼、鸵鸟等。其中进行主要比赛项目格力犬赛跑的格力犬有120多条，全部是从澳大利亚引进的。为使其更好地适应本地的气候环境，野生动物园根据国外的先进模式，建成36幢格力犬居住的“小别墅”，并配置了“现代化跑步机”“按摩仪”等最新设备。

食草动物放养区

食草动物放养区面积有21公顷，是车入区占地最大的区域。该区模拟动物生存的草地、山丘、森林、湖泊等生活环境，并设有大象房、犀牛馆等。放养动物种类繁多，种群庞大，内有各种动物18种320多只，有国家一级保护动物麋鹿（四不象）、羚牛、亚洲象等。另外，还有非洲大草原上的长颈鹿、白犀牛、斑马、大羚羊、蓝角马等。

中华民族大观园

体现民族风情之地

上海市浦东新区，与上海野生动物园毗邻

105元

021-58036166

乘坐游2线、万野专线、原野专线可到

中华民族大观园是我国规模最大、设施最全、表现最为丰富的展示各民族风情、文化、艺术的人文景观。按其文化艺术和宗教信仰组成10个民族度假村。

园内还建有八大特别景观：石林、瀑布及大榕树组成的大门景观；音乐喷泉中央湖；中央表演剧场；体育竞技场；会议中心及大型坐莲观音像；民族美食城；华夏购物城，同时还有赛马、斗牛、斗鸡等活动，其中水幕电影在国内首屈一指。

新场古镇

小小古镇赛苏州

上海市浦东新区新场镇海泉街128号

28元　021-58170652

乘1068、新场1路、新场2路等公交车可达

新场古镇为“上海浦东原住民的生态博物区”，是浦东最后一块文化遗产，有南山寺、郭家庙、第一楼茶园等古迹。其江南水乡古镇风貌的完整性、原真性，不管是从历史文化角度评价，还是从旅游休闲角度观赏，在浦东都是独一无二的。

玩家 攻略

新城古镇不仅能参观各种古迹，品尝各种美食，还能观看桃花。这里是南汇桃花节的举办地之一，每年三四月，芬芳吐艳的桃花配上古色古香的建筑，别有一番风情。

玩家 解说

在新场成为镇之时，正值下沙盐场鼎盛时期，盐产量和盐灶之多，胜过浙西诸盐场。随着盐业的不断发展，镇区也逐渐繁华，曾经一度超过上海县城，有“新场古镇赛苏州”之誉。

后因盐场变迁以及战乱，几经兴衰，直至今天，新场依然是一个有着水乡水韵和浓厚文化气息的水乡古镇。

历史上有新场古镇十景：溪湾石笋、书楼秋爽、雷音晓钟、横塘晚棹、仙洞丹霞、海眼原泉、高阁晴云、上方烟雨、千秋夜月、南山雪霁。新场镇旧时多石拱桥，是江南水乡特色之一。新场有“十三牌坊”“九环龙”之称。遗存的著名石拱桥有洪福桥、千秋桥、白虎桥、扬辉桥、玉皇阁桥、永宁桥、盛家桥。现在新场镇仍保留着古镇风貌，遗存着部分古景古迹。

千秋桥

千秋桥最早建于清康熙年间，原名仗义桥，桥洞门高6米，东西桥堍各22级，桥上镌有对联，向南一副为：“愿天常生好人，愿人常做好事”；向北一副为：“济人即是济已，种福必须种德。”

石驳岸

新场的石驳岸与其他水乡城镇的石驳岸不同，一是古老，目前留存的石驳岸多为元明清时所建，两者加起来2000多米；二是连

成一片，后市河东岸的石驳岸自包桥港到洪桥港之间，几乎没有断，见证了当年因盐市而繁荣的情景；三是驳岸上雕刻的拴船用的"牛鼻"（也叫牵牛的"石件"），雕刻精美，图案多样，花纹形象鲜明，被文物专家称之为稀世珍宝。

第一楼茶园

第一楼茶园初建于清同治末年，是平房，1916年改建为现在的三层。当时底层为饭店，二楼是书房，三楼用作卧室。目前，书场依旧有说书人说唱，茶馆内尚有近百年来传下来的几格和板凳，这为我们了解当时的设施提供了依据。

在第一楼茶园居高临下看洪桥及四周景物，"小桥流水人家"这一江南水乡古镇的典型风貌尽收眼底。

郭家庙

郭家庙又名东狱观，位于车站路6号，始建于明，后几经修复，该观现有殿庑12间。该观保存的两座忏亭，至今已有140多年的历史，忏亭是寺庙里的饰物，采用优质木材雕刻组装，高170厘米，宽85厘米，亭分五层，采用浮雕、悬雕、铸雕等多种技艺，艺术造诣极精。

渔乐湾生态园

休闲旅游好去处

上海市浦东新区新场古镇笋王路1688号

30元

021-68170666

乘坐地铁21号线到新场站即到

渔乐湾生态园，是一处融自然景观、农业景观、渔业景观、人文景观为一体的休闲旅游好去处，游客可在这里垂钓、品茗，还能品尝到新鲜的时令蔬果。

生态园紧邻沪南公路和S2高速公路，园内有欧式风尚别墅、商务楼，恐龙园，恐龙博物馆，农耕文化展示馆，渔文化展馆，百果园等，还有海盗船、碰碰车、越野车、儿童浑水摸鱼、垂钓、水上脚踏船、游船、悬索桥、咖啡座、网球场、羽毛球场、KTV等休闲娱乐设施。

新场古镇

景点推荐 芦潮港周边景点

芦潮港

西太平洋上的好望角

上海市浦东新区太平洋西岸　021-58281919

乘1096、浦东33路等公交车可达

芦潮港有天然的渔业港口、深水港区、万亩桃园、黄金海岸、护堤森林等丰富旅游资源。所有的远洋、近海船只都必须经过芦潮港才能进入长江。这里水深浪静，被誉为“西太平洋上的好望角”。

玩家攻略

芦潮港环境优美，风物宜人，是上海桃花节的发源地。它的东南面有大片桃园和杉林映带左右，每年三四月间，桃花吐艳；秋冬时分，杉叶飘落，别有一番风味。

玩家解说

芦潮港北有锦江桃园、稀山度假村和世界桃园仙境度假中心，东北有世界芳草屋精品总汇，东有好望角度假村，西有亚洲东园。

在整个东海岸线上，形成以野生动物园为“一点”、以芦潮港向北延伸连绵10千米（包括东海影视乐园、白玉兰度假村、浦东射击游乐场、富士达赛车场及万亩桃园等）为“一线”、以芦潮港为圆心，直达普陀山、嵊泗、舟山等海岛形成之旅游“圈”，三者构成浦东独特的“点线圈”旅游格局，从而成为上海的“后花园”。

东海大桥

真正意义上的跨海大桥

大桥北端在上海市浦东新区芦潮港

从龙阳地铁站乘坐龙港快线到芦潮港，每小时一班。芦潮港有大巴可以上东海大桥到洋山港。大桥过桥费往返40元

东海大桥起始于上海浦东新区芦潮港，北与沪芦高速公路相连，南跨杭州湾北部海域，直达浙江嵊泗县小洋山岛。大桥全长约32.5千米，是上海国际航运中心渠水港工程

的一部分。东海大桥是我国第一座真正意义上的跨海大桥，是目前世界上最长的外海跨海大桥。曾荣获中国建筑工程鲁班奖。

链 接

大桥设计师林元培

林元培是我国著名桥梁专家，福建莆田人，出生于上海市。2005年当选为中国工程院院士。设计或主持设计的大跨度桥梁达20余座，中小桥梁有上百座，涵盖了上海杨浦大桥、卢浦大桥、东海大桥等各种桥型。

由于他在我国建桥技术方面的杰出贡献和突出成就，被授予国家设计大师，荣获1994年度茅以升桥梁大奖。

滨海旅游度假区

融食、宿、行、购、游为一体

上海市浦东新区滨海镇

021-58058411

乘惠芦专线、浦东31路等公交车可达

滨海度假旅游区内的上海黄金滨海度假村，是一颗璀璨的“海上度假明珠”。旅游区有融世界一流的实弹射击场、水上娱乐、度假村为一体的浦东射击游乐有限公司，有展现欧亚风格且华东最大的滨海高尔夫俱乐部，还有中国唯一的娱乐型赛车场——富士达赛车场及娱乐功能齐全的滨海宫宵度假村等。

玩家 攻略

在这里你可以打真枪、发实弹、枪战对抗、驾游艇、开赛车、打高尔夫球、别墅钓鱼，是搏击风浪、饱尝野趣的最佳乐园。

滴水湖

人工淡水湖

上海市浦东新区临港新城主城区环湖西一路

可乘地铁16号线到滴水湖站下

滴水湖是临港新城主城区的标志性工程，它是目前国内最大的人工淡水湖。沿湖为平均80米宽的风景带，以绿化建设为主，也可开展沙滩排球、日光浴、垂钓等各种亲水、娱乐休闲活动。

湖中还分布着三个不同定位的岛屿——北岛、西岛、南岛。北岛被称为“娱乐之岛”，建设有一个海洋特色的游乐园，其中涵盖水世界、绿洲、游戏隧道、蓝鲸表演艺术中心等；西岛定位为商务和旅游住宿区，建设有两幢高星级酒店；南岛为水上休闲娱乐岛，建有游艇俱乐部、游艇港湾等设施。

玩家 攻略

滴水湖的冬景极具特色，瀑布两旁峭壁上挂满冰凌，灌丛上散落着冰花，水流外部冻成半透明的“冰桶”，“桶”内的水依旧在流，阳光照射下，溢彩流芳，蔚为奇观。由于泉水恒温，瀑布下四季青草长生。

中国航海博物馆 AAAA

国家级航海博物馆

上海市浦东新区申港大道197号

50元　021-68283691

9：30～16：30，16：00停止入馆，周一闭馆，节假日除外　乘1096路、浦东33路等公交车可达

中国航海博物馆是我国第一个，也是唯一的国家级航海博物馆，占地面积24830平方米，建筑总面积46434平方米。馆内分设航海历史、船舶、航海与港口、海事与海上安全、海员、军事航海六大展馆，以及渔船与捕鱼、航海体育与休闲两个专题展区，并建有天象馆、4D动感影院、儿童活动中心，全面展示我国航海事业发展的历史。

博物馆内藏有2万多件文物，全面反映了中国航海历史、航海文化、航海技术，其中包括一艘以古代造船工艺复制的巨型明代福船、船模300余艘以及战国时期的水陆攻战船、纹青铜器壶等珍贵文物和重要史料。

书院人家

野趣无穷的乡村乐园

上海市浦东新区书院镇临港大道3500弄29号

021-58067777

乘浦东29路、1061路、1078路等公交车可达

书院人家地处上海市东海之滨，总规划面积约13.8公顷，位于上海临港新城里的两港大道和临港大道的交会处，是上海浦东新区书院镇现代农业先行区的核心。书院主要以体验和展示当地传统乡村文化为主题。

整个园区布局精致典雅，小桥流水，白墙黑瓦，清新自然，一派江南水乡的格调，和临港新城交相辉映、互为融洽。

中荷玫瑰园

设备先进的玫瑰园

上海市浦东新区东部海边，东海农场

5元，节假日10元　乘坐游2路可到

中荷玫瑰园占地面积1万平方米，种植玫瑰7万余株，品种达28种，有“玫瑰世界”之称。中荷玫瑰园是目前全国规模最大、设备最先进的玫瑰园，同时还是浦东的花卉生产基地。

玩家 解说

沿着园中央大道行走，阵阵玫瑰花香扑鼻而来。在中央大道的两侧，20垄花田里长着齐腰高的玫瑰，花形各不相同，仅花的颜色就有16种之多，其中有极少见的蓝玫瑰和黑玫瑰。这些玫瑰的品种，全部是从“花卉王国”荷兰引进的。

中国航海博物馆中的货轮模型

景点推荐 南桥镇周边景点

古华园

仿古园林的综合性公园

上海市奉贤区南桥镇解放中路220号

021-57426291

乘莘海线、莘奉线、南梅线、莲庄线达南桥镇，换乘南桥2路可到

古华园是一座仿古园林的大型综合性公园，始建于1984年，占地面积超过4公顷，在构筑上采集了奉贤历史上众多典故，迁入和再造了大批历史建筑，使公园具有了浓郁的历史文化气韵和江南水乡景象。

园内花木品种繁多、五彩缤纷，春夏秋冬季相分明。园中有东西两湖。四周有环河围绕。公园有22座形态各异、大小不等的桥梁串接园区，亭台楼阁轩榭廊宇建筑量达5600平方米。

三女冈

三女祠在南墙门走廊三合院，并堆土为冈，即“三女冈”。据奉贤史载：春秋时代，吴越争霸。越王勾践卧薪尝胆，秣马厉兵，终成强国，而吴王夫差，骄奢淫逸，灯红酒绿，沉湎酒色而轻信谗人，最后越王勾践率铁骑长驱直入，吴王夫差弃姑苏城南逃，途经南桥镇北二里许，吴王恐三女落入勾践之手，就将三女活葬于此，故后人称为“三女冈”，并建三女祠，以志纪念。

链接

有关“三女冈”的诗

历代有不少文人墨客，曾前往“三女冈”游览凭吊，留下佳句甚多。宋代梅圣俞《三女冈》诗：“吴王葬三女，因留此冈名。已化彼桑质，合有兰蕙生。婵娟夜月照，暗蔼朝雾平。古魂如未泯，不远阖庐城。”王安石《三女冈》诗：“自古世上雄，慷慨擅功名。当时岂有力，能使死者生。三女共一丘，此憾亦难平。音容若有作，天乃倾人城。”古华园修建时，为便于游客游览凭吊，就在园内仿古建祠堆冈。

秋水园

秋水园是古华园的“园中园”，这里四面环水，而南、北、西三面都有桥相通。·园中有水池、太湖石，四周有曲廊迂回。池北有“超然堂”，堂中匾额由我国著名古园林泰斗陈从周教授手书堂名，所谓“超然”便是超乎喧嚣的社会环境，乃至超脱红尘，是修身养性、读书学习、怡然自得的一方净地。池北有“听流亭”，池西有“涵碧轩”，轩北有拱形“香花桥”，池南有“伴月亭”。

南塘第一桥

这座桥原是木桥，清嘉庆四年（1799年）重建为石拱桥。南北流向的横泾港和东西流向的南桥塘是南桥镇的母亲河，而南塘第一桥就是横跨南桥塘上的最雄伟、最美观的一座桥，现在南桥塘几乎被填埋殆尽，而南塘第一桥在修建古华园时被迁移过来，仍保持古桥风貌。南堍两侧立诗碑一块，刻有清代汝霖的赞桥绝句：“先德重勤问俗轺，漫随竹马入风徭，南塘春色浓于酒，佳句争传第一桥。”

硅化木

在公园北门向东一片引人注目的竹林下，有一棵粗大的“朽木”，是一棵已经石化的“硅化木”。这棵硅化木长有28米，分为12段，最粗处周长达3.3米，属侏罗纪年代，也就是我们所说的恐龙年代。它距今已有亿万年的历史，饱经沧桑，是自然变化的历史证人。

玩家解说

进入古华园，照壁上刻着醒目的“古华园”三个字。由于在建奉贤县前公园一直是“古之华亭”之地，所以命名为“古华”。照壁的背面是大型青石浮雕。浮雕中央上方是孔子唯一的江南弟子言子讲学的场景，奉贤县名出自“为奉言子之贤也”，体现了奉贤人崇文尊贤的优良传统。

照壁北面有一座石板曲桥伸入湖中，桥上建有三座亭子，这三座亭子呈“品”字形排开，所以又统称为“品亭”。上岸之后，沿着湖边的石径往北折向东，依次坐落着“启秀桥”“飞虹桥”“小云台桥”。

奉贤博物馆

藏品丰富，种类繁多

上海市奉贤区南桥镇解放东路90号

021-67115211 乘坐莘海线、莘邵线、南梅线、莲庄线达南桥镇，换乘南桥2路可到

奉贤博物馆拥有二大一小共三个展厅，展厅面积达653平方米。博物馆藏品丰富，有书画、陶瓷器、青铜器、玉器、杂器、纺织用具、土布等品种，馆藏的文物总数达2800余件。底层的展厅为奉贤历史与民俗陈列，展出自新石器时代至清末民国的有关奉贤的历

古华园

史文物。二楼有一个临时展厅，自开馆以来，这里已举办16次较大规模的临时展览。

二严寺
历史悠久的古寺

上海市奉贤区南桥镇沪杭公路1749号

10元

乘坐莘海线、莘邵线、南梅线、莲庄线达南桥镇

二严寺又名佛阁，始建于元代。《涅槃经·十七》曰“二种庄严”，一者智慧，二者福德，称为“福智二严”，故此寺取名为“二严寺”。寺庙由大雄宝殿、天王殿、玉佛楼等建筑组成。现在，寺内还植有宋代古银杏树雌雄两株，至今依然枝繁叶茂。

奉贤体育中心
上海面积最大的体育中心

上海市奉贤区古华南路100号

乘坐南青专线、莲庄专线、南金线、南胡线、西卫线、南张线可到

奉贤体育中心建成于1997年8月，占地面积123690平方米，建筑面积13500平方米，可容纳观众8000人，为上海市区县之中面积最大、场馆较集中、功能较多的体育运动训练、健身、休闲中心。

体育中心附设8000多平方米的室内外游泳池、日光沙滩、灯光足球场、4片灯光塑胶网球场、13300平方米的垂钓中心、2万平方米综合接待中心，另有乒乓房、射击厅、射箭厅、保龄球馆、健身房、室内田径跑道、会议中心、客房等。

庄行镇
油菜花的世界

上海市奉贤区庄行镇

乘坐公交川奉线至南桥汽车站，换乘南金线、南松线、浦卫线至庄行站下可到，也可在地铁莲花路站换乘庄莲线到庄行站下

庄行镇是举行奉贤菜花节的主要场地。每到油菜花开的季节，除了万亩黄金般的油菜花海外，镇上还推出了田园爱情派对、菜花写生、奉贤农副产品展销等24项主题活动。届时，您可带孩子前来游玩，感受真正的田园闲趣。

通津桥
年代久远的宋代石拱桥

上海市奉贤区新寺镇新塘村

乘坐浦东东方医院浦卫专线可达新寺镇或乘坐莘海线、莘邵线、莲庄线到南桥后转奉邵线、梅团线到达新寺镇

通津桥始建于南宋嘉定九年（1216年），是区内现存最古老的石拱桥，也是上海地区为数不多的宋代石拱桥之一。桥畔两株千年古银杏为宋初所植，已有千岁高龄，是上海地区现存的七株千年“老寿星”树之一，树冠之大，为全市之首，立于茂盛树荫之下，不禁感慨前辈古人的庇荫之德。桥与古树配在一起，矗立在宁静的乡村河畔，风景如画。

龙门水庄
综合性垂钓场

上海市奉贤区青村镇吴房村

13311702235

乘坐南闵线、莘邵专线等路公交可到

龙门水庄占地20余公顷，是集培训宣传、科研示范、试验推广、休闲垂钓、旅游观光等多种功能于一身的综合性垂钓场。水庄内交通方便，环境优美，拥有翘嘴红鲌、加州鲈鱼、鲫鱼、鳊鱼、鲢鱼等众多垂钓品种。

庄行镇

景点推荐 奉贤海湾旅游区

东海观音寺

有近700年历史

上海市奉贤区海湾旅游区金汇塘路999号

021-57123999

乘海沈线、奉贤20路、奉贤29路等公交车可达

东海观音寺坐落于奉贤海湾旅游区，始建于元末明初，距今近700年。寺庙虽规模不大，但触摸生奇，含情多致，历史非常久远。

主殿供奉着观世音菩萨金身塑像，左右侧殿分别供奉着文殊菩萨和普贤菩萨。历年来香火不绝，四方善男信女纷至沓来。这里除烧香礼拜外，还可接纳居士禅修，每年中秋之夜举行的盛大规模的拜月仪式最有特色。

海湾世纪林

林木种类繁多的森林

上海市奉贤海湾旅游区

10元（含国际风筝放飞场在内）

乘坐淮海路、寿宁路、沪海专线可到

海湾世纪林占地50多公顷，是上海五大世纪森林之一，有“天然氧吧”的美誉。林内栽种的林木繁多，竹子类有旱竹、雷竹、毛竹、黄金杆竹等十几个品种，不少是人们闻所未闻的稀世品种；乔木类有雪松、香樟、桂花、合欢等数十种；果树类有大王枣、柿子、橘子、枇杷。

蒸霞蔚；看生态，翠烟朦胧、竹箭摇风。相信每一个登楼的人，都会流连忘返。

包畹蓉中国京剧服饰艺术馆
中国十大民间博物馆之一

上海市奉贤海湾旅游区

10元

乘坐淮海路、寿宁路、沪海专线到终点站，步行即到

包畹蓉中国京剧服饰艺术馆被评为“中国十大民间博物馆”之一，馆内珍藏着千余款京剧服饰，足够装备几个剧团。蟒袍、裙袄、斗篷、开氅、云肩、大靠、官服、龙套衣等衣物花团锦簇、雍容华贵。其中不乏梅派的典雅、荀派的活泼、程派的清越、尚派的婉转。其中保存有梅兰芳、荀慧生等大师们当年穿过的戏服，弥足珍贵。

馆藏的绣金坐龙旗蟒，是《四郎探母》中公主所穿，该戏服为名师花费三年时间精心制作而成，是“镇馆之宝”。

玩家解说

包畹蓉先生是上海著名收藏家。包畹蓉自幼酷爱京剧，15岁那年就拜“四大名旦”之一的荀慧生为师从艺，后又转益多师，拜黄秋生、王瑶卿练功学艺。1953年，包先生亲自组建了“包畹蓉京剧团”。

长期的艺术实践，使包先生的京剧艺术造诣极深，对京剧的感情也极深。正因为如此，先生数十年间，不仅抢救、珍藏了许多名贵戏服藏品，还对京剧服饰做了许多改良、创新。

奉新国际风筝放飞场
国家级风筝放飞场

上海市奉贤海湾旅游区。

乘坐淮海路、寿宁路、沪海专线到终点站，步行即到

奉新国际风筝放飞场是上海市唯一的国家级风筝放飞场，风筝场植草皮6.6万平方米，还有仿古观礼城楼、观礼城墙、森林公园等。

奉贤的风筝节目前已成为海湾旅游区的重要活动，是除山东潍坊风筝节之外，中国风筝协会唯一承认的风筝的盛会。

龙腾阁
楼观沧海日，门对钱江潮

上海市奉贤海湾旅游区

10元

乘995路、外高桥4路、高川专线等路公交车可达

龙腾阁建筑高31米，建筑面积2000平方米。依海雄踞、凭高沐风；目穷千里、一览无余。不亲临其境，很难体味大自然的奇妙。

看滩涂，飞凫来往、沙鸥云翔；看海潮，喷玉溅珠、震撼激射；看日出，红光摇动、云

碧海金沙景区 AAAA
水上娱乐天堂

上海市奉贤区海湾旅游区海涵路6号

9月10日～12月31日泳期成人票65元，儿童票15元

021-57127272

乘奉贤18路、奉卫线、海沈线等路公交车可达

碧海金沙是奉贤新兴的水上娱乐天堂。有儿童游乐园、水上步行球、水上攀岩、氦气升空气球、4D电影、冰灯、冰雕艺术展等水上娱乐项目。其中的冰灯、冰雕展就在沙滩边上，每一件作品都是从哈尔滨引进，美

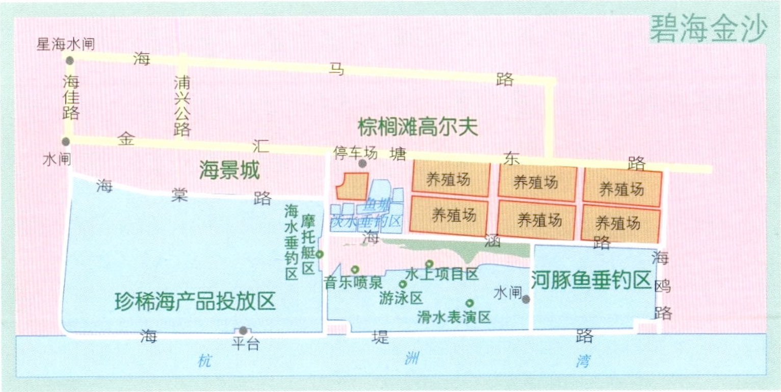

轮美奂。

在这里，你可以在沙滩上攀岩、打排球、踢足球，在烧烤区边吃边玩，品尝新鲜的海鲜，在遮阳伞下享受大海的静谧。

人造沙滩和游泳区

这里的人造沙滩是国内最大的人造沙滩，总面积2.81平方千米。其中10万平方米是沙滩区，包括30米宽的海边树林、50米宽的金色沙滩。

东部景区是约0.5平方千米的海水沉淀区，碧海金沙的海水不是染出来的，海水通过闸门引进后，经24小时泥沙沉淀和除菌治污，达到防疫部门检验标准，才可引入中区海滨泳场。

中部为0.8平方千米海滨泳场，游泳区域约有1.2万平方米，能够同时容纳1万人游泳戏水。西区为1.5平方千米的游艇区，游客可参与摩托艇、电瓶船等水上游乐项目。

海上舞台

碧海金沙的舞台是上海最大的海上舞台，贝壳状的外形与大海的背景交相辉映。海上舞台融声、光、电为一体，开放期间，在舞台上每天都会上演精彩节目，可供游客在游玩闲暇时观赏。

音乐激光喷泉

大型光影水舞数码音乐喷泉位于海上舞台西侧。从6月21日开始至9月8日期间对外播放，每天分别在19：15和20：30播放两场。这是一个集音乐、灯光、水景、激光于一身的综合性水景表演体系。整个表演场景融合了电、光、色元素，给人以视觉、听觉、触觉的全方位享受，营造出一个奇、新、美的人文景观。

玩家解说

索道滑水公园位于碧海金沙景区内，是国内首个索道滑水项目，游玩者借助索道动力的牵引，既可以感受高速滑行带来的刺激，也可以

碧海金沙

体验翻、转、跳、跃带来的乐趣。

炎黄民间传统工艺博览馆
以民间传统文化为主题

上海市奉贤区海湾旅游区海湾路9号

25元

021-57127798

乘坐莘海线、沪海线、西靶线可到

炎黄民间传统工艺博览馆总占地20000余平方米，主展馆共有四层楼高，收藏有民间名家的陶瓷、琉璃、皮影、泥塑、刺绣、编织、布艺、玉器及奇石根雕为核心的各种传统工艺精品，藏品总数超过700件。同时收有数十位国家级工艺大师的作品。此外，还收录了濒临失传的民间传统手工艺孤品。

博览馆除了静态收藏品外，还包括了国内外各民族地区的歌舞表演及美食。例如：苗族的“芦笙舞”、水族的“斗角舞”、非洲的“太阳舞”、澳大利亚的“茶壶舞”、藏族的“祛瑞”、四川的“鸡丝凉面”、比利时传统小吃“瓦夫饼”等。

皮影戏

玩家 解说

博览馆入口处设有全国最大的皮影表演舞台，现代化LED巨幕显示。白天以跑马灯的形式介绍全国的传统民间工艺品的种类，夜间则演示传统民间皮影戏，将给游客带来一次视觉的饕餮之旅。

另外，馆外的广场还设有两个户外露天民俗表演舞台。每天，一场又一场充满激情的民俗歌舞盛宴在此上演。例如：羌族的“布兹拉”、山西的“踢鼓秧歌”、土家族的“花鼓子”。

碧海金沙

景点推荐 金山海滨旅游区

金山三岛海洋生态保护区

上海第一个自然保护区

上海市金山石化海滨以南约6.6千米处

乘坐石梅线可以直达金山石化汽车站，出站后转乘金山1路或金山3路到富川路站（社区卫生服务中心）即到

金山三岛海洋生态保护区简称“金山三岛”，是上海市所辖范围内第一个自然保护区。保护区由核心区（大金山岛）和缓冲区（小金山岛、浮山岛以及邻近1千米范围内的海域）组成。大金山岛与小金山岛和浮山岛都曾是陆上的弧丘，后因海面上升、海岸侵蚀后退而孤立于大海中。五代以前称“钊山”，晋代以后称“金山”。

区内自然环境优良、生物种类繁多、自然植被保存良好，是上海地区野生植物资源最丰富的地方，也是环境最为清洁的区域。该区主要保护对象为典型的中亚热带自然植被类型树种，常绿、落叶阔叶混交林，昆虫及土壤有机物，野生珍稀植物树种，近江牡蛎等。

大金山岛

大金山岛位于杭州湾口北部，距大陆金山嘴6.2千米。该岛平面形态略呈菱形，中部宽阔，西部狭窄，最长处963米，最宽处437米，海岸线长度2390米，面积0.229平方千米，主峰高103.4米，是上海市最高和最大的基岩岛。

大金山岛岩性以酸性石英斑岩为主，夹杂有流纹岩、火山角砾岩、英安岩等。该岛受波浪侵蚀，形成海蚀崖、海蚀平台和海蚀柱等地貌形态。在岛的西南部有一片砾石滩，还有两处水井。此外，在山腹坑道内有两处泉水，水中硫和铁的含量较高，水呈酸性。大小金山岛间，历史上称为“金山门”，门内即为金山门海峡。

玩家 解说

大金山岛土壤类型为褐色山地黄壤。岛上植被属中亚热带地带性植被，受人类影响较小，仍保持着原始植被状态。

岛上植被茂盛，落叶阔叶林有日本野桐、黄檀、算盘子群落；常绿阔叶林有红楠群落和青冈砾群落。竹子类型有篌竹群落等。此外，岛上还有灌木、草本植物和蕨类植物分布。

小金山岛

小金山岛位于杭州湾口北部，距大陆金山嘴4.1千米。该岛地势平坦，呈西北—东南走向，最长处450米，最宽处247米，主峰高32.5米，海岸线长度1010米，面积0.036平方千米，是金山三岛海洋生态自然保护区的一部分。

浮山岛

浮山岛位于杭州湾口北部，大金山岛南630米的海面上。海岛外廓呈椭圆状，山体浑圆无峰，整个山体形态似乌龟，俗称“乌龟山”，古代亦称“王盘山”。

浮山岛是由中酸性火山岩和红色碎屑岩组成的基岩岛，主要岩石有石英斑岩、火山角砾岩和英安岩等。由于山体受海浪和大风侵蚀，风化严重，岩石裸露，岛上无乔木和灌木，仅在岩缝中生长有刺槐等杂草，还有少量蕨类、苔藓、地衣等低等植物。

金山城市沙滩景区 AAAA

上海首座海上浮动游泳池

上海市金山石化海边

30元，双休日、节假日50元

乘金山2路、金山6路、莲石专线等路公交可达

金山城市沙滩在经过物理沉淀和生态修复后，海水能见度可达6米，成为上海首个天然潜水点。景区有一座用浮筒在大海中间搭建的漂浮在海上的泳池（城市沙滩正对沙排馆的水域），是上海首座海上浮动游泳池。

景区还有冲天蹦极、海上游艇、观光电瓶车、电动观光船、帆船、海上摩托等娱乐项目。另外还有现代时尚的滨海休闲商业街，汇集了琳琅满目的特色商品和小吃，是人们购物消遣的好去处。

这里是众多体育赛事和文娱活动的举办地。沙滩排球馆已经连续三年成功举办了世界沙滩排球巡回赛和第一届全国沙滩足球锦标赛。还举办了ELITE世界精英模特大赛、风·夏音乐季、欢乐周末行等大型文艺活动，这些活动使朝气蓬勃的金色沙滩更添迷人色彩。

金山城市沙滩

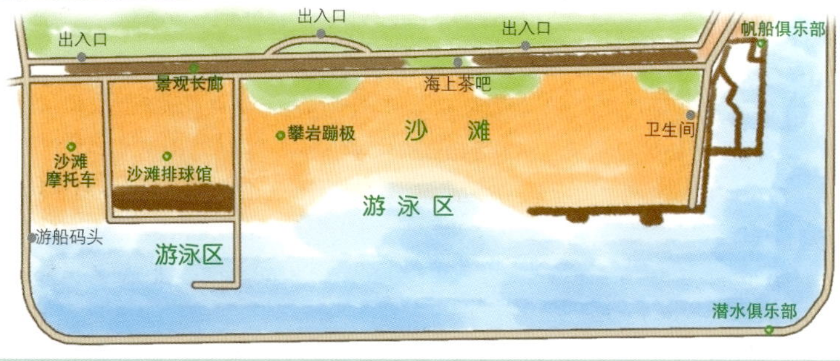

人工沙滩和景观长廊

人工铺设的金色细沙与清澈的海水相映成趣，依偎着沙滩的是已经建成的景观长廊。长廊的上面是白色波浪形状的顶棚，当夜晚两侧的灯全亮起来的时候，整个长廊就如一条长长的翻滚着的珍珠带，波浪起伏，煞是好看。极目碧海金沙，海风迎面而来，甚是惬意。而“世界沙滩排球赛”“风·夏音乐季”等系列盛事，也已成为金山海岸线响亮的名片。

海上浮动游泳池

金山城市沙滩还有一座世界上唯一的海上浮动游泳池，该海上浮动游泳池是上海首个天然潜水点。在这里可以体验和成群的小鱼一起游泳的乐趣。

海上游泳池位于城市沙滩正对沙排馆的水域，是用浮筒在大海中间搭建了一个漂浮在海上的泳池，长50米、宽25米、深1.5米，四面环水。该海上游泳池是目前世界上最新概念的水上娱乐项目，这里的水质清澈见底。泳池的一侧还有专为孩子们准备的儿童戏水池。

玩家 攻略

1.出门之前要做好防晒工作，那边的太阳很强烈，适合早泳或晚泳。

2.赤脚踏在沙滩上，脚底细沙相摩，脚面轻浪相抚，令人舒爽；太阳伞下，把盏品茗，舒叙心怀，望海天之浩然，听浪涛之吟唱，使人畅然。

戚家墩文化遗址

西汉与春秋战国文化遗址

上海市金山区石化临潮街105号（临潮三村内）

乘坐石梅线直达金山石化汽车站，后换乘金山1路到戚家墩站下车后，沿临潮路往南走即到

戚家墩古文化遗址分布于杭州湾东北部金山县山阳乡戚家墩村防汛海塘内外两侧。遗址上层属西汉时期文化，下层则是以几何印纹硬陶和釉陶为特征的春秋战国文化。遗址发掘灰坑4座，古井2口，发掘墓葬8座。

在出土文物中，有陶器与釉陶，器形有炊器如鼎、鬲等，饮食器如碗、杯、豆、盘等，盛贮器如坛、罐、瓮、盆、钵、盒等。此外，还有西汉的陶器、铜镜、五铢钱、铁器、漆器、石器等文物出土。出土的良渚文化时期和春秋战国时期的石器、陶器、玉器是其主要特色。

荟萃园

宁谧安逸的江南园林

上海市金山区石化大堤路208号

乘莲石专线、莲卫专线等公交车可达

荟萃园又名“老人院”，东连新城路儿童乐园，西接随塘河公共绿地，南靠大堤路，北临随塘河步行街，园址是随塘河故道的一段。公园占地1.2公顷，为江南园林风格，曲廊邃宇，假山荷池，环境宁谧安逸。

园中部有占地约600平方米、高6米、用120吨太湖石叠成的大假山，山上有两叠瀑。假山次峰峭壁上刻有高1.2米、宽0.5米的

金山城市沙滩

“寿”字，由“生”“母”“七”“十”四字组成，是海瑞为母祝寿所书，拓自浙江淳安县海瑞祠。

链接

海瑞

海瑞（1515—1587），字汝贤，号刚峰，广东琼山（今属海南）人。明朝著名清官。历任知县、州判官、户部尚书、兵部尚书、尚书丞、右佥都御史等职。为政清廉，洁身自爱。为人正直刚毅，职位低下时就敢于蔑视权贵，从不谄媚逢迎。一生忠心耿耿，直言敢谏，曾经买好棺材，告别妻子，冒死上疏。

海瑞一生清贫，抑制豪强，安抚穷困百姓，打击奸臣污吏，因而深得民众爱戴。他的生平事迹在民间广泛流传，经演义加工后，成为了许多戏曲节目的重要内容。

金山卫镇

四大名卫之一

上海市金山区南部

乘坐莲卫专线直达金山卫镇，车程一个多小时

金山卫镇东西宽10.81千米，南北长9.88千米，总面积54.93平方千米。1368年，朱元璋建立明朝，创设了卫所制度。鉴于金山沿海地区战略地位的重要，洪武十七年（1384年），明太祖朱元璋命信国公汤和与安庆侯仇成偕方鸣谦巡视浙江沿海，找一个地方建城。几经筹备，于洪武十九年（1386年）在滨海的盐业集镇小官镇筑城设卫，因与海中金山相望，故名金山卫，人们称小官镇为卫城。

上海荟萃园

金山卫城刚开始建造时是个土城，永乐十五年（1417年），城墙改为砖结构，除月城楼外，有正门楼4座、水关门2座、角楼4座、箭楼48座。成化三年（1467年），又改为石砌结构，其坚固程度甚于一般的府县城，人们曾给它以“石头城（南京）下第一城”的美誉。当时全国有36卫，金山卫与威海卫、天津卫、镇海卫列为“四大名卫”。

玩家 解说

金山卫城在建卫时，即设卫治、都指挥府、千户所于城中，东门外置演武场、演武厅。正统年间又建帅府、察院。为防倭寇袭击，瞻阳、凝霞、镇海、拱北四个城门楼日夜有门官领兵守卫，沿海备有巡哨海船40艘，大有“一夫当关，万夫莫开”之势。

链接

金山卫城侵华日军登陆处遗址

1937年侵华日军在上海发动“淞沪战争”，由于中国军队的顽强抵抗，日军损失惨重，难以从正面突破防线占领上海。为了从侧翼威胁“淞沪战场”的中国军队，日军选择了防务薄弱的金山卫进行偷袭登陆，最终完成侵占整个上海的侵略活动。日军从金山卫登陆后一路烧杀北侵，犯下了种种罪行。日军侵占金山卫后，三天内，仅金山卫镇地区居民就被屠杀1015人，焚烧房屋3059间。1985年9月，金山县人民政府建亭立碑，以志纪念。

2005年建成“金山卫城侵华日军登陆处遗址”，建成后的纪念地遗址获得了非常好的社会反响，成为了上海除淞沪抗战纪念馆之外又一处抗日战争纪念地及金山区重要的爱国主义教育基地。新建成的遗址纪念地有1500多平方米。主要内容有：雕塑、“十月初三惨案”纪事墙、浮雕壁画、被害乡民纪念墙、古城墙、日军碉堡、警示钟亭、侵华日军登陆处碑、古树名木奇竹、重修记与捐款名录碑。

2007年扩建后的纪念地占地约5000平方米，比一期工程扩大了两倍多。展示了由65块大型花岗石雕成的反映抗日战争25个重大历史事件和中国地图的“抗日主题石雕壁画”；记录10个发生在金山境内抗

日故事的“抗日故事紫砂浮雕墙”；用中国黑花岗岩雕刻而成的“金山人民抗击侵华日军记”碑墙，以碑文形式记录了金山人民抗击日军的英勇事迹；错层广场和中心雕塑；根据明代金山卫城历史风貌，按一定比例缩小修建的“瓮城”和“城楼”；记录明朝金山人民抗倭历史事件的“大型紫砂抗倭浮雕墙”等场景。

文蕾果园

设施栽培基地

上海市金山区金山卫镇八字村

10元

021-57298205

乘坐石梅线、卫梅线石化汽车站下，换乘松卫线、沪卫线、金石线到张堰六里大桥下，再往西走800米可到

文蕾果园是上海郊区最大的设施栽培基地，主要分为草莓种植区、桃树种植区、葡萄种植区和西瓜种植区四个主要区域。

桃树种植区有油桃、蟠桃、黄桃等品种，早春开花秋季结果；西瓜区内种植西甜瓜，皮薄肉厚，甜而爽口；葡萄区种植各类优质葡萄，果实大而甜，8~10月可以采摘。春暖花开的时候，这里正是赏桃花、采草莓的时候。秋天则是采摘其他水果的最好时候。

张单氏节孝坊

牌坊竖在两个鱼塘之间

上海市金山区张堰镇旧港村十五组（靠近松卫南路和莘奉金高速公路交叉处）

乘坐莲卫专线到松卫南路A4跨线立交桥下车即可

张单氏节孝坊立于清乾隆六十年（1795年），坊主是“华亭文童张应源妻单氏”。牌坊竖在两个鱼塘之间，大概是挖塘堆起来的土坡，把牌坊遮了一半，看不出原先的高度。当年应该是四柱三间两层冲天式结构，如今只剩下一层，挂圣旨的那部分已经没了。

节孝坊中间一块横楣刻着“节孝坊”三个字，下面刻着“大清龙飞乾隆六十年题”“准赐制旌表建坊”“华亭县文童张应源妻单氏”字样。两边有两副对联，一副是“德冠兰闺，国史合增列女传”“香生银绾，彤云常傍柘湖湄”；另一副是“三迁苦心树嘉树，廿载灯寒照鬓霜”。

金山桃花园

山阳田园

布局考究的度假区

上海市金山区山阳镇北部

021-57247222

乘坐朱卫专线、松亭石专线到亭卫公S4下车步行即到

山阳田园面积30公顷，布局考究，典雅玲珑，溪水潺潺，花木繁茂，置身其中犹如回归桃源仙境，尽享自然生态与欧美建筑相结合所带来的轻松惬意。园中设置了高尔夫练球区、果林休闲区、水生活动垂钓区、农民画写生区、花卉瓜果艺术观赏和生态餐厅区、商务会所等功能区域。

果林休闲区

该休闲区开发面积4公顷，已建有规模葡萄园和特色苗圃。水生垂钓活动区开发面积约2.7公顷，连接着鱼塘和镇域内中心河流，水系四通八达，河水清涟，驳岸洁净，内设亲水平台和垂钓凉亭，构建出一幅人与自然和谐相处的动人景致。

农民画写生区

该区域开发面积约2.7公顷，以小桥、流水、人家为入画景致，浓郁的江南水乡风光吸引了追求田园生活乐趣的现代人的目光，常有周边地区的知名绘画、摄影爱好者前来观光、创作。

葡萄园

商务会所区

该区域建有商务会所3栋。每栋会所为一独立单元，内设小型会议室，室外建有游泳池、网球场等健身场所，拥有同时接待多个小型商务团体的能力。

玩家攻略

1.山阳田园里建有奶油草莓基地，秋天来这里摘草莓是很有趣的体验。

2.来山阳田园游玩，一定要住上一晚，这里环境清幽、瓜果飘香，可以让你忘记压力和烦恼，享受静谧时光。

漕泾休闲水庄

一派江南水乡美景

上海市金山区漕泾朱漕公路2058号

021-57259977/57252111

乘坐石漕线在漕泾医院站下，转乘朱漕线，至休闲水庄路口下车可到

漕泾休闲水庄是上海市配套2010年世博会的旅游项目之一。整个区域水网密布，河面宽阔洁净，清水碧波荡漾，河岸绿色葱茏，房屋错落有致，一派江南水乡的自然美景。水庄以绿色为依托，以人为本，融生态、休闲、娱乐、旅游为一体，是休闲度假、放松身心的好去处。

玩家攻略

1.漕泾休闲水庄的垂钓园位于瓜果采摘体验区南侧，主要有垂钓休闲，摸泥鳅、螺蛳、鱼，钓鱼钓虾等娱乐项目，还可提供各种网具让游客体验捕鱼乐趣。基地作为钓鱼俱乐部定点单位还将不定期组织垂钓比赛。如果孩子喜爱钓鱼，也可以来参加。

2.在漕泾休闲水庄，游客可以带着孩子采摘草莓、葡萄、桃、冬枣、甘蔗、玉米等，体验劳动的快乐。你还可以以认种认养的形式认领果树。

3.水上休闲活动区的人造沙滩、儿童戏水场以及非常具有特色的滨水SPA休闲中心，将以水为主的特点发挥得淋漓尽致，以小手牵大手的形式将水庄打造成又一个适合家庭度假的好去处。

金山嘴渔村

上海市沿海陆地最早的渔村

上海市金山区，濒临杭州湾畔，位于沪杭公路北侧

021-37211869

乘坐石梅线在石化汽车站下，转乘山阳2路可到

金山嘴渔村是上海市沿海陆地最早的渔村，也是上海最后一个渔村，濒临杭州湾畔，在沪杭公路北侧。与大海仅一步之遥，与海中的金山三岛隔海相望。品种多样、味道鲜美的海鲜美食是渔村的一大特色，海鲜美食街及渔家客栈小吃各具特色，吸引着越来越多的游客。

现在，金山嘴老街修缮一新，开设了渔村博物馆、渔具发展史等颇具海洋文化特色的展厅，与金山嘴海鲜城、海鲜一条街等，作为金山黄金海岸线的一个旅游点，使古老的渔村重新焕发出活力。

万寿寺

孙权赐建的千年古刹

上海市金山区卫镇金卫村1148号

乘坐金山2路可到

上海万寿寺，原名万寿院，为千年古刹，建于宋淳熙六年（1179年），是上海最古老的寺院之一。万寿寺原为三国时期的东吴大帝孙权赐建。历史上，万寿寺曾几度毁于战火，又几度修复。几百年来，始终香火鼎盛，万民敬仰。

1993年12月，万寿寺移地重建。1995年正式对外开放，寺内有山门、三圣殿、大雄宝殿、伽蓝殿、功德堂、钟鼓楼等建筑。

滨海公园

动物众多、小巧玲珑的海边公园

上海市金山区新城路16号

乘莲石专线、金山9路、金山6路等公交车可达

滨海公园占地面积6万平方米，呈三角状，南侧临靠大海(杭州湾)，北侧毗邻十二村，西靠石化工人体育场。公园内设有游乐设施、动物角、小卖部，是融观赏、游乐、休闲为一体的综合性公园。

园内配有120多个植物品种和7000多平方米的草坪；游乐设施有电动转马、海盗船等；动物角内养有猴子、马来熊、鸸鹋、鸟类、水禽类和其他小动物；水区域设有湖心小岛和亭子，并有水上游乐项目，使静态美和动态美相结合。

景点推荐 枫泾镇周边景点

枫泾古镇 AAAA

"三步一座桥，一望十条巷"

上海市金山区枫泾镇

进古镇不用门票，去景点联票50元（含10个景点）

021-57355555

乘坐枫梅专线可到

枫泾古镇建镇于元朝，别号"芙蓉镇"。这里以桥多、庙宇多、名人多、里弄多为特色，在古时就有"三步一座桥，一望十条巷"之誉，有著名的枫泾三桥（清风桥、竹行桥、北丰桥），还有三国梧桐禅院、性觉寺、古朴廊棚屋、农民画展示中心、人民公社旧址、毛泽东像章珍藏馆、三百园、丁聪漫画陈列馆等景。

玩家攻略

娱乐：古镇北大街手工作坊内，按古代形制，向游人展示古代织布、打铁、制药和制造竹木器具等手工业生产技艺。当然也可以尝试自己制作小竹筒、小铁铲、小锄子、布鞋子、土布头巾。

购物：镇北有上海最大的服装折扣卖场——上海服装城（51368888），值得一逛。另外，古镇北大街手工作坊内，可以挑选购买到原汁原味的手工艺品。

美食：鱼米之乡的枫泾，饮食文化独特，素有"吃镇"之称。枫泾"四宝"——枫泾丁蹄、金枫黄酒、天香豆腐干、枫泾状元糕是馈送亲友的绝好佳选。民谚有云："正月螺蛳二月蚬，桃花三月甲鱼肥，出洞黄鳝四月底，五月拉丝吃不厌，暴子弯转六月红，七夕要吃四腮鲈，八鳗九蟹十鳑鲏，十一十二吃鲫鱼。"来到枫泾，一年12个月，新鲜美味吃不厌。

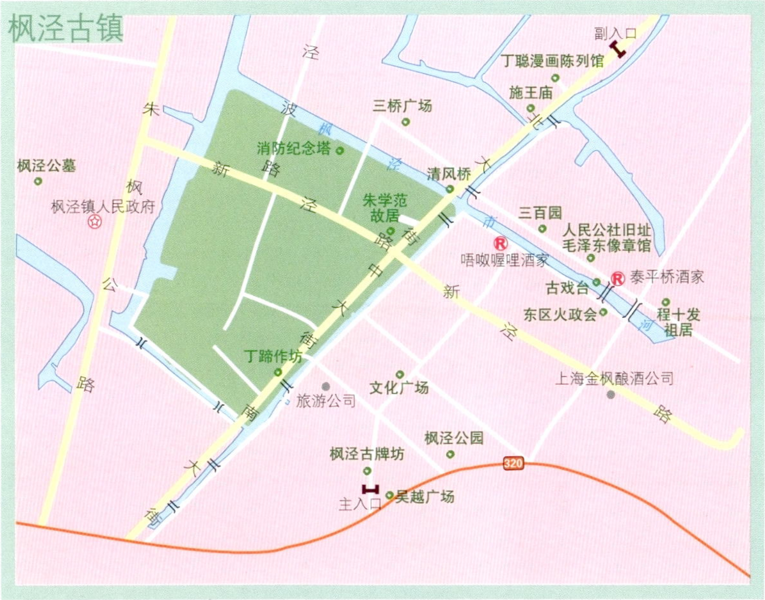

玩家 解说

枫泾的民俗活动多姿多彩，广为普及并为百姓喜闻乐见的有串马灯、高跷、耘稻山歌、小调和讲故事等，尤以讲故事流传最广，枫泾长期保持着一支故事创作、演讲队伍，每年都要创作和演讲不少故事，广受欢迎。每年正月，枫泾都举办灯谜艺术节，而在九月，则有独特的吴根越角水乡婚典。

链接

三画一棋

枫泾文化发达，是蜚声中外的金山农民画的发源地。农民画与丁聪的漫画、程十发的国画和顾水如的围棋，这些在国内外都具有相当影响的“三画一棋”，集中于枫泾一镇，是国内罕见的一种地域文化现象。

丁聪漫画陈列馆

丁聪漫画陈列馆建造于2003年6月，辟成7个厅两个室，分别为“前言厅”“生平介绍厅”“讽刺幽默厅”“古今趣集厅”“名著插图厅”“人物肖像厅”和其父亲“丁悚作品厅”以及“录像资料室”和“纪念品售卖室”。容纳了丁聪先生各个时期代表作品一百二十多幅。

链接

丁聪

丁聪（1916—2009），别名小丁，中国著名漫画家，1916年生于上海，祖籍上海市金山区枫泾镇，擅长漫画、插图。抗日战争时期，辗转于香港及西南大后方，从事画报编辑、舞台美术设计、艺专教员和画抗战宣传画等工作，同时也以漫画参加过多次画展。在上海、香港等地编辑《良友》《大地》《今日中国》等画报。后在重庆、成都等地从事舞台美术设计，创作了《阿Q正传插图》《现象图》等。

枫泾古镇

施王庙

施王庙，俗称施王堂，坐落在北大街，是枫泾重要的道教圣地，施王庙建于明万历七年（1579年），是枫泾百姓为纪念施全，在明万历年间募白银400两而建。清光绪三十年（1904年）重建，分前、中、后三殿，前殿两侧立有石马，中殿左右放置两条木船，后殿为主殿，楼下供奉施全和夫人塑像，楼上设精雕木床，是施全卧室，边上还有供道士起居的生活用房10余间。施王庙前还建有放生池，池上建有拱形石桥，称施王桥（现重建）。

玩家解说

整个施王庙占地3000多平方米，是江南一带规模较大的道教宫观，从清朝开始，为纪念施全八月初二生日，开始举行施王老爷神诞赛会。以前每逢这个日子，远近数十里的乡民，摇橹齐集，舟塞泾满，人娱神欢，热闹非凡，场面十分壮观。

链接

施王

施王名叫施全，宋高宗时任殿前司军校，是岳飞下面的一个护卫大将军，岳飞遇害风波亭后，施全曾乔装打扮潜入相府，行刺秦桧未成。当时朝廷册封他的官位是定海侯，掌管金山沿海一带，在任期间，他一边想着寻找机会为岳飞报仇，一边尽力地为金山及相邻浙江一带人民做了不少好事和善事。他一共三次刺杀秦桧，最后一次被秦桧的兵马抓住，处以酷刑，五马分尸于市中。

由于他继承了岳将军精忠报国的美德，因而深受百姓爱戴，死后被加册为“靖江王”，枫泾百姓为纪念施全，在明万历年间募白银400两，在枫泾北栅建造了施王庙。

三百园

三百园是由一座三进三落的大宅院和

竹行桥古朴厚重，所有石料都形制硕大，结实稳固。

枫泾三桥是枫泾南北、东西市河交叉口的一个景观，悠久闻名。

三桥的桥名由著名的国画大师程十发和全国著名的书法家黄苗子题写。

一座具有浓郁江南特色的后花园组成。院子的原主人叫陈舜俞，字令举，号白牛居士，喜欢吟诗作画，学识渊博。与诗人欧阳修、苏东坡、司马光交往甚厚，称为莫逆之友，经常在一起喝酒作诗，谈笑人生。

这座三进三落的大宅院记录了陈舜俞丰功伟绩与坎坎坷坷的人生，每幢房子都反映了他当官的艰辛历史，因里面展示了三百多件展品——百灯、百篮、百行等代表物件，故称三百园。

致和桥

致和桥也称“夫妻桥”，位于枫泾镇中南北市河的中段，建于元朝致和年间，因此得名，是枫泾现存最古老的桥梁，也是枫泾历史发展的见证。致和桥以“庙连桥，桥连庙”为主要特征，是枫泾现有的39座石桥中最为独特的一座。这里可以烧香求愿，这里求子的方法和别处寺庙可不一样，而且特别灵验。而且老一辈人说，用旁边七星井里的水洗手可以有很多功效，如有事可求，也可以到此处烧香求拜。

枫泾三桥

枫泾三桥是枫泾古镇区南北、东西市河交叉口的一个景观，主要指北丰桥、竹行桥、清风桥。北丰桥原名通津桥，建于明弘治二年（1489年）。竹行桥原名登云桥，建于明代，清风桥原名工农桥，建于1974年。枫泾三桥景观区尚有清风阁茶楼、望江亭、三桥广场、三桥里商品市场，老街特色小吃是赏景休闲的极好场所。

枫泾古镇三桥

毛泽东像章珍藏馆

毛泽东像章珍藏馆收藏展出的毛泽东像章是由中国收藏家协会会员缪时方提供的，品种有：名章、对章、套章、多头像章。名章展出并介绍了当时发行量最少、制作精美且存世数量极少的一些名章。珍藏馆不仅集中展出了各地以及各大军区、军分区、警备区发行的像章，还陈列了中国香港、中国澳门、日本等地区和国家发行的像章。其中1枚是1969年日本东方轮船公司发行的毛泽东像章，目前国内仅发现两枚。

馆内还配合像章展馆，陈列了一些毛泽东的塑像、照片、形象摆件、《语录》等。

玩家解说

对章是以两枚一对反映当时毛泽东在某个历史时期或事件中的形象的像章。套章是少至3枚一套，多至19枚一套的像章，较系统地记录了我党、我军、我国各个时期重大事件或表现毛泽东同志在各个时期的形象。还有为纪念毛泽东同志100周年诞辰而发行的像章。多头像章陈列有马克思、恩格斯、列宁、斯大林、毛泽东在一起的像章，有毛泽东在各个历史时期多个头像排列在一起的像章，还有毛泽东和林彪在一起的像章。

缪时方收藏的毛泽东像章有26种不同材质。珍藏馆展出了许多难得一见的特殊材质做的像章。如有一枚象牙微雕像章，米粒大的体积上雕刻了毛泽东像和100余字的诗词。这是上海微雕艺术家唐洪亮先生特意制作赠送的。陈列像章中还有抗美援越军人带回的，越南人用美军侦察机残骸制作的像章，颇有纪念意义。

枫泾古镇

丁蹄作坊

丁蹄，即“丁义兴”熟食店特制的“红烧猪蹄”，始于清咸丰二年（1852年），因店主姓丁，故名曰“丁蹄”，迄今已有160余年历史，并被称为“枫泾四宝”之一，是列入中国特产精品的著名美食。早在百年前，“丁蹄”便在江、浙地带享有盛名，并且畅销京城。此后，还远销南洋、欧美市场，曾获20多个国家和地区的奖状和证书，先后两次获得国际博览会金奖，至今该特产还供不应求。

枫溪长廊

枫溪长廊南起致和桥，经文中路沿市河至东栅泰平桥，全长528米，是元代商贾云集溪河两岸，临河而建的商业长廊。

枫泾长廊也是当地最具人情味的江南水乡的典型建筑，以前这里曾是吴越两界最繁荣的商业街。下雨不湿鞋，盛夏不撑伞的长廊美观而实用，给当地的居民和游客带来了很多的方便。另外，各类小吃店汇集于长廊内，形成了小吃一条街。

性觉禅寺

性觉寺始建于明万历年间（1570—1620），由僧性本所建，原名月明庵。清康熙四十四年（1705年），皇帝南巡，住持僧本冲被召见，御书“性觉寺”匾额。咸丰十年（1860年），毁于大火，光绪四年（1878年），僧永激重建，“文化大革命”时又被毁。

后经扩建的性觉寺圆通宝殿内供奉观音菩萨，内有观音菩萨三十二种化身，还有四大天王殿、伽蓝殿、九品莲花塔、祖师殿、地藏殿、千手观音殿、五百罗汉堂、玉佛殿。大门进去，还露天供有一尊铜身笑弥勒佛，往东靠院墙镶有彩色烧瓷五百罗汉壁，为别

金山农民画村

处不多见。往西还有小园林一座，花木亭榭，颇为别致。

吴越广场

吴越广场为枫泾主入口，是一座以吴越文化为建筑特色的明清建筑群。建筑风格在细节上采用古镇元素，融入了江南大户人家庭院建筑特点，大气而典雅。景区内小桥流水、桃红柳绿。假山、怪石、盆景设计巧妙、配以香樟、红枫、玉兰、桂花、松树、竹等树种，营造出一副亲切可人的优雅画面。

枫泾公墓

枫泾公墓位于枫泾古镇西侧，墓区四面环河，风水独好。公墓已有60多年的历史，众多树木高大茂密，郁郁葱葱，像青峰、似绿海，相伴着长眠的先辈们。墓地氛围独具特色，为人生百年安息的福地。

墓区内有陈云同志题词的陆龙飞烈士墓（区文物保护单位、爱国主义教育基地）和原全国人大常委会副委员长朱学范先生墓地，一代围棋国手顾水如先生墓地、纪念碑，中国漫画先驱者丁悚先生墓，枫泾人文纪念长廊等人文景观。

金山农民画村 AAA

金山农民画发源地

上海市金山区枫泾镇中洪村

30元　乘坐青枫专线、青枫线可到

中国农民画村是上海市首批文化创意产业园区之一，是闻名世界的“金山农民画”的主要发源地之一。村内共有“丹青人家”“枫泾人家”“水上人家”“稻香人家”和“菜园人家”5个景区。

中国农民画村吸引了6家在农民画界颇有影响力的当地画家入住其间，他们在此生活、创作、展示、销售，使这里既成为了一个独特的农民画创作销售的集聚区，又成为了一个独具地域文化特色的旅游景区，受到了社会的广泛关注，并对金山农民画这一民间艺术奇葩的发展，发挥了重要的传承保护和示范带动作用。与此同时，还吸引了吉林东丰、陕西户县、山东日照、云南腾冲、青海湟中、江西永丰、江苏邳州、湖北黄州、大连金州等中国国内9地农民画家的相继入驻，使画村一跃成为中国农民画重要的交流、创作和展销中心。

景区内除了可以与农民画家交流、学画

农民画外，还有乡村嘉年华等游乐项目。

链接

金山农民画

金山农民画是在江南民间艺术土壤中滋生出来的一棵新苗。它以江南乡土艺术为契机，和着生活的脉搏，集众人之智慧，发人本之创造，在辅导老师的开掘、专家的帮助、领导的关心和支持下，于70年代末创立了我国现代民间绘画的新风格，受到中外专家们的肯定和广大观众的厚爱。金山农民画源自古老的江南民间艺术，以江南水乡风土人情为主要题材，融合刺绣、剪纸、蓝印花布、灶头壁画、雕塑、漆绘等民间艺术表现手法，运用大胆的艺术夸张和强烈的色彩反差，以拙胜巧。

金枫酒事馆

与黄酒有关的行业博物馆

上海市金山区枫泾镇工业区环西二路18号

30元　乘坐青枫专线、青枫线可到

金枫酒事馆占地面积19万平方米，建筑面积10多万平方米，是一个为了弘扬黄酒文化而筹建的与黄酒有关的行业博物馆，它是我国第一家以黄酒酿造发展技术和当代趋势为主体的酒事馆。酒事馆共分六大展区：第一展区展示金枫酒事馆标志、古钱币造型石碾、点石斋画板。第二展区展示清末手工绘制地图、清末上海南京路茶楼酒肆图、宋代小酒店、宋代韩瓶及酿酒图。第三展区是老上海风情街，青砖灰墙、石框黑门、格子窗户、暗黄色路灯，眼前的一切让人似乎置身于20世纪二三十年代的老上海，再加上四周散发着的淡淡迷雾，更增添了些许怀旧的色彩。第四展区是现代化黄酒灌装流水线。第五展区是品酒区、老工艺坊和黄酒产品展示区。第六展区是中国历代酒具纵览。展区内陈列着夏商时期造型各异的酒具，它们虽然静卧无声，但却是一份份珍贵的史料，翔实地述说着中华民族悠久的黄酒文化。

金山东林寺

链接

黄酒

黄酒是中国的民族特产，也称为米酒（Ricewine），属于酿造酒，在世界三大酿造酒（黄酒、葡萄酒和啤酒）中占有重要的一席。酿酒技术独树一帜，成为东方酿造界的典型代表和楷模。它是一种以稻米为原料酿制成的粮食酒。不同于白酒，黄酒没有经过蒸馏，酒精含量低于20%。不同种类的黄酒颜色亦呈现出不同的米色、黄褐色或红棕色。

百年桂花园

有许多百年树龄的大树

上海市金山区320国道（亭枫公路）米丈港桥西北侧

乘坐枫梅专线到枫泾古镇下，换乘金枫线、枫咸专线、莘枫线、石枫专线等到达

百年桂花园北倚320国道，西临徐泾港，南靠米丈港，总面积约133.3公顷。每年九十月份，时逢桂花盛开季节，满目翠绿花黄，花香沁人心肺。园内已初步形成了以生态为主体的轮廓，现拥有树龄一百年以上的桂花、香樟、银杏等珍贵树木2200多棵。

东林寺 AAAA

历史悠久的名刹

上海市金山区朱泾镇东林街

30元

乘坐莲朱专线或莲金专线可到

东林寺原名观音堂，于元至大元年(1308年)由僧妙因创建，至今已有700多年的历史。曾4度因兵灾、火灾和年久失修而倾毁，又几度重建。目前的东林寺是2007年4月改

建完毕的。建成后的东林寺成为了一座奇异的山体景观。山是一尊佛，佛是一座山，虽是人作，却宛若天工。

另外，东林寺以佛法、文化、管理、慈善为重点，可以接纳众多香客和游人朝礼，还开展大型佛教吉庆活动。

玩家 解说

东林寺山体的内部是目前亚洲最高的万佛殿，供奉着高33米、用小叶香樟细刻、淡彩贴金的唐代千手观音像，它是亚洲最高最大的观音像。

东林寺有一个五佛冠，佛头由紫铜打造，总高22米，耸立在整个人造山巅。鼻子为观音，两条龙护卫着观音菩萨；两尊飞天当了佛祖的眼睛，莲花组成了双唇与嘴；左耳是韦驮菩萨；右耳是关羽伽蓝。脸颊上可以瞻仰到观世音菩萨32应身。整个头部雕刻，惟妙惟肖，神形皆备。

松隐禅寺

素有“浦南第一山”之称

上海市金山区严华塔路58号

乘坐沪金线、南金线、莲金专线、莲枫专线、革金专线等到松隐山庄

松隐禅寺始建于元代至正十二年（1352年），原名“松隐庵”，由僧人唯庵禅师（又名德然和尚）所建。禅寺素有“浦南第一山”之称，是金山区最大的佛教圣地。

松隐禅寺占地约1.9公顷，主轴线上建有观音殿、大雄宝殿、藏经楼和华严塔，寺内还有偏殿和生活用房等建筑。藏经楼新建于2000年，为两层建筑，底层为法堂，二层为藏经楼，建筑面积650平方米，楼内梁和顶上的龙凤、仙鹤、花草彩色绘画颜色鲜艳、形态逼真。

玩家 解说

松隐禅寺建成23年后，规模日广，殿、堂、斋、寮逐渐具备。明洪武十三年（1380年），唯庵募资在松隐庵边建造了华严塔，这使得松隐庵的影响大为扩大。明洪武二十九年（1396年）唯庵圆寂，明正统十二年（1447年），住持道明扩建庵院，除原有华严塔及其他建筑外，还建有天王殿、大雄宝殿和观音殿，旁有钟鼓楼。后道明和尚请于朝廷，得敕赐改额为“松隐禅寺”，太史杨宣题额“浦南第一山”。大明宣德年间（1426—1435），住持无咎大师拓庵为寺，复经显大师等悉心扩展，先后历百年，才使殿阁巍峨，廊庑萦绕，僧侣成群。

“文革”后又修复并开放松隐禅寺为佛教活动场所，并新建一座建筑面积为260平方米的大雄宝殿。由时任全国佛教协会会长赵朴初先生题写“松隐禅寺”匾额。自此，寺庙又香火不断，佛事频繁，诵经梵呗之声，夜以继日，寒暑无间。

链接

华严塔

松隐禅寺内的华严塔，是浦南现存唯一古塔。元至正十二年（1352年），松隐庵建成后23年，即明代洪武十三年（1380年），规模日广，唯庵禅师（德然和尚）遣徒惠照、道安等募资建塔。因塔内藏有华严真经81卷，故塔名“华严”，塔历时四年建成。禅师德然和尚刺指沥血，请高僧道谦等写《华严经》时据传天为之雨花。塔顶奉宝珠时天又雨花，纷郁盘空而下，十分惊异。塔建成后，登临远眺，九峰三泖之秀丽，竭浦东海之浩瀚，尽收眼底，慕名而来的四方旅游者，日益增多。

华严塔是江南地区较早使用琉璃构件的古塔之一，具有较高的历史艺术价值。华严塔的结构形式在上海古塔中别具一格，有着鲜明的特色。塔身砖砌，各层有腰檐、平座和围廊；塔檐和平座之下均有斗拱挑托。二层围廊安置格窗，是典型的江南民居楼阁形式；七层塔身外壁镶嵌有彩色琉璃砖雕坐佛像三尊，琉璃坐佛雕砖以绿、黄两色为主调，佛像结跏趺坐，背光、衣饰较多地保留了元代的风格。

松隐禅寺

攻略资讯

- 交通
- 住宿
- 美食
- 购物
- 娱乐

交通

火车

上海南部海滨区域火车站较少，主要有金山卫站和金山北站，火车站停靠的列车也不多。

金山卫站位于上海市金山区隆安东路，附近公交有金山1、2、7、8、9、山阳2路。

金山北站位于上海市金山区枫泾镇卫星村，附近公交有金山社区巴士6路、枫泾7路、朱泾5路等。

汽车

上海南部海滨区域汽车站较多，开往上海市区和周边其他区域。

奉贤长途汽车客运站位于奉贤区沪杭公路2196－2198号（南亭公路口），电话67191917。附近有松专线、南桥1路、南桥2路、南青专线、浦卫线等公交可到达。

东海大桥

南桥客运站位于南奉公路与沪金高速的旁边，有发往浙江、安徽、江苏等方向的长途车。可乘坐川奉专线、奉南线、南嘉线、南金线、南燎线、南梅线、南桥3路、南青专线、南松专线、南闵专线、浦卫线、西卫线、莘南专线等到达。

金山朱泾汽车站在金山区亭枫公路4420号，电话57317319。附近有1650路、朱卫专线、朱松线、朱枫线、朱泾1路、2路、3路、5路等公交线路。

金山客运站在隆平路776号，电话57930093。附近有莘金专线、金漕线、金枫线、南金线、朱泾5路等公交线路。

金山亭林汽车站在大亭公路253号。附近有沪金线、沪卫线、金漕线、莲金专线等公交线路。

区域内交通

奉贤区境内的公交线主要有莲庄专线、上奉专线、虹桥枢纽5路、南大专线、奉南线、奉卫线、南华专线、南头专线等。上海地铁1号线、5号线、10号线可到达奉贤。从奉贤区到上海市区可乘坐地铁1、5、10号线，南嘉线、莘南专线等到达。

上海奉贤风光

金山主要公交有石化2、3、5路，金山2、3、4、5路等。上海地铁1号线、10号线也通往金山。从金山到上海市区主要可乘坐松卫专线、浦卫线、上石线、地铁1号线、地铁10号线等。

从浦东南部惠南镇到上海市区可乘坐惠嘉线、沪南线、地铁16号线等。

住宿

奉贤

来奉贤旅游可住在度假村或者酒店，主要有：

上海金海岸度假村，位于奉贤区星火开发区民乐路9号，里面的菜肴选料精致、口味独特色、技艺传统。另外，还有桑拿、KTV、棋牌室等娱乐设施。☎ 021-57502000

上海海京假日假日酒店，位于奉贤海湾旅游区内，坐落在风景宜人的上海南部（奉贤）—杭州湾畔，距离碧海金沙水上乐园仅500米。从酒店的海景客房便能领略到大海的壮丽景色。周边的景点有碧海金沙、上海都市菜园、申隆生态园等。☎ 021-57120777

上海南郊宾馆，位于奉贤区南桥新城展园路398号 ，靠近中心区。拥有西班牙风情的建筑和绚丽的园林美景，品质高，适合休闲度假。☎ 021-67105888

上海莱芙蔻海景大酒店，位于奉贤区海杰路1588号。酒店距离迪士尼乐园约20分钟车程，附近有野生动物园、航海博物馆等景点，周围绿树环绕，环境优美，是休闲度假、亲子活动、体验自然的理想去处。

☎ 021-57530000

金山

金山住宿的地方也很多，可选择住在这些宾馆：金山智选酒店、海立方酒店、洛克华菲酒店、金山假日酒店、维也纳酒店等。

金山智选假日酒店/龙轩路海汇街475号

☎ 021-60336666

海立方国际酒店/卫清西路179号

☎ 021-57310000

洛克华菲酒店/金山大道3398号

☎ 021-60139191

枫憬酒店/前京大道288号

☎ 021-37211133

金山假日酒店/志伟路808号

☎ 021-60608888

维也纳国际酒店/卫清东路2848号

☎ 021-61737777

浦东南部

浦东南部惠南镇附近的宾馆有：

如家驿居酒店，位于浦东新区浦东南路

2253号。☎ 021-50909950

八佰伴CitiGO欢阁酒店， 位于浦东新区商城路357号，毗邻陆家嘴金融贸易区、华润时代广场、浦东美食城，通过人民路隧道即可到达外滩、豫园等上海著名景点。☎ 021-68781108

豪枫雅致酒店，位于浦东新区顾唐路2818号，附近便是地铁2号线，交通便捷，酒店提供接送地铁站及上海浦东机场服务，还有直达迪士尼乐园的班车，但需要提前预约。☎ 021-68721088

美食

奉贤区的小吃众多，主要的有南桥腐乳、油炸麻花、酥脆油酥饼、奉贤海棠糕等。

金山区的枫泾镇素有“吃镇”之称。当地颇有特色的美食有：熏拉丝、菜卤蒸蚬子、吴越豆腐、椒盐鳑鲏鱼、丁义兴蹄膀、天香豆腐干、荠菜馄饨等。

浦东最具特色和盛名的有传统的“老八样”，即红烧鲫鱼、扣鸡、扣蹄肉、扣咸肉、三鲜、扣三丝、扣羊肉、肉皮汤等。

●南桥腐乳

有红腐乳、白腐乳和花色腐乳三大种，红腐乳又分大红方和小红方，色泽红中带褐，形状大小厚薄一致，底面四侧平整光滑，不倾斜，不缺角，质地细糯，咸淡适口。

腐乳

●油炸麻花

奉贤区庄行特色小吃。麻花体直不弯，捞出后在条与条之间加适量的冰糖渣、瓜条等小料味道更鲜美。

●酥脆油酥饼

油酥饼用精白面粉、菜油和适量的碱、椒盐等制作。酥层清晰，色泽淡雅，香脆酥松，甜而不腻，入口即化。

●奉贤海棠糕

海棠糕是上海奉贤著名传统名点，系用特制的模具灌浆烘烤制作。糕形似海棠花，色呈紫酱红，香甜松软，可谓色、香、味、形俱佳，成为一道具悠久历史的花色点心，深受大众的欢迎。

海棠糕

●枫泾丁蹄

金山出产的枫泾丁蹄已有一百多年历史。它采用黑皮纯种“枫泾猪”的蹄子精制而成。外形完整无缺，色泽红亮，肉嫩质细。热吃酥而不烂，汤质浓而不腻；冷吃喷香可口，另有一番风味。

●马兰干烧肉

马兰干烧肉作为美食不仅味道鲜美，还有清热解毒、凉血止血、利湿消肿之功效。

●八珍鱼头

乳白浓厚的汤水里，除了有鱼头之外，还有鱼肚、海参、文蛤、鲜菇、鲜虾等，所以叫“八珍”。整道鱼汤乳白浓醇鲜美异常，却又清爽洁口，鱼肉滋味中隐隐透出甘甜滋润的清新。

购物

奉贤的特产主要有锦绣黄桃、玉穗葡萄、神仙美酒、上海蜜梨、汉光陶瓷等。

金山的特产有金山农民画、枫泾黄酒、亭林雪瓜、金山蟠桃等。

浦东的特产有大团水蜜桃、三林崩瓜、高桥松饼等，颇有当地特色。

●锦绣黄桃

是光明镇特产，也是上海名特优水果，注册商标为锦绣黄桃。外观漂亮，肉色金黄，果形整齐匀称，糖分高于南汇水蜜桃。该黄桃容易储藏，一般采收后可储藏7~10天，由于肉厚，较坚实，对长途运输较为有利。

锦绣黄桃

●玉穗葡萄

果穗圆锥形带副穗，果粒椭圆形。果粉厚、果皮较厚而韧，有涩味。肉软多汁，味酸甜，略有草莓香味。

●神仙美酒

以其清澈透明、窖香浓郁、绵甜爽净、回味悠长的独特风格，被广大消费者赞誉为“上海小茅台”，是海派酒文化的优秀代表。

●上海蜜梨

产自上海奉贤庄行镇的万亩蜜梨种植基地，脆嫩多汁，香甜可口，梨香别致，果肉内含糖量达12%以上，并含有丰富的维生素、果胶、蛋白质等营养成分。

●汉光陶瓷

由李遊宇先生创办的汉光陶瓷，集中国陶瓷工艺大成，学习传统而突破传统，完整体现了中国陶瓷的时代精神和美学风范。汉光瓷胎釉晶莹透亮、洁白如玉、纯净静谧、柔和典雅、万里无云，造型简洁大方、丰润饱满，孕育着生命与张力。高温釉下彩绘画形式更是类似透明水彩，清新儒雅、色彩丰富、层次分明。

●金山农民画

金山农民画是上海金山的汉族民间传统艺术之一，发起于70年代，包括灶头画、剪纸、漆绘、民间玩具、泥塑和石刻等。以浪漫主义的想象力，大胆地进行艺术夸张，构思新颖，色彩明快，造型稚拙，具有江南水乡的独特风韵。

●高桥松饼

高桥松饼是上海高桥镇四大汉族传统名点之一。油而不腻，甜而爽口，香气浓郁，皮酥馅糯，余味无穷。

节日和重大活动

节日	位置	时间
上海南汇桃花节	上海市浦东新区	三四月间
上海奉贤黄桃节	上海市奉贤青村镇	八九月间
上海奉贤菜花节	上海市奉贤区庄行镇	三四月间

奉贤菜花节

发现者旅行指南

嘉定

概览

亮点

孔庙

为目前国内比较完整的孔庙之一，历史悠久。现被辟为中国科举博物馆，介绍了科举制度产生的历史，以及科考的整个过程。

古猗园

是上海五大古典园林之一，园内保存的唐代经幢、宋代普同塔、南厅、微音阁等文物、历史遗迹，弥足珍贵，更是赏梅的佳处。

秋霞圃

是上海五大古典园林中历史最悠久、保存最完整的一座，宁静、古朴、疏朗、优雅。园中茂林修竹、奇花异树，堪称“园中有园，景中有景”。

上海汽车博物馆

是中国首家以汽车为主题的行业博物馆，也是上海融汽车历史、人物、技术和创意为一体的专业博物馆。

孔庙

上海国际赛车场

赛车场以主看台、车队维修区、控制塔、行政塔、空中餐厅和新闻中心为主建筑群，表现了中国传统文化中浑厚、壮美的一面。

必逛街道

州桥老街：保留着明清古民居特色，是嘉定历史文化的发祥地。汇聚了宋、元、明、清历代古塔、石街、老桥、旧庙、名园等古迹，更有独具特色的风味小吃。

安亭老街：这里保留了江南水乡的“路、桥、街”格局，老街建筑内敛而有气度，明清时代韵味扑面而至。墨宝书画、奇山异石、瓷器雕刻等传统工艺品在这里应有尽有。

线路

嘉定一日游

上午到孔庙，感受历史悠久的儒家文化，接着参观汇龙潭，这里有着古朴典雅的水榭楼台。午餐可在附近吃。

下午分别游览秋霞圃和古猗园，这是上海五大古典园林中的两座，景色优美，不容错过。

嘉定古城紫藤园

为何去

嘉定古城

嘉定位于上海的西北部，距今已有780多年的历史，是名副其实的江南历史文化名城。这里风光秀丽，人杰地灵，素有“教化嘉定”的美称。

嘉定至今还完好保存有孔庙、秋霞圃、古猗园等众多的文化古迹，还有上海汽车博物馆、上海国际赛车场等现代化的游乐设施。不仅古韵浓厚，而且现代气息十足，处处散发着诱人的魅力。

何时去

檀园

每年的春季（3月~5月）和秋季（9月~11月）是嘉定旅游的最佳时节。但是古猗园、秋霞圃、法华塔等景点，一年四季都适合参观。

春季，天气温暖，风景如画，在古猗园、秋霞圃等园林内欣赏春色是最好不过了；嘉定河流众多，金秋时节在此钓龙虾、捞螃蟹将是很有趣的事。当然，秋雨如织的天气踏着青石板路漫步秋霞圃也是诗情画意的体验。另外，一定要在腊月去古猗园赏梅。

区域解读

面积：约464km²

人口：约157万人

地理 GEOGRAPHY

区划

嘉定下辖3个街道、7个镇、1个新区和1个市级工业区。嘉定区政府位于博乐南路111号。

地形

嘉定位于上海西北郊，东接宝山、普陀，西连江苏昆山，南襟吴淞江（苏州河），北邻江苏太仓市。全境地势平坦，东北略高，西南稍低。

境内河网密布，蕴藻浜、练祁塘、娄塘河横卧东西，盐铁塘、横沥、新槎浦纵贯南北，河道总长1800余千米。

气候

嘉定区地处北亚热带北缘，气候暖湿，降水丰沛，雨热同季。夏天炎热多雨，冬天较为湿冷，春秋两季最适合游玩。

历史 HISTORY

惨绝人寰的“嘉定三屠”

清朝建立初期，因抗拒“削发令”，嘉定曾三次被清兵惨绝人寰地屠城，被称为“嘉定三屠”。

剃发对当时的汉人而言，心理上是难以承受的。“身体发肤受之父母，不可损伤”，这是千年以来形成的伦理观，也是一种根深蒂固的思维方式。剃发不仅有违传统，也被视为一种侮辱。因此这项政策不仅遭到了传统知识分子的抵制，也激怒了下层民众。

清顺治二年（1645年）五月，清军占领南京，南明弘光小朝廷覆亡。清廷颁诏书往江南曰：“……削发一事，本朝已相沿成俗，尔等毋得不遵法度。……凡不随本朝制度者，杀无赦。”然而“削发令”一下，江南民众强烈反抗。其中，反抗最为惨烈的是扬州和嘉定。

由于江南各地相继骚乱，地方官和民众纷纷揭竿而起。嘉定总兵官吴志葵响应号召，逐走清政府派来的县令，占据了城市。当时，投清将领李成栋闻讯从吴淞回兵镇压。

七月初三黎明，清兵的铁骑踏破了昔日嘉定古城的宁静。为反抗清朝的入侵，嘉定城内的市民一致推举当地名人侯峒曾和黄淳耀、黄渊耀兄弟主持城防。在侯峒曾和黄氏兄弟的指挥下，城中民众不分男女老幼，纷纷投入了抗清行列。但平民百姓没有任何组织和战斗力，在李成栋五千精兵面前根本不值一提。李成栋大炮攻城，第二日便破城。李成栋又放部下大肆烧杀抢掠并屠城。此为“嘉定第

一屠”。

血腥屠杀之后，清兵便四处掠夺财物。然而，清朝的暴行并未扑灭民众的反抗怒火。等李成栋一走，四散逃亡的民众再度聚集，一位名叫朱瑛的反清义士率50人进城，集结民众，内外结合，又一次控制了嘉定。李成栋遣部将徐元吉镇压，因嘉定城内居民闻风逃亡，城郊几乎被烧杀殆尽。此为“嘉定第二屠”。

清朝的第二次屠城，也未能削弱民众的反抗意志。八月二十六，原南明总兵吴之番率余部，反攻嘉定城。城内清兵猝不及防，民众便纷纷奔至吴军前，“踊跃听命”。然而，吴军乃乌合之众，清兵反扑之时全部溃散。清兵拥入城内，李成栋恼怒，嘉定再遭浩劫，再次被屠城，这是“嘉定第三屠”。

据史载，在清朝的三次屠城中，嘉定城内民众无一投降者，死亡者达二万余人。

名单 **嘉定历史名人**

明文学家、画家李流芳

近代著名外交家顾维钧

现代国画大师陆俨少

文化 CULTURE

“以刀代笔，以书法刻竹”的嘉定竹刻

嘉定竹刻创始于明隆庆、万历年间（1567—1619），已有400多年的历史。当时江南竹刻工艺的发展形成了各具特色的两大派：一是“金陵派”，二是“嘉定派”，以“嘉定派”更为繁荣。

清代时，嘉定县城已成为竹刻工艺的中心。嘉定派的创始人朱松邻原是一位善于诗文书画的人，他在制作中能以笔法运刀法，善于创新。他的儿子朱小松、孙子朱三松都继承此业。朱小松刻制“古仙佛”，世人评价很高。朱三松把父祖辈的传统技艺又推进一步，所刻制的人物、山水、草虫、禽鸟，刀法精湛，无不精妙绝伦，具有新鲜灵动之感。后来，嘉定竹刻名家辈出，如明代的秦一爵、沈大生、侯崤曾，清代的封颖谷、时大经、张学海，等等。嘉定竹刻盛极一时。

嘉定竹刻的主要特点和传统技艺是“以刀代笔，以书法刻竹”。嘉定竹刻艺人以刀代笔，将书、画、诗、文、印诸种艺术融为一体，赋予竹以新的生命，使竹刻作品获得了书卷之气和金石品味，风雅绝俗，成为历代文人士大夫的雅玩。嘉定竹刻的形制多适合文人口味，其品种有以竹筒和竹片制成的笔筒、香筒（薰）、臂搁、插屏等，也有以竹根刻成的人物、山水、草木、走兽等。其技法包括浅刻、深刻、薄地阳文、浅浮雕、深浮雕、透雕、圆刻等十余种，具有很好的审美价值。

20世纪60年代以来，嘉定竹刻日渐式

微，民间艺人纷纷转向工艺单一的留青竹刻。1983年，嘉定人王威传承了嘉定竹刻的精髓，摸索出了一套竹刻工艺，成为唯一传人。80年代后期，王威带出4个弟子，但由于用工多、效益低，不久，王威和他的3个弟子相继转行，仅有张伟忠一人“留守”，嘉定竹刻又成了“一个人的艺术”。

为保护和传承这项古老的竹刻艺术，嘉定建造了国内首家竹刻专题博物馆。博物馆有120多件展品，分别来自上海博物馆、青浦区博物馆和个人收藏家，除了少量明代作品外，大多是清代艺术精品。2006年嘉定竹刻入选首批国家非物质文化遗产保护名录。

如今在嘉定的竹刻博物馆，为保证展出效果，博物馆采用“全息成像”的立体映像新技术，将圆雕《东方朔》等拍摄成像后，飘浮在空中，诠释嘉定竹刻精品的三维效果，能让观众全方位欣赏到竹刻展品，形象壮观。

充满乡土气息的徐行草编

徐行草编历史悠久，早在1000多年前的唐代，在如今徐行澄桥附近的农民就开始用野生黄草编织蒲鞋和其他编织品，后来发展到赠送亲友并上市出售，成为朝廷贡品之一。

20世纪初，东西方草编文化开始交流和发展。1914年，意大利一家洋行聘请徐行当地人为代理人，向徐行农民收购黄草织品，转销东南亚和欧美各地。1953年，徐行草编

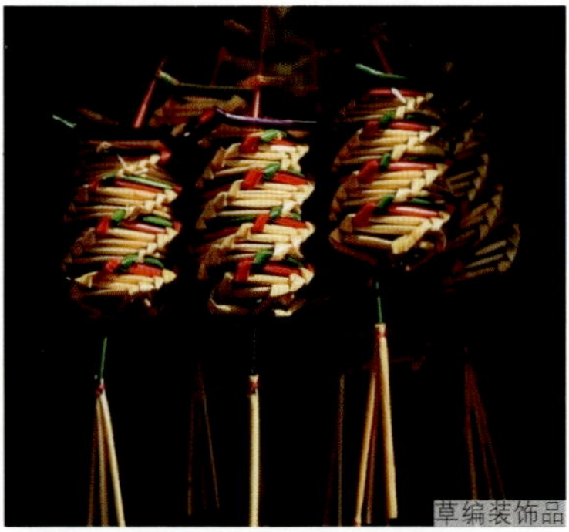

草编装饰品

大师设计并编织的有和平鸽图案的拖鞋在莱比锡国际博览会上荣获艺术奖章。

徐行草编具有深厚的文化内涵和高度的审美价值。历代从事草编织品的艺人都是来自民间的平民百姓，作品既有实用价值，也有欣赏价值。徐行草编原产地在嘉定区徐行镇，地处江南水乡，气候温湿，雨量充沛，土地肥沃，适应黄草的生长。黄草是生长在河滩上的一种野生草本植物，光滑柔韧，色泽淡雅，性清而凉，可剖劈，因色泽淡黄而得名，并能染色。

但徐行草编文化含量高，工艺流程复杂，制成一件草编要花几小时甚至几天的时间，耗时较多。为保护和传承这项技艺，嘉定徐行镇创建了以“草编文化为主导”的特色文化村，先后建立了草编协会和草编陈列室，组建了徐行草编名师工作室，开设了草编培训班，在镇中小学和成人教育学校开设草编艺术专修课，使得徐行草编这一优秀的传统民间工艺后继有人。徐行镇现已被国家文化部命名为“中国民间艺术之乡”，被国家农业部命名为“中国草编之乡”。

现在，嘉定草编行业已日趋专业化，有鞋、包、工艺品和日用品四大分类。草编制品充满乡土气息，兼具手工织品的自然美、艺术美和实用价值，又是工艺制品，还是自然环保产品，很受市场的欢迎。

链接

徐行草编传说

相传，在新泾塘畔有一位聪敏、美丽、善良但却贫苦的姑娘，在即将出嫁的时候，连做一双鞋的钱都没有。眼看就要光着脚过门了，姑娘心里非常难过。有一天，她放牛割草到村头河边，独自默默流泪。相伴多年的老牛忽然用舌头舔她的脚，姑娘一看，老牛不知从哪里衔来一把黄草放在她的脚边。姑娘的眼睛顿时亮了起来，她用老牛衔来的黄草，编织了一双金光璀璨的草鞋，穿着它到了婆家。

这件事一下子轰动了全村，全村的姑娘们都学着编织起草鞋来了。后来，乡亲们为了纪念这位首先用黄草编织草鞋的姑娘，把这个村落改名为“蒲草鞋”，姑娘被尊为“草编仙子”。

景点推荐

嘉定古镇

嘉定孔庙

旧时教学的场所

上海市嘉定区嘉定镇南大街183号

021-59919581

免费

乘841路、嘉定11路、沪唐专线等公交可达

嘉定孔庙始建于南宋嘉定十二年（1219年），建筑体制规模不大，开始仅有大殿和化成堂。经过后来的建设，嘉定孔庙最后有石柱牌楼三座，沿牌楼有石雕柱，上面雄踞72只姿态各异的石狮子，象征孔子72贤徒。与“仰高”牌楼在同一中轴线上的建筑，有棂星门、泮池桥、大成门、大成殿。大成殿是祭孔正殿，大成殿东的明伦堂，是旧时“传道、授业、解惑”的场所。

孔庙内有中国科举博物馆，是目前海内外唯一的科举专题博物馆。以科举制度沿革、科举与儒学、科举与社会文明、科举考试程序、科举与教育五个板块及一千余件文物史料全方位展示了中国科举制度的历史变迁，生动再现了自隋朝开科取士到清末废止科举制度的1300年兴衰史。

玩家 攻略

1.在嘉定孔庙的碑廊中，保存着我国宋代著名哲学家、教育家朱熹的大字碑以及被称为“嘉定四先生”的书迹石刻等，具有很高的艺术价值。

2.在嘉定孔庙中，有一株百年牡丹，院中还植桂柏树木。因此，在这里春可赏牡丹，秋可闻桂香。

玩家 解说

嘉定孔庙门前有石柱牌楼三座，东西两座

分别为"兴贤""育才"，分别建于宋淳祐九年（1249年）和元至正十三年（1353年）；门前三座拱桥，很像紫禁城内的拱桥，三座并排，大门两边是孔庙翻修或是他人捐献的碑文，很多是嘉定历任县令所刻。最近的碑石是1991年嘉定县长所立。

通道正中的"仰高"牌楼高约9米，四角重檐，建于明万历十四年（1586年）。沿牌楼有石雕柱，上面雄踞72只姿态各异的石狮子，象征孔子72贤徒。与"仰高"牌楼在同一中轴线上的建筑，有棂星门、泮池桥、大成门、大成殿。大成殿是祭孔正殿，面阔五间，进深五间，重檐歇山，崇基石栏，庄严肃穆。大成殿东的明伦堂，宽敞宏伟，是旧时"传道、授业、解惑"的场所。大成殿、明伦堂虽为清光绪初年重建，但仍保留了明代建筑风格。现在孔庙内设有"考场"，向游人介绍古代的科举制度。

门外有汇龙潭、应奎山，庙内植松柏、树木，栽种花卉，构成八景：汇龙潭影、映奎山色、殿廷乔柏、黉序疏梅、丈石凝晖、双桐揽照、启震虹梁、聚奎穹阁。

链接

嘉定四先生

明末居住在嘉定的程嘉燧、唐时升、李流芳、娄坚，各以诗文书画蜚声海内，人称"嘉定四先生"。

程嘉燧（1565—1643），字孟阳，号松圆，又号松圆老人、松圆道人、偈庵居士、偈庵老人、偈庵道人。明代画家。晚年皈依佛教，释名海能。传世作品有万历四十六年（1618年）作《为方季康写山水图》轴，现藏安徽省博物馆；天启七年（1627年）作《梅花图》册、崇祯二年（1629年）作《仿倪瓒山水图》轴、崇祯四年（1631年）作《孤松高士图》轴藏故宫博物院等。

唐时升（1551—1636），字叔达，嘉定人，他通达世务，性情豁达。看淡金钱与功名，过着陶渊明般清贫但怡然自得的生活。唐时升与娄坚、程嘉燧都是归有光的门下弟子，文章很得归氏清雅恬淡气韵。晚年的唐时升闭门谢酒，他与娄坚、程嘉燧常常一起布衣杖屦，外出游玩，谈诗论文，意气扬扬，当时人称"练川三老"。

汇龙潭公园

李流芳（1575—1629），字长蘅，一字茂宰，号檀园、香海、沧庵，晚号慎娱居士、沧庵道人。歙县（今属安徽）人，侨居嘉定（今属上海市）。明万历三十四年（1606年）举孝廉，为人耿直，诗风清新自然，文品为士林翘楚。

娄坚（1567—1631），字子柔，嘉定人。经明行修，学者推为大师。明万历四十四年（1616年）贡于春官，不仕而归。工行楷，书法妙天下。风日晴美，笔墨精良，方欣然染翰，不受促迫。卒年六十五。著有《列朝诗集》。

汇龙潭公园
状似五龙戏珠

上海市嘉定区塔城路299号
021-59529604
5元
与孔庙相邻，游玩孔庙后，可步行到此

汇龙潭于明万历十六年（1588年）疏浚，距今400多年。曾有五条河流交汇于此，形如五龙蜿蜒伸展之态，故称"汇龙潭"。

潭畔的魁星阁、状元钟楼与孔庙牌坊遥相呼应，相映生辉。园中明忠节侯峒曾、黄淳耀两先生纪念碑巍然矗立。宋、元、明、清历代的石亭、石塔、石井等文物古迹，古朴醇厚，保存完好。

玩家攻略

现在每年的金秋时节，汇龙潭公园内都会有菊花展。五颜六色、姿态万千的菊花，将整个公园装点得十分美丽，是赏菊、摄影的好地方。

法华塔
每层塔内设有楼梯

上海市嘉定区嘉定镇南大街349号
021-59525688
5元
乘坐旅游6号线、北嘉线等路公交可到嘉定镇，从镇上步行或乘出租车即到

法华塔又名金沙塔，建于南宋开禧

年间（1205—1207）。此后，有过多次不同程度的修缮。每层塔内设有楼梯，拾级而上可眺望全城景色。塔下弯弯的河水、幽深的街巷、古色古香的老屋，构成了嘉定一景。

顾维钧生平陈列室位于法华塔院内，展示了顾维钧55年外交生涯及生前用过的部分物品，资料翔实，极具历史价值。

链接

顾维钧

顾维钧（1888—1985），嘉定籍著名外交家，联合国创始人之一，曾任中华民国外交总长，北洋政府代理国务总理，财政总长，驻美、英、法大使等职。1919年作为中国政府出席巴黎和会的代表团成员，拒绝在《巴黎和约》上签字。

嘉定竹刻博物馆

国内首家竹刻专题博物馆

上海市嘉定区南大街321号嘉定别墅内

021-59537232

5元

乘坐旅游6号线、北嘉线等路公交可到嘉定镇，从镇上步行或乘出租车即到

嘉定竹刻博物馆位于嘉定别墅内，嘉定竹刻博物馆充分利用馆藏文物资源，吸纳民间嘉定竹刻精品，展示嘉定竹刻的历史渊源、文化地位与艺术价值。

嘉定竹刻始于明代中后期，由嘉定人朱鹤祖孙三代开创，已有四百多年历史，以深浮雕和透雕为主要表现手法。2006年5月，嘉定竹刻被列入首批国家级非物质文化遗产名录。

州桥景区 AAAA

嘉定老城镇的缩影

上海市嘉定区沙霞路68号

乘嘉定12路、嘉定1路等公交可达

州桥原先叫登龙桥，在元代的时候，嘉定县升州，所以人们就称呼该桥为州桥，但桥身上所刻的仍然是“登龙桥”三字。

舟桥由石头制成，横跨在练祁河上，呈南北走向。石桥两边都有台阶供行人拾级而上。每级台阶的高度很小，大约只有5厘米，特别窄。站在桥上向西望去，窄窄的练祁河向远方伸去，河的两岸古建筑依次而列，一些古建筑还建有码头，人们可以通过台阶和水进行亲密接触。

州桥老街是嘉定最繁华的地区。不仅拥有江南古镇的“小桥、流水、人家”的建筑景观，富有诗情画意，而且在有限的范围内集中了“名园、古塔、孔庙、老街”等丰富而独特的历史文化资源，在江南地区甚至全国均为罕见。

玩家攻略

一个高大的牌坊将现代与传统分割得泾渭分明。牌坊外面，是熙熙攘攘的商业街，街上各种店铺应有尽有，是品尝小吃的好地方。牌坊内，全是青砖、黑瓦、飞檐、木窗的典型的江南清末民初的建筑，地上铺设了厚厚的碎石，可以慢步徐行，感受浓厚的明清气息。

秋霞圃

园中有园，景中有景

上海市嘉定区嘉定镇东大街314号

021-9531949

10元

乘嘉定10路、12路、1路、4路等公交车可达

秋霞圃始建于明弘治十五年（1502年），原为明代工部尚书龚弘的私人花园，现在是上海五大古园林之一。园林几经扩建后，成为以清水池塘为中心、山石环绕、古木参天、造园艺术独特的著名古典园林。主体部分桃花潭景区内有一座池上草堂颇为出名，有“一堂静对移时久，胜似西湖十里长”的赞誉。

全园由桃花潭、凝霞阁、邑庙和清镜塘等4个景区组成。园中茂林修竹、奇花异树、亭台楼阁、曲径通幽，堪称“园中有园，景中有景”，园内还有大量楹联和文人墨迹。

桃花潭景区

桃花潭景区在园之西南，约5400平方米。景区以桃花潭为中心，南北两山隔潭相望，山石亭台互为衬景。南有晚香居、霁霞阁、池上草堂、仪慰厅，西有丛桂轩，北有即山亭、碧光亭、延绿轩、碧梧轩、观水亭，它们或筑于山上，或构于潭边。远近高低、前后左右，主次分明，疏密相宜。

桃花潭南北两山对峙，南山峭壁耸崎，北山浑厚见长。沿潭茂林修竹，断岸滴泉，临水曲径，低栏板桥。可谓山具丘壑之美，水揽

州桥和法华塔

幽邃之胜。虽由人作，宛自天开，是典型的中国自然山水园林。

凝霞阁景区

凝霞阁景区在园之东部，原为沈氏园旧址，约2700平方米。景区建筑密集，以太湖石堆砌的大屏山为中心，北有凝霞阁，南有聊淹堂、游骋堂、彤轩、亦是轩，东有扶疏堂、环翠轩、觅句廊，西有屏山堂、数雨斋、闲研斋、依依小榭等。区内多院组合，院廊相连，曲折深邃。院墙多置漏窗，院内孤植树木和丛植花草，步移景异，若隐若现。

邑庙景区

邑庙景区位于园东南，约2700平方米。大殿建筑宏伟、高大，结构独特，系上海地区保存最为完整的邑庙。

清镜塘景区

清镜塘景区在园之北部，为金氏园遗址，北、东、西三面为园墙，南与桃花潭、凝霞阁两景区相邻，约1.35万平方米。清镜塘横卧于南面，塘北与东有三隐堂、柳云居、秋水轩、清轩，西有青松岭、岁寒亭、补亭。柳云居前遍植垂柳，绿云叠翠。青松岭上青松、红枫、白玉兰、蜡梅布局有致。

景区以清镜塘贯穿东西，植物景观为主体，疏朗开阔。亭榭、林木、花径、溪塘、山丘、护岸或敞或蔽、或大或小、或明或暗，变化无穷，具有浓郁的村野气息，与建筑紧凑的凝霞阁景区形成强烈的反差，一疏一密，各具其趣。

陆俨少艺术院

纪念山水画家陆俨少

上海市嘉定区东大街358号（近博乐路）

59529530

可从秋霞圃步行到此

陆俨少艺术院建院于陆俨少先生九十

嘉定古镇紫藤园

诞辰的1999年6月26日，占地约0.4公顷，中国传统园林式庭院，雅意盎然，是收藏、展示、研究陆俨少书画艺术、举行各类展览及学术活动的场所。

链接

陆俨少

陆俨少（1909—1993），嘉定南翔人，在中国当代山水画领域独树一帜，书法、诗文俱精，为当代画坛著名文人画家，与李可染并称“南陆北李”。目前，院藏陆俨少创作的传世之作75件。

嘉定紫藤园

紫藤花和湖光山色相映成趣

上海市嘉定区博乐路45号

乘嘉定6路、嘉定11路、嘉定4路等公交可达

嘉定紫藤园占地1.1公顷，布局既具有中国山水园林的特色，同时也融入了部分日本造园风格。园内有水体、假山、小桥、亭子、棚架、石灯笼等景点。

整个紫藤园中植物主要以春季花灌木为主，有樱花、白玉兰、杜鹃、红枫、海棠等树种，同时还有群众喜爱的桂花、蜡梅、银杏、榉树等树种，所以整个园子显得自然、活泼、千姿百态。紫花串串、芳香诱人的紫藤花和湖光山色的自然情趣，让人回味无穷。

景点推荐 南翔及周边景点

古猗园 AAAA

上海五大古典园林之一

上海市嘉定区南翔镇

021-59122225

12元

乘62、821、828等路公交可达

古猗园初名猗园，建于明代嘉靖年间，为时任河南通判闵士籍所建。取《诗·卫风·淇奥》"绿竹猗猗"为美盛貌，熔嵇康《琴赋》"微风余音，靡靡猗猗，余音袅袅"为一炉而得"猗园"名。由明代嘉定竹刻名家朱三松精心设计，有"十亩之园，五亩之宅"的规模。

全园按不同景观划分为逸野堂、戏鹅池、松鹤园、青清园、鸳鸯湖等景点，各具独到精巧的艺术构思，散发着古猗园特有的古朴、素雅、清淡、洗练的气质。园内保存的唐代经幢、宋代普同塔、南厅、微音阁等文物、历史遗迹，弥足珍贵，引人探古问胜。

逸野堂

位于古猗园西北部，是猗园老区。以逸野堂为中心，北有曲廊、幽赏亭，南有鸢飞鱼跃轩、小松冈和南厅。逸野堂四周分别有五老峰、古盘槐、小云兜和桂花林。多有古建筑，集厅、堂、廊、亭、山、水于一身，还有许多历史故事和神话传说，加之百年厅堂千年经幢，可称之为古典园林缩影，也集中体现了古代园主隐逸为高、寄情山水的意境。

戏鹅池

戏鹅池景区以水为中心，环湖漫步，分

别可看到白鹤亭、不系舟、浮筠阁、竹枝山和缺角亭，是猗园老区之一。

戏鹅池得名是因为池内有白鹅成群，嬉水游弋引颈高鸣。立岸观赏，绿水白鹅，静中有动，情趣非凡。

松鹤园

千年经幢，令人叫绝；梅花厅前，馨香飘逸；碧荷古塔，相映生辉；松园白鹤，引颈长啸。这便是松鹤园景区，区内轩、塔、厅、阁，配以松、荷、竹、梅，鹤寿松龄，景色宜人。古猗园的唐代经幢属重点保护文物，于今上海地区的唐代遗迹中，不失为同期石经幢之佼佼者，十分珍贵。

青清园

位于古猗园最东面，面积2公顷多，是全园最大景区之一。景区以猗猗青竹为主，体现了古代猗园"绿竹猗猗"的特色。区内有龟山、龟山湖、君子堂、艺苑、观月台和翠霭楼，与竹园相配，景色清秀、淡雅。青清园内植竹30多种，属江南园林罕见。

鸳鸯湖

鸳鸯湖犹如一块明镜从天而降，镶在古猗园中心地带，使古猗园景色大放光辉。

九曲桥拦腰浮于湖面，湖心亭犹如一颗宝石嵌在桥中，与东面柳荫桥遥遥相望，湖南有曲香廊，廊尽头有茗轩，湖面四周，亭、堂、阁、轩高低错落，山水相连，视野开阔，以湖为主，给人以天高湖阔之感。

南翔壁

南翔壁景区包括大草坪、紫藤架、南亭樟树林、大假山，其中以南翔壁为主要景点。壁有浮雕，反映古镇南翔得名的神话传说。景区视野开阔，具有林野风味。

玩家解说

古猗园的亭台楼阁，平面形式多种多样，立体造型丰富多变，体现了江南园林建筑精巧、自由、活泼的特点。小瓦覆顶，屋脊镂空，各种斗拱、飞檐翘角、门窗式样、雕刻装饰、油漆粉刷色彩简朴素雅，具有明代园林建筑艺术风格。

古猗园的园艺布局，自明代起就以戏鹅池为中心。戏鹅池如一面明镜，映现着不系舟与浮筠阁的清晰倒影，倍添幽情。清代至新中国

古猗园

成立后，此园的历次修复和拓广均注重挖河理水，使戏鹅池、鸳鸯湖、荷花池、龟山湖等水体相互连通，缓流不断。水池两岸，亭桥相望，花木葱郁，无论仰望俯瞰，都令人心旷神怡。古猗园的水，虽与外隔绝，但百亩之园中有千米长的溪流，似园之脉络，贯通全园，使人未觉此水无源，更有“山重水复疑无路，柳暗花明又一村”之感。

链接

古猗园设计者——朱三松

朱三松，名稚徵，号三松，以号行世，是中国明代竹刻家。他出身竹刻世家，祖父朱松邻，工书善画，长于高浮雕、圆雕、竹刻，创嘉定派竹刻。刻有笔筒、香筒、杯、簪钗等。父朱小松，亦善书画，刻竹构思巧妙，刻技精湛，有刘阮入天台香筒传世。朱三松刻竹克承家学，多以文学作品为题，所刻物象，神完情足，造诣颇深。

南翔双塔

建于北宋年间

上海市嘉定区南翔镇人民街、解放街口

乘62、嘉定119路、嘉定115路等公交可达

南翔寺始建于南朝梁天监年间（502—519），唐开成年间（836—840）扩建。唐咸通、乾符年间（860—879）增建尊胜陀罗尼石经幢二座，五代、北宋年间（907—1127）建砖塔二座，南宋嘉定十五年（1222）建普同塔一座。南宋绍定年间（1228—1233）赐“白鹤南翔”额，明、清两代均有修缮。清乾隆三十一年（1766年），一场大火使千年古寺成为废墟，两座砖塔虽遭严重破坏，但却劫后余生，成为原址仅存的建筑。

1986年，南翔双塔全面修复，仿木制塔形制，七级八面，每级有神龛，塔总高11米，底层直径1.86米，两塔东西相望，亭亭对峙。两座塔形制相同，每层均有腰檐、平座、栏板，檐下施五铺作单超单昂斗拱。每层四面开设壶门，另四面为直棂窗，门与窗方向逐层互换。八角形攒尖灰瓦顶，顶上立相轮，铁铸塔刹由刹杆、宝珠构成。

南翔双塔

天恩桥

有“嘉定第一桥”之美誉

上海市嘉定区沪宜公路永丰村内

乘坐沪唐线、北嘉专线、罗南线、北嘉线、嘉江专线到大桥头站下车，前行约200米，过沪宜公路上的真圣堂桥后右转即到

天恩桥，俗名“大桥”，横跨于横沥河上。它以技术高超、景色优美、人文资源丰富闻名于世，有“嘉定第一桥”之美誉，也是上海地区著名的大石桥之一。

天恩桥为三孔石拱桥。桥面石阶，东西两面分别为32级和35级。跨度46米，宽3.5米。两侧孔径均为5.5米，高3.6米。中央孔径11.5米，高5米。南北两侧桥柱上刻有对联四副，南面的是：“云际龙飞高凌百尺，波间虹卧彩耀三槎；境接吴淞势挟汪洋通万顷，名颜真圣义兼廉让媲千秋。”北面的是：“行看桂子月中落，定是仙槎海上来；人杰地灵白鹤来飞传胜迹，风恬浪静彩虹耀映镇槎溪。”

云翔寺

由康熙皇帝题额

上海市嘉定区南翔镇大街

8元，以古猗园的票根可以换门票

乘嘉定119、62路等公交可达

云翔寺原名南翔寺，又名留云寺，始建于南朝梁天监四年（505年）。清康熙三十九年（1700年）康熙皇帝题额，更名为云翔寺，从此此寺闻名遐迩。后毁于一场火灾，目前仅存双塔和已迁入古猗园的石经幢、石塔。

东方巴黎高尔夫俱乐部

融合了地中海风貌

上海市嘉定区南翔镇

021-59129712

乘坐517、562、北嘉线、旅游6号线均可到达

东方巴黎高尔夫俱乐部占地面积26.7公顷，球场18洞61杆，由著名监造师BobbyJ. Martin负责设计及监建，构思融合了地中海风貌，在这里您可以充分感受到高尔夫的乐趣。

另外，还有中式餐厅、网球场、大堂酒吧、健身室、宴会厅、桑拿、蒸汽浴、商务中心、桌球室、日间幼儿中心、会议室、果汁吧、室内/室外游泳池、咖啡室等。

云翔寺

景点推荐 安亭汽车文化旅游区

上海汽车博物馆

国内首家以汽车为主题的行业博物馆

上海市嘉定区安亭博园路7565号

021-69550055

乘坐陆安线、安虹线可到

上海汽车博物馆是中国首家以汽车为主题的行业博物馆，也是上海首家融汽车历史、人物、技术和创意为一体的专业博物馆。博物馆通过历史博览馆、现代科技馆、古董车收藏馆，以汽车为载体，表达行业特征，展示发展历程，体现汽车对人类社会的深远影响，是广大青少年了解汽车历史、技术与文化的最佳场所。

博物馆外有环境优雅的汽车主题公园，内设完善舒适的配套服务设施，内外景致交融，适宜车友聚会、时尚派对、新闻发布等各类企事业大中小型会议的举办。

玩家 攻略

1.上海汽车博物馆位于一楼的纪念品商店还为参观者提供各类老爷车的仿真模型、汽车知识书籍以及其他与汽车相关的特色纪念品。

2.上海汽车博物馆展示了汽车诞生以来世界上出现过的20余个品牌的近70辆经典车型，如奔驰、宝马、别克、福特、法拉利、劳斯莱斯、大众、保时捷、奥斯汀，时间跨度逾百年，为观

众提供了鉴赏珍贵古董车以及了解汽车历史的平台。

上海国际赛车场

设计秉承了中国传统文化

上海市嘉定区安亭镇东北，距安亭镇中心约7千米 021-69569999

乘嘉定102路、嘉定123路等公交可达

上海国际赛车场总面积约5.3平方千米，赛道设计是对中国传统文化、历史渊源的继承与发展。形象化的艺术字“上”字形赛道，蕴含着上赛场“力争上游、乘势而上演精彩”的寓意。通过形状、色泽和材料的表达，使创新演绎和传统的延伸得以完美地结合。

赛车场以主看台、车队维修区、控制塔、行政塔、空中餐厅和新闻中心为主建筑群，表现了中国传统文化中浑厚、壮美的一面。主看台两根红色立柱相对应的两座塔楼，取意于中国的“门”和左右两边的守门石狮；看台顶部的透光孔设计构思取自中国的灯笼，主色为红色和黄色，象征着幸运和力量。另一个代表性建筑是车队生活区，其创意取自上海豫园。

玩家解说

上海国际赛车场F1赛道的总长度为5451.24米，具有7处左转弯道及7处右转弯道，平均时速205千米。最长的直道长度为1175米，位于弯道T13和T14之间，最高允许时速为327千米/小时，

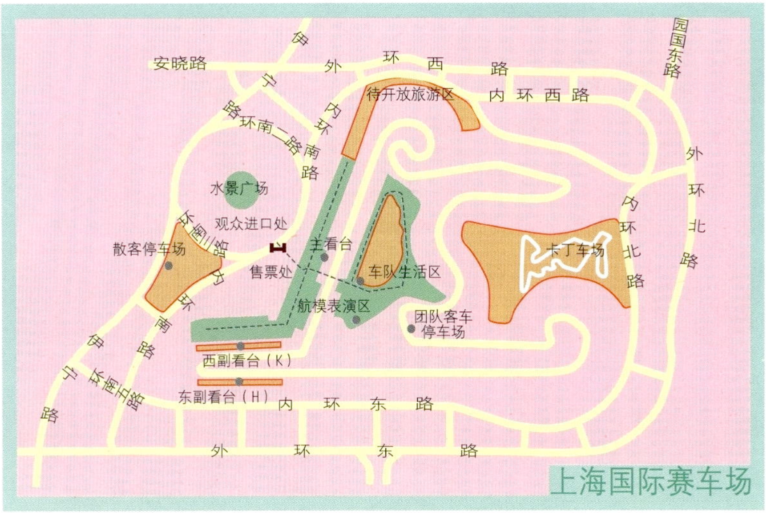

在窄弯道处要求制动到87千米/小时的时速。这一设计给观众带来一种赛车运动所特有的激烈、紧张和刺激的感受。赛道的宽度在13~15米之间，一般为14米，在弯道处加宽到最大20米（弯道T14/T15）。

上海大众汽车有限公司

我国第一家轿车生产中外合资企业

上海市嘉定区曹安公路5288号（近于田路）（上海大众汽车三厂地址）

30元/人（只接待团体，须提前预约）

021-69565575

乘坐北安线（镇坪路—安亭汽车站）、陆安专线（镇坪路—安亭汽车站）可到

上海大众汽车有限公司占地面积321.8万平方米，建筑面积86.8万平方米，是改革开放后我国第一家轿车生产中外合资企业。目前上海大众汽车有限公司已形成四大生产区域（汽车一、二、三厂和发动机厂）及一个技术中心。上海大众汽车有限公司拥有世界一流的生产设备和工艺，以汽车三厂为例，已经全方位地实施了订单化生产控制系统，并被评为“全国工业旅游示范点”。

参观上海大众汽车有限公司主要是参观大众汽车三厂，可乘坐电瓶车参观，先后看到的景点有大厅模型、平面布置图介绍、质保测量室、车身车间、2000吨压机、激光焊接处、仪表盘模块、前围模块、动力总成模块、门模块等。

马陆葡萄主题公园 AAAA

环境优美的葡萄主题公园

上海市嘉定区马陆镇东北角

30元

乘坐南嘉线、北嘉线、沪唐线、822、旅游6线A线等在南翔镇下车，在南翔汽车站乘嘉翔线至朱家宅站

马陆葡萄主题公园始建于2005年3月，占地30公顷。公园以葡萄园为依托，采用现代农业设施栽培技术，集科研、示范、培训、休闲于一身，着力向游人展现十大景观：“情侣葡萄园”“采摘葡萄园”“观赏葡萄园”“水上葡萄园”“葡萄盆景园”“葡萄长廊”“葡萄科普园”“葡萄科普馆”“水果花卉园”“垂钓中心”。

马陆葡萄主题公园

攻略资讯

- 交通
- 住宿
- 美食
- 购物
- 娱乐

今日嘉定

交通

火车

南翔北站位于嘉定区南翔镇金昌路以南，乘坐公交南翔3、4路和嘉定52路可到。

安亭北站是沪宁城际铁路的一座高铁车站，位于嘉定区安亭镇宝安公路北侧，墨玉路和新源路中间。乘坐安菊线、安亭7路公交车可到。

汽车

嘉定主要的汽车站有嘉定客运中心、南翔汽车站、曹安长途客运站。从上海到嘉定，有上嘉线、新嘉专线、沪唐专线、沪钱专线、沪嘉专线、北嘉线等公交线。

嘉定客运中心在嘉定区胜辛路3285号（近陈家山路），乘坐北嘉专线、北嘉线、沪嘉专线、沪钱专线、嘉定12路、嘉定13路、嘉定2路等公交车可到。

南翔汽车站位于沪宜公路古猗园南路路口，主要有562、822路，虎南线，罗南线，翔安线，南翔1、2、3路，嘉翔线等公交经过。

✆ 021-59121474

曹安长途客运站位于嘉定区定边路。乘坐公交北安线、嘉江专线、340路、561路、740路、947路、950路等可到。

市内交通

嘉定区已形成了地面公交与轨道交通有序衔接的公共交通网络。从嘉定区到上海市区可以乘坐地铁2号、4号、11号等线路到达。地铁11号线已连接到嘉定和上海市区的诸多内环地铁线路。

全区有公交线路100条，城区线路有嘉定1、2、3、4、5、6、9、15路等。镇域线路有外冈1路、安亭8路、江桥4路、南翔2路等。

嘉定

出租车起步价11元2千米，加燃油费1元，2~9千米每千米3.1元。

住宿

来嘉定可选择住在以下宾馆：月亮湾庄园、唐朝大酒店、嘉定宾馆、锦江之星（南翔店）等。

名称	位置	电话
唐朝大酒店	嘉定区安亭宝安公路4259号（近方德路）	39586666
嘉定宾馆	嘉定区博乐路100号（博乐路塔城路）	59526988
锦江之星（南翔店）	嘉定区南翔镇沪宜公路855号	69956688

美食

嘉定美食多种多样，做法不一，但十分有特色。

●贵妃鸡

贵妃鸡在嘉定深受人们喜爱。它是用肥嫩的母鸡作为主料，用葡萄酒作为调料，成菜后酒香浓郁美味醉人。

贵妃鸡

●肥羊大面

肥羊大面以肉色鲜红，肉片可口的白切羊肉而闻名。肉酥汁浓，略带甜味，不腥不腻，用羊肉原卤作为面汤，每碗另加羊肉一碟，曾是南翔镇一些老茶客的早餐佳肴。

●罗汉菜

配料多样，口味清淡，是素食者的最爱。

罗汉菜

●南翔小笼包

为上海郊区南翔镇的传统名点，素负盛名。因其形态小巧呈半透明状，以特制的小竹笼蒸熟，故称“小笼包”。

●美食去处

嘉定区美食推荐店：熙盛源馄饨店、新王府酒店祁连山店、阿勇家常菜安亭店、味千拉面丰翔路店、旺飞火锅、元祖城中路店。

名称	位置	电话
熙盛源馄饨店	嘉定区丰庄路389号（近曹安路）	59188637
新王府酒店祁连山店	嘉定区祁连山南路2199号（近曹安路口）	69187777
阿勇家常菜安亭店	嘉定区安亭镇新源路228号（近昌吉路）	69571577
味千拉面丰翔路店	嘉定区丰翔路3168号家乐福超市1楼（近宝翔路）	39926430
旺飞火锅	嘉定区塔城路295号（欧尚超市旁）	59928898
元祖城中路店	嘉定区城中路181号（近温宿口）	59918042

购物

嘉定地区的特产主要有徐行草编、嘉定肉鸽、嘉定白蚕豆、南翔小笼包、嘉定白蒜、嘉定黄草编、嘉定竹刻等。

●徐行草编

产于嘉定徐行，具有悠久的历史。早在1000多年前的唐代，黄草编织品已成为朝廷贡品之一。这里出产的黄草，具有光滑、柔软、坚韧等特点，用黄草编织的草制品既美观大方，又轻巧适用，是上海的传统特产。

徐行草编

●嘉定肉鸽

嘉定从80年代中期引进世界著名肉鸽品种——美国王鸽，经过科学饲养，体形大、肉鲜美，其蛋白质含量在22%以上（乳鸽出壳后25~28日体重可达500~700克）。

霸王乳鸽

●嘉定白蚕豆

可加工成五香豆、油酥豆和豆粉。主要供菜食和加工蚕豆食品。鲜蚕豆以葱油炒煮，味尤甘香；干蚕豆发芽，俗称发芽豆，香、甜、酥、糯四味并重。

●嘉定白蒜

是很好的滋补强身蔬菜，除含糖类外，还含有微量元素硒，主要供炒食调味及加工用。大蒜又是一味良药，具有抑杀多种细菌的作用，对原虫性、真菌性感染也有疗效。

嘉定白蒜

●嘉定竹刻

历史悠久，早在明清时代就是上海地区的著名工艺品。嘉定竹刻主要有平面雕和立体雕两种。立体雕以竹根为主，平面雕以扇骨、笔筒、花瓶等为主。雕法有阴刻、阳刻、皮雕、模雕等多种，其中以留青皮雕最具特色。

嘉定竹刻艺术品

发现者 旅行指南

青浦

概览

亮点

朱家角古镇

离上海最近的江南水乡古镇，有“上海威尼斯”之称。镇内街巷众多，河港纵横，或踱步，或泛舟，都韵味无穷。

淀山湖

有“东方日内瓦湖”之誉，不仅有“柳堤春晓”“石城古风”等著名景点，湖畔的东方绿舟是著名的水上乐园，还有游艇俱乐部、高尔夫球场、钓鱼俱乐部等可供运动和游玩。

曲水园

上海市五大古典园林之一，具有较高的江南园林建筑艺术价值。以小巧玲珑、典雅古朴著称，一石一水、一亭一阁，尽皆成趣。

曲水园

大观园

是一个大型仿古建筑群和古典园林。景区东部有上海民族文化村、桂花园等主要景观，西部则是按照《红楼梦》中的描述而建造的古典园林和仿古建筑群体。

金泽古镇

素有“江南第一桥乡”之称。金泽除桥多水多外，庙也很多，历史上有“桥桥有庙，庙庙有桥”的说法。

大千生态庄园

是一个融自然风光、田园野趣、生态环境、农家生活为一体的原生态庄园，园内各种动植物和谐相处，相映成趣。

线路

青浦一日游

上午去曲水园，感受一下江南古典园林的风貌。顺便可以参观附近的城隍庙、万寿塔、基督教堂等宗教文物。附近餐馆众多，可就近吃午餐。

下午去朱家角古镇，领略这里“小桥流水人家”的独特风景。镇内还有众多仿古建筑和特色美食，可以充分感受“慢时光”的乐趣。

青浦经典二日游

第一天，到达朱家角古镇。畅游整个古镇，感受古镇文化，品尝当地美食，享

大观园

受悠闲安逸的“慢时光”。当晚在古镇内住宿，可以欣赏夜景。

第二天，上午到达大观园，感受《红楼梦》中的美好场景，并在此吃午饭。下午接着参观大观园，或者在淀山湖体验游艇、钓鱼等项目。

为何去

青浦位于上海西部，是上海的后花园，一派典型的江南水乡景色。这里不仅“百河绕村镇，千桥卧清波”，自然风景秀丽，生态环境宜人，还有悠久的历史，早在六千多年前，就创造了灿烂的“崧泽文化”。

泰安桥

朱家角古镇、金泽古镇等水乡古镇，和大观园、曲水园等各种园林建筑及大批文物古迹，构成了这里丰富、独特的自然和人文景观。

何时去

每年的3月到5月和9月到11月是青浦旅游的最佳时节。阳春三月，这里百花齐放、欣欣向荣，走出城市，欣赏春色是最好不过了；天高云淡的金秋时节，去青浦摘草莓、钓龙虾，感受秋雨蒙蒙、诗情画意的水乡古镇，也是极好的选择。

城隍庙

区域解读

面积：约670km²

人口：约120万人

地理 GEOGRAPHY

区划

青浦下辖8个镇、3个街道，区政府在青浦区公园路100号。

地形

青浦区地处上海市西郊，太湖下游，黄浦江上游。东西两翼宽阔，中心区域狭长，版图犹如展翅彩蝶。

青浦区境内地势平坦，以青浦镇为中心，东部河江，西部湖群，内河航运具有天然优势，是江浙沪的重要水上通道。

气候

青浦地区属北亚热带季风气候，是典型的海洋性气候。温和湿润，四季分明，雨水充沛，日照充足。夏天较为炎热，冬天较为湿冷，春秋两季最适合游玩。

历史 HISTORY

上海历史的发源地——青浦

青浦是上海历史的发源地，崧泽、福泉山是发源地的两个源头。

崧泽遗址于1958年由农民挖塘时发现，后于1961年和1974年两次有计划地发掘，挖出古墓100座，还有大量的石器、玉器、骨器、陶器和兽骨、稻种等遗物，证明崧泽距今6000年前就有人类居住活动，崧泽人是上海人最早的祖先。1982年在中国考古年会上认定此处遗址介于以嘉兴为中心的马家族文化和以余姚为中心的良渚文化之间，命名为崧泽文化。

2004年4月，崧泽遗址下层马家浜文化墓葬中出土了一件头盖骨，经鉴定为一名25~30岁的成年男性，在这之前上海地区从来没有发现过6000多年前的古人，此男性可称得上"上海第一人"。

除了崧泽，上海历史的另一处源头为福泉山。1962年上海市开展文物普查时，在山坡上发现了新石器时代的陶片、石器与红烧土等，确定这里是一处古文化遗址。1977年，该遗址被上海市人民政府批准为文物保护地点。同年，当地重固中学师生在福泉山下田间劳动时，又发现数件崧泽文化的陶器。

为了开展太湖地区的古文化研究，上海市文物管理委员会分别于1979年、1982~1988年在此地进行了多次发掘，共发现崧泽文化的居址1处、墓葬19座，良渚文化墓葬30座，以及战国墓6座，西汉墓96座，唐墓1座，宋墓2座，共出土各类文物2800余件，其中有上海博物馆镇馆之宝之一的玉琮。现发掘资料和出土文物陈列于上海博物馆、青浦博物

朱家角

馆，其中有些珍品还远赴美国最闻名的大都会博物馆和德国汉堡展出。

2001年6月25日，福泉山被国务院公布为全国重点文物保护单位，也是青浦区唯一的全国文物保护单位。福泉山完整保留了距今6000~7000年历史的各时期文化叠压遗存，内含新石器时代的崧泽文化、良渚文化、马家浜文化与战国时代的遗存，被考古学家誉为“中国的土建金字塔”“古上海的历史年表”“上海的发祥地”。

福泉山古文化群向社会展示了一个厚重的上海历史形象，同时也成为研究古代上海文明的一个重要窗口。

名单 青浦历史名人

元代书画家曹知白

清代著名学者王昶

清代名医何其伟

近代出版家夏瑞芳

文化 CULTURE

原生态的吴中劳动歌曲——青浦田山歌

青浦地处吴中腹地、鱼米之乡，悠久的稻作文化历史，孕育了一种“田山歌”的民间艺术形式。田山歌，早先是当地农民在田间劳动时唱的一种劳动歌。这种起始于明代、盛传于清代的田歌，“因歌声和音色圆润、高亮悠扬，声音可传到数里之外”。

青浦田山歌隐藏着上海先民的古老记忆，作为江南水乡吴歌的一部分，散发着自己的独特魅力。它高亢清亮，悠扬婉转，别具一格，代代相传，唱者人多势大，不仅体现在颇具规模的庙会上，而且表现在农业生产的各个环节中。

1953年9月5日，民间艺人王雪娟和丈夫王锡余等九人，代表青浦、代表上海到北京参加第一届全国民间音乐舞蹈会演，受到了周总理亲切接见。这是青浦田山歌历史上最荣耀的一页。但随着农村城市化的推进，田山歌赖以生存的载体正在逐渐消失，田山歌文化形态正在迅速消亡。为此，青浦区有关方面也做了大量努力，包括对健在的田山歌民间艺人进行抢救性记录，建立田山歌艺人档案库和田山歌艺术档案库等。借助中国首个大型公益性世界音乐节——朱家角水乡世界音乐季的平台，青浦田山歌首次正式在世界舞台上亮相。2009年音乐节上，9位歌手组成的田山歌演唱组，声情并茂地表演了《十二月花》《五姑娘》和新民歌《太阳一出照四方》，原生态的演唱，配以马来西亚萨瓦勒咋乐队的精湛演奏，顿时轰动全场。

虽然在太湖流域稻作文化圈中，青浦田山歌与浙北、苏南的吴歌同宗同源，但吴歌大多走向委婉柔和，而青浦田山歌依然保持了它的原生态，是上海最原生态的民歌形式。

景点推荐

朱家角古镇 AAAA

上海市青浦区朱家角镇
021-59240077
免费。主题线路游联票有30元、60元两种
上海体育场5号门乘坐游4线直达，首班车7:00发车，平均每半小时一趟。也可以在西区汽车站乘沪朱线前往，5:00~18:30，每15分钟1班，约1小时可到

朱家角古镇位于风景秀丽的淀山湖畔，人杰地灵，风光旖旎。古镇是曾以布业著称的江南水乡古镇。有一桥（放生桥）、一街（北大街）、一寺、一庙、一厅、一馆、二园、三湾、二十六弄。整个建筑布局是多街、多湾、多角、多巷。主要景点有城隍庙、课植园、北大街、圆津禅院、放生桥等，还可乘罗锅船泛舟，素有“上海威尼斯”之称。

玩家攻略

1.早上如果在8:00之前去朱家角，可以免去门票的钱。吃午餐时，建议选择临河的餐馆，可以边吃边看。古镇美食有黄栗肉粽、红烧扎肉（一块用绳子裹扎的汁浓酱醇的五花肉）、螺蛳、酒香草头、青豆、笋香花生、盐水虾等。金秋时节，在这里还能尝到鲜美的淀山湖大闸蟹。

2.朱家角的大清邮局是华东地区现存完好的清朝邮局。很多中外游客喜欢在这里留个影，打个戳，寄封信，您也不妨给亲朋好友送去一份祝福吧！

3.古镇较大，建议按以下路线游玩：银杏树广场→上海远古文化馆→美周弄→戚家桥（平安桥）→大清邮局→城隍庙→廊桥→北大街→上海手工艺展示馆→稻米乡情馆→泰安桥→圆津禅院→北大街→放生桥→翰林匾额博物馆→西井街→全华艺术馆→课植园。

4.可在镇内住宿，感受古镇夜景。镇内有财苑宾馆（新溪路，59246666）、景苑水庄（三星级，西井街300号，59249477）、绿舟宾馆。

珠溪园

园内绿树成荫，环境幽静

✉ 朱家角镇的东端

珠溪园占地3公顷多，园内绿树成荫，环境幽静，湖水清澄，风光秀丽，独具古典艺术风格。园内的金石亭、清华石亭、石拱桥、石驳堤岸、九曲桥、九龙喷泉、假山、长廊等景点错落有致，相得益彰。除九曲桥、假山、喷泉等之外，还匠心独具辟了一个生肖园，园内置有12座石刻生肖象，造型古拙滑稽，富有情趣，每座塑像下面均刻有对该属相人的个性描述。

上海远古文化展示馆

展示了中国最早的水井

✉ 朱家角镇美周路与新风路路口西侧

远古文化展示馆展示了中国最早的水井、石犁、文字等上海先民的重要发明，以及从上海地区发掘的玉器和陶器，并以独特的表现手法对古上海和今上海加以对比，从而折射出上海先民独特的聪明才智和无穷的创造力。

大清邮局

大清邮局遗址

✉ 朱家角镇曹河路城隍庙南侧

大清邮局是20世纪初开设的一家邮局的遗址，始建于1903年，是该地区最早的邮政机构，是当时上海十三家主要邮站之一，也是华东地区保留下来的唯一大清邮局旧址。博物馆分为上下两层，一楼是中国邮局的历史演变的介绍，二楼是大清邮局成立的介绍及珍贵的信件原稿。门外是一个仍然在使用中的古老的邮筒。

城隍庙

青浦城隍行宫

✉ 朱家角镇中

城隍庙是青浦城隍行宫，庙中间为头

城隍庙

门、戏台、大殿，两侧为庑。左边有寅清堂、熙春台、假山方池、梅亭、玉照廊、月香室，右边有凝和书屋、荷净山房、潭影阁、荷花池、可娱斋、乐溪庐、挹秀轩、花神殿、怡亭、含清榭。旁有小曲溪，上架小石桥，桃李杨柳随处可见。建筑众多，布局雅致，有12胜景。1964年1月后殿、寝宫毁于祝融。至1985年止，亭台楼阁、假山水池已无存，头门、戏台、两庑、大殿等主体建筑基本完好。

戏台的顶部是由160只斗拱组成的圆旋形顶，结构别致，十分罕见。戏台两侧石柱上镶嵌着一副对联，上联"筑斯台悠也久也"，下联"观往事梦耶真耶"，横额为"承平雅颂"。

北大街

上海明清第一街

朱家角镇中心

北大街被誉为"上海明清第一街"，是古镇最具有代表性的明清建筑精华之所在。北大街背靠漕港河，旁临放生桥，早在古镇形成之前，就以水陆两运称便。街上商贾云集，茶楼酒肆、南北杂货、米行肉铺，百业俱全，成为百年来最古老的兴盛不衰的商业中心。如今街上还保存着百年老店，古风犹存。

圆津禅院

始建于元至正年间

朱家角镇泰安桥西堍漕河街193号

乘坐地铁1号线文殊院站下

圆津禅院始建于元至正年间（1341—1368），初供辰州圣母像，俗称娘娘庙，明万历年间重建圆津禅院，清顺治、康熙年间，圆津禅院逐渐扩建。从第三代住持语石起，几任住持都能诗善画，常有文人士大夫流连于此，吟诵聚会。现院中恢复有赵孟頫手书的"涌月"、石刻的"涌月井"和清华阁等古迹。

放生桥

五孔石拱桥

古镇历代修建了各式各样的桥36座，放生桥始建于明代，是长江三角洲地区最大的一座五孔石拱桥。放生桥顾名思义就是"放

朱家角放生桥

生积德从善”。僧人性潮曾经规定在桥下只准放生鱼鳖，而不得撒网捕鱼。

放生桥全长72米，高7.4米，宽5米，中孔径距13米，二孔径距8.8米，三孔径距6.2米。桥上龙门石，镌有盘龙8条，环绕明珠，形象逼真。桥顶四角有迎客石狮四只，仰头张嘴，憨态可掬。桥东建有碑亭，供行人憩息。

整座石桥造型精巧，气势宏伟，坚固省料，易于泄洪，为上海地区最大的一座五孔石拱桥。此桥作为“珠里十景”之一的“井带长虹”，有诗云：“长桥驾彩虹，往来便市井。日中交易过，斜阳乱人影。”

玩家 解说

小桥流水的朱家角古镇河汊纵横，自然也有很多古桥。让我们一起来对这些古桥一探究竟吧。

泰安桥位于朱家角古镇漕港河口的名刹圆津禅院门前，始建于明代万历十二年（1584年）。“拱桥、流水、寺院”，与建于元代的“圆津禅院”构成了朱家角最负盛名的风景之绝。

泰安桥俗称何家桥，为单孔拱形石桥，桥高且陡，是全镇最陡的一座石拱桥，桥堍竖立旗杆石两块，系悬路灯所用，是往来船只的航标，桥两旁青石扶手上的“飞云石”浮雕，古朴淳厚。用于建造何家桥的材料，是青石，且雕刻的桥栏浮雕“飞云石”都酷似元代之作。

惠民桥又称廊桥，横跨于朱家角镇的市河之上，桥东堍是商业中心北大街，西堍是漕河街（亦称庙前街）。这是古镇唯一的木结构小桥，也是最独特的木桥，因桥面建有木板栅，上盖砖瓦、翘角，故也称廊桥。行人既可避风雨，又可遮烈日，因其既为民通行方便，又为民歇脚避风雨，故称惠民桥。桥造型飘逸潇洒，登桥可欣赏市河两岸一长溜整齐的石驳和粉墙瓦的明清建筑，可看到人家凭水开窗，临水购物的动人江南水乡风情，更可观赏那漕河街面向市河的一排长廊，及其构成的那幅特有的水乡风情画。

永丰桥又称咏风桥，连接朱家角镇东、西湖街，建于明代天启七年（1627年）。建桥时当地居民指望永远丰衣足食，故起名永丰桥。永丰桥桥基用砖砌成，桥面用石条铺成砖石结构的石板桥，桥看来平常，且陈旧不堪，但它却是朱家角古镇历史的见证人。

平安桥又称戚家桥，位于朱家角镇大新街口，建于明代，系砖、石、木混合结构，旧时这里称平安里，故名平安桥。桥身及桥基为花岗石条，两旁扶手用青砖砌就，中间扶手栏杆是两根原木，不加任何修饰，自然朴素。

课植园

庄园式园林建筑

朱家角北首西井街

课植园为古镇最大的庄园式园林建筑，俗称“马家花园”。园名定为“课植”乃寓

课植园

“课读之余，不忘耕植”之意，整个课植园布局错落有致，疏密得当，独具匠心，在私家园林建筑中也是极为罕见的。

整个庄园由厅堂区、假山区、园林区三部分组成，各种建筑200余间。北部为厅堂区，第一进为轿厅，其余为头厅、二厅、三厅和迎宾厅四进。二厅为二层楼建筑，楼上为马氏生活区。迎宾厅北为书城楼。围墙上饰有城垛，似小城楼。围墙中间和两旁有圆形月洞门。正南面月洞门后建一拱形旱桥。南部为假山区。园内建筑结构精巧、气势雄伟、布局优雅。在碑廊内，有明代江南四大才子之一祝枝山书写的“梅花诗”等碑刻数块，文徵明“游西山诗”、唐寅、周天球的诗文石刻共12块。经过十年动乱，还能如数完好保存，实在有幸。

荷花池西为园林区，亦称稻香村。内有数十亩的各种花卉树木；北部有“耕九余三堂”，西南角上是小游览区，有小假山、荷花池、九曲桥和倒挂狮子亭等。

朱家角课植园

景点推荐 淀山湖周边景点

淀山湖 AAAA

有“东方日内瓦”之美誉

上海市青浦区西15千米

乘坐旅游4号线可到

淀山湖是上海市最大的淡水湖泊，为杭州西湖的12倍。建有水上运动场、福克游艇俱乐部、高尔夫球场、钓鱼俱乐部、保龄球场等游乐设施。淀山登山望湖，有“淀峰晚照”一景可赏。

旅游区方圆约107公顷，中间横贯青商公路，将游览区分隔成东西两部分。东半部是自然景点，还有一条380多米长的人工堤“柳堤春晓”。西半部是一条名为“石城古风”的仿古街道，是为游客提供生活服务的中心区。

玩家攻略

淀山湖景区面积大，各景点距离较远，要步行穿梭景点的话会浪费很多时间。建议租骑自行车或乘坐游览观光车游览。

上海高尔夫球俱乐部

融度假与联谊为一体的场所

上海市青浦区淀山湖畔

上海国际高尔夫球乡村俱乐部成立于1990年，占地103万平方米，是上海乃至华东地区第一个国际标准的18洞高尔夫球场。它坐落在风景秀丽的淀山湖畔，是融度假与联

谊为一体的最佳场所之一。

俱乐部的主会所是一座具有19世纪英国乡村别墅风格的建筑。会所的外壁砖瓦均按古式烧法精制而成，增添了会所高雅的风格和情趣。会所内大堂、专业商场、酒吧、餐厅、阅读室、台球房及桑拿浴室等设施一应俱全。三座网球场及1996年建成的拥有客房、餐厅、室内游泳池和棋牌室等设施的第二会所更为会员家属提供了一个娱乐、休闲的场所。

玩家 解说

上海国际高尔夫球乡村俱乐部球场由世界著名的美国高尔夫球场设计大师罗伯特·琼斯二世(Robert Trent Jones, Jr.)设计。球道总长度为7025码，标准杆72杆。整个球场紧靠着淀山湖，充分展现了江南三角洲的自然风光。

开阔的球道、充满风险诱惑的小湖、精心点缀的沙坑以及陷阱密布的攻岭路线吸引了无数中外高尔夫球爱好者来场一享挥杆之乐，这里被行家誉为最具挑战性的高尔夫球场之一。

大千生态庄园

原生态的庄园

上海市青浦区朱家角西洋淀村1号

021-52383690

大千生态庄园离朱家角古镇不远，可以从这里步行前往

大千生态庄园内杂草丛生、野花遍地、树木葱郁、蔬果茂盛，野趣十足，是一个融自然风光、田园野趣、生态环境、农家生活为一体的原生态庄园。庄园内有梅花鹿、孔雀、锦鸡、牛、羊、骆驼等，还有数千只美国白羽王鸽以及一个世界名犬观赏园。

农民们还在田里种植了卷心菜、芹菜、青菜、马铃薯等品种繁多的蔬菜，带孩子来这里，可以辨识动植物品种，是亲子游的好地方。

玩家 攻略

到大千生态庄园游玩，建议在这里住宿一

晚，虽然价格比较贵，但绝对物有所值。一到傍晚，广场的篝火就会熊熊燃起，到时可以一起跳竹竿舞、兔子舞，还可放天灯。天灯很像诸葛孔明的帽子，点燃里面的酒精纱布，它就冉冉升向夜空。

除了晚上的篝火晚会，园内还有很多免费活动项目，如登高观鸟、草船借箭、竹筏漂流、天灯祈福、农家水车、猴岛喂食、天鹅戏水、火鸡对话、沙滩骑马、观赏珍禽、葡萄长廊、柳岸风荷、世界名犬、孔雀于飞、迷阵捕鱼等。

上海市水上运动中心

爱水之人的乐园

上海市青浦区朱家角镇盈朱路289号

60元

021-59233162

乘坐沪朱专线、旅游4号线可到东方绿洲站下步行即到

上海市水上运动中心地处上海西南青浦区淀山湖畔，风景秀丽，环境优美，水宽天阔，资源丰富，是爱水之人的乐园。

该中心曾成功举办了一系列国际国内比赛，例如第28届奥运会亚洲区赛艇资格赛，且已培养了一大批世界、亚洲及国内冠军，为我国的水上运动做出了应有的贡献。

东方绿洲 AAAA

上海市青少年校外活动基地

上海市青浦区朱家角镇，毗邻淀山湖

50元

021-59233000

乘坐旅游4号线可到

东方绿洲，占地面积约373.3公顷，水上活动面积约133.3公顷，是目前国内最大的青少年校外活动营地。主要由知识大道区、勇敢智慧区、国防教育区、生存挑战区等8大园区组成。园内有仿真航空母舰、月亮湾、求知岛、地球村、理想之翔、拱门台等景观。另外还有网球场、沙滩排球场、游泳馆等运动度假设施。

玩家攻略

1.除美景外，东方绿洲有着多种多样的游玩项目，如攀岩登高、滑道降速、蜘蛛人、拓展训练、智慧迷宫、勇敢者道路、趣桥世界、素质测试园、海盗船、激战鲨鱼岛、飓风飞椅、风火轮、自旋滑车等。

2.背靠淀山湖的东方绿洲有着丰富的水域资源，可以开展丰富多彩的水上活动。有悠波球、游艇、龙舟、电动船、手划船等活动项目。在月亮湾外湖码头，还有快艇、摩托艇。

仿真航空母舰

按照原比例制造的一艘仿真航空母舰，内设多种娱乐设施和航空博览馆。可了解关于航空母舰的各种军事知识，是军迷的最爱。

地球村

地球村拥有世界各地各式各样的民居建筑，在这里不仅能学到各种建筑知识，而且可供游客或学生住宿生活。是个集参观、互动、住宿等多功能于一身的景点。

求知岛

求知岛是以植物知识为主要传授内容的小岛，岛上种植了数十种罕见的植物，还可以在岛上环顾湖光山色。

报国寺

堪与苏杭古刹媲美

上海市青浦区朱家角镇淀峰村

乘坐太定班线可达，凡从青浦出发到大观园、全

报国寺

泽、周庄、太阳岛、枫泾等地的公交车均经过报国寺

报国寺总占地面积约2.5公顷，建筑面积5000多平方米，气势恢宏，香客盈门，堪与苏杭古刹媲美；加之地处淀山湖畔，风景秀丽，交通便捷，不仅是苏、浙、沪地区善男信女的佛教活动场所，也方便了广大香港、澳门同胞和新加坡等地侨胞来此做佛事和朝拜，从而也成为淀山湖畔的一处新的景点。

大观园 AAAA

大型仿古建筑群和现代园林

上海市青浦区朱家角镇青商公路701号

60元。民俗村和大观园联票70元

021-59262831

在青浦汽车站乘坐青商线或往商埸、周庄方向的中巴直达

大观园是一个大型仿古建筑群和现代园林。分东、西两大景区。东部以上海民族文化村、梅花园、桂花园为主要景观。西部则是以《红楼梦》作者曹雪芹的笔意，运用中国传统园林艺术手法建成的大型的仿古建筑群体。

玩家攻略

1.大观园内娱乐项目较多，春有红楼娱乐节、夏有荷花节、秋为红楼艺术节、冬办梅花展。

2.大观园东部栽树木100公顷共34万株，另有“梅坞春浓”“柳堤春晓”“金雪飘香”“群芳争艳”等景点。其中“梅坞春浓”是上海地区赏梅的最佳处。

大观楼

是位于大观园中心的一组建筑，面积2123平方米。主建筑大观楼是一座宫殿式两层建筑，琉璃瓦大屋顶，金碧辉煌，陈设华丽，为元春省亲时亲属行觐见礼的场所。与“体仁沐德”隔池相对的湖埠栏杆均为汉白玉石制，栏杆后面是8米高的汉白玉牌楼，上镌“省亲别墅”四个镏金大字。

怡红院

位于园内西南侧，建筑面积899平方米。这是一组二路三进的庭院建筑，为贾宝玉居处。入口为刻有“怡红快绿”四字的大门，走过垂花门，即到前厢房，两边墙上挂着10块介绍贾宝玉生平主要情节的国画镜框。

梅坞春浓

又称梅花园，位于游览区东北部青商公

怡红院

路两侧，其东及东南面为淀山湖，占地12.67万平方米。正门在公路东侧，水杉木门楼，上悬“梅坞春浓”匾。入门即见湖石假山，上刻“梅园”两字。

梅园内共植梅4000余株，树龄最大的约300年，大多数为50～60年。在红梅、绿梅、白梅三大类中，白色的有“玉碟”“残雪”“素白台阁”，粉红的有“宫粉”“单粉照水”，红色的有“朱砂”“骨里红”，还有花白萼绿、小枝绿色的“绿萼”等品种。沿湖建有190米长的紫藤廊架，可尽情欣赏湖色风光。

群芳争艳

又称百花园，位于游览区中部，青商公路之东，东临淀山湖内湖，占地约13.3万平方米。园北以种植花灌木为主，有广玉兰、紫玉兰、白玉兰、花桃、碧桃、樱桃、樱花、海棠、石榴、杜鹃等，四季花开不绝，群芳争艳之名由此而得。西坡有一株700多年树龄的胡颓子，春节后红果累累。南面有9株高10米的大雪松，枝繁叶茂，挺拔有力。中部为一块占地3万平方米的天鹅绒大草坪，绿草如茵。在大草坪东南部，有大片竹林，林深枝密，形如屏障，中有1米宽石板路。园内有竹结构凉亭6座，沿湖有座约75米的长廊。

金雪飘香

又名桂花园，位于游览区西南部，占地约6万平方米。中间建有金鱼场，西南部为职工新村，植桂花树2700株。1988年扩建职工新村后，桂花园面积缩减至3.34万平方米，桂花树减为2000多株。另在大观园前新辟桂花园，面积1.68万平方米，植桂花树682株。全园桂花有金桂、银桂、丹桂、四季桂四种。

在桂花园东侧湖滨处，有大画舫游艇码头一座，栈桥伸入湖中，近岸边建有水上六角凉亭一座。园的东北角，为黄石假山驳岸，岸边建水榭。

柳堤春晓

位于游览区东部，建园时在湖湾口抛石，建成一条长300余米的防波堤，形成一个约13.34万平方米水面的内湖，既联结东部四个景区，又可供游船活动。堤上建两桥：一桥名柳堤桥，长28.5米，花岗条石建成；一桥名杨舍港桥，桥长30.8米。堤的两边植垂柳，间种碧桃，柳堤桥旁有六角亭一座。

上海民族文化村

展示十大民族村寨风情

上海市青浦区青商公路701号（大观园游览区内）

乘坐沪商专线、青商线、金商线可到

上海民族文化村位于青浦区上海大观园的东南侧，占地20公顷，东临淀山湖，是1996年兴建的大型旅游风景区。建筑民族化、环境生态化、活动风情化、餐饮乡土化为其鲜明特色，与众不同。

文化村重点展示十大民族村寨风情，如傣家竹楼、缅寺、白塔、“女儿国”摩梭人、白族民居雕花楼侗族鼓楼的飞檐斗拱、风雨桥、苗家吊脚楼等，彝族火把节、佤族的鼓声、景颇族的目脑纵歌、苗族的芦笙、蒙古包的奶茶等无不散发着丰富的民族文化气息。

民族文化村还设有食品街，可品尝民族菜肴和各类风味小吃；综合表演场，上演各民族特色节目，如彝族的上刀山、苗族的倒爬花杆、傣族的孔雀舞、景颇族的刀舞等，还有精彩刺激的“斗鸡、斗马、斗蛇”等节目。

民族文化村

景点推荐 太阳岛周边景点

金泽古镇

有“江南第一桥乡”之称

上海市青浦区西部、淀山湖畔

在芷江长途客运站乘坐前往平望的长途车在金泽下车可到，上海体育馆旅游集散中心4号线，人民广场普安路、延安路交界处的沪青专线有车前往金泽；青浦汽车展有青金线直达

金泽古镇以桥闻名，素有“江南第一桥乡”之称。除桥多水多，金泽的庙也多，历史上有“桥桥有庙，庙庙有桥”的说法，据说一直到民国时期，镇上还有一观、二寺、三阁、四庵、十三庙等建筑。经过历史的变迁，许多与桥相连的庙早已不在，但金泽这样历史悠久的水乡古镇，至今仍是上海悠远绵长的历史注解。

玩家攻略

1.在金泽古镇下塘街一带有一段长350米的河道，河道上并列的五座古桥（普济桥、放生桥、如意桥、普庆桥、迎祥桥）竟然跨越了宋、元、明、清四个朝代，所以有“四朝古桥一线牵”的说法。

2.在金泽，庙桥相连的做法来自一个古老的传说。相传三国时期，东吴的孙权曾带兵经过这一带，因为这里河汊纵横，就下令士兵遇水搭桥，而为了保佑军队的安全，又在每座桥头各建一座庙宇。

普济桥

普济桥建于南宋咸淳三年（1267年），清雍正初年重修时加置石栏，至今已有七百多年的历史，是上海地区保存最完好、最古老的石桥。石桥为单拱圆弧形，长26.7米，宽2.75米，拱跨径10.5米。桥体坡度平缓，桥面较窄，具有明显的宋代石拱桥的特征。桥身刻有“咸淳三年”题刻，拱券内券石上镌刻莲幡状，有“咸淳三年”等题证，现已模糊。

玩家解说

普济桥的建桥设计，很有讲究，它的拱券砌置，与河北省著名的赵州桥相同，它的石料，与上海松江县方塔公园内的望仙桥相同，桥石多为紫石（故俗称紫石桥），宋代江南石桥以紫石居多，当雨过天晴时，桥面晶莹光泽，宛如一座用紫石镶嵌的宝石桥。

此桥历史久长，后世又多更换，桥体杂以青石、花岗石等石材。桥两侧置栏板，两堍均有引桥，现已不完整。金泽普济桥有“上海第一桥”之誉，于1987年被列为上海市第四批文物保护单位。并已列入《上海辞典》《中国名胜词典》条目。

迎祥桥

迎祥桥位于金泽镇南市梢，建于元代至元年间（1264—1294），明代天顺年间（1457—1464）和清代乾隆三十三年（1768年）两次修建。桥为六柱五孔梁架式石桥，中孔跨径6.35米，左右二孔分别为5米和4.3米，全长34.25米，宽2.14米。其构造形式颇为独特：用长青石5块并列组成石壁式桥柱四条立于水中，形成五桥洞。石壁顶面横置石盖梁，梁面琢有半圆形凹槽，以稳固地搁置五根25厘米粗的楠木梁，上部桥面结构由砖木组成，在楠木梁上横铺枋板。枋板上密铺用石灰糯米拌浆砌成的青砖，形成砖体桥面。两侧采用水磨箩底砖覆贴，既可保护木梁，又可增加美感，还能起到压重稳固作用，桥面两坡有踏级。因为元代蒙古族以骑兵著称，经常要疾驰过桥，所以迎祥桥桥面铺砖无桥阶、无桥栏。

万安桥

万安桥位于金泽镇北市梢，横跨市河，建于宋代景定年间，明代和清代多次重修，并立碑勒石。该桥为单孔石拱桥，长29米，高5.5米。原来桥上有亭屋，故也称亭桥。此桥的结构、造型和用石，与镇南的普济桥基本相同，两桥同跨一河，南北相望，故称为姐妹桥。

万安桥栏石，云纹雕刻非常讲究，刻工手法如同颐浩寺大雄宝殿前的“不断云”石栏，云纹连绵，变幻无穷，奇丽多姿，巧夺天工。万安桥的悠久历史和建造工艺历来受到重视和爱护。有碑文云：“万安幸甚，凡全溪之桥幸甚。”

金泽放生桥

位于金泽镇南端的放生桥始建于明代，1628年重修。放生桥在如意桥之北约50米处，因桥下有放生河，故称放生桥，又因桥堍有总管庙，故也称总管桥。

此桥系单孔石拱桥，桥长25.2米，桥高4米，在明清以后多次重修。桥石采用花岗石和青石，质地较坚，桥柱上刻有楹联，清晰可认，系后来修建时所加。楹联曰：“桥连如意接康衢，水出湾潭通秀气。”表明此桥连接如意桥，通向康庄大道；桥下清水，流向淙淙小河。这副楹联既写出如意桥的气概，又写出如意桥流水美丽清秀。

如意桥

如意桥在金泽镇南市东胜港口，元至元年间（1264—1294）建，明崇祯年间（1628—1644）重修，为镇上最完整的一座单孔石拱桥。桥南堍原有祖师庙，又称祖师桥。如意桥桥拱倒映碧水，桥拱与倒影虚实相接，恰成一圆形，堪称金泽镇的一大名胜。

如意桥桥长20.8米，宽3.4米，显得很稳固。全桥石料为一色花岗石，打凿整齐，桥面雕凿盘龙，右端有如意图案，在桥的壁柱上刻有两副对联。

林老桥

林老桥位于金泽镇北首，是单孔石拱桥，桥北对着关帝庙，故又名关帝桥，建于元代至元年间（1264—1294），明、清两代做过重修，故桥身保养较好。桥长24米，桥高4米半。因年久，桥面青石十分光滑，显得古朴典雅。桥取名林老桥，据《金泽小志》记述，此桥是一位叫林青的老人出资所建，为纪念这位老人，故称该桥为林老桥。

链接

林青

林青，元代金泽人，官至宣慰使，好学多智，为人谦恭，家多藏书，对金泽的造桥、建庙，倾囊而为，对建镇做过重大贡献，重建杨爷庙，重修万安桥，他亲笔作词，题写碑文。

天皇阁桥

天皇阁桥位于金泽镇下塘街，与上塘街的塔江桥遥遥相对。因桥北堍有天王庙，即以庙名为桥名。初建于明代，清康熙年间按原样重建三孔连拱桥，桥的正中有石刻如意图案，并有浮雕“轮回”“宝幡”“连座”等多种佛教图案，拱券石内侧有八仙吉祥图案，桥的楹柱上刻有“南无阿弥陀佛”等字样，这是典型的佛教文化，并在整座古桥上体现。

天皇阁桥桥身高大，仅次于朱家角的放生桥，是江南少有的三孔连拱石桥，中间一个大孔，两岸的小孔按桥的比例缩小，既美观又便于舟楫和泄洪。

塔汇桥

塔汇桥位于金泽镇上塘街的市中心，横跨北胜浜，跟天皇阁桥隔河相望。建桥年代较久，明嘉靖年间重建，系单孔石梁桥，桥畔原有圆通庵，规模很大，常年烟火萦绕，香客不绝，为古镇的闹市中心。

昔日金泽是江南著名的鱼米之乡，塔汇桥的北胜浜，是鱼米集散地，一些大字号商行，都在塔汇桥附近。这里古时桥、庵、塔三大建筑物相处一起，真是热闹非凡。随着历史的变迁，庵和塔已毁，只剩一座桥，此桥几经修建，已从原来的石孔桥，变成水泥石板桥了。

链接

塔汇桥的来历

此桥的桥名来历，有一段史话，据《金泽小志》记载：清乾隆三十二年，即1767年春，地方疏浚市河，要开深塔汇桥之河，民工们在水底深处，发现巨桩无数，木桩年代已久，排列整齐，据名匠验看，这是古塔的塔基，又据金泽老人分析，这木桩是古塔所在地。这塔汇桥之桥名，就由此而来。

颐浩禅寺

南宋宰相吕颐浩故宅

上海市青浦区金泽镇

乘坐上太定班线、沪青专线、沪朱线至青浦区青浦镇，然后再转乘青金线。沪青平高速公路可直达金泽

021-59261391

颐浩禅寺始建于宋景定元年（1260年），相传因原为南宋宰相吕颐浩故宅而得名，旧名草庵，又名永安庵。元至元二十五年（1288年），奉旨升院为寺，更名为“颐浩禅寺”。建大雄宝殿边门、两庑，初具规模。元朝元贞元年（1295年），扩建大山门、鸳鸯楼、天王殿、弥勒殿、祖师殿、水火神庙香乳堂、文昌祠、凌云阁、微笑堂、天香亭、贝多林、圆通殿、梅雪轩、宜静院，另辟金鲫池和石假山等二十余处殿阁楼院。

寺内有各朝名人撰写的碑刻15方，有唐吴道子画、元赵孟頫书《金刚经》及其所画的“不断云”等手迹、石刻。禅寺于1992年修复后，建造石碑坊一座，重建了观音殿、山门、殿堂、寮房等寺宇建筑。占地4332平方米，建筑面积1000多平方米。

太阳岛国际俱乐部 AAAA

风景悠然的度假区

上海市青浦区朱家角镇沈太路2588号

021-61869650　30元

在上海体育馆公交枢纽站乘坐上太专线直达太阳岛

太阳岛原名泖岛，是泖河中的小岛，风景悠然而富有情趣。岛上有泖塔、温泉游泳池、陶艺馆、高尔夫俱乐部（附属设施造波

池）等，游乐项目众多。

太阳岛高尔夫球俱乐部是太阳岛度假区一个重要的组成部分，占全岛的一半以上面积。是一个在波光掩映之中的湖泊高尔夫球场，洞洞沿湖，具有极强的挑战性。俱乐部还建有30球道的练习场。

玩家 攻略

太阳岛国际俱乐部内设有孔雀王朝、川菜馆、土菜馆等。其中最有特色的当属养心殿的药膳，土菜馆的青浦当地菜等。此外，太阳岛还可依照客人的要求安排西式自助餐，更可以在河边的草坪上进行自助烧烤。

陈云故居暨青浦革命历史纪念馆 AAAA

爱国主义教育示范基地

上海市青浦区练塘镇朱枫公路3516号

021-59257178

乘练塘2路、松练专线、青枫专线等可达

陈云故居暨青浦革命历史纪念馆是在“陈云故居”和原“青浦革命历史陈列馆”的基础上改扩建而成的，总占地面积约3.5公顷，为一块较为规则的梯形地块。建设内容包括纪念馆主体建筑和附属设施两部分，为地下一层，地上二层。主体建筑前为广场，广场正中设陈云同志铜像，广场两侧设长廊和水池。主体建筑周围种植苍松、翠柏，后方设青石铺地的小广场，陈云故居毗邻主体建筑。基地后方是风貌依旧的市河，市河两岸保留着具有江南小桥流水特色的建筑群。

主体建筑采用中轴严格对称布局的手法来表现崇高的纪念主题，屋顶吸取民居建筑的曲线坡面高低错落的特点加以组合，形象庄重而朴实，且富于变化，层次分明，并与环境协调，立面以色调朴实沉稳的国产石料为主装饰屋面，屋檐采用琉璃瓦装饰，整个建筑造型设计继承传统，但又并非简单的复古，既具有现代感，又融入地方历史文化的深刻内涵，达到了形式与内容的完美统一。既用建筑语言反映出陈云个性，又历史地再现了陈云诞生和青少年时期的成长环境，充分体现了陈云一生平易近人、朴实高洁的精神风貌。故居与民宅融为一体，体现了江南水乡小镇独具韵味的特色。

链接

陈云

陈云（1905—1995），江苏青浦（今属上海）人。伟大的马克思主义者，无产阶级革命家、政治家，中国共产党和中华人民共和国主要领导人之一，中国社会主义经济建设的开创者和奠基人之一，主要著作收入《陈云文选》。

陈云故居

景点推荐 青浦镇周边景点

曲水园
典雅古朴的古典园林

上海市青浦区公园路612号（近青安路）

021-59732996　乘青浦9路、青浦11路公交车可达

曲水园是一个别具江南园林艺术建筑价值的园林，是上海五大古典园林之一。据说为了建此园，曾向城中每个居民征募一文钱，故又有“一园”之称。

曲水园以小巧玲珑、典雅古朴著称。园地面积2公顷，水体占15%。园内建筑以青瓦、白墙、青砖构成，树木枝荣叶茂，花繁果硕，素有“春日樱桃争艳，夏天荷花出水，入秋金桂馥郁，冬令蜡梅璀璨”之誉。

万寿塔
古色古香的报恩塔

上海市青浦区青浦镇南

乘青浦2路、青浦1路等公交车可达

万寿塔俗称南门塔。清乾隆八年（1743年），地方官吏奏请减赋轻徭，得到皇帝批准。当地地主士绅得益不小，为表示感恩，借为皇帝祝寿，募款造塔。在县城南门外大盈浦内涨滩上辟万寿塔院，建塔7层，方形，砖木结构，为上海地区佛塔中建造最晚的一座。光绪九年（1883年）遭火灾，烧去塔心木和各层楼板，现虽仅存砖身，但仍然颇有古意。

崧泽古文化遗址

上海地区迄今最早的古文化遗址

上海市青浦区青浦镇崧泽村

乘车到达青浦镇后，可包车前往

崧泽古文化遗址距今有5000多年，并保存有大量的文物和史迹，是上海地区迄今为止最早的古文化遗址。崧泽古文化遗址的上层出土西周晚期和春秋时期的陶器、瓷器、石器和少量青铜器，其中有一件色彩青绿、敞口坦腹、内壁布满旋纹的瓷器，反映出我国当时的劳动人民对瓷器的制造已有了相当高的水平。

中层是一处原始公社的公共墓葬地，墓葬中有两座中年女性与儿童合葬墓，反映了这一时期子女从母的现象，说明当时尚处于母系氏族社会。

下层有古代人为藏食物而挖掘的地窖以及原始的生产工具，反映了当时生产力的低下。

玩家解说

在崧泽古文化遗址的地窖中，发现了可人工培植的籼稻和粳稻的谷粒，证明了青浦地区的先民在距今6000年左右已掌握了水稻种植技术，更证明了我国是世界上最早栽培水稻的国家。

青浦博物馆

藏有崧泽文物的博物馆

青浦区青浦镇华青南路1000号

乘青浦18路、青浦19路、青浦9路等公交车可达

021-68719900

青浦博物馆创建于1958年10月，原址在青浦城隍庙内。藏品近万件。

新馆坐落在青浦区崧泽广场，有“上海古文明之源”和“申城水文化之魅”两大常设展览。前者主要展出青浦崧泽、福泉山等著名遗址出土的珍贵文物近400件，展示了一幅上海古代文明发展的历史长卷。后者以专题形式展出与水乡人文、桥梁、风俗、市镇经济等有关的文物400多件，透析出申城独特的水乡文化魅力。

万寿塔

攻略资讯

- 交通
- 住宿
- 美食
- 购物
- 娱乐

交通

汽车

青浦境内的客运站有青浦长途客运站，位于盈港路1580号，乘坐青浦1、3、7、8等路公交车可到。主要是青浦区城内各个镇及环城区间车还有通往上海城区的车次，可以说是上海与外省市以及郊区与市区交接的一个中转站。021-69222172

从上海市区到青浦，主要有上海旅游四号线、沪朱线、沪青高速专线等。其中，上海旅游四号线可至曲水园、朱家角、东方绿舟、大观园等景点；沪朱线直接到青浦汽车站；沪青高速专线全线不停靠，至青浦后转境内各线。

青浦还有到苏州、杭州、无锡、常熟等周边地区往来的汽车线路。

区内交通

青浦现在主要有地铁二号线可到上海市区。

青浦区境内主要有青浦1路、青浦5路、青浦9路、青鹤线等公交线路。出租车起价14元3千米，此后每千米2.4元。

住宿

青浦区朱家角古镇附近可供住宿的地方比较多，而且靠近古镇，环境优雅、静谧，因此住在朱家角古镇附近是个不错的选择。

朱家角古镇住宿

朱家角

四方客栈/青浦区朱家角新风路195弄16号（美周弄新风路）☎ 021-59242605

诺富特全套房酒店/沪青平公路1583号 ☎ 021-53391188

希尔顿花园酒店/沪青平公路1915号 ☎ 021-39792888

美食

青浦是著名的水乡，美食也以水产品为主。

●塘里鱼炖蛋

为青浦区的名菜之一，鲤鱼加入生鸡蛋，一块慢炖，浇上猪油而成。肥而不腻，口感独特。

●红烧鳗鱼

鳗鱼去骨切成小段，和青椒丝、红椒丝、芦笋段一起拌炒。做法简单，但色香味俱全，是席上佳品。

红烧鳗鱼

●银鱼羹

为青浦区的名菜，做法独特，味道鲜美，深受民众喜爱。

银鱼羹

●红烧塘里鱼

色泽深沉悠远，味道别具一格。全身呈绿色的昂刺鱼晶莹剔透，如娃娃一般，烧成汤后，颜色淡黄，仿佛放了牛奶一般，绵软润滑，入口即消。

红烧鱼

●美食去处

青浦区有许多有特色的餐厅，主要有西井汇、凯博休闲农庄等。

西井汇位于青浦区朱家角西井街56号杨氏民宅，是一座老式宅院改建的咖啡馆，或坐或卧，舒适而安静，里面的院落是酒吧和客栈。☎ 021-59242675

凯博休闲农庄位于青浦区外青松公路7188号，多以农家菜为主，装修的风格淳朴，贴近大众生活，菜色很全，味道也很正宗。☎ 021-59710077

购物

青浦区的特产主要是面条鱼、朱家角扎肉、赵家香干、白鹤镇草莓、鹌鹑皮蛋、银鱼炒蛋、商榻菜苋、青香糯米粽、金泽状元糕、香粳稻等。

●面条鱼

在当地俗称“面丈鱼”或“面条鱼”，肉嫩味美，含有蛋白质、脂肪、碳水化合物，是餐桌上的珍品。用它和鸡蛋一起下锅旺火炒，可做成名菜“银鱼炒蛋”，也可晒成干或加工成银鱼罐头。

●朱家角扎肉

是青浦当地著名特产，味美可口，带皮腿肉去骨，放入沸水中煮熟，放入盐、味精，然后取出，待凉后，用干净的纱布裹紧，再用棉线（包粽子用的）扎紧，越紧越好。然后放入冰箱冷冻，过大约半个月左右取出，如果想很有嚼劲，要扎紧，且多放几天。拿出来切片即可食用！

银鱼炒蛋

●赵家香干

青浦金泽的一大特产，相传清朝末年，一赵姓人家制作的精制豆腐干，美味可口，于是声名远播。现为中华老字号企业，其肉质紧密细腻、咬口柔韧相兼、回味鲜香长久。

朱家角扎肉

●白鹤镇草莓

白鹤镇素有“中国草莓之乡”之美誉，这里的草莓色泽鲜艳，果实柔软多汁，香味浓郁，甜酸适口，营养丰富，深受国内外消费者的喜爱。

草莓

米粽

● 鹌鹑皮蛋

外观玲珑精致，色彩斑斓，剥壳后松花纹理清楚，幽香宜人，清爽适口，堪称为“蛋中新秀”，冷盘佳品。

鹌鹑皮蛋

● 商榻菜苋

青浦区农村民间腌制的咸菜苋，起源于淀山湖西畔的商榻。商榻“阿婆茶”闻名四方，而咸菜苋，便是“阿婆茶”过茶的必备家常食品，呷一口香茗，吃一根菜苋。茶客们吃得津津有味，情趣甚浓。

● 青香糯米粽

朱家角稻米历来被誉为米中极品，在明清两朝为上奉朝廷的“贡品”。用名品“青香糯”米为原料制成的青香糯米粽，格外清香软糯。青香糯米粽所选择的绿色的蓼箬叶透出竹叶的青香。里面装的糯米拌和着赤豆的叫赤豆粽，拌和着割碎的火腿、红枣、板栗的叫枣栗粽，煮熟以后蘸白糖食用，其味甜、咸带香，十分可口。

● 金泽状元糕

系采用优质纯粳米，用石舂碓成粉，粉质细腻不糊，配以白糖，经蒸、切、焙、烘等工艺制成。成品片薄，色泽金黄，味美气香，甘甜松脆，入口即溶，内含蛋白质、脂肪、维生素及多种微量元素，具有助消化、生津健脾之效。食用、携带及贮存均极方便，且价格便宜。

● 香粳稻

热食爽滑，冷后糯而不黏，干后脆而不裂。其营养丰富，含大量的蛋白质、淀粉、铁、钙、氨基酸等。为老幼、病弱、产妇皆宜的滋补佳品，有活血益气、健身补肾之功，加入桂圆、红枣、莲子煮粥尤益滋补，常食能增进食欲，对治疗心脏病、心血管系统疾病有一定疗效。

发现者旅行指南

松江

概览

亮点

方塔园

以方塔而出名，是一座以观赏历史文物为主的园林。方塔拥有900多年历史，端庄挺拔，造型优美，巍然屹立，玲珑多姿，是古城松江的象征。

醉白池

拥有300余年历史的古典园林，为上海五大古典园林之一，至今仍保留着明清时期江南园林的风貌。

佘山国家森林公园

包括东西佘山、天马山、北竿山、凤凰山、小昆山等12座山峰，是一处山、水、林相结合的独特自然景观。

上海影视乐园

再现了20世纪初上海经典的场景和建筑。有南京路、先施百货、马勒别墅、宋子文旧居、徐家汇天主教堂及电车、电话亭等众多充满旧上海风情的建筑和物品。

泗泾古镇

是一个有1000多年历史的古镇，文物资源异常丰富。武安桥、福连桥、普度桥和宝塔构成了这块风水宝地的“三弓一箭”，应和了民间“三弓一箭安一方”的说法。

必逛街道

庙前街：是一条具有明清建筑风格的步行街。街内各种商铺、餐馆林立，在松江家喻户晓。

华亭老街：是松江历史、经济、文化、人文、商业资源较为集中的地方。不仅是寻找松江历史和文化的去处，也是购买特产、品尝美食的好地方。

线路

松江老城一日游

上午到方塔园，参观历史悠久的方塔、天妃宫，欣赏五老峰，顺便参观松江博物馆，了解一下松江的历史和文化习俗。午餐可就近吃，附近有不少做本地菜的饭店。

下午，去醉白池公园，欣赏这里具有明清江南园林风貌的古典园林。最后去华亭老街漫步，顺便参观西林寺、清真寺等文物古迹。

松江精品二日游

第一天，上午去方塔

醉白池

园，参观方塔，观看古银杏，畅游整个公园。午饭后赶往醉白池，感受中国古典园林之美。接着去东岳庙，晚上在华亭老街附近住宿，可感受一下老街晚上的风情。

第二天，去松江新城。上午逛逛中央公园，顺便转转松江大学城，这里有小吃街，中午可在这里吃饭。下午去泰晤士小镇，感受别样的英伦风情。

为何去

松江古称华亭，是上海历史文化的发祥地。历史上曾享有“苏松税赋半天下”和“衣被天下”的美誉。河网纵横，峰峦竞秀，构成了“山骨水肤”的旖旎风光。

佘山国家森林公园

历经数代遗留，文物胜迹璀璨。方塔、唐经幢、醉白池、天文台等一大批人文景观和自然景观，让老城古色古香、韵味无穷。而泰晤士小镇、上海影视乐园等景区，让松江现代感十足。

何时去

3月到5月是松江旅游的最佳时节。此时，春暖花开、草长莺飞，景色十分优美。佘山“兰笋文化节”也在此时举办，挖笋品笋、观花赏景，非常有趣。9月到11月则天气凉爽，鱼美蟹肥，既能欣赏秋景，又能大饱口福。

泗泾古镇

区域解读

面积：约605km²

人口：约176万人

地理 GEOGRAPHY

区划

松江下辖4个街道、11个镇。其中松江新城是城镇体系中的主城，泗泾镇、小昆山镇、泖港镇等是中心镇。

地形

松江位于上海市西南部，整个区域南宽北窄，南北长约45千米，东西宽约50千米，略呈梯形。地处太湖流域碟形洼地的底部，地势异常低平。

气候

松江属北亚热带季风气候，温和湿润，四季分明。主要气候特征是：春天温暖，夏天炎热，秋天凉爽，冬天阴冷。全年雨量适中，季节分配比较均匀。

历史 HISTORY

上海文明的根源——广富林文化

位于松江区广富林镇的广富林文化遗址，是上海地区迄今为止所完整发现的年代最久、规模最大的古文化遗址。

1958年，当地农民开掘河道时，发现了大批古代遗物，有各类陶器和磨制石器，如镰、斧、凿、铲、刀、矛等。它的发现让人们有机会从有别于良渚文化的全新角度去了解上海的历史发展风貌。广富林遗址第二次发掘是1999年底至2000年初，从中发现了汉朝的大型建筑构件，这次发掘的收获，除了大量的先人遗物，还发现这里有可能曾是上海最早的城镇。第三次发掘在2000年底，出土了经鉴定属于龙山文化类型的器物，留下了上海的先民同中原的移民一起生活的印记。

松江的水稻种植源远流长，早在5000多年前的崧泽文化向良渚文化的过渡时期，勤劳而聪慧的松江先民就开始耕田插秧，种植水稻了。而迄今为止所发现的，上海地区最深的“稻作之根”即在广富林遗址。

广富林文化属于移民文化，从广富林考古发掘的具有外来文化鲜明特征的陶器轮制和格纹上，可以领略到上海的先民在应对自然挑战的不断迁徙中勇于开拓的勤劳与智慧。

如今，广富林遗址公园南区是上海根文化的集中展示区域。在广富林博物馆内，人们可领略到上海之根5500年来的文化、历史底蕴。

“苏松税赋半天下”

在上海开埠之前，松江一直是上海地区

松江辰山植物园

的政治、经济和文化中心。

明朝中叶，松江府的繁荣达到了前所未有的程度，尤其是辖下的上海县。随着资本主义萌芽的孕育，经济和贸易的快速发展，上海县凭借上海港的优越条件，发展海上贸易和转口贸易，上海港成为全国重要的贸易大港和漕粮运输中心，与外国的交往也日益密切。上海县的地位日益提高。乾隆、嘉庆年间，上海县已成为“江海之通津，东南之都会”。

据记载，在明代，松江府上缴税收占据全国税收的1/20，税收总额位列全国第一。而富甲天下的苏州府则名列第二，倘若按人头平均计算，松江的先民更是成为头号纳税大户。到了清朝，随着松江的棉纺织业先进技术普及到苏州及其他地方后，经济地位略微下降，成为第二名纳税大户，同时苏州府则上升为第一名，时称“苏松税赋半天下”。

元代开始，在黄道婆的悉心传授下，松江棉布逐渐成为质地优良、花饰灿美、远近闻名的畅销品。受此影响，从事棉纺织业的人口激增，松江府新兴的棉纺织业迅速发展，成为经济发展的重要组成部分。正是由于不断的普及推广，松江棉纺织业日益兴盛，产量越来越高，质量越来越好，松江棉布在全国声誉鹊起。松江府成了当时全国棉纺织业的中心。

松江棉纺织业的发展，使松江经济进入历史上最繁荣的时期。松江成为中央政府财政收入的主要来源地，“苏松税赋半天下”，苏州、松江两府的田赋位居全国榜首，其上缴中央的钱粮总额曾一度超过浙江全省。松江重赋的格局，甚至延续到了清代。

上海开埠后形势大变，政治经济文化中心迅速从松江府转移至上海城。

名单 松江历史名人

三国时期军事家陆逊

西晋文学家陆机

宋代书画家赵孟頫

广富林古文化遗址

宋末元初纺织家黄道婆

明代科学家徐光启

明代书画家董其昌

近代政治家、教育家黄炎培

文化 CULTURE

上海工艺品中的奇葩——顾绣

顾绣是上海地区工艺品中的瑰丽奇葩，因其源于明代松江府顾名世家而得名。它是以名画为蓝本的“画绣”，以技法精湛、形式典雅、艺术性极高而著称于世。

元代的松江府，经济地理条件优越，经济发达。经济的发展也带来了文化的繁荣，在明代出现了以董其昌、陈继儒为代表的“华亭画派”，在中国绘画史上有着极高的声誉和地位。“华亭画派”的出现，直接为顾绣的诞生创造了条件。

顾绣做法独特、优雅美观，与其他刺绣相比，有以下几个特点：

半绣半绘，画绣结合。顾绣以宋元名画中的山水、花鸟、人物等杰作为摹本，画面均是绣绘结合，以绣代画。画中人物所穿锦裳，是先上底色，后于底色上加绣作锦纹状的；人物的面部则是先绣后画的，云雾则只用画笔直接用色，而不加绣。

针法多变，时创新意。顾绣的针法复杂且多变，一般有齐针、铺针、打籽针、接针、单套针、刻鳞针等十余种针法。

间色晕色，补色套色。顾绣为了更形象地表现山水人物、虫鱼花鸟等层次丰富的色彩效果，采用景物色泽的老嫩、深浅、浓淡等各种中间色调，进行补色和套色，从而充分地表现原物的天然景色。

在1914年的巴拿马万国博览会上，一幅送展的顾绣获得金奖，一举奠定了顾绣为中国刺绣龙头老大的地位。

20世纪50年代以后，上海曾办过不少顾绣厂，现基本都已关闭。受现代工业的影响，大量顾绣仿制品涌入市场。为抢救、保护这一传统绣艺，2006年，顾绣入选首批国家级非物质文化遗产名录，传承人为戴明教。

目前国内收藏顾绣最多的是辽宁省博物馆，其中印有“韩媛绣”“韩氏女红”的绣品有八幅。上海博物馆藏有韩希孟的《藻虾图》等四幅绣品。此外，江苏南京博物院、镇江博物馆、苏州博物馆等也收藏有传世的顾绣，如《杏花村》《山水三寿》等图轴。

链接

顾绣成名简记

明嘉靖年间，曾官至尚宝司丞的顾名世家里藏了不少名人书画，长子顾汇海之妻缪氏对作为“闺房功课”的刺绣有着极大的兴趣，常以这些书画为蓝本操作。

相传顾家与朝廷关系密切，从宫中偷得宋代传下来的绣法，传于缪氏。顾名世的孙子拜大书画家董其昌为师，对媳妇韩希孟的刺绣时常点评，使其技艺大为长进，逐渐形成画绣相合的境界。董其昌、陈继儒等人还拿了顾家的刺绣作品到松江府去亮相，官宦们又拿了绣品进京，并得到朝廷的赏识，顾绣因此名声大噪。

韩希孟在针法与用色上神妙独到，故世称闺阁“韩媛绣”，可以说是顾绣的创始人。故宫博物院陈列有她的仿宋元名迹册十余帧，其中的《洗马图》《白鹿图》《松鼠葡萄》《扁豆蜻蜓》皆为精品，这些作品已达到让人分辨不出是绣还是画的意境。明代大书画家董其昌还为韩希孟的刺绣书写对题，并称其为“针圣”，后世也将这类绣品称为“画绣”。

顾绣《芦塘饮鹅》

景点推荐

松江古城

方塔园 AAAA

古城松江的象征

上海市松江区中山东路235号

021-57832621　12元

乘1807路、松江11路、松江22路等公交车可达

方塔园是松江古城中一座以观赏历史文物为主的园林，占地约11.5公顷，园景以方塔作为主体，利用了附近一大片竹园，集中了一批古建筑，于1978年筹建。据考证，方塔园正好坐落在历史悠久的唐宋时期华亭县城中心。

北宋熙宁年间，这里建造了闻名江南的兴圣教寺塔，因袭唐代砖塔形制成四方形，故俗称方塔。方塔为砖木结构，楼阁式，四周筑有围廊，以上逐层收缩，砖身外壁由砖柱划分为三间，正间设壶门，内为方室，设木梯连接各层。塔顶部是由覆盆、相轮、宝瓶组成的高达八米的塔刹，有4根铁索，从尖顶拖向第九层的檐角，称为风浪索。塔檐四角系有铜铃，名曰“警鸟”，风吹铃响，悦耳动听，是为防止鸟儿落塔做窝而置的。

方塔园以方塔为中心，四周有众多自然和人文景观，南有欣赏塔影波光的水榭，西有以楠木为主的园中园，东北是天妃宫大殿。在方塔的北侧有别开生面的花岗石铺成的广场，紧挨广场的东侧有一条用花岗石筑成的堑道，这是由东大门进园的主要通道，有一种方塔突然出现的惊喜。方塔四周还有宋代望仙桥、明代照壁、美女峰、五老峰和新建的仿古长廊、船舫、厅堂等建筑。

玩家 攻略

1.登上方塔俯览四周，古城松江全貌尽收眼底。

2.从方塔西侧的长廊上，可一览无遗地观赏方塔全貌和水榭湖景。

3.方塔园东侧的竹林是园中的一大特色。从东大门进园，首先看到竹林和竹林上露出的塔尖，颇引人入胜。

4.方塔园东大门设有饭店一处，名为“方塔河鲜馆”，以大众的价格，为游客提供富有松江特色的农家河鲜菜肴。

玩家 解说

兴圣教寺塔耸立在公园的中心、园湖的北岸，建于北宋熙宁、元祐年间（1068—1093），距今已有900多年的历史。方塔能屹立近千年而不倒，与其科学而巧妙的构造是分不开的。

首先，在方塔塔体中，木材用料极多，除外部的楼梯、平座、塔檐、斗拱外，塔体内每层还设有木箍三道。这种做法在建筑中是被禁止的，因为建筑结构中（砖、石等材料间）不准夹有木质，因为木质易腐会造成建筑松垮。但方塔所有的留存木材（指宋代原物），都没有虫蛀、腐朽，连白蚁也没有，这是一个奇迹。抗日战争时，日军的炸弹落在方塔旁，却没有把方塔炸毁，这又是一个奇迹。据同济大学陈从周、鲁宾杰两位教授分析，木材肯定经过了防腐柔韧处理，千年不腐，炮轰不倒，肯定与之有关。其次，在1974年方塔修缮时发现方塔塔基是用木桩打成的，先人利用木材特性“干千年，湿千年，干干湿湿两三年”的木工谚语，成功地筑就了方塔，使方塔千年不倒，而且倾斜也很小（向西北倾斜53厘米）。再次，方塔的塔基与众不同，它向东南倾斜，西北角地最高处为40厘米，而东南角却只有20厘米，人站在塔中，会明显感到地面的倾斜。这难道是祖先们在建塔时的疏忽吗？其实这体现出了古代工匠的智慧。因为松江东临大海，夏季东南风、台风比较多，因此塔基有意识地往东南方向倾斜。北宋的沈括在他的《梦溪笔谈》一书中，写过一个故事，说曾经有一个造塔老工匠，暮年时他造了这样一座斜塔，大家看不懂，问他为什么要造这样一座塔呢？他说：“我们这些人是看不到了，这座塔在两百年以后就会变成一座直的塔，而且永远不再倾斜了。”由此可见方塔与老木匠所建之塔如出一辙，是在研究了当地的气象、地质，以及塔形、材料、制作等

塔系砖木结构，九级方形，高42.5米，在形态结构上，因袭唐代砖塔风格。

塔上斗拱大部分保留的是宋代原物，券门上的月梁、外檐之罗汉枋、撩檐枋等均为原物。

一系列成果的基础上建立起来的，也因此可知这座塔的价值的重大。

方塔以“秀美”誉冠东南，艺术性极强。方塔的特点是塔身瘦长，塔檐宽大，形体犹似一位身着长裙、亭亭玉立的少女。清代松江诗人黄霆的一首《竹枝词》是这样盛赞方塔的：“近海浮图三十六，怎如方塔最玲珑。”两句话就把方塔的艺术特色形象而生动地描绘了出来。

链接

望仙桥

望仙桥位于方塔园内东南角，是上海地区现存最古老的石板桥之一。全长7米，宽2.3米，南北走向，跨松江古市河，是清代以前松江城里南北干道上一座重要的桥梁。望仙桥墩面由四块略呈拱形的武康石条并铺而成，后中间两块由花岗石替换。两边墩座石砌，横梁出挑两端雕莲花纹。望仙桥的建造，利用了拱形结构，把桥面负重转移到两边桥基，以解决石料怕拉的弊端，同时，又用不怕拉的木料，垫在石料下方，像肋骨一样补上石桥板拉力不足的缺陷。从而形成了两种材料优势的互补，用最少的材料造出负荷力度最大

的桥梁。后来由于木材腐朽，桥面中间两块石板因没有木梁的支撑而断裂，才换上现在的没有弧度又加厚的石板。但当年安放木肋的桥基榫洞依然存在。

云间第一楼

国内仅存的两处梁柱式阙楼之一

上海市松江区中山东路250号

乘坐公交沪松线、松梅线等到松江汽车站后，转乘环一、环四线可直达

云间第一楼是元代阙楼式建筑，是国内仅存的两处梁柱式阙楼之一。楼高两层，立于砖木结构的门道上，周围清水砖墙，呈现出一种古朴的神韵。台基上部系五开间厅堂，重檐歇山顶。第二层楼前有一横匾写着“云间第一楼”。

玩家解说

相传云间第一楼为三国时期东吴大将周瑜的点将台，与宋代张择端绘制的《清明上河图》中的楼阁式建筑相仿。

唐经幢

造型秀美的石幢

上海市松江区中山东路小学内

到达松江汽车站后，转乘环一、环四线到中山东路下可到

唐经幢建于唐大中元年（859年），是座造型秀美的石幢，尤其上面图文并茂的精美雕刻更显示出它在地面文物中高贵的身价。阳光照射时，经幢通体剔透，在流云映衬下，幢身上的神仙、凡人、水族、走兽、微澜、鲸波似乎都活动起来了，那鳞光闪闪的蛟龙跃跃欲试，好像要穿石幢，腾飞到白云飘浮的蓝天上去；蹲狮翕动着它们的鼻翼，仿佛可以听见它们轻轻的鼻息；而鱼虾在波涛滚滚

的海水里缓缓游动。

玩家 攻略

在唐经幢可以观看落日，上面的浮雕因为表面凹凸，所以对光线的折射不同，会表现出不同的颜色。

岳庙街

娱乐休闲的好去处

上海市松江区中山中路人民路东侧

乘坐松梅专线、沪松专线等到达松江乐都路汽车站，再转乘松江2路到长桥街，步行即到

岳庙街以始建于宋代的岳庙而得名。千余年来，虽然历经盛衰，街况变迁，但一直是松江家喻户晓的一条街。岳庙街原是松江镇一条以小吃、小杂货店、果蔬批发零售、集市贸易市场及小商小贩集中的地区。

改建后的岳庙街是一条具有明清建筑风格的步行街，南北长150米，东西跨度130米，总建筑面积1.5万平方米。街内各种商铺、餐饮点林立，是松江老城区中具有民族建筑风格，集美食文化、娱乐休闲于一身的步行街区之一。

玩家 解说

东岳庙位于松江区中山中路岳庙街，俗称“岳庙”，始建于北宋末年。元、明、清屡建屡毁。至20世纪60年代，仅剩两株古银杏树。2004年5月，在原址重建。

岳庙山门为3个等高拱门，墙厚达数尺。进内两侧，为东西两道房，是该庙接待官府士绅等人士的地方。再进内，为双排平房，开满书店、点心店、茶楼等。楼上为戏台，屋檐下悬一匾：“帝出乎震”。

经过戏台，为大殿广场。场中有五爪银杏一株，已数百年。场北为正殿台阶，中有盘龙长方大石，正殿气势崔巍，传高达九丈五尺，暗喻泰山九五之尊。琳宫贝阙，具皇家气象。正殿屋脊上有“风调雨顺”4个字，并配有鱼化龙等筒瓦脊兽，殿外檐下悬两块匾，一为两江提督牛鉴所书“既成藐藐”，一为江宁制台陈鉴所书“海滇朝宗”。

殿中设有五彩盘龙柱，左右分立四大天王，高达丈余。大殿中，上有3块横额，左书“道衍先天”，中书“呼吸帝座”，右书“赫濯生灵”；中间塑有3尊圣帝金身立像。殿后为“太虚亭”，最后若干屋宇及庭院，颇具花木泉石之胜。

西林禅寺

拥有宝塔的江南名刹

上海市松江区中山中路西塔弄

021-57813454

乘坐沪松线、沪松高速、松梅线到松江汽车站后，转乘松江环二线可到

西林禅寺始建于南宋咸淳年间，迄今已有七百余年历史。初名云间接待院，院内有崇恩宝塔，气势恢宏，毁于兵焚。明洪武二十年（1387年）重建，改名为西林禅寺，并修建宝塔，俗称西林塔。同时，也是为了纪念南宋云间接待院创始人高僧圆应禅师，故亦称圆应塔。

西林塔共七层，高46米，塔势峥嵘庄严，三吴诸塔无出其右者，名播远近。正统年间，明英宗亲赐匾额，敕封“大明西林禅寺”，其时僧众达六百余人，暮鼓晨钟，盛极一时，延至清代。法门有继，代代相传，累世扩建，称为江南名刹。

松江清真寺

古老的伊斯兰教建筑

上海市松江区缸甏巷43号

在松江汽车站乘坐环城四线可到

松江清真寺原名真教寺，建于元代至正

松江清真寺邦克楼

年间（1341—1368），是上海地区最古老的伊斯兰教建筑。在布局上，清真寺保持了元、明时期伊斯兰教、寺、墓合一的传统风格，是阿拉伯与我国文化交流的重要遗迹，也是伊斯兰文化与中国文化相结合的标志之一。现存的窑殿、邦克楼和达鲁花赤墓等，都具有浓郁的时代特征和珍贵的历史艺术价值。

玩家 攻略

松江清真寺的礼拜大殿作为宗教活动场所，不让游人参观，所以窑殿和大殿都只能在门口看看，无法近观。但是在清真寺的南北各有个小房间，放了一些历史资料，可了解一些历史知识。

醉白池

上海五大古典园林之一

上海市松江区人民南路64号

12元

乘地铁9号线醉白池站下

醉白池为上海五大古典园林之一，已有300余年的历史，至今仍保持着明清江南园林风貌。园内古木葱茏，以一泓池水为中心，环池三面皆为曲廊亭榭，有四面厅、乐天轩、疑舫、雪海堂、宝成楼、池上草堂等亭台楼阁，古色古香，此外，在园内还有三四百年以上的古银杏、古樟树，百年以上的牡丹。

在醉白池的园内廊壁和部分庭园拥有众多石刻碑碣，是这座园林的特色之一。池南长廊的墙壁上嵌有《云间邦彦画像》石刻，

醉白池

镌刻着松江府属各县从元到清初乡贤名士91人的画像和赞词。其中不少是人们所熟知的，如董其昌、徐阶、夏允彝、夏完淳、陈子龙等。

玩家 解说

醉白池的前身为宋代松江进士朱之纯的私家宅园，名叫“谷阳园”。园名意思是说，这是陆机、陆云家乡的名园。因为陆机曾有诗说“仿佛谷水阳”，说自己的家乡在谷水之阳。朱之纯是以名人名句来命名宅园的。历代在谷阳园的基础上都有所扩建。到了明朝末年，松江著名书画家、礼部尚书董其昌在此处建造“四面厅”“疑舫”等建筑，并团结了当时一批文人在此处吟诗作赋，咏解不断。

到了清朝康熙年间，著名画家顾大申将此处列为私人别墅，他继承和发展了古典园林建筑的艺术精华，利用松江最具有江南水乡秀丽风光这一特色，以七百平方米长方形荷花池为主

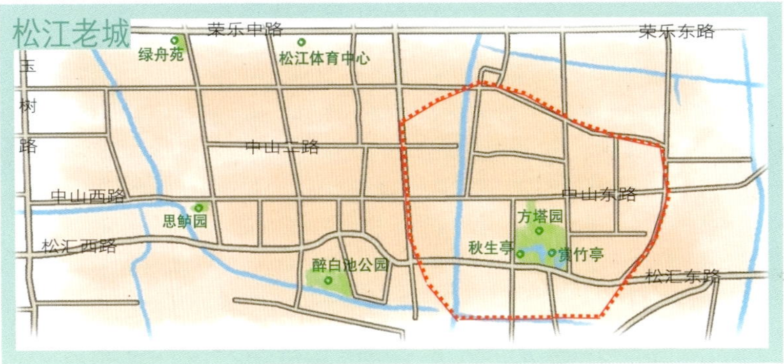

体，以不规则对称等园艺手法建造池岸。以竹、梅、假山、奇石相互陪衬，融合一体，建造了这座名扬江南的醉白池。

链接

醉白池名字的由来

"醉白池"有虚实二名来源。

一、醉白池的主人将园建好时心里想，如果大诗仙李白再世，来此悠游，一定会为池上景物所迷醉、会为池旁园林所陶醉。所以就将池上园林叫"醉白池"吧！二、他又想到，宋代有个当过大官的诗人韩琦，对唐代诗人白居易的诗十分迷醉，曾在故乡河南安阳建筑了一座古典厅堂名叫"醉白堂"，顾大申也非常崇拜白居易，也常常陶醉在白居易诗的优美意境中，于是也仿效韩琦的做法，将自己的园林命名为"醉白池"。

"醉白池"这个名字新颖别致，含义深湛，意境优美，令人神往。

杜氏雕花楼

古代建筑雕刻之精品

上海市松江区中山西路266号

乘坐松梅专线、沪松专线等到达松江乐都汽车站后，再转乘松江2路可到

杜氏雕花楼为当地名绅杜岭梅的住宅，据杜氏后裔回忆，此楼建造于清代嘉庆年间。四楝三进庭院式建筑，其建筑造型和雕刻艺术均有很高的艺术欣赏价值和研究价值，是松江地区绝无仅有的古代建筑雕刻之精品。

雕花楼是杜氏为其女儿结婚所造的新楼。其结构为砖墙立柱、穿斗式木构架，榫卯组合，圆木柱承重；屋顶为硬山式马头山墙，小青瓦白粉墙，色调素雅，为典型的江南水乡民间古宅。其独特之处就是雕刻艺术。厅堂内雕梁画栋，槛窗、格扇均是用进口玻璃和蛤蜊镶嵌，栏杆、挂落、雀替、斗拱等装饰小构件，均施花卉、云纹、人物、鸟兽等精美木刻浮雕、通雕，具有很高的文物欣赏价值。楼上有走马楼，第三楝与第四楝之间除有天井、厢房外还有一处过道口，天棚为下班顶，第四楝有后门直通屋后的田园，很有雅意。

大仓桥

五孔拱形大石桥

上海市松江区玉树路东侧

乘坐松梅专线、沪松专线等到达松江乐都汽车站后，再转乘松江2路可到

大仓桥是一座高10余米、跨度50余米的五孔拱形大石桥，为上海地区著名的明代大石桥之一。桥原名永丰，因桥南为松江府漕运仓城，故俗称大仓桥。旧志记："西仓桥在钱径西，明天启年间，知县章台儒建。"明代著名书画家董其昌曾作《西仓桥记》，以赞此胜迹。随着历史变迁，河道变浅变狭，现该桥两端两孔下的河道已淤积成河岸。

松江大仓桥

景点推荐

佘山旅游度假区

佘山国家森林公园 AAAA

山、水、林相结合的独特自然景观

上海市松江区佘山镇外青松公路9142号

乘地铁9号线佘山站下

佘山国家森林公园包括东西佘山、天马山、北竿山、凤凰山、小昆山等12座山峰，是上海山、水、林相结合的独特自然景观，主要景点有秀道者塔、虎树亭、骑龙堰、森林浴场、鹿场、护珠塔等。

玩家 攻略

1.小昆山园：山上有二陆读书台、二陆草堂、九峰寺、夏氏父子墓等景。附近有汤村庙古文化遗址。

2.横云山园：以奇石名泉著称，是攀岩和登山健身的好去处。

玩家 解说

中国以"九"为大，而松江别称云间，故简称"云间九峰"。在历史上佘山最为著名，故将九峰诸山统称佘山地区。

链接

康熙御题"兰笋山"

康熙五十九年（1720年）春，康熙赐佘山为"兰笋山"，并亲书匾额，命两位钦差大臣送至佘山，这年农历三月十一于宣妙佛殿举行了隆重的上匾朝贺之礼。从此佘山也被称为"兰笋山"。

秀道者塔

秀道者塔又名月影塔，建于北宋太平兴国三年（978年），原为普照教院内建筑。塔

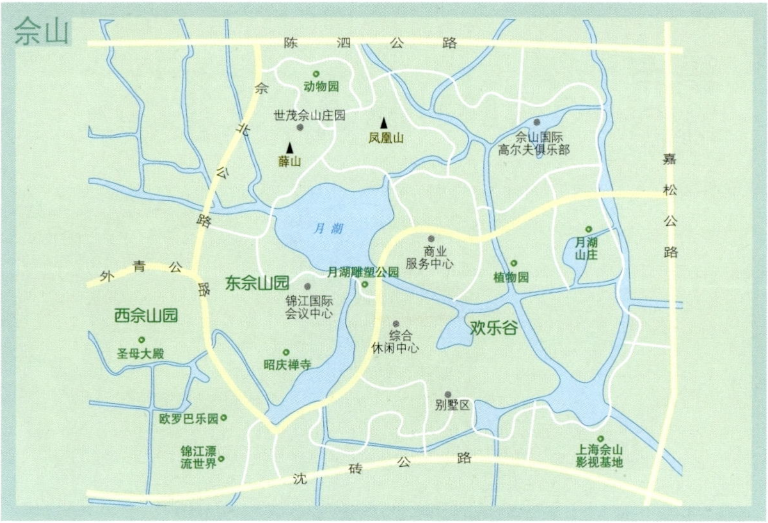

身八面七级，总高约29米，砖木结构，砖身较小，而姿态很美。塔的围廊柱础为青石覆莲式，各层四面设壶门，方向依次转换，内有方室，原系楼阁式，各层挑檐斗为木质，而墙面泥道拱为砖砌。

1997年修缮时，在塔顶砖砌结构内发现了天宫，共清理出明代以及明以前的青铜造像、钱币、玉饰等10余件文物。

佘山天主教堂

教堂东西长56米，南北宽25米，最宽处35米，高17米，钟楼高38米。建筑结构以石为主，外砌红砖，屋盖为钢筋混凝土拱顶。建筑平面呈拉丁十字形，正门设在西南面，进入门厅直通大堂。大堂尽端设大祭台，背后为半圆形龛，祭台用镶金嵌玉的大理石雕成，祭台与座堂间用低矮的汉白玉栏杆分隔，座堂用花瓷砖铺地，设有3000个座位。

教堂的大堂集多种建筑风格于一身，其拱形、甬道为罗马式，廊柱为希腊式，尖顶为哥特式，钟楼为以色列式，东端小圆顶为西班牙式，清水壁和斗角地砖为中国民族式，琉璃瓦则为中国宫廷式。整幢建筑有“四无”之称，即无钉无木无钢无梁，堪称不对称建筑的典范。

玩家解说

佘山天主堂是1863年法国耶稣会传教士建造的，他在佘山南坡买了一块山地，建造平房五间，并辟出一间自用小堂，在山顶建六角亭供圣母像。1873年又建大堂，大堂建成后，1894年耶稣会又在半山上建了个中堂，在堂前建造圣母亭、圣心亭、若瑟亭和登山路上等14个苦路亭。每年5月24日为“圣母进教之佑瞻礼日”，佘山天主堂奉瞻礼为主保，教徒们每年5月来到佘山朝圣，高潮时达数千人，佘山逐渐成了方圆几百里教徒的朝圣地。

佘山天主堂华丽典雅，是世界著名的教堂之一。1942年9月12日，罗马教皇“敕封”佘山天主堂为“圣殿”。1947年5月18日举行的“圣母抱小耶稣像”的加冕典礼上，与会的教徒达1万余人。佘山天主堂历经半个多世纪的风侵雨蚀、地震雷击和其他灾害的考验，至今一如初建时那样巍然屹立于佘山之巅。

佘山天文台

佘山天文台是由天主教法国耶稣会于1900年创办的，其主楼建筑雄伟壮观，具有欧洲风格，与教堂毗邻，形成了佘山的一大主要景观。天文台内的装备有当时东亚地区

最大的口径40厘米双筒折射望远镜，从事照相、天体测量以及地磁、地震等科学研究。至今已有100多年历史，保存完好，目前还在使用。该望远镜共拍摄了近8000张天文底片，是极其珍贵的天文观测资料。

现在的佘山天文台成为了中国科学院上海天文台佘山工作站，里面有古天文仪器馆、科普馆、日晷馆、环形馆、阅览室、放映厅、科普报告厅等。

玩家 解说

佘山工作站专门进行了佘山山顶平台的改造，630平方米的广场地面采用花岗石铺地，周围栏杆用花岗石雕刻出44个星座图案，因而被称为“星座广场”。美丽而生动的星座广场，让参观者在休闲旅游中增添天文知识，又能感受科学与艺术结合的神韵。

月湖雕塑公园 AAAA

上海市松江区林荫新路（林荫大道）1158号

120元

乘地铁9号线佘山站下，转乘沪陈线或松江92路月湖站下车可达

月湖是上海面积最大的人工湖，三山环抱，湖中有800米翠堤，环湖有静心石斋等十景，湖畔建有融现代雕塑艺术、自然人文景观和休闲设施为一体的月湖雕塑公园。

月湖雕塑公园依托山林和月湖资源，精心创设了寓意为春、夏、秋、冬四大主题的功能性区域景观，设置了游客服务中心、儿童智能活动广场、月圆园婚纱会馆、日月一号和秋月坊等公共休闲、娱乐场所。

欧罗巴世界乐园

上海市松江区佘山镇外青松公路，东佘山景区内

30元

欧罗巴世界乐园内建有欧洲民居、长廊、桥堡、城堡等民间特色异国风情景区，配有森林狩猎场、水上迷宫、水上舞池、淘气游乐宫等众多娱乐项目。是一座融主题文化、娱乐活动、餐饮、购物、休闲度假为一体的主题乐园。

辰山植物园

上海市松江区辰花公路3888号

60元

辰山植物园坐落于佘山国家旅游度假区内，是华东地区规模最大的植物园，是一座集科研、科普和观赏游览于一身的综合性植物园。

上海欢乐谷欢乐风火轮

辰山位列松郡九峰（《上海地名志》中称作“云间九峰”）之一，属于佘山山系，海拔约70米 。据明代董其昌记载，辰山“在诸山之东南，次于辰位”，也以此得名。20世纪由于采石，山的南坡已被削去。在植物园的设计中，这一部分被改造成为矿坑花园。

上海欢乐谷 AAAA

动感时尚的大型主题公园

上海市松江区佘山国家旅游度假区核心区域

乘坐上佘专线、沪松昆线、沪陈线至外青松公路与林荫大道路口下车，沿林荫大道向北行约1千米即到

上海欢乐谷是一座以“动感、时尚、欢乐、梦幻”为主题的大型主题公园，是上海规模最大、景色最美、科技含量最高的主题公园。包含了“阳光港、欢乐时光、飓风湾、金矿镇、蚂蚁王国、上海滩、香格里拉”七个主题区，百余项娱乐及观赏项目，12座顶级游乐设备，逾万个表演场馆座位。

这里可搭乘雄伟壮观的国内首台木质过山车，在丛林里穿行飞跃，在雨林里分享奇妙，在娱乐中体验冒险的真实；亦可乘坐特制船只卷入海湾的风暴漩涡中，激流勇进，体验15米浪尖飞驰而下的刺激；还可漫步20世纪二三十年代的老上海，欣赏青砖灰墙、石框黑门、格子窗户、旧式消火栓、路灯、黄包车、老邮筒，让人迷醉。

泗泾古镇

被称为“上海之根”

上海市松江区的东北部

乘坐公交沪松线、上佘线、南佘专线、天梅线等可到

泗泾古镇历史悠久，拥有丰富文物资源，被称为“上海之根”。

如今泗泾老街的大门口矗立的古牌楼已重新整修一新，刻有“古镇泗泾”四个有力的金字。桥下的潺潺溪水、修葺一新的福

田净寺、不远处的方塔，都寄托了泗泾人的一种情愫。武安桥、福连桥、普度桥和宝塔，构成了这块风水宝地的“三弓一箭”，也应和了民间“三弓一箭安一方”之说。

安方塔

安方塔高35.18米，直径12.45米，每边长5.42米，呈七层八角楼阁式宝塔。整座塔为钢筋混凝土和木质相结合。在塔的顶端第七层供奉着释迦牟尼佛，意在保一方平安。

福田净寺

福田净寺原名严家庵，始建于清乾隆四十三年（1778年），系佛教净土宗道场。寺内有山门、天王殿、圆通宝殿、念佛堂等。

马相伯故居

马相伯故居自成一体，为江南风格私家住宅，平实无华，简朴淡雅。厅堂内两侧挂满了浓缩马相伯生平经历和卓越贡献的文字及相关图片，生动形象地展示了马相伯平凡而伟大的一生。

玩家 解说

马相伯原籍江苏丹阳。他5岁起开始读书，12岁时到上海，先后在依纳爵公学（即徐汇公学）、徐家汇神学院等学府求学，并以特优成绩获神学博士学位。他语通六国，学贯中西，是近代中国教育界德高望重的人物。著名教育家蔡元培、民国名人于右任、邵力子等都是他的门生。他在学界的地位至为崇高，是复旦大学的第一任校长。

夏氏父子墓

夏完淳父子的安眠处

上海市松江区小昆山镇荡湾村（华夏公墓旁）

位置较偏，建议乘坐出租车

夏氏父子墓指的是夏允彝、夏完淳父子墓，是一座父子合葬一穴的古墓，筑有牢固的花岗岩墓基和石阶。中间安放严整的墓椁，十分古朴。

泗泾古镇安方塔

庄重的墓碑碑文是由陈毅在1961年亲笔书写的，墓基上面嵌有镌刻着“上海市文物保护单位”等字样的大理石标牌。古墓四周青松成林，树木掩映，绿草如茵，流水环绕，使整个墓区显得肃穆静谧。2007年，松江区文广局委托荡湾村修葺夏氏父子墓，并仿明朝粉墙黛瓦花窗样式，新建约400米长的围墙。

玩家 解说

据说，夏氏父子蒙难后，当地乡亲自发为他们父子俩举行了落葬仪式，为了防止清朝统治者的破坏，特地选择了一个伸手不见五指的黑夜，方圆几十里的乡亲们一起出动，一夜之间，筑起了72座墓地，使当局真假难辨，直到乾隆四十一年（1776年），夏墓才予以公开。

链接

夏允彝、夏完淳父子

夏允彝生于明万历二十四年（1596年），松江人，明末进士。崇祯十年（1637年），任福建长乐知县，以善决疑狱闻名。明亡后，毁家以图复明，清顺治二年（1645年）与陈子龙举兵抗清，败后避居松江华亭曹溪，其间完成《幸存录》，总结了明亡的历史教训。是年9月，投河自沉松塘。

夏完淳生于崇祯四年（1631年），夏允彝之子。幼从父受业，其师从陈子龙，曾随父、师抗清，只身流落到湘鄂一带，仍为抗清而奔走，终因叛徒出卖而被捕并解往南京，洪承畴亲自审问，他拒绝投降，在刑场上大义凛然，视死如归，杀头时拒不下跪，就义时年仅16岁。夏完淳工诗，人称他“生为才人，死为雄鬼”。传世作品有《大哀赋》《南冠草》，遗著有《夏完淳集》。

景点推荐

松江郊区景点

上海影视乐园

再现繁荣迷人的大上海

上海市松江区车墩镇北松公路4915号

成人票80元

021-57600439

乘地铁9号线松江新成站转闵线至车墩镇下

上海影视乐园再现了20世纪初上海经典的场景和建筑。乐园有南京路、先施百货、马勒别墅、宋子文旧居、徐家汇天主教堂及电车、电话亭等众多充满旧上海风情的建筑和物品，无不把人带回旧上海那个繁荣迷人的年代。

乐园中随处可见的是电影元素，从周璇、阮玲玉、上官云珠、巩俐等著名影星的蜡像，到《日出》《非常大总统》等影片的经典场景，以及电影服装展示，无不勾起人们对经典影片的记忆。

玩家攻略

每天10：30和14：00，一乐天茶馆门口有两场武打特技表演，还会邀请游人“友情客串”。

电影院

电影院舞台的背景为20世纪30年代老上海的南京路。每天会有两场电影特技表演上演。首先是一位穿长衫的主持人作开场白介绍，接着伴随着事先录好的背景打斗声，武术特技演员拳脚猛攻、刀剑相加。令人惊奇的是，无论是刀、拳还是剑，都能与录好的背景声丝丝相扣，毫厘不差。

南京路

影视城的南京路是完全仿照旧上海的南京路修建的。在街上，有先施、永安、新新这旧上海的三大公司，还有三阳南货店、沈大成点心店、日升楼、盛锡福鞋帽店、一乐天茶楼、王星记扇庄、亨得利钟表行、张小泉剪刀店这些上海的老字号。

五库农业休闲观光园

体验农家生活的场所

上海市松江区五库西厍路8号

乘坐地铁9号线到达松江南站下后转1849路、松江35路等公车可达

五库农业休闲观光园是学习农业知识、参观田园风光、体验农家生活的理想场所。这里环境优美、乡土气息浓郁，园内有格林葡萄园、番茄农庄、水上人家、乡格里拉农庄等休闲农庄，还建有名犬观光园、花卉基地、雨水收集系统、都市农业实训中心等设施，是一个融乡村观光游、休闲度假、实践体验为一体的农业休闲园区。

玩家攻略

1.到五库农业休闲观光园，上午可以游览云间大自然、瓜果采摘园、新晴菜地等景点，下午游览农业科普展示馆、微型植物园等景。如果住宿在这里，还可以参加篝火晚会。

2.番茄农庄内有马、孔雀、鸵鸟、鸡、鸭、鹅、骡子等，呈现出一派农家气象。另外，番茄农庄里面有很多的绿色蔬菜，可以品尝。

松浦大桥

跨越黄浦江的公路桥

上海市松江区车亭公路车墩以南约5千米处

乘松江31路、莘金专线等公交可达

松浦大桥是上海有史以来第一座跨越黄浦江的双层铁路公路桥，一开始被称为黄浦江大桥，后正式命名为松浦大桥。

该桥为连续钢桁架结构，分上下两层，上层供汽车行驶，下层供铁路运行。正桥两端与引桥交接处建有塔楼，桥上设置照明、通信、水电、风力管等，并设提水站、检修设备和人行道以供养护维护之用。铁路桥面钢架连接处及端部均设置钢轨温度调节器，以适应伸缩的需要。桥头周围建有管理房及码头等附属设施。

松浦大桥虽类似于南京长江大桥，但却精巧秀气，别具一格，与江南水乡的情调十分吻合。桥头周围的道路遍植绿树，四周花坛里花木葱茏，形成一片绿化生态区域。

上海影视乐园

攻略资讯

- 交通
- 住宿
- 美食
- 购物
- 娱乐

交通

火车

松江处在沪杭铁路和沪杭高速铁路交通线上，铁路交通便利。松江目前有两个火车站，分别是松江站和松江南站，其中松江南站是高铁站。

松江站：位于上海市松江区人民南路，离上海火车站56千米。乘坐公交6、9、12、13、19、惠松线等可到。

松江南站：位于上海市松江区大涨泾河南侧，是沪杭高铁线上的一个站。市内乘坐松江25路、34路公交车可到。

汽车

松江公路交通便利，沪杭高速公路、沪青平高速公路、浦东机场高速公路、嘉金高速公路、西郊高速公路、同三国道等干线，形成纵横交错的公路交通网。松江目前设有4个汽车站，旅游出行乘车十分方便。

松江车墩长途客运站：位于松江区车亭公路16号，乘上石线、南松专线、南青专线、松亭石专线、松卫专线等公交车到车墩下车可到。

松江泗泾汽车站：位于松江区泗宝路，乘坐公交1846路、1845路、45路外环、45路内环等可到。

松江城东汽车站：位于松江区松汇东路25号，乘松奉专线、松亭石专线、朱松线、松江11路、松江1路、松江4路等公交在松江城东站下车即可。

松江长途汽车站：位于松江区人民路，乘松江19路、4路、13路、松枫专线可到。

市内交通

目前松江区只有轨道交通9号线经过，松江区境内有九亭、泗泾、佘山、洞泾、松江大学城、松江新城等6站。

地铁

松江风光

住宿

松江住宿既可以选在繁华热闹的城区，又可以选在宁静安逸的城郊。

上海学苑宾馆位于松江区广富林路3499号，邻近佘山旅游度假区。☎ 021-37780808

上海松江番茄农庄度假村位于松江区新五镇叶新支路1600号，极具特色，可欣赏民族风情、宗教文化、江南水乡、田野风光和乡村野趣。☎ 13801900264

美食

松江自古是江南著名的鱼米之乡。这里气候宜人，雨量充沛，非常适合各种农作物的生长。因此，这里的美食也是独具特色。

●九亭酱菜

松江九亭老字号酱菜产于松江，“清心爽口，回味无穷”。酱菜运用传统的制作工艺、科学的配方理念，在原来的基础上，更突出了“香”“脆”等特色风味。

●四鳃鲈鱼汤

是上海松江地区最著名的特色菜肴。松江四鳃鲈是天下闻名的席上珍馐。宋代孔平仲的《孔氏谈苑》记载：“松江鲈鱼，长桥南出者四鳃，天生脍（细切鱼）材也。”每逢贵

酱菜

客上门，就用鲜活的鲈鱼切成细小的鱼片或鱼丝，装盘上桌，作为珍馐款待客人。

●马弄口豆腐干

是古城松江的传统风味小吃，至今已有百余年的历史。韧性足，咀嚼清香可口，回味

鲈鱼汤

马弄口豆腐干

鲜，凉拌，切丁、片、丝拌入马兰、芹菜，口味俱佳。

●美食去处

松江比较有特色的美食店有丰裕生煎（中山二路店）、和记小菜（荣乐店）等。丰裕生煎（中山二路店）的油豆腐粉丝汤、生煎、排骨年糕、小笼、小馄饨为其特色。

021-67720967

和记小菜（荣乐店）位于松江区荣乐中路145号（近九峰路），水晶虾仁、水晶鸡、生煎、蟹粉豆腐、红烧肉、麻酱粉皮、河虾仁、特色面筋、酒酿圆子、蛏子、虾球、蓝莓山药为其特色。021-57717979

另外，在松江万达广场、岳庙街、华亭老街、松东路、江学路、开元地中海、大学城等地，都有小吃街，美食种类多、品种全。

生煎

购物

松江是自古以来江南著名的鱼米之乡，特产自然很多。主要有十大特产：松江鲈鱼、仓桥水晶梨、松江黄桃、黄浦江大闸蟹、松江四鳃鲈、松江红菱、“老来青”大米、枣泥酥、松江四鳃鲈鱼汤。

岳庙街、开元地中海、华亭老街、中山路、人民路是松江主要的购物地点，商铺林立，商品琳琅满目。

●松江鲈鱼

为松江特产，自魏晋以来就闻名全国，其肉嫩而肥，鲜而无腥，没有细毛刺，滋味鲜美绝伦，是野生鱼类中最鲜美的一种，中国四大名鱼之一。

鲈鱼

仓桥水晶梨

“老来青”大米

●仓桥水晶梨

是松江一大特产，具有汁多味甜、清香爽口的特点。经检测，仓桥水晶梨含有多种微量元素和无机盐，长期食用有生津、益肺、止咳、顺气、润喉、美容等保健效用。

●松江黄桃

因个大、味甜、核小、皮薄、肉色金黄、口感嫩脆相间，酥而不烂，且久置不坏而闻名。不但鲜食甜美，还是极少数可制成罐头的名种之一。自古以来当地人一直视桃为吉祥食品。“松江黄桃”“寿桃”“水蜜桃”等，均为上等贡品，天长日久就成为了松江著名的四大土特产之一。

●黄浦江大闸蟹

黄浦江大闸蟹原产于松江黄浦江上游地区，因其“青背、白脐、金爪、黄毛”的外表特征和肉质鲜香甜美的口味，一直是松江名产。

●松江四鳃鲈

松江鲈鱼虽小，产量又不多，但名声颇大，这主要是因为此鱼肉质细腻肥嫩，洁白如雪，没有细毛刺，滋味鲜美绝伦。千百年来，有许多文人骚客颂扬过它。

●松江红菱

俗称“水红菱”，因其形如元宝故又称“元宝红”。由于草场浜红菱有着鲜红外壳和元宝形状，象征着“红火”“吉祥”，特别是菱肉嫩白、甜脆、非常可口，又有解暑烦热、生津健胃和益气等功效，因此被奉为佳品，成为松江古今著名的四大土特产之一。

●“老来青”大米

种植于黄浦江上游水质保护区沿岸，生长在水净、地净、空气净的“三净”环境中，它以我国老一辈水稻专家陈永康培育的水稻品种“老来青”为商标，经过苏、松两地多年合作培育而成，其米香味浓郁诱人，营养丰富，做成米饭晶莹如玉，黏而不腻。再加以现代时尚的包装，实为米中精品。

发现者旅行指南

崇明

概览

亮点

东平国家森林公园

上海规模最大的森林公园。园内森林繁茂、湖水澄碧、野趣浓郁，以幽、静、秀、野为特色，是人们“回归大自然”的最佳胜地。

崇明学宫

现已辟为崇明博物馆，有“崇明岛史与古船”“崇明民俗”两个基本陈列，较为系统地介绍了崇明的历史和文化遗产。

东滩湿地公园

空气清新，河水澄澈，有一望无际的芦苇荡，是目前我国为数不多的野生鸟类乐园之一，也是岛上观鸟、摄影、看日出的好地方。

东滩湿地公园

西沙国家湿地公园

是上海目前唯一具有自然潮汐现象和成片滩涂林地的自然湿地，也是融科普教育、科学研究、休闲观光为一体的多功能湿地生态示范区。

前卫生态村

这里鸟语花香，绿荫碧水，一派田园风光。是在繁忙的都市生活之余休闲娱乐，体验农村生活，感受人与自然和谐相处的好去处。

线路

崇明精华一日游

上午到达西沙湿地公园，领略这里周而复始的潮汐现象，漫步在2千米长的木栈桥，徜徉于一望无际的芦苇丛中。午餐可以品尝崇明的当地菜——白斩鸡、崇明糕等。午后前往东平国家森林公园，观看“泰山巨石”，欣赏森林“蟹房”，体验攀岩、滑草等游乐项目，尽情享受游玩的乐趣。

崇明休闲二日游

第一天上午到达崇明岛，游览南门观光大堤，感受滔滔江水，观看气势恢宏的罗马式拱门。顺便逛逛瀛洲公园，园中有别致的园林和小建筑。

西沙湿地

午餐后前往东平国家森林公园，这里可以观看“泰山巨石”，欣赏森林“蟹房”，体验攀岩、滑草等游乐项目，尽情享受游玩的乐趣。当晚可以住宿在公园对面的上海宝岛度假村。

第二天前往前卫生态村。在这里玩真人CS、卡丁车，参观知青纪念馆、雷锋纪念馆，蹬水车、踩高跷，在采摘园内摘草莓等，品尝纯正的农家饭，尽情感受农家生活。

为何去

崇明岛水洁风清，景色优美。早在明清两代，就有“金鳌镜影”“玉宇机声”等瀛洲八景。这里有着与高楼大厦林立的上海迥然不同的风景，海滩芦苇成林，田野农庄遍地，森林繁茂，繁花似锦。在这里不仅可以领略自然美景，还可以参观历史遗迹，更能够骑马、钓鱼、捕虾，滑草、宿营、烧烤，了解当地风俗，体验乡村生活，绝对是忙碌之余放松身心、寻找童趣、贴近自然的绝佳去处。

东平国家森林公园

何时去

崇明岛属于热带海洋性季风气候，四季分明，每年的5月至11月，崇明岛绿意盎然，繁花盛放，是旅游的最佳时间。夏季的崇明岛没有梅雨和酷热，是避暑佳处。秋天的崇明，可以品水果、吃螃蟹，还可以观候鸟，更是游玩的好去处。

东滩候鸟自然保护区

区域解读

面积：约1411km²

人口：约68万人

地理 GEOGRAPHY

区划

崇明区下辖16个镇和2个乡，区政府驻城桥镇。

地形

崇明岛地势平坦，无山冈丘陵，西北部和中部稍高，西南部和东部略低。

长兴岛位于吴淞口外长江南水道，岛呈带状，地形平坦，东西宽、南北窄，面积88平方千米。南沿有深水岸线近20千米，可停靠30万吨级轮船。

横沙岛是长江入海口最东端的岛屿，三面临江，一面临海。岛呈海螺形，南北长12千米左右，东西宽8千米左右，平均海拔2.8米。

气候

崇明地处亚热带，是典型的海洋性气候，温和湿润，冬无严寒，夏无酷暑。环江靠海，雨水充沛，森林茂密，空气相对湿度大，负氧离子含量高，堪称天然的大氧吧。

历史 HISTORY

沙兵英勇抗倭记

自宋朝以后，就有江苏常熟、句容等地的渔民相继来到崇明岛，在这里捕鱼、晒盐、垦荒，成为岛上的第一批居民。明朝中期，由于日本国内封建诸侯之间连年战争，战败的贵族、武士走投无路，便成为强盗，不断到中国沿海来抢劫，居民深受其害。愤怒的崇明沙民集体组织起来抗倭保卫家乡，被称为沙兵。

明嘉靖三十三年（1554年），倭寇侵犯崇明，从东北栅攻城，城墙被毁，倭寇入城。时任知县唐一岑率领军民奋勇杀敌，身负重伤，最后不幸牺牲。西沙秀才顾国等率领沙兵振臂高呼，誓为唐公报仇，消灭倭寇。

沙兵知道倭寇多半用长刀，就准备了长枪、烟火等武器，在顾国等人带领下，血战倭寇。经过激烈战斗，消灭了200多个倭寇，取得了最终的胜利。

战后，崇明人民为抗倭的英雄知县唐一岑举行隆重葬礼，将遗体葬于县城西南角（1731年，迁葬今大同蟠龙镇，1990年，再迁葬县城东果林场）。这是崇明自开垦以来，第一次与外敌激战，由此崇明成为抗倭要地，明清两朝都视崇明为江防重镇。

不久，倭寇侵犯太仓州（今江苏太仓一带）。顾国等奉命率一千沙兵支援太仓。英勇善战的沙兵在娄江击败倭寇，倭寇慌张逃窜，沙兵紧追不放，一直追到苏州，把倭寇打得落花流水。

东滩湿地

从此，倭寇一听沙兵大名，便闻风丧胆，崇明沙兵也因此威名大震。

名单 崇明历史名人

明朝抗倭英雄唐一岑

清朝著名书法家、诗人柏谦

当代著名画家樊伯炎

当代杰出版画家黄丕谟

当代著名作家赵丽宏

链接

崇明地名的由来

唐朝武德元年（618年），长江口外海面上东沙西沙两岛开始露出。以后许多沙洲时东时西、忽南忽北涨坍变化，至明末清初，始连成一个大岛。唐朝万岁通天元年（696年）初，始有人在岛上居住。唐朝神龙元年（705年），在西沙设镇，取名为崇明（“崇”为高，“明”为海阔天空，“崇明”意为高出水面而又平坦宽阔的明净平地）。

文化 CULTURE

集南北琵琶艺术大成的瀛洲古调琵琶

瀛洲古调派琵琶又称崇明派琵琶，是“瀛洲古调”琵琶曲和演奏技法风格的总称。

瀛洲古调派琵琶发源于崇明岛，由当时寓居于崇明岛的贾公达创始于清康熙年间。明末清初，北派琵琶传入崇明周边。后来范正奎、李连城、宋楚玉等几代名家糅合南北琵琶演奏的风格，并融入崇明的风土人情，逐渐形成了“瀛洲古调”。

瀛洲古调派琵琶取北派琵琶刚劲雄伟、气势磅礴之长，收南派琵琶优美柔和之精，浑然一体，形成隽永淳朴、清新绮丽的特色而不同凡响，成为我国四大琵琶流派之一。当年，孙中山先生在崇明观看了瀛洲古调派琵琶表演后称其为“绝技”。

随着时代的发展，市场经济的冲击，现在崇明岛上会瀛洲古调的人越来越少，就连知晓的人也为数不多了。2008年，瀛洲古调

琵琶

派琵琶入选第二批国家级非物质文化遗产保护名录。为保护和传承这一古老的琵琶演奏艺术，崇明文化馆也开始制订并启动相关计划来传承和推广，虽初见成效，但宣传推广等一系列工作仍任重道远。

媲美阳澄湖大闸蟹的崇明老毛蟹

原名中华绒螯蟹的崇明老毛蟹，因其两只大螯上的绒如毛，被崇明人称之为“老毛蟹”。

世界上可食用的约20种蟹中，最负盛名的要数中国的中华绒螯蟹。中华绒螯蟹的代表之一便是崇明老毛蟹，它个小壳薄，肉质细密而有香味，雌性蟹黄足，雄性蟹脂多，独具风味，深受大众喜爱。

崇明老毛蟹之所以有此特色，主要由于亲解繁殖的蟹苗，出生地在长江口水域。蟹苗随潮水进入岛上的内河水域后，除水质的盐度有所降低外，其他因受长江通潮水的制约，与长江口水质相近。而长江口水质富含多种营养盐类和浮游生物，能满足蟹苗的生长需要，使其肌肉组织紧密而不疏松。岛上还孳生田螺、河蚌及底栖生物，这些又是河蟹适口的天然动物性饵料，为蟹的生长提供了良好的生态环境，使肉质格外细嫩，这是崇明老毛蟹优于胜芳蟹和清水蟹的天然有利条件。

绿色健康的崇明金瓜

俗称“金丝瓜”（瓜体金黄色）或“银丝瓜”（瓜体银白色）的崇明金瓜，是闻名沪上的崇明传统特产，具有一百多年种植历史。

据传，崇明金瓜是在清朝末期由崇明岛上的渔民从胶州半岛引进的，当时因瓜体的表面有着一粒粒的小疙瘩，因而农民又称其为“珠瓜”。后来，经过长期的种植繁衍及不同瓜类间的自然授粉，渐渐成为现在瓜体表面比较光滑、瓜体渐渐变大的特点。

鲜嫩清香、松脆爽口的崇明金瓜，现在已是家庭、饭店、宾馆中色香味俱佳的上等菜肴。金瓜不仅味美可口，而且营养丰富，有补中益气、消炎止痛、解毒杀虫的作用，对老年人高血压、冠心病、肥胖症等，亦有较好的疗效。由于崇明金瓜在整个生长期无须使用农药，因此，它是一种健康的绿色食品。

如今，在崇明各旅游景区及县城销售崇明特产的专卖店，都有小包装的崇明金瓜销售，顾客买回家后可即开即食，十分方便。

崇明老毛蟹

景点推荐 崇明城区周边景点

崇明学宫

旧时官办的地方学府

- 崇明区城桥镇鳌山路
- 10元
- 021-69696655
- 乘坐申崇6线或申崇3线至崇明南门汽车站，从汽车站沿南门路往东700多米即到

崇明学宫是上海仅存的三座比较完整的孔庙（崇明学宫、上海文庙、嘉定孔庙）之一，是专门祭祀孔子的场所，也是旧时官办的地方学府。

崇明学宫占地约1.5公顷，是目前上海面积最大的一座孔庙。有殿、宫、堂、厅、祠、阁等建筑群，建筑艺术精湛，是上海地区保存完好的明清建筑。

这里如今被辟为崇明博物馆，是市级文物保护单位，重要的人文旅游景点和爱国主义教育场所，博物馆内列有“崇明岛史与古船陈列”“崇明民俗陈列”“临时展厅”等，较为系统地介绍了崇明的悠久历史和文化遗产。

玩家 攻略

崇明学宫内的崇明岛史与古船陈列主题鲜明、内容翔实、展品丰富，可重点参观了解。其中，展出的两艘唐、宋古船，是目前上海地区独一无二的珍贵文物，堪称镇馆之宝，值得细细玩赏。

玩家 解读

现存的崇明学宫系明清时期的古建筑群体，原保留有东西牌坊、棂星门、泮池、登云桥、戟门、崇圣祠、尊经阁和东西官厅等。1997年，大成殿、东西两庑等主体建筑得以修复，使学宫建筑布局更臻合理、完整，恢复了昔日的宏伟气势。

大成殿后的尊经阁始建于明代天启四年（1624年），清乾隆七年（1742年）重建。尊经阁砖木结构，古朴典雅。

在尊经阁东侧另有一建筑名为崇圣祠，始建于明天启四年（1624年），初名启圣祠；清雍正五年（1727年）复建，改名崇圣祠。该建筑由一条正脊、四条垂脊、四条戗脊组合，称“九脊殿”，仅在皇宫、庙宇、陵园等高等建筑群体中出现，是古时帝王封赐营造的一种建筑。

唐一岑墓

抗倭英雄唐一岑的安眠之所

崇明区城桥镇鳌山路中段南

乘坐申崇6线或申崇3线至崇明南门汽车站，从汽车站沿南门路往东走700多米即到

唐一岑墓占地面积1332平方米，墓台面积144平方米，用青石铺地坪。墓冢直径3米，高0.9米，墓冢前立有中国佛教协会会长赵朴初居士手书“明唐一岑墓”的石碑，石碑前置有一青石供桌，墓后建一座盖墙眉的照墙。墓台前有一条长20米、宽3米的青石甬道，甬道两侧分竖四块石碑，分别是清乾隆、同治年间以及1957年和1990年刻凿的碑记。

唐一岑墓前石狮

在甬道入口处，另建一座高6米的花岗石石碑坊，两旁站一对石狮。墓地四周植有青松、黄杨、翠柏等常绿乔木，气势雄伟、庄严。

链接

唐一岑小传

唐一岑，广西府临桂县举人，明嘉靖三十三年（1554年）来崇明县任知事。当时，倭寇屡扰崇明县城，杀人放火、抢劫财物，崇明百姓深受其害，对其恨之入骨。唐一岑到任后，闻之此事，迅速修筑工事，训练沙民，采取了一系列积极防范倭寇骚扰的措施，并发动组织全县军民，亲自带阵，齐心协力抗击倭寇的屡屡进犯。后奸人与倭寇内外勾结，破了县城，唐一岑怒不可遏，带领军民和倭寇展开巷战，斩杀数名倭寇。但身负重伤，终因流血过多以身殉职。

为了表彰唐一岑英勇抗寇以身殉职的功绩，明世宗嘉靖帝敕赠唐一岑为光禄寺丞，谥“愍忠”，并筑墓建祠。

南门沿江景观大堤

有气势的旅游建筑

崇明区城桥镇南门港

从吴淞码头或宝杨路码头乘船可前往南门港

南门沿江景观大堤亦称海塘达标工程，景观大堤西起“亚通”三号码头，东至瀛洲公园东侧，全长670米。大堤正面为钢筋混凝土结构，共设三条光带线。每条观光带都配置了休闲椅、音响、电话亭等服务设施；大堤中段建有9个气势恢宏的罗马式拱门，最高的有12米；拱门正前方的堤岸上竖立着一尊4.8米高的花岗岩碑雕，上面雕刻的是崇明岛图形。

南门沿江景观大堤的建造，吸纳了“以人为本”、人与自然亲密融合的先进理念，既是一条能抗拒百年一遇高潮位并加十二级台风的盘龙之躯，又是该岛一处新的旅游、休闲景点。

玩家攻略

大堤与上海钢城——宝钢隔江相望，夜间灯火通明，五彩缤纷。码头上，进出崇明岛的人群、车流熙熙攘攘，川流不息，晚上来此散步、赏夜景，是不错的选择。

澹园

仿古园林，崇明明珠

崇明区城桥镇鳌山路

乘坐公交旅游5线可到

澹园是崇明唯一一处仿古园林佳景，有"宝岛明珠"之称。园内星湖碧水荡漾，宁静堂、卧波榭、清穆轩、映月桥、憩甘亭、画舫等仿古建筑，飞檐高啄，雕梁画栋，体态玲珑。室内红木桌椅以及石鼓、瓷凳、画框、宫灯，古色古香。另外，园中还植有银杏、桂树、蜡梅、广玉兰、香橼、杨柳、天竺、石笋等70多种古树名花。

崇明寒山寺

与苏州寒山寺同名的名刹

崇明区城桥镇东门路

从宝杨路码头、石洞口码头、吴淞码头乘船到达崇明岛后，步行就可以到达

寒山寺已有370多年的历史，明朝天启四年（1624年），杨军门夫人朱氏自苏州驾小船来到崇明，便在岛上削发为尼，法名颠修，建寺并名为寒山寺，供寒山、拾得二像。现在的黄墙之内，青烟缭绕，明烛高照，念佛之声不绝于耳。每到佛期，前来拜佛之人更是络绎不绝。

链接

崇明寒山寺和苏州寒山寺

崇明寒山寺与苏州寒山寺除了在寺名和供奉上相同外，相传它还有与"姑苏城外寒山寺，夜半钟声到客船"相媲美的诗句："瀛洲东门寒山寺，夜半钟声迎客船。"

寿安寺

历史悠久的古刹

崇明区城桥镇金鳌山南端

人力三轮车或是出租车

寿安寺始建于宋朝淳祐二年（1242年），是崇明岛内历史最悠久的古刹。昔日的寿安寺曾有"寺外青山山外山，亭中绿水水中亭"之美誉，后因战乱和倭寇侵扰而被毁。现存的寿安寺是1983年重建的，除雄伟恢宏的大雄宝殿外，三圣殿、天王殿也别具神韵，另有香樟木释迦牟尼佛像和诸神彩塑金像、三世如来、文殊、普贤、海岛观音等16尊佛像。

澹园

玩家攻略

寺内有两株植于清朝的银杏树，直径盈尺，绿荫覆地，被列为市级古树名木。寺内还存有历代碑刻铭文和文人骚客墨宝，都值得好好玩赏。

金鳌山公园

古色古香的公园

崇明区城桥镇金鳌山南端

人力三轮车或是出租车

金鳌山公园占地面积1.2公顷，与寿安寺比邻而居。既有古刹之神韵，又有园林之秀丽。园内有金鳌山，为崇明名胜。山有九峰，中峰最高，峰上建有镇海塔，山前凿玉莲池，山后植紫竹林，内有名花佳木。几毁几修，现在，金鳌山已恢复成一个小巧玲珑、景点集中的古色古香的公园，园内绿树成荫、鸟语花香、环境幽雅、空气清新，是人们游览、憩息的胜地。

玩家攻略

金鳌山最著名的景点是镇海塔，共有九层，每层供奉着六尊小菩萨。越往上空间越小，最后仅够一人容身。登至塔顶，极目远眺，远近万象尽收眼底。天气极晴好时，甚至可以遥望见海滩，更有"鳌峰远眺"的典故。

另外，园内的园林也颇具江南园林之韵，水木清灵、曲径蜿蜒，可仔细欣赏。

景点推荐 西沙周边景点

西沙国家湿地公园 AAAA

看落日的最佳地点

崇明区绿华镇堡湖路

乘坐申崇3线到城桥镇后，转乘南建线至新建水闸可到

西沙湿地位于绿华镇新建水闸以东、明珠湖以西、沿江大道以外的区域，总面积为300公顷，是典型的长江河口滩涂湿地，也是上海目前唯一具有自然潮汐现象和成片滩涂林地的自然湿地。

西沙国家湿地公园保存着两大类十七种典型的地质遗迹，展示着世界第一大河口冲积岛沧海桑田的地质景观及人与自然和谐相处的生态文明。湿地通过生态引鸟、植物多样性配置、水处理净化等工程，在原有湿地的基础上，修复建成了一个融科普教育、科学研究、休闲观光等为一体的多功能湿地生态示范区。

园内有一座6800米长的木栈桥，走在栈桥上，可以充分领略湿地的潮沟、沙波等地质地貌和生态景观，了解大河口地质地貌的总体概况。栈桥上的休息长廊，展示了西沙60多种鱼类的图片。

玩家攻略

1.在西沙湿地游玩，可租借自行车前往。一边骑车，一边欣赏芦苇荡，一直往景区里边，还可以登高望远，整个景区尽收眼底。

2.西沙湿地几乎每个角落都有小螃蟹，会有人专门售卖钓小螃蟹的绑有肉的杆子，如果有兴致可以钓螃蟹，童趣无穷。

3.西沙湿地是崇明看落日的最好场所，一定不要错过。

玩家 解说

西沙湿地与东滩湿地不同，周而复始的潮汐现象，是西沙湿地赖以生存的重要条件。潮水一涨一落的时间平均为12小时24分钟。因为潮汐，这里形成了丰富的地形地貌，湿地中港汊纵横，具有湖泊、泥滩、内河、芦苇丛、沼泽等不同的湿地形态。

西沙湿地有着丰富的动植物资源。湿地共有种子植物46种，包含芦苇、马兰以及人工种植的旱柳、落羽杉等，水塘中主要为狐尾藻、莕草等沉水植物，边缘为芦苇、狭叶香蒲等挺水植物。

西沙滩涂湿地和植物资源地吸引了大量的鸟类，使其成为许多候鸟重要的越冬栖息地。目前记录到的鸟类有26种，最为常见的有大白鹭、绿头鸭等。

明珠湖

原是长江支流

崇明区绿华镇

45元

乘坐南牛线公交到陈海公路三华路站下可到

明珠湖原是长江南支的一条支流，20世纪70年代经人工筑堤围造而成，是岛上最大的天然淡水湖泊，也是崇明岛西部水上游乐度假区和西部生态农业观光旅游的主要区域。玩水、赏景、品鱼鲜、观鱼鸟，让都市人“回归自然、快乐休闲”是景区的特色。这里也很受钓鱼者的青睐，是钓鱼高手密集的地方。

玩家 攻略

景区内有一个叫“扶摇直上”的景观：当人临湖上，面对一望无际的水面，湿润清新的感觉扑面而来，仿佛置身于绿的海洋、水的世界，相当有趣。景区内还有一座长长的只能紧密并排走两人的小桥，被誉为情人桥，传说只要在这座桥上走过的情侣便会恩爱一生。

东平国家森林公园 AAAA

久负盛名的旅游地

崇明区北沿公路2288号

可乘地铁1号线至汶水路共和新路，然后换乘申崇三线公交车，至城桥镇南门汽车站，再换乘南东专线或南江专线至公园

70元 021-59338333

东平国家森林公园位于崇明岛中北部，是上海规模最大的森林公园。园内森林繁茂、湖水澄碧、野趣浓郁、环境优美，以幽、静、秀、野为特色。有沙滩浴场、吊床、青少年野营基地、迷宫、排球场等设施，还可进行森林日光浴、狩猎、攀岩等活动。是融森林观光、会议旅游、康复疗养、休闲度假、参与性娱乐等多种功能为一体的旅游、休闲胜地。

东平国家森林公园不仅自然风景十分优美，而且还有很多的人造景观和游玩设施。

泰山巨石

森林公园大门口的广场上耸立着一块巨石，巨石上写着“东平国家森林公园”几个大字，是由全国人大常委会原副委员长彭冲同志题写。这块巨石来自东岳泰山，重达140吨，是东平森林公园的镇园之宝。

森林“蟹房”

“蟹房”依照驰名世界的“中华绒毛蟹”的外形而特别设计，故称为“蟹房”，三座建筑像三只大螃蟹趴在湖面上。森林“蟹房”建于开园初期，是森林公园的标志性建筑，也是园内唯一的多功能会所，多次召开岛内外各种会议，也举办过一系列的学术活动，名人书画、工艺美展等也时常在这里举办。

玩家 攻略

1.公园很大，建议乘三轮车、小火车游览，也可以骑自行车游览。

2.滑草：公园有上海地区目前唯一的标准滑草场，占地10000多平方米，高低落差10米，每逢节假日，这里就成了青少年最喜欢的休闲运动天地。

3.攀岩：公园有上海地区最早也是最大的室外攀岩场，是攀岩爱好者必来的地方。

4.烧烤：公园可以自助烧烤，有一次性的烤炉和木炭供应，还供应各类烧烤原料，如鲜鱼、羊肉、鸡肉等。

5.如果一天游玩不够尽兴，那你可以到公园南侧的宝岛度假村住宿一晚，或者晚上租顶帐篷，吃着烧烤，看着星星，感受野趣。

6.提醒：公园早晚温差较大，气温也比市区低几度，需要多备些衣服注意保暖。

玩家 解说

森林公园内树木众多、水草繁茂，形成了一个独特的小气候圈，林中的新鲜空气，使人呼吸顺畅，气息平稳。崇明的负氧离子每立方米为1000个，而森林的空气中负氧离子则高达每立方米10000~20000个，在森林里漫步、做深呼吸定能延年益寿。

前卫村 AAAA

放松身心的诗意田园

崇明区竖新镇前卫村

乘坐申崇3号线或6号线到崇明南门码头，再换乘南东专线到前卫村下车可到 ¥60元 021-59649261

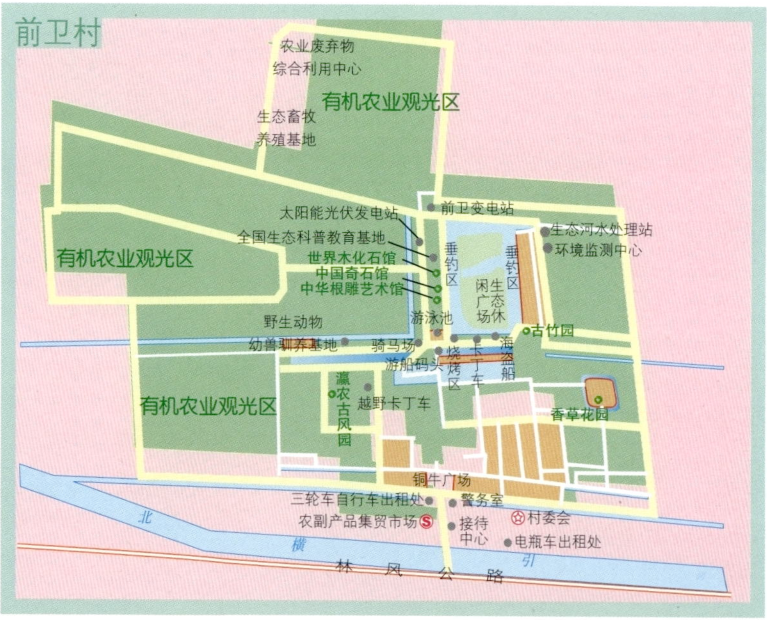

前卫村

前卫村紧临东平森林公园。昔日一片荒凉沉寂的小村，如今既有城市风光，又有田园诗意。这里景点千姿百态，树木成林，鸟语花香，漫步绿荫碧水之间，一派田园风光，使人感到人与自然的高度和谐，是繁忙的都市生活之余休闲娱乐绝对不能错过的地方。

村内有瀛农古风园、动物天地、鸳鸯楼、科普教育基地、世界木化石和中国奇石展示馆、前卫休闲广场等旅游区。

瀛农古风园是前卫村农家乐旅游项目的一个重要组成部分，融农村风情和民俗文化为一体，充分体现了崇明岛古朴民居的特色。

村内的香草花园是前卫生态农业最早形成的生态循环链，是前卫村成为市郊生态农业第一村的一张“名片”。花园内景色诱人，硕果累累，芳香四溢，种植有熏衣草、迷迭香、洋甘菊、百里香、香叶天竺葵等几十种芳香植物。

前卫村还有世界木化石、中国奇石、中华根雕、知青艺术馆四大展馆，占地约1.3公顷，建筑面积5000多平方米，其中的木化石馆、奇石馆都是缅甸华侨陈梁传先生投资的。

玩家 攻略

1.可以在动物天地看百鸟鸣唱、鹦鹉学舌，看顽猴戏耍、孔雀开屏、猫狗欢奔，别有一番情趣。

2.在瀛农古风园，游客可亲自动手体验推磨、纺纱、织布、踩水车等传统的生产工具和生活用具，感受崇明农村的生产生活。

3.前卫农家乐有108户1000多个床位，很适宜休闲度假。

玩家 解说

瀛农古风园又名“瀛洲古村”，占地面积0.8公顷，展示从最原始的环洞舍，到被誉为瀛洲八景的各个时期（唐武德年间至明清时期）的典型农家风情，主要凸显崇明生生不息的农业文明在各个时期的生态理念和乡土气息。景点的整体格局为“四汀头宅沟”这一崇明农家的基本模式和崇明岛四面环水的地域特色，分四个单元展示：结庐拓荒展示区（唐）、鱼盐兴盛展示区（宋、元）、田园耕织展示区（明、清）、农家古风服务区（综合）。整个景区将展示和互动融为一体，独具一格。

根宝足球基地

足球爱好者必去地

崇明区北沿公路

乘坐65路、旅游5号线到东平森林公园站，步行即到

75元

由著名国家级足球教练徐根宝发起组建，总占地面积约4.7公顷，基地拥有三个半标准足球场，一个室内足球场，及占地7000平方米的足球宾馆。可以住宿、筵宴、开会、训练、举办足球赛等，是足球爱好者必去的地方。

玩家 攻略

足球爱好者可以在里面享受踢球的乐趣，购买徐根宝签名的足球、球衣作纪念，还有可能遇到足球明星哦。

江南三民文化村 AAAA

崇明的文化和民俗展示

崇明区林风公路2201号

市区可乘坐申崇1线或申崇2线，在崇明岛的陈家镇长江大桥下，换乘岛内公交陈前线到达前哨农场场部，然后乘出租车前往

周一至周五 50元 周末节假日 80元

江南三民文化村以江南地区传统的民间、民俗、民族文化元素为主题，通过衣、食、住、行、艺、玩、商七个主题来分类，展示了崇明的独特文化和民间民俗。

镂空雕刻

文化村内最耀眼的是中华龙，它全长36米，龙身平均周长2.9米，龙鳞由5000块从民间收集来的50~500年的传统雕花板组成，象征着中华民族五千年的文明史。2012年1月被世界吉尼斯纪录评为“最多木质雕花板组成的造型——中华龙”。

土布馆展示有崇明100多种花色的土布，也称间布，色彩艳丽，令人目不暇接。

美术馆曾举办过“迎世博上海书画家邀请展”“海峡两岸书画邀请展”“诗书画里三民村”“国色天香迎国庆”等书画展，目前馆内展示着后两次书画展的部分作品。

手工艺馆展示了明清的手工雕刻艺术，镂空、描金等精湛的手工工艺。展柜中展示了微型红木家具、船模、芦苇画、树叶画等精美手工艺品。

玩家 攻略

文化村以展示江南地区传统文化为主，可根据兴趣重点欣赏和参观。在“艺玩商展馆”可参加互动，亲身体验，加深了解。

玩家 解说

江南三民文化村是华东地区最大的民间民俗民族展览馆群落，以衣、食、住、行、艺、玩、商七个分类，展示了江南地区民间的文化和风俗，遍及生活的方方面面。

衣食展馆中的江南服饰、帽饰、鞋子、女红、刺绣、碗具、火花、烟标、筷子、鼻烟壶、紫砂壶、酒瓶等，展示了人们在穿着和饮食等方面的情形。

住行展馆中的崇明老白酒、崇明糕、灶间、百家姓、窗棂、老床、酱园、锁具、月份牌、沙船、气象谚语、独轮车、地图等，展示了人们在居住、出行、农业生产、建筑等方面的特点。

艺玩商展馆主要展示有皮影戏、梳妆箱、年画、中国结、手串、兵器、项饰、扇子、连环画、扑克、脸谱、门票、报纸、剪纸、彩票、股票、藏书票、秤、算盘、文房四宝等，展示了人们在学习、娱乐、装饰、军事方面的变迁。

景点推荐 东滩周边景点

东滩湿地公园

岛上观鸟最佳地点

崇明区陈家镇东旺大道风车处

乘坐申崇1线或申崇2线到陈家镇枢纽站，坐出租车到东旺公路风车处即到

80元

园内风景秀丽，空气清新，水质洁净，拥有一望无际的芦苇荡以及众多的鱼、虾、蟹，还有各种无污染蔬菜、瓜果。湿地拥有适宜的气候和优质饵料，为鸟类提供了良好的栖息环境，是亚太候鸟迁徙路线上的重要驿站和栖息地。

每年来此越冬、春秋季途经的鸟类总数达二三十万，种类达到140多种，其中有14种为国家二级保护动物或者被列入中国濒危动物红皮书保护名录的鸟类。

园内建有观鹭台，是观看鸟类的最佳地点。还建有观海楼，位于公园最东端，直面东海，是上海最早迎接太阳升起的地方之一，更是看海、观日出的最佳地点。

公园还设置有扬子鳄科普站，常有大学科研院所的师生来做科学研究，如芦苇堆肥实验、水质监测等。另外，扬子鳄野外种群恢复实验也在这里进行。

东滩湿地公园

东滩湿地公园建立起了湿地保护与合理利用的国际性生态示范区，是融自然保护、科学研究、科普教育、生态旅游、休闲度假为一体的旅游景区。

玩家攻略

1.到东海观鸟，最佳的时机就是早晨，而东海日出也是崇明的一大自然胜景。观鹭台和观海楼是观鸟、看日出和摄影的最佳地点。

2.在东滩观鸟后可回到陈家镇，找家饭馆，要上一盘大闸蟹，几样海鲜，饱餐一顿。陈家镇是中国最大的蟹市，上海的蟹大部分来自陈家镇。这里稀有的海鲜较多，而且价格比别处便宜。

瀛东生态村

迎来日出的村庄

崇明区陈家镇瀛东村

乘坐申崇2号线到陈家镇枢纽站，换乘东滩2路至瀛东村可到

20元

瀛东村是岛上第一个迎来日出的村庄。村庄内不仅自然风光美不胜收，还开辟了渔家乐生态旅游项目，包括"渔家乐"娱乐区、渔具展览馆、休闲垂钓区、观光果园等。游客在这里既可以泛游东湖，欣赏秀美风光；也可亲身参与渔家的捕鱼活动，和渔民一起劳作，分享渔家乐趣；还可以观看精彩刺激的斗鸡、斗羊表演；还能品尝到丰盛的渔家宴，瀛东村的渔家宴一直以"鲜、特、美"为特色而远近闻名。

撒网捕鱼

景点推荐

长兴岛—横沙岛

长兴岛

芦荡泛舟的佳处

宝山区东部，崇明岛东南部

从吴淞码头摆渡，或乘坐申崇4线可到

长兴岛三面临江，一面临海，有着优越的地理条件、独特的气候环境。远离外界的污染源，生态系统完善，大气清新度常年维持在一级水平。全岛面积76.32平方千米，被誉为绿色的翡翠，镶嵌在万里长江的入海口。现已成为全国最大的柑橘生产基地。

长兴岛是有名的“柑橘之乡”和“长寿之乡”，不仅自然环境优越，还有很多有趣的游玩、休闲的地方。

玩家 攻略

长兴岛临江近海，又是有名的“柑橘之乡”，所以，既可以去江边芦荡泛舟，欣赏“落霞与孤鹜齐飞，秋水共长天一色”的美景，体验王勃笔下的优美境界，也可以在滩涂上拾贝壳、寻螃蟹，体验童年的乐趣，还可以品橘、采橘，其乐无穷。

上海橘园

长兴岛前卫农场

上海橘园种有柑、橘、橙、柚四大类60多个品种，1万余株果树，堪称国内柑橘品种大全，是华东地区柑橘生产的示范和科研基地。橘园所生产的“前卫”蜜橘外观鲜艳光洁，皮薄无核，汁多味甜。园内的假山、长廊、盆景园、蒙古村、跑马场、海螺馆、迎宾馆各具特色。

每当春末夏初，喷香扑鼻的洁白橘花遍散绿叶之间；深秋季节，金黄色的果实垂挂枝头，诱人采摘。

玩家 攻略

来橘园，建议慢游。在悠闲的时光中赏橘、品橘，既能修养身心，又可以品尝新鲜的橘子。当然更不能错过体验采橘的乐趣了，“前卫”蜜橘可是岛上特有的。

玩家 解说

上海橘园度假村位于长兴岛中部前卫农场，占地24公顷，有别墅群、游泳馆、壁球馆、攀岩、卡丁车等健身娱乐设施。每年秋季举办的上海崇明柑橘节于10月18日开幕，11月5日落幕，吸引着成千上万慕名而来的游客观景品橘，成为长兴岛旅游观光的热点之一。

绿岛苇荡迷宫

长兴岛东北角

绿岛芦荡迷宫位于长兴岛东北角的一望无际的芦荡之中，分为划船区、嬉水区、垂钓区三大游区。绿岛芦荡迷宫外侧是浩瀚长江，站在外侧堤岸北望，横沙岛近在咫尺，向南望去，千亩芦荡尽收眼底，内靠千亩橘园，又有丛丛竹林散缀四周。

每当秋天来到，登高处，朝内看，满目橙红橘绿；朝外看，雪白芦花齐飞舞。绝对是欣赏野景、感受野性的好地方。

玩家 解说

绿岛芦荡迷宫，分为三大游区。第一游区为划船区，千亩芦荡之中，河汊纵横曲折，四望青沙重罩，游人划着小船转游其间，悠悠荡荡，不见尽头。

第二游区为嬉水区，是一个天然泳场，泳池的水引自长江。水底是铁板沙，池水分浅水区、中水区和深水区。这里碧波一片，水光粼粼，犹如芦荡中的清水湖泊。

第三游区为垂钓区，鱼塘之中，既有野生鱼虾，更有人工放养的各种鱼虾，是垂钓爱好者投身大自然、陶冶情操、修身养性的佳地。

横沙岛

天然疗养院

横沙岛　从吴淞码头乘船可前往横沙岛

横沙岛内天净、土净、水净、气净，拥有一片片竹林、橘园，一派生机盎然的乡村气息。目前，主要开发了国际会务会展中心、国际娱乐中心、低密度高档住宅别墅区、游艇俱乐部等项目，是上海避暑、休闲、度假的好去处。

玩家 攻略

横沙岛最有趣的天使海滩度假村位于岛的东部海边。这里有水清沙缓、万米平展的铁板沙，还有摩托艇、滑板冲浪、水上降落伞、情侣划艇等娱乐项目。在这里既可领略渔岛风情，又能品尝海鲜、野炊烧烤，可以充分体验回归大自然的快乐感觉。

上海长江隧桥

气势磅礴的水上长龙

崇明区陈家镇

乘坐申崇班车线、申崇1线、申崇2线等在上海长江隧桥上行驶

上海长江隧桥又称崇明越江通道，位于上海东北部长江口南港、北港水域，是我国长江口一项特大型交通基础设施项目，也是上海至西安高速公路（G40公路）的重要组成部分。大桥起于隧道长兴岛登陆点，沿地面横穿长兴岛，由长兴岛东北部跨越长江口北港水域至崇明岛陈家镇。

大桥不仅是区域内极为重要的交通设施，也是一处壮观的人文景观。从远处眺望大桥，犹如一条巨龙盘踞在大海上，雄壮威武。尤其到了夜晚，桥上灯火辉煌，别有一番景致。

横沙岛

攻略资讯

- 交通
- 住宿
- 美食
- 购物
- 娱乐

长江隧桥

交通

从上海到崇明岛交通便利，可通过长江隧桥走陆路，也可以选择轮渡。岛上有公交车和出租车，乘坐也比较便捷。

外部交通

上海去崇明岛有轮渡、公交、自驾三种方式。

轮渡是以前前往崇明岛的最主要的交通方式。一般从上海吴淞码头、宝杨码头和石洞口码头这三个客运码头登船，到达岛上的南门码头、新河码头和堡镇港这三个客运码头。宝杨码头是较为繁忙的一个码头，是高速轮集中地，船次比较多。散客不驾车的话，建议从这个码头走。宝杨码头高速轮平均30分钟一班，普通轮一天只有4班。高速轮所需时间约为40分钟，普通轮所需时间约为1小时30分。

公交方面，申崇1线~申崇6线均可直达崇明，可根据不同的出发点来就近选择路线。

自驾前往崇明，如果摆渡的话，建议去石洞口码头，这里主要以车摆渡为主，会比较便捷。自驾走长江隧桥的话，建议路线：上海外环线（或中环线翔殷路隧道）—浦东五洲大道—上海长江隧道、隧桥—崇明陈海公路，过桥费单程50元。

县内交通

崇明岛目前有三大公交枢纽站：南门汽车站、堡镇汽车站和陈家镇枢纽站，这三处公交线路最多也最密集，发往崇明各个乡镇的公交车基本上都从这些站始发。

南门汽车站就在南门码头附近，在这里可以乘坐到达各个景点的公交，景点之间没有公交。至各旅游景点的交通线路主要有南江线、南东线、堡胜线、堡陈线、陈白线等。

崇明南门码头傍晚

堡镇和陈家镇汽车站都没有直达景区的公交线。

崇明岛公交票价则按距离实行分段收费，5～9元不等。具体公交线路，请查询www.cmx.gov.cn。

崇明岛上出租车起步价10元，2.4元/千米。但整个岛上，只有城桥镇和堡镇两处出租车数量较多，其他各乡镇较少。

除了乘坐公交和出租车外，也可以选择包车前往各景点，价格根据车型、线路远近不等。值得提醒的是，东滩候鸟保护区在崇明岛的最东边，距离码头较远，包车费用不菲。

住宿

来崇明旅游，一定要住几晚才能感受到这里不同于大都市的恬静和悠闲。建议选择住在惬意的度假村内，主要的度假村有怡沁园度假村、上海天使海滩度假村、上海橘园度假村、明珠湖度假村等。另外也可以住在崇明城区。

崇明民俗村

●怡沁园度假村

怡沁园度假村是一家融餐饮、住宿、休闲、娱乐为一体的园林式宾馆，在崇明东平国家森林公园南侧，毗邻根宝足球基地，交通便利，环境优美。地址：崇明区东平国家森林公园南侧 电话：021-59338800

●上海天使海滩度假村

上海天使海滩度假村处于横沙岛的最东端，可以品尝当地特有的土特产和农家菜，如长江名产刀鱼、东海梅子鱼、凤尾鱼、中华绒螯蟹等美味菜肴。地址：横沙岛东滨路2579号 电话：021-56893819

●东滩国际会议中心

东滩国际会议中心是一家集休闲、度假于一身的新型酒店。不仅娱乐设施完备，还可以就近去东滩湿地观鸟、看日出。地址：崇明岛东南部 电话：021-69477888

●明珠湖度假村

明珠湖度假村（又名明珠湖生态服务中心）位于明珠湖公园内，毗邻西沙湿地，内部是优雅的中式建筑，空气清新，环境优美。地址：崇明区绿华镇

●锦绣宾馆

锦绣宾馆坐落于崇明城区，距南门码头300米，交通便利。宾馆建筑以庭院别墅的风格布局为主，一年四季树木葱郁，花香四溢。地址：崇明区新崇南路68号 电话：021-69699888

美食

崇明的特色菜多以水产为主，主要有羊肉、老毛蟹、鳗鲡、凤尾鱼、甜包瓜、金瓜等，另外，草头咸齑、醉蟛蜞、咸鲈鱼烧

茄块、芋艿花鸭、糟烧杂鱼等都是特色的菜肴。

在崇明吃乡土菜，主要还是在陈家镇和南门。陈家镇附近农家乐、渔家乐比较集中，吃农家菜、养殖的鱼鲜比较方便。南门那里吃羊肉的地方相对多些。

●崇明羊肉

白山羊是崇明的传统美食，肉质鲜美，没有膻味。通常是红烧羊肉，与青蒜一起烧，也有白切羊肉的做法，可以做成羊腿骨烧汤。鱼羊鲜很有特色，长江的鮰鱼与羊肉一起烧。黄炳桥羊肉倌、东江羊肉馆等比较有名。

红烧羊肉

●崇明糕

是崇明乡间流传的美食。每一家做出来都不一样。切片吃，或是放在酒酿汤中吃，或是置于油中微炸，滋味都非常好，香、甜、糯是其特色。陆记糕团店据说是崇明城区做崇明糕最正宗的一家店。

崇明糕

●崇明老毛蟹

崇明的蟹十分出名，老毛蟹属于中华绒螯蟹的一种，特点是个小、壳薄、肉质细密，雌蟹蟹黄足，雄蟹蟹脂多。做法通常有清蒸、毛蟹炒年糕、面拖蟹等。绿岛草堂农家乐、老宋渔家乐等饭店的蟹做得很好。

老毛蟹

●红烧鳗鲡

营养价值高，味道又好，已成为筵席上的上等佳肴。崇明的鳗鲡是淡水鳗鲡，又叫河鳗，味道十分鲜美。

●崇明凤尾鱼

通常为清蒸、红烧、干炸。崇明老宋渔家乐的鱼做得很有特色，曾经是国家领导人去过的地方。

●白斩鸡

白斩鸡是上海本帮菜中的名菜，形状美观，皮黄肉白，肥嫩鲜美。崇明白斩鸡的食材来源于岛上散养的草鸡，再加上本地特有的做法，所以滋味更加鲜美，更有滋补功效。小绍兴崇明店的白斩鸡味美价廉。

●甜包瓜炒肉丝

甜包瓜炒肉丝是崇明特色菜，是一百多年来闻名于大江南北的食品。据称，清末的慈禧太后早餐最喜配以包瓜佐食，又称崇明籍重臣王清穆因喜包瓜而推荐给宫廷。新鲜包瓜状如丝瓜，和肉一起炒，清淡微甜，脆而可口。

●凉拌金瓜

崇明金瓜瓜肉成丝，通常为凉拌，也有与肉片一起炒的做法。崇明岛绿岛草堂和新金星饭店的金瓜做得比较有名。

购物

崇明的特产很丰富，主要有白扁豆、崇明羊肉、崇明大白菜、崇明刀鱼、崇明老白酒、崇明老毛蟹、崇明鳗鲡、崇明水仙、大红袍赤豆、河豚、黄金瓜、芦笋。

崇明购物店不多，规模也不大，想要购买特产，如崇明糕或金丝瓜等，在西沙农贸市场就能买到，货种齐全，价格公道。另外，新崇南路一条街上也有很多特产店。

●白扁豆

俗称“洋扁豆”，是崇明地区最佳土特产之一。荚扁平呈刀形，每荚有籽2~3粒，白皮白肉，粒粗扁而质细腻，色清澈而诱人，又富有营养，味美爽口，是人人喜爱的夏秋家常菜肴。

●崇明大白菜

俗称黄芽菜，于清道光年间引进种植，迄今已有150多年历史，主要品种有“城阳青”和“青杂三号”等，是崇明主要土特产之一。崇明大白菜呈黄白色，裹心结实，营养丰富，鲜嫩可口。其价廉物美，易于保存，故备受青睐，成为居民冬令常备蔬菜。

大白菜

●崇明刀鱼

是名贵的经济鱼类，体扁而狭长，形状酷似短刀而得名。刀鱼从立春开始由海入江，逆江而上做生殖洄游。崇明岛周围的水域是刀鱼光临最多的地方，故刀鱼成了崇明的特产之一。刀鱼的肉鲜美细嫩至极，营养丰富，深受广大食客喜爱。

●崇明老白酒

以纯大米酿制而成，又称“米酒”。早在百余年前，崇明老白酒已驰名沪苏地区。酿制时大多用粳米，但是农户自饮的选料更考究——用糯米。所以以此酿成的崇明老白酒味道甜润，酒精度不高，深受人们喜欢。

●崇明水仙花

崇明水仙球根自然分株较少，且芳香浓郁，经月不散，为他地水仙所不及。花瓣润白似玉，状如圆盘，心呈金黄，宛如酒盏，故有“金盏银台”之美称。

水仙花

●大红袍赤豆

崇明大红袍赤豆粒大、色红紫、皮薄、肉细、易酥，是上海各食品厂、店制作赤豆棒冰、猪油豆沙汤、赤豆粽子、赤豆糕等特色食品的重要原料。崇明大红袍赤豆营养价值很高，三萜皂甙和烟酸含量尤其丰富，对粗皮病患者有较佳疗效，所含铁质丰富，有补血功能，中医作利尿、消肿、去毒、排痈药用。

●河豚

长江下游沿海地区包括崇明是天然河豚的主要产地。崇明主产的河豚品种有暗色东方河豚和条纹东方河豚两种。经过科研人员的多年努力，河豚的人工育苗和养殖在崇明都已获得成功。崇明河豚肉质鲜美，富含脂肪，蛋白质含量很高。

●金瓜

又名金丝瓜，在崇明已有百年以上种植历史，是崇明的传统特产。金瓜鲜嫩清香，松脆爽口，是家庭、饭店、宾馆中色香味俱佳的上等菜肴，享有“植物海蜇”之美誉。金瓜不仅味美可口，而且营养丰富，除了有人体所需要的多种维生素外，还含有易被人体吸收的磷、铁、钙等多种营养成分，又有补中益气、消炎止痛、解毒杀虫的作用，对老年人高血压、冠心病、肥胖症等，亦有较好的疗效。

金瓜

●芦笋

又名石刁柏，北方人称之为龙须菜，是多年生，雌、雄异株宿根性蔬菜，每年4月初开始采收。它是崇明东部特产脆嫩爽口，色佳味美，营养成分十分丰富，食用价值很高，既可凉拌，又可热炒。芦笋罐头远销日本、德国、以色列、约旦等许多国家，备受青睐。芦笋除富有营养价值外，还具有一定的药效。

芦笋

上海市旅游投诉电话：64393615
消费者投诉电话：12315
上海市旅游局 lyw.sh.gov.cn

旅游资讯

上海交通

上海是华东地区的重要交通枢纽，交通系统十分发达。上海浦东国际机场不仅是华东地区对外交流的窗口，也是中国四大航空港之一。上海还是华东地区重要的铁路枢纽，多条铁路干线和支线在这里交会。市内公共交通网络四通八达，地铁和公交连接着上海的每一处地方。出租车随处可见，快捷而方便。上海还有很多码头和跨海、跨江大桥，通过轮渡和隧桥将城市和各个岛屿连接起来。

飞机

上海主要有浦东国际机场和虹桥国际机场两大机场，有多趟国际和国内航班，覆盖了国内主要大中城市、世界主要国家和地区。

浦东国际机场

上海浦东国际机场位于浦东新区的江镇、施湾、祝桥滨海地带，距市中心约 30 千米，距虹桥机场约 57 千米。现往来于上海的大部分国际航班在浦东机场起降，国内航班多在虹桥机场起降。通航浦东机场的中外航空公司已达 60 家左右，航线覆盖 90 多个国际城市（地区）、70 多个国内城市。

航班咨询电话：96990

投诉电话：68347575

●航站楼信息

T1 航站楼：有 28 个登机桥，目前由四川航空、海南航空、春秋航空、大韩航空、荷兰皇家航空等主要运行。

T2 航站楼：有 42 个登机桥，目前由阿联酋航空、卡塔尔航空、美国西北航空、瑞士国际航空、澳门航空等主要运行。

●外部交通

机场轨道🚇 从浦东机场到市区可乘坐地铁 2 号线和磁悬浮列车。磁悬浮列车西起上海地铁 2 号线龙阳路站（近白杨路），东到浦东国际机场（300 米廊道直接连接候机楼），线路全长 30 千米，单线运行时间不到 8分钟。

机场大巴：浦东机场的大巴有机场一至八线、环一线、夜宵线等。

上海浦东国际机场

外滩和陆家嘴夜景

线路	始发站	浦东机场	主要停靠站	终点站	发车间隔（分钟）	票价（元）
机场一线	1号航站楼 7:00~23:00	2号航站楼 7:05~23:05	虹桥机场2号航站楼、虹桥火车站	虹桥枢纽东交通中心 6:00~23:00	15~25	30
机场二线	1号航站楼 6:30~23:00	2号航站楼 6:35~23:05	——	城市航站楼（静安寺）5:30~21:30	15~25	24
机场四线	1号航站楼 7:00~23:00	2号航站楼 7:05~23:05	德平路浦东大道、五角场（下行：邯郸路、国宾路）（上行：东方商厦）、运光新村	虹口足球场（花园路 5:30~21:30	15~25	16~22
机场五线	1号航站楼 6:30~23:00	2号航站楼 6:35-23:05	龙阳路地铁站、世纪大道浦东南路（东方医院）、延安东路浙江路（下行：人民广场）（上行：洪长兴门口）	上海火车站 5:10~21:30	15~25	2~22
机场七线	1号航站楼 7:30~23:00	2号航站楼 7:35~23:05	川沙路华夏东路、上南路华夏西路	上海南站 6:30~21:30	10~20	8~20
机场八线	1号航站楼 7:00~19:30	2号航站楼 7:05~19:35	当局楼、海天三路启航路、东方航空、河滨西路卡口、机场保税区、千汇路南祝公路、人民公路城东路、南汇汽车站等	南汇汽车站 6:00~18:40	7:00~19:30，约半小时间隔	2~7
机场九线	1号航站楼 7:00~23:00	2号航站楼 7:05~23:05	——	莘建东路宝城路（莘庄地铁站北广场）6:00~21:30	高峰时段约30分钟	22
机场环一线	1号航站楼 8:00~19:15	2号航站楼 8:05~19:20	当局楼、公安分局、海关仓库、航空公司、施湾	航城园 7:10~18:45	30	2~3

续表

线路	始发站	浦东机场	主要停靠站	终点站	发车间隔（分钟）	票价（元）
守航夜宵线	1号航站楼 23:00后至当日航班结束后45分钟	2号航站楼 23:05后至当日航班结束后45分钟	浦东机场T1~T2站、龙阳路芳甸路站、世纪大道地铁站站、延安中路华山路站、虹桥枢纽东交通中心等	虹桥枢纽东交通中心	不超过45分钟	16~30
酒店穿梭巴士	1号航站楼 6:05~1:05	2号航站楼 6:00~1:00	目前开通方向：人民广场、虹桥、陆家嘴、静安寺、北外滩、徐家汇区域		不超过30分钟	68
迪士尼公交专线	2号航站楼 11:00	1号航站楼	——	迪士尼西公交枢纽站（18:00从迪士尼乐园返回浦东机场）		30

●内部交通

旅客摆渡车：每天（06:00 ~ 21:00）免费营运，每班间隔 10 分钟，全程约需 20 分钟。候车地点为：T1 航站楼出发层的 1 号门（国内）、8 号门（国际）；T2 航站楼出发层的 27 号门（国内）、23 号门（国际）。

联络道路：在两个航站楼间有三条连廊，各长400米，其中分别设有6段自动步道。徒步全程约需20分钟。

虹桥国际机场

虹桥机场位于上海市西郊，是上海第一个民用机场，距市中心仅 13 千米。经过多年的扩建后，上海虹桥机场现已成为我国四大航空港之一。已开通的国内、国际城市的航班达到 90 多个。

虹桥综合交通枢纽，已经建成为融航空港、高速铁路火车站、轨道交通、公共汽车为一体的现代化大型综合交通枢纽。

航班咨询电话：96990

投诉电话：32531090

●航站楼信息

T1航站楼：1层是接客大厅；2层是到达中转层；3层是办票大厅；M2是出发候机层。主要有春秋航空、日韩的航空公司运行。

T2 航站楼：包括 A 楼和 B 楼。主要有国航、东航、南航、上航、厦航等航空公司运行。

线路	始发站	终点站	间隔时间（分钟）	票价（元）
807	虹桥机场1号航站楼 6:00~23:00	清涧新村	20~30	2
176	虹桥机场1号航站楼 上午7:00~9:30、下午17:00~19:30（周六周日及国定假日停驶）	天山西路福泉路	约20	2
941	虹桥枢纽东交通中心 5:30~23:00	上海火车站南广场	约20	2~6
虹桥商务区1路环线	虹桥枢纽东交通中心 6:30~20:30	虹桥西交通中心	30~40	2

续表

线路	始发站	终点站	间隔时间（分钟）	票价（元）
机场1线	虹桥枢纽东交通中心 6:00~23:00	浦东国际机场1号航站楼	20~30	30
虹桥枢纽4路	虹桥枢纽东交通中心 6:00~00:25	紫竹科学园区	10	1~8
虹桥枢纽9路	虹桥枢纽东交通中心 6:00~23:00	嘉定客运中心	20~30	10
闵行18路	合川路虹泉路 6:00~22:00	金丰小区（金辉路保乐路）	20~30	2
316路夜宵线	虹桥枢纽东交通中心 23:00~5:00	延安东路外滩	30~40	2
夜宵巴士	虹桥机场2航站楼到达层1号门外北侧 22:30~当天航班结束后的45分钟	陆家嘴	根据客流调整	10~16

●外部交通

机场轨道：地铁 2 号线至虹桥机场 T2 航站楼（不到达 T1 航站楼）。地铁站设于虹桥机场 T2 航站楼的地下层，末班车为 22:50。

机场大巴：浦东机场的大巴有机场一线、民航专线、941、925、938、806、807等。

出租车：从虹桥机场乘坐出租车到达市区人民广场约 61 元，到徐家汇约 45 元。

●内部交通

虹桥机场 T1、T2 航站楼间提供免费摆渡巴士服务，旅客完全不用担心走错航站楼。候车站点为：T1 航站楼出发层 6 号门（首末班时间 6：00、22：30），T2 航站楼到达层 1 号门（首末班时间 6：30、23：00），每 15 分钟发 1 班。

火车

上海有京沪线、沪昆线、沪杭高速铁路、沪宁高速铁路等铁路线穿境而过，铁路运输发达，有三大火车站：上海站、上海南站、上海虹桥站。上海虹桥站是上海最大、最现代化的铁路客运站，上海站是上海客流量最大的火车站。

上海站

上海站位于静安秣陵路 303 号，是上海客流量最大的火车站，上海市民通常称之为“新客站”。京沪铁路方向的列车大多在此始发，主要发往江苏、安徽北部、河南、山东、华北、东北、西北的许多城市。

交通：去往上海站可乘坐上海轨道交通 1、3、4 号线

咨询电话：63179090

上海虹桥火车站

上海南站

上海南站（原新龙华车站）位于沪闵路，是上海中心城市的南大门，也是联系长江、珠江三角洲及中国南方其他城市包括港澳地区的重要交通枢纽。沪杭方向的列车全部在此始发，主要发往杭州、嘉善、金山方向。

交通：去往上海南站可乘坐地铁 1、3 号线到达

咨询电话：95105105

上海虹桥站

上海虹桥站位于上海市偏西部，东邻上海虹桥国际机场 T2 航站楼，为沪杭高速铁路、沪宁高速铁路与京沪高速铁路的交会点，是华东地区最重要的铁路客运枢纽与规模最大的铁路客运站。主要是发往杭州、南京、温州、福州、郑州、北京方向的列车。

交通：可乘坐地铁 2、10 号线到达

咨询电话：57025590

上海交通

汽车

上海长途汽车站众多，主要的汽车站有上海长途汽车客运总站、上海长途客运南站和恒丰路客运站，发往华东各省的班次在这三个车站都能找到，尤其江浙等周边地区的班次密集，车型多为豪华大巴，十分方便舒适。而上海旅游集散中心则有发往上海周边旅游目的地的短途班车。

上海长途汽车客运总站

上海长途汽车客运总站位于上海市静安区中兴路 1666 号，是目前亚洲最大的客运站，主要发车方向为华东地区的江苏、浙江、安徽、江西、福建等地。

去往客运总站，可乘坐 912、106、115、305、306、310、912、929、924 等路公交。

咨询电话：66050000

上海长途客运南站

上海长途客运南站位于上海市徐汇区石龙路 666 号（近柳州路口）。主要发车方向为临近的江苏、浙江、安徽以及福建、湖北，最远有至广东的班车。

去往客运南站可乘坐公交 144、315、867、973、111、144、156 等路。

咨询电话：54353535

恒丰路客运站

恒丰路客运站位于上海市静安区恒丰路 258 号（汉中路口），是上海的老客运站，长途客运南站建成后，从这里发出的车次较之其他车站较少，主要发车方向是周边城市的省际班车。

去往恒丰路客运站可乘坐公交 41、64、104、109、573、722、723、768、801、835、837 路及地铁 1 号线等。

咨询电话：63176916

其他长途汽车站

客运站	位置	咨询电话
新宁客运站	大宁路383号	56654797
沪铁长途客运站	恒丰路783号	63532300
武宁长途汽车站	中宁路230号	62059207
南区客运站	龙华西路沈家宅15号	64390692
新西南长途客运站	沪闵路8999号	64511417
徐家汇客运站	虹桥路211号	64699472
北区客运站	公兴路80号	56630230

市内交通

上海市区交通工具多样化，有四通八达的公交车，出行方便的出租车，方便快捷的地铁，而穿行在弄堂里的自行车、电动车等非机动车，也给人们出行带来了方便。

市内地铁

上海市轨道交通发展迅速，目前运营的有 15 条地铁线路以及浦江线。各条地铁线路之间换乘实行一票制，已经取消人工售票，各地铁站均设有自动售票机，自动售票机只认硬币、纸币（5、10、50 元，最好是新的）。

轨道交通实行按里程计价的多级票价，0~6 公里 3 元，6 公里之后每 10 公里增加 1 元；票价计算采用最短路径法。1 号线（莘庄 → 富锦路）；2 号线（徐泾东 → 浦东国际机场）；3 号线（上海南站 → 江杨北路）；4 号线（上海体育馆 → 上海体育场）；5 号线（莘庄 → 奉贤新城）；6 号线（东方体育中心 → 港城路）；7 号线（美兰湖 → 花木路）；8 号线（沈杜公路 → 市光路）；9 号线（松江南站 → 曹路）；10 号线（虹桥火车站站 / 航中路 → 新江湾城）；11 号线（嘉定北站 / 花桥 → 迪士尼）；12 号线（嘉定北站 / 花桥 → 迪士尼）；13 号线（金运路 → 张江路）；16 号线（罗山路 → 龙阳路）；17 号线（虹桥火车站 → 东方绿舟）；浦江线（沈杜公路 → 汇臻路）。

人民广场

上海住宿

上海作为一个国际性的大都市有着各种级别档次的酒店和旅馆，四五星级，甚至超五星级的高级酒店数不胜数。另一个特点是分布广泛，几乎涵盖了所有商圈、景点，甚至住宅区。在上海最繁华的商业区中，更是形成了人民广场附近、外滩周边、静安、徐家汇、虹桥、四川北路等几大住宿群。

人民广场附近

人民广场是地铁1、2号线的换乘车站，对于购物一族来说是再熟悉不过了，同时也是外地游客来上海的必到之处。因为这里不仅集中了上海博物馆、上海大剧院、上海美术馆等重要的景点，而且各个档次的酒店和旅馆也是数不胜数。

●上海明天广场 JW 万豪酒店

位于上海市黄浦区南京西路 399 号，

人民广场

乘坐地铁 1、2、8 号线人民广场下可到达。☎ 800-260-0660

●上海朗廷扬子精品酒店

位于上海市黄浦区南京路步行街，紧邻人民广场，步行至著名的外滩仅 15 分钟，乘坐地铁 1、2、8 号线人民广场下可到达。☎ 021-51801133

●上海世茂皇家艾美酒店

位于久负盛名的南京东路和人民广场之间，登楼俯瞰，上海博物馆和上海大剧院皆可尽收眼底。距离上海人民广场 0.8 千米，步行 10 ~ 15 分钟。☎ 021-33189999

●24K 国际连锁酒店（上海人民广场店）

地处上海市静安区威海路155弄20号（近成都北路口）。地铁 1、2、8 号线环绕周边，至人民广场步行约 15 分钟。☎ 021-51181222

●布丁酒店连锁（上海人民广场店）

位于上海市黄浦区西藏中路 725 弄 41 号（新闸路 126 号）。距离市中心人民广场 500 米，步行 10 分钟可到酒店。☎ 021-60872772

●如家连锁酒店（上海人民广场店）

位于上海市黄浦区重庆北路 208 号。距人民广场约 500 米，走路约 10 分钟。☎ 021-63592899

浦东陆家嘴夜景

●上海老船长青年旅舍

上海老船长青年旅舍周围500米内有烧烤场、游泳池、黄浦区体育馆、外滩和人民公园，均可步行前往。✉ 上海市黄浦区福州路37号 ☎ 021-63235053

●宿适轻奢酒店

位于百年历史大世界对面港陆广场内，人民广场、南京东路步行街、外滩等景点也在附近，交通便利，位置优越。✉ 上海 黄浦区西藏中路18号 ☎ 021-63606616

●上海新易途国际青年旅舍

位于上海市黄浦区江阴路55号，步行5分钟即可到达人民广场。☎ 021-63277766

外滩附近

外滩附近是上海非常繁华的地方之一，各种酒店、宾馆林立，交通十分便捷。有不少将旧上海的繁华和现代风格结合起来的酒店，也有不少经济型酒店和青年旅舍。

●上海外滩茂悦大酒店

坐落于外滩北端黄浦江西面堤岸，可尽享无与伦比的浦江两岸美景，距外滩约1千米，步行十几分钟即可到达。✉ 上海市虹口区黄浦路199号 ☎ 021-51015566

●上海外滩海湾大厦酒店

位于外滩金融街和北外滩国际航运街交界处，步行五分钟便可抵达著名的南京路步行街，交通极其便利，酒店拥有上海最佳的外滩及浦东陆家嘴景观。✉ 上海市虹口区黄浦路53号 ☎ 021-53930008

●上海莫泰168连锁酒店（外滩店）

位于上海市黄浦区宁波路50号（近江西中路）。☎ 021-51793333

外滩

●上海锦江之星连锁酒店(外滩店)

位于上海市黄浦区福建南路33号。可乘坐地铁10号线、上川专线、隧道八线到达。021-63260505

●上海老西门国际青年旅舍

上海老西门国际青年旅舍是一家加盟国际品牌YHA的青年旅舍，位于上海老城厢，是一幢四层的小房子。上海市黄浦区蓬莱路115号 距离地铁8、10号线老西门站约1千米，步行约15分钟 021-63661078

●上海蓝山青年旅舍（外滩店）

距南京东路步行街约5分钟的步行距离，南京路璀璨的灯光、苏州河粼粼的波光、石库门整齐的屋顶，尽收眼底。上海市黄浦区山西南路350号物资大厦6楼 距离地铁2、10号线南京东路站约300米 021-33661561

陆家嘴附近

陆家嘴位于浦东新区，是上海最繁华的地方之一。交通方便、店铺林立，无论是购物还是住宿，都是很好的地方。

●丽思卡尔顿酒店

五星级酒店,位于陆家嘴最繁华的地方，PRADA旁边，IPOD后面，与香格里拉正面

陆家嘴

相对。上海市浦东新区世纪大道8号上海国金中心（近陆家嘴环路） 可乘坐地铁2号线6号国金中心出口，陆家嘴环路，蔡陆专线，公交81、82、85、583等路到达 021-20201888

●香格里拉大酒店

位于上海市浦东新区富城路33号（近陆家嘴西路），可乘坐地铁2号线在陆家嘴站下车，也可乘坐公交870、985等路到达。021-68828888

●柏悦酒店

柏悦酒店是一家五星级时尚公寓式酒店，是目前世界上最高的酒店。上海市浦东新区环球金融中心79～93楼。可乘坐公交1、81、82、119、583、607、985、992等路到达。021-68881234

●经济型酒店

名称	位置	电话
锦江之星（花木店）	浦东新区浦建路1121号	50590938
7天连锁酒店（陆家嘴店）	浦东新区潍坊路5号（浦东南路潍坊路）	51960288

●青年旅舍

名称	位置	电话
大隐国际青年旅舍	浦东新区浦东大道834弄840号甲	58312330
宾家国际青年旅舍	浦东新区东昌路490弄东园二村210号	58879801

静安寺附近

静安寺附近景点多、环境很好，交通也很便利，是闹中取静的地方，也是上海路段最规整的地区之一。豪华酒店很多，有多家超五星级酒店，都在地铁2号线沿线。也有不少经济型宾馆，位置稍偏。

●上海璞丽酒店

酒店很有设计感，竹林营造出静谧的感

觉，楼下就是静安公园。上海市静安区常德路1号 至地铁2号线南京西路站，步行约10分钟 021-32039999

●上海爱莎金煦全套房酒店

上海爱莎金煦全套房酒店是卢浮宫酒店和金郁金香酒店集团在中国全权管理的首家旗舰店。上海市静安区陕西北路288号（南京西路口） 距离静安寺1千米，步行5分钟 021-32184555

●上海百乐门精品酒店

位于静安商业中心，地处繁华的南京西路与华山路交界处。静安区南京西路1728号 021-52539888

●上海国际丽都公馆

属于酒店式服务公寓，地处繁华热闹的静安寺商业圈内，基础设施完备。上海静安区愚园路268号 021-62481125

●上海乐途静安国际青年旅舍

上海乐途静安国际青年旅舍位于上海市静安区胶州路319弄36号。021-62671912

徐家汇附近

作为上海的副中心和商业中心之一，这里交通、购物、住宿等都很方便，既有环境优美的老牌星级酒店，也有老上海风情的小洋楼旅馆，还有个性十足的青年旅舍。

●全季酒店

位于上海西南著名的徐家汇商圈中心位置，紧邻上海交通大学，地理位置得天独厚。上海徐汇区肇嘉浜路1065号 021-60823000

●如家快捷酒店

位于徐汇区宜山路250弄12号。021-54069988

●上海冠园宾馆

位于徐汇区沪闵路9248号（近冠生园路口）。021-64518198

●上海博盈假日酒店

位于徐汇区小木桥路458号。021-51573600

●上海翔云楼宾馆

位于徐汇区中山南二路969号。021-81849400

虹桥附近

作为上海的腹部地区，浦东和浦西之间

徐家汇港汇广场

交通十分便利，这里高档酒店林立，设施完整，服务十分周到。也有不少经济型酒店和颇具特色的青年旅舍。

●上海万豪虹桥大酒店

这家五星级酒店拥有313间客房及套房，空中花园景观美不胜收。上海市长宁区虹桥路2270号（近剑河路）。距离地铁10号线龙溪路站0.8千米，步行只需5分钟，距离上海虹桥机场和虹桥火车站3千米，乘坐出租车约15分钟。021-62376000

●上海天禧嘉福璞缇客酒店

位于上海市闵行区虹许路358号（吴中路口）。021-34059898

●上海中庚聚龙酒店

位于闵行区闵虹路80号。

021-33599999

●99旅馆连锁

位于闵行区沪青平公路279号。

021-34711799

●途客中国酒店

位于闵行区 延安西路3190号。

021-52278508

●格林豪泰快捷酒店

位于闵行区红松路518号（近黄桦路路口）。021-64491313

四川北路附近

交通位置特殊，既能找到毗邻外滩、南京路、遥望浦东的高档酒店，也能找到靠近公园、安静惬意的经济型宾馆。

●上海宝御大酒店

上海宝御大酒店与历史建筑外白渡桥仅一街之隔，与以东方明珠为首的浦东摩天大厦群隔江相望，与外滩、南京路、陆家嘴等城市热点也只有咫尺之遥。上海市虹口区吴淞路299号 距离地铁10号线四川北路站800米，由四川北路站2号出口向北直行至昆山路口，左转至吴淞路口右转即到酒店，步行约10分钟 400—875—8866

●桔子酒店

位于 虹口区花园路30号。

021-51688080

●上海新宇宾馆

位于虹口区中州路66号。

021-63561666

●上海翰庭酒店

位于虹口区罗浮路27号（武进路与江西北路交叉口）。

021-63640757

马勒别墅

上海美食

城隍庙

上海是个海纳百川、中西兼具的城市，几乎所有的中国菜系都汇聚在上海。世界各地的佳肴也都能在上海觅到踪迹。上海本地菜系——本帮菜又称海派菜、上海菜，以烹调鲜活著称，特别是鱼虾，非鲜不取，非活不用，有浓油赤酱、色泽鲜亮、注重原味的特色。响油鳝糊、八宝辣酱就是典型的本帮菜。

说到上海的美食，不能不说上海传统的餐饮文化，上海传统的餐饮文化可以用两个字来形容，那就是考究。从就餐环境到就餐工具，从原料火候到菜色菜品，无一不考究。最突出的例子就是大闸蟹。大闸蟹不是上海的特产，却在上海吃出了名。使用蟹八件品蟹有如使用工艺品般需慢慢品琢。

上海本帮菜

●滑炒虾仁

以鲜活河虾去壳上浆，用滑炒方法烹制而成。成菜色泽素雅，肉质滑爽脆嫩，口味鲜香清淡，食后盘中无油、无汁、无芡，堪称一绝。

推荐餐厅：上海老饭店 上海市黄浦区福佑路242号豫园（近旧校场路） 021-65233398

●锅烧河鳗

制作“锅烧河鳗”，选料较严格，以取用冬季背黑肚白、嘴水、头大，重约650克的河鳗为佳。此菜鳗肉酥烂，含有高蛋白、钙、磷及维生素等成分，营养价值极高。此菜呈紫铜色，肉质酥烂，鳗段不碎，口味鲜肥。

推荐餐厅：老正兴菜馆 上海市黄浦区福州路556号（近浙江中路）

油爆虾

●油酱毛蟹

此菜色泽鲜红，卤汁浓油赤酱，紧包毛蟹，肉质鲜嫩，味香浓郁。

推荐餐厅：老夜上海餐厅 上海市黄浦区茂名南路59号老锦江饭店北楼11楼 021-64726386

●糟钵头

始于清代嘉庆年间。由上海本地著名厨师徐三首创，色乳白，有香糟味。适宜于春冬二季食用。

推荐餐厅：鹭鹭酒家 上海市静安区南京

西路1266号恒隆广场5楼（恒隆店） 021-62881179

●八宝鸭

被美食家誉为席上一绝而驰名中外，是用带骨鸭开背，填入配料，扣在大碗里，封以玻璃纸蒸熟，鸭形丰腴饱满，原汁突出，出笼时再浇上用蒸鸭原卤调制的虾仁和青豆，满堂皆香。

推荐餐厅：廊亦舫 上海市浦东新区陆家嘴西路168号正大广场5楼 021-50471266

●炒圈子

始于清末，最早是由上海老正兴菜馆和本地菜馆经营，原名为“炒直肠”，后以菜名不雅，按其圈子形状改名为“炒圈子”“红烧圈子”。由于圈子经调味烹制后，滋味独特，颇受顾客欢迎，因而在20年代初就盛名于市。

推荐餐厅：小南国 上海市黄浦区瑞金二路118号瑞金宾馆内 021-32089777

上海特色小吃

南宋时，上海小吃就已闻名。在清朝时期，随着上海商业日益繁荣，应时适令的各类米、面小吃品种更为丰富。清末，上海被列为对外通商口岸后，就相继吸取了各地风味小吃精华，并加以发展和提高，形成自己的特色。

现在，上海小吃的特点是品种繁多，兼具南北风味，能满足不同人的需要。上海小吃不仅选料严谨，制作精细，还应节适令，因时更变，供应方便灵活。无论是南翔小笼包还是生煎馒头，无论是三鲜小馄饨还是油豆腐线粉汤，都有着无可替代的地位。

●南翔小笼包

南翔小笼包制作精细，一个个雪白晶莹，如玉兔一般，惹人喜爱。吃时，先咬破底皮，吮一口汤汁，然后把小笼包放入嘴里细细品尝，那鲜味，让人能把舌头吞进肚子里。

推荐餐厅：南翔馒头店豫园路店 黄浦区豫园路85号 021-63554206 南翔馒头店吴江店 静安区吴江路269号2楼

●白斩鸡

白斩鸡鸡皮色泽光亮、香嫩爽口，是上海很有名的小吃。

推荐餐厅：振鼎鸡长宁店 长宁区定西路1239号 021-6212316 振鼎鸡愚园店 长宁区愚园路631号 021-62896810

●鸡粥

鸡粥是用鸡汤原汁烧煮成的粳米粥，然后配上鸡肉和各种佐料的一种小吃。黄中带绿，鸡肉色泽光亮，令人赏心悦目，食欲大增。品尝时，鸡粥黏韧滑溜，鲜香入味，鸡肉细嫩爽口，营养丰富，越吃越香。

推荐餐厅：小绍兴云南店 黄浦区云南南路69-75号 021-63260845 小绍兴牡丹江店 宝山区牡丹江路1795号 021-56602277 小绍兴浦东店 浦东新区浦东大道125号 021-58828334

●浇头面

浇头面是苏式汤面的一种，讲究的是汤水、浇头和面条。上海的浇头面一般分为焖肉面、爆鱼面、爆鳝面、虾仁面、三虾面等，另外还有炒鳝糊、炒什锦等不同的浇头。

推荐餐厅：又一村 虹口区四平路591号（近新港路） 兰桂坊 021-65084002 长宁区娄山关路417号 沈家门兰嫂海鲜面 黄浦区福建中路

浇头面

90号

●蟹壳黄

蟹壳黄是用发酵面加油酥制成的夹馅酥饼。饼色与形状酷似煮熟的蟹壳，呈黄褐色，吃下去酥、松、香。蟹壳黄的馅有咸有甜，咸味的有葱油、鲜肉、蟹粉、虾仁等，甜的有白糖、豆沙、枣泥等。

推荐餐厅：王家沙点心店是上海点心店的老字号，这里有蟹粉小笼、蟹壳黄、辣肉面、萝卜丝等上海特色小吃。这里的蟹壳黄有很多种口味，味道酥脆可口，非常受欢迎。

●阳春面

阳春面又称“清汤光面”，是上海的一大特色。这碗光面，看上去只是白白的面条加上几颗葱花，青青白白。但是，阳春面的汤大有文章，它是用鸡和鱼混炖的高汤，因此透着一分清香、一分醇鲜。面在锅内烧开后，放在冷水里冷透，然后放到烧沸的高汤锅中，煮熟后，用长筷子撩起面条放在碗内，加上高汤，撒上葱花，顿时让人食欲大增。

推荐餐厅：老半斋是家做淮扬菜的老字号，素以选料讲究、刀工精细，注重火功、原汁原味、咸甜适中、南北皆宜而闻名。酒楼供应的雪菜烩面在上海独此一家，其汤汁浓厚，面软而不糊，堪有一碗面吃半个多世纪之称，是上海市特色面品种，另外，还有鸡火干丝、清蒸刀鱼、拆烩鱼头、蜜汁火方等名菜。

●三鲜小馄饨

三鲜小馄饨是上海的名小吃，细细的葱花漂在面上，透着粉色肉馅的几十个小馄饨、紫菜、开洋（虾米）和鸡蛋皮丝躺在清澈的汤里。尝一口，味道可口、鲜美。

推荐餐厅：万寿斋是吃馄饨的好地方。虽然外表看起来不起眼，但你只要吃过这里的三鲜馄饨，绝对会觉得不枉此行。

●排骨年糕

排骨年糕经济实惠，独具风味。年糕虽然被汤汁黏密地包裹着，吃下去满口都是肉汁的浓郁，但是却不失分寸地保留着自己本身的糯香和黏韧。

推荐餐厅：鲜得来，这里的排骨年糕是将面粉、菱粉、五香粉、鸡蛋放在一起加水搅成面糊裹在排骨表面，放入油中氽熟。然后将松江大米与红酱油、排骨一起加上甜面酱，浇上辣椒酱即可。入口的年糕糯中发香，略有甜辣味，鲜嫩适口。

●生煎馒头

生煎馒头实际上是生煎包子，为土生土长的上海小吃，据说已有上百年的历史。生煎馒头的馅心以鲜猪肉加皮冻为主，有的还有鸡肉、虾仁等多种品种。煎出来的馒头底酥、皮薄、肉香。一口咬下去，肉汁裹着肉香、油香、葱香、芝麻香喷薄而出，味道妙极了。

推荐餐厅：小杨生煎，号称“新世纪上海生煎业的代表”。这里的生煎都是现场制作的，味道独具一格。

●油豆腐线粉汤

干点配湿点，是平常上海人习惯的饮食方法，而湿点中油豆腐线粉汤则是保留节目。油豆腐线粉汤看上去虽然有点清汤寡

生煎馒头

水，但与生煎、排骨年糕等油腻的点心却是绝配。它的汤水够清，味道够鲜。油豆腐、粉丝和百叶包，再加个双档，保证鲜掉大牙。

推荐餐厅：真老大房是上海的老字号，这里的油豆腐线粉汤很地道，搭配传统的点心，就是让人难以忘记的美味了。

上海美食去处

●云南路

云南路邻近人民广场中心区，是上海一条比较老的美食街，在1925年的时候就有30多家商户在此经营馄饨、生煎馒头等小吃。现在，云南路美食街的很多店都属于一些大的集团公司，如小绍兴餐饮集团等。正因为如此，云南路美食街的连锁性就特别强，几百米的距离，四川火锅店就有几家。也因为老，美食街有着一股旧上海的风情。美食街上的各家店几乎都经营中餐，且上海菜和四川菜偏多，也有鲁菜和淮扬菜穿插其中。而西餐厅或比较现代派的“吧”“坊”在这里很难找到。

上海人请客吃饭，去得最多的要数云南路了，不仅长安饺子楼、金陵酒家、三和楼菜馆、老正兴菜馆等日渐兴隆，且弄口过街

城隍庙

道也有小摊供应宵夜，成为沪上闻名的美食街。北京烤鸭、小金陵盐水鸭，还有“鲜得来”的排骨年糕、“小绍兴”的白斩鸡、“南翔”的小笼包、稻园的生煎馒头、天津的“狗不理”包子、山东的水饺、“老四川”的火锅等争相辉映，美食种类可谓包罗万象。

●吴江路

在上海，吴江路美食街人人皆知，这条在上海的老里弄里形成的美食街，有着浓郁的上海味道。吴江路不够辉煌大气，可它更加平民化和生活化，每个小店都颇有一种“大隐隐于市”的感觉。

●上海城隍庙

城隍庙美食街被称为上海小吃的王国，城隍庙小吃的历史，据说可以追溯到明朝，那时，五香豆、南翔馒头等已是众人皆知的名品，各地的美食，也在这里云集。很多国内外重要宾客也常到豫园一游，除了观看美景外，还品尝美味的小吃。到目前为止，老城隍庙已接待了不少各国元首和政府首脑。

●黄河路

黄河路美食街是上海本帮菜的聚集地，这里的餐厅食肆都是一间间从小门面发展成三楼、五楼的，有的楼还伸出来一截。进去时，看到的是小小的空间，但里面却曲径通幽，别有洞天。从楼梯上去，家家都装修得富丽堂皇。从窗外望去，上面的几层就好像浅浅地浮在半空中，成为空中楼阁，也成了上海弄堂美食的一大特色。

●仙霞路

仙霞路美食街被称为“沪上小台北”，是一条老牌且口碑悠久的美食街。美食街世界各地风味齐聚，仅一千多米长的小街上汇聚了100多家餐馆。日本菜、韩国料理、东南亚风味应有尽有，台湾菜、川鲁粤各大菜也是一应俱全。总之，五湖四海的美食都云集在这里，吃遍了仙霞路就把世界各地的美食

全部尝遍了。

●乍浦路

乍浦路美食街集我国各大菜系之精华，兴于20世纪80年代中期，盛于90年代中期。到1993年，在长约1千米的乍浦路上，大大小小的饭店酒楼有100多家。乍浦路美食街的菜肴，集我国各大菜系之精华，以川帮、川扬帮、江、浙、沪风味菜肴为主，集京、广、潮、甬各帮菜系之大成，既突出东方饮食注重的色、香、味、形，又吸收西方饮食的特点，还注重餐厅气氛，更把味道当成核心，并达到一定的养生目的。而家常菜肴精烧、风味菜肴特烧，让多种风味互补是其一大特色。而在价格方面，也适应了不同层次消费者的需求。

●天钥桥路

天钥桥路餐饮街人气很旺，大大小小的餐饮店将这条小路挤得热热闹闹的。年头久的老字号定有自己的独门功夫，新铺子就更加千奇百怪、噱头十足。而在这条路上找店吃东西，简直眼能挑花，然而惊喜却不断。

上海新潮餐厅

无论是上海本帮菜，还是东西南北各地佳肴；无论是法国、德国等西方大餐，还是日本、泰国等亚洲国家的各种菜式，都能在上海找到一个落脚点。走在上海的大街小巷，不管是奢华的商业中心，还是僻静的小巷，都能找到一些颇具特色的餐饮店。

上海的餐厅，并不仅仅以美味扬名。小洋楼里的餐厅，复古的走廊、木头做的地板、老式的吊灯，有着旧上海的情调；西式的餐厅，黑沙发绕着老壁炉，炉里暖暖的火光，照亮昏暗角落，有着无限的浪漫；港式的茶餐厅，听的是粤语歌曲，贴的是香港明星画，让人感受的是以香港为主题的文化。总之，上海的每一个餐厅都有它自己发光的地方。

南京路

●宝莱纳餐厅

宝莱纳餐厅是一个品味德国生活的好去处。这里的啤酒遵循1516年德国最古老、最严格的酿造工艺，味道醇正；这里的猪肘以及巴伐利亚拼盘、蔬菜炖牛肉都非常好吃。唯一的缺点就是价格不便宜。

✉ 上海市徐汇区汾阳路150号

🚌 乘坐42、96路公交在汾阳路下车可到，也可以乘坐地铁1号线到黄陂南路站下

☎ 021-64745700

●红房子西菜馆

红房子西菜馆环境优雅、舒适，置身其间品尝法式大餐，别有一番异国情调。店中的法式菜具有“选料考究、操作精细、讲究沙司、注重蔬菜、品种繁多”等显著特点，既有经典的法式传统菜肴，更有独树一帜的“红房子”创新菜谱。

✉ 上海市黄浦区淮海中路845号

🚌 乘坐41、104等路公交在延安中路或乘坐955路在淮海中路下车可到

☎ 021-64456291

●兰纳泰餐厅

兰纳泰餐厅是一个体验正宗泰国菜的地方。老资格的泰国厨师、娴熟的技术加上由泰国空运而来的新鲜香料做成的菜，绝对是地道的泰式佳肴。✉ 上海市浦东新区金科路1800号东交院馆内 🚌 乘坐17、786、24、128、

146、104路公交车可到

021-50278261

●九龙冰室

九龙冰室为一家“名声在外”的港式茶餐厅，以香港文化和电影为主题。店里挂着香港电影海报，播着粤语歌曲，让人感受到浓厚的香港氛围。这家店的特色菜，除了标有“龙”字的菜或甜点外，还有金针菇鸡肉卷、杨枝甘露、椰汁紫米露、芒果班戟、冰火菠萝油、泰国红咖喱鸡等。

上海市徐汇区华山路2092弄70号（近广元西路）

乘坐104、128路公交车北京西路站下或乘坐41、301、315、112路公交泰兴路站下可到，还可以乘20、37、330路或地铁2号线石门一路站下可到

021-51522635

●小红楼

小红楼是中国国歌的诞生之地，走进这里，你会感觉到时光倒转，古老的留声机、随处可见的老照片和老唱片都透露着浓浓的旧上海情调。如今，小红楼凭借其独特的历史意义和极具东方色彩的创意法国菜，成为怀旧一族美食之旅的必到之处。这里的意大利土豆肉卷、金枪鱼沙拉、经典上海蟹肉沙拉、香烤纸包大虾、香煎“雪龙黑牛”牛柳肉、葡萄佐以芥末冰淇淋，味道都超级棒。 上海市徐汇区衡山路811号（徐家汇绿地内）

小红楼

乘坐地铁1号线在徐汇站下车或乘坐42、43、15、931、548、830、824、93等路公交车可到

021-64319811

●米氏西餐厅

米氏西餐厅地处上海最好的地段，以其高档的菜肴赢得了多方赞誉。站在这里的露台，可以眺望黄浦江以及外滩，夜晚在这里就餐，外滩优美的夜色尽收眼底。

上海市黄浦区中山东一路5号7楼

乘坐20、22、37、55、71、135等路公交车可到

021-63509988

●功德林

功德林始创于1922年，享有“素食鼻祖”之称。经过漫长的岁月，功德林菜肴已形成了自己独特的风格，它不仅选料精细、制作考究、花色繁多、口味多样、形态逼真，而且推出的菜是传统与时尚的完美结合，其著名的菜肴有鱼翅、鲍鱼、百合虾球、串炸羊肉、黄油蟹粉、烟火牛肉及素鸡、素鸭、素火腿等200余种。

上海市黄浦区南京西路445号

乘坐109、933、148、36路公交车在南京西路下车可到

021-63270218

老洋房餐厅

●老洋房花园饭店

老洋房花园饭店的前身是旧上海大亨杜月笙的杜公馆，由一幢法式别墅和近千平方米的大花园组成。太湖三白、八宝辣酱年糕、生煎包都是这里的招牌菜。

上海市黄浦区绍兴路27号

乘坐955、128路公交车永嘉路下可到

021-64333506

●上海老站

上海老站是一个以“怀旧”为主题的本帮菜馆，这里有复古的走廊、木头做的地板、老式的吊灯、盘旋而上的楼梯。在这里，最有名的还是花园里停放的两节慈禧与宋庆龄曾乘坐过的火车车厢。在里面用餐，别有一番滋味。上海老站的菜式都非常受欢迎，如芹菜百叶卷、特色素鸡、蟹粉豆腐、老站熏鱼、枣泥酥饼等。

上海市徐汇区漕溪北路201号

乘坐15、917、122路公交车天钥桥站下可到

021-64272233

上海老站餐厅

●仙炙轩

仙炙轩（Ambrosia）的意思是给神仙吃食物的地方。它在一个全透明、像水晶宫一样的房子里，透过落地的大玻璃窗，可以看到窗外的花园，环境非常优雅。仙炙轩主要经营日式烧烤，如铁板牛肉、鱼排等。

上海市徐汇区汾阳路150号

乘坐927、49路公交车乌鲁木齐站下可到

021-64313935

●藏珑坊

藏珑坊坐落在东平路上，这里原是蒋介石的居所，一栋小楼朴素中透露着大户人家的贵气。明代的家具风格古朴凝重，桌角包嵌的铜片粗犷中透着精致。

上海市徐汇区东平路9号

乘坐927、49路公交可到

021-64731021

●席家花园

席家花园初建于1913年，是德式的花园别墅，是上海最具浪漫风情的餐厅之一。在席家花园用餐的诱人之处在于那份富贵淡雅的气质，室外大大的草坪，室内精致的陈设、古朴的装饰，点点滴滴都与众不同。

上海市徐汇区东平路1号

乘坐927、49路公交可到

021-64747052

面馆

在上海的美食中，面是另一个不得不被提到的美食，虽然不似北方的面食文化有着悠久的历史，在面的款式上也没有那么多的花样。但上海在几十年的发展中有自己的一套面文化。上海的面条汤清味鲜，清淡爽口。从汤头、面身、浇头、下面、调味，每道工序都有讲究，再加上上选的材料和优雅的环境，真是“面面俱到”。在一些不起眼的小巷街边，还有一些颇有传奇色彩的面馆和面摊。

●真如羊肉馆

这家饭馆保留着80年代的老样子，古老的长方凳、油油的桌子和斑驳的墙面，仿佛时光在这里停滞了一样。面和羊肉是分开上的，大块红烧羊肉伴着红汤，用扎鞋底的那种粗线扎着。羊肉嚼到嘴里有点甜，皮硬中带着酥软，汤是白汤，面是手工制作的扁的小阔面，吃起来特别有韧劲。

上海市普陀区北石路155号

●宝泰面馆

上海屈指可数的24小时营业的面馆，这

家的汤是浓油赤酱类型，油水够重，非常浓郁。面的浇头基本都是现炒的，很入味，量也足。中午的时候人气特别旺。

📧 上海市黄浦区瞿溪路1072弄1号

●上海泰和饮食店阿娘面

号称是上海最好吃的面，要吃到阿娘的招牌黄鱼面得排队等待。汤头很鲜，淡淡的味道带着葱香，很能挑起人的食欲；而鱼肉则是嫩嫩的，佐面的咸菜偏甜，伴着面吃才叫美味。

📧 上海市黄浦区思南路19号

甜品店

上海人喜爱甜食，有小资情调的甜品店在城市的很多角落都可以看得到。除了文中介绍的几个老字号或品牌甜品店之外，还有宜芝多、马哥孛罗、可颂坊、面包新语、哈根达斯、安徒生冰淇淋、爱茜茜里、小恬心等国际知名以及上海本地化的甜品店可供您选择感受。

甜品店玩具木马

●红宝石

红宝石是一家老牌西点房，因陈丹燕把它写入小说《上海的风花雪月》而名声大噪。这里的鲜奶小方算是上海最好吃的鲜奶蛋糕。

📧 上海市静安区新闸路1384号

📞 021-62563716

●凯司令

凯司令是老字号的西点店，栗子蛋糕是这里几十年的招牌，手打的栗子泥夹杂在新鲜的奶油中，口感细腻，香味浓郁。这里一直是许多老上海人童年的记忆，也一直是“老克勤”们推崇的经典。

📧 上海市静安区南京西路1001号

●85度C

85度C，是一家台湾时尚餐饮公司，主要经营咖啡和甜点。以高雅明亮的店装搭配简洁的品牌形象，让消费者在明亮的开放式空间里享受甜食所带来的美感与诱惑。

📧 上海市静安区吴江路269号（吴江路店）；黄浦区福州路575号（福州路店）

📞 021-61361411（吴江路店）、63509202（福州路店）

●巴黎贝甜

巴黎贝甜（Paris Bagutte）是韩国历史最悠久的食品企业SPC集团旗下的韩国顶级烘焙品牌。主要经营正宗法式面包、新鲜三明治、美味蛋糕、醇正咖啡，是一家运营法国正宗面包的顶级面包店。

📧 上海市杨浦区邯郸路600号万达商业广场1楼C-2（五角场店）

📞 021-55660739

上海购物

上海豫园

上海作为中国的购物天堂有着悠久的历史。百年前开埠之初,十里洋场便闻名世界。改革开放初期上海本地产品以款式新颖、做工精良而著称,受到各地的青睐和追捧,那时候“上海产”就是质量的保证书。而现在这里汇聚了国内和世界各地的名品,引导着时代的潮流,是中国流行和时尚的最前沿。现在的上海形成了许多的城市商圈和购物街,还有各式各样的上海特产。

上海特产

●五香豆

五香豆又称“奶油五香豆”,由上海老城隍庙“郭记兴隆五香豆店”首创,故又称“城隍庙奶油五香豆”。蚕豆口感软中带硬,咸中带甜,还有一股清淡的奶油香味。沪语有“勿吃城隍庙五香豆,等于没来过上海”之说。

●城隍庙梨膏糖

城隍庙梨膏糖相传已有1300多年历史。100多年前上海城隍庙开设了梨膏糖店,由于业主善于经营,城隍庙梨膏糖扬名中外。此糖分疗效梨膏糖和花色梨膏糖两类。疗效梨膏糖有止咳平喘、生津开胃之效用。

●南货店

南货店中所谓的“南货”就是中国南方特有的土产,但一般不包括广东特产。上海海纳百川,天南地北的美食在南货店都能找到。上海众多的南货店都集中在南京路一带,交通便捷。在此可以搜罗到各类喜爱的食品。

●上海织绣

上海织绣有刺绣、抽纱、机绣、绣衣、印花品、地毯和艺术挂毯七大类。上海刺绣以顾绣最为著名,至今已有四五百年历史。上海地毯以工艺细腻、图案典雅著称,产品以手工羊毛地毯为主,还有丝织地毯等。艺术挂毯则能较好地表现油画、中国画的艺术效果,用作室内装饰,更显其高贵大方。

●上海雕刻

上海雕刻分玉雕、牙雕、木雕、漆雕、石雕五大类,玉雕外观造型新奇美观,上海玉雕有大有小,小的可以随身携带,大的可以

上海玉雕

放在家里供观赏，玉雕从古至今都是摆设、送礼的佳品。上海牙雕是中国四大著名牙雕之一，以空灵剔透，工艺细巧，物中有情，景中有景而驰誉国内外。上海是我国木雕工艺品重点产区之一，按所用材料分为白木、红木和黄杨木雕三大类。

●高桥松饼

高桥松饼起源于1900年光绪年间，历史悠久，加工工艺考究，为上海高桥镇四大名点之一。油而不腻，甜而爽口，香气浓郁，皮酥馅糯，细软可口，余味无穷。

●金泽状元糕

金泽状元糕为青浦著名特产之一，成品片薄，色泽金黄，味美气香，甘甜松脆，入口即溶，内含蛋白质、脂肪、维生素及多种微量元素，具有助消化、生津健脾之效。食用、携带及贮存均极方便，且价格便宜。

●五芳斋糕团

“五芳斋”糕团为上海传统美食，品种花样繁多，达上百种，主要有黄松糕、赤豆糕、重阳糕、糖年糕、八仙过海、双龙戏珠等花色糕团。其糕团选料讲究，注重用糖。

●凤尾鱼

凤尾鱼俗称“子鲚”，又称“鲚鱼”，属名贵的经济鱼类。崇明凤尾鱼肉质细腻，营养丰富。红烧凤尾鱼色泽诱人，肉嫩味鲜，令人食欲倍增；油煎凤尾鱼外焦内软，香酥可口，是宴席上的佳品；凤尾鱼罐头对外出口，备受青睐，供不应求。

嘉定竹刻

●嘉定竹刻

嘉定竹刻创始于明朝隆庆、万历年间（1567—1619），已有400多年的历史，清代时，嘉定县城已成为竹刻工艺的中心。所刻制的人物、山水、草虫、禽鸟，刀法精湛，无不精妙绝伦，具有新鲜灵动之感。后来，嘉定竹刻名家辈出，如明代的秦一爵、沈大生、侯峭曾，清代的封颖谷、时大经、张学海等。

●上海面塑

上海面塑已有百余年历史。开创者当推被人称为“面人赵”的上海著名面塑艺术家赵阔明。他的创作题材广泛，内容以传统戏剧和神话传说为主。作品人物形象逼真，神态生动，色彩鲜艳丰富，被称为“立体的画，无声的戏”，在国内外享有很高声誉。

●嘉定黄草编

嘉定黄草编是我国传统工艺品之一，其织品种类达20个大类上千个品种。上海嘉定区的徐行乡是驰名中外的黄草之乡，所产的黄草光滑、柔软、坚韧，非常适合作为草编的原材料。用黄草编织而成的草编制品如草编包、草鞋等既美观大方，又轻巧实用。

●集云阁篆刻

集云阁篆刻所用印材大有讲究，并备有篆刻印章的各种材料，玉、石、铜、牙、角五大类都有。集云阁的铜章造型古朴，匠工独具。还有雪白的象牙章，漆黑的牛角章，以及造型典雅、雕工精细的各类印纽。

南京东路

南京东路是上海的标志，商业圈的巨头。南京东路道路两侧，云集着约600家商店，成为了久享盛名的“中华商业第一街”。在这里，老字号、老饭店“返老还童”，越来越红火，而崭新的购物中心如雨后春笋般地拔地而起，置地广场、永安百货、曼克顿广场、鸿翔、先施等现代化的商厦构成了高雅购物空间。

●置地广场

置地广场位于南京东路 409 号，是一家沪港合资的大型综合性百货商厦。商厦总营业面积 20000 余平方米，共有 10 个楼层。广场经营品种丰富多样，男女流行服饰、时尚皮具、童装、高档小家电、食品、通信器材等一应俱全，其购物环境舒适，服务完善周到，是休闲购物的绝佳去处。☎ 021-63513828

●永安百货

永安百货位于南京东路 635 号（浙江中路口），是百联集团的下属企业，其建筑为上海市文物保护单位，属折中主义古典式风格。百货内分五个营业楼面，以“经典百货”为经营理念，定位于经典品牌经营，形成服饰、化妆品与黄金珠宝三大商品特色，并经营鞋类、包袋、床上用品、钟表眼镜、数码产品、家电等商品，同时开设贵宾会所及屋顶花园等特色服务，并引进多家著名餐饮满足顾客需要。☎ 021-63224466

南京西路

在南京西路上，集中了很多国际品牌，梅龙镇、中信泰富、恒隆三大商场组成了“金三角”，他们各自声称其商场内的国际品牌都有上百种，其中恒隆广场，仅国际一线品牌就有 30 种以上，适合中高档消费人群，而且商品集中，购物环境良好。

●梅龙镇广场

梅龙镇广场位于南京西路 1038 号，是日本株式会社伊势丹继华亭伊势丹之后在上海投资的第二家商店。它的经营宗旨是：每天将新的时尚展现在顾客面前。这种时

南京路

尚不仅是指商品，同时也为那些生活品质要求较高的人士提供了一种新的生活方式。☎ 021-62187878

●中信泰富广场

中信泰富广场位于南京西路 1168 号，在引进世界知名品牌的同时，又有一些实惠的专卖店。另外，这里的购物环境很好，人不是很多，比较宽敞洁净，如果是在夏天进去走走，实在很惬意。另外，中信泰富广场还有星巴克咖啡店，逛累了，可以去里面休息一下。☎ 021-62180180

●恒隆广场

恒隆广场位于南京西路 1266 号，是俯瞰市区风光的制高点。晶莹的玻璃墙面，可以望见外面的马路、天空。而从广场外面看，路易·威登、卡地亚、爱马仕、迪奥的巨型广告牌，丝毫不比纽约时代广场逊色。另外，恒隆广场内聚集了众多的国际名牌，而且，几乎每一个品牌都把它们在中国的旗舰店设在了恒隆广场。☎ 021-62790910

●上海工艺美术商厦

上海工艺美术商厦位于南京西路198号，是一家融工艺美术品和旅游纪念品生产、加工、零售、贸易为一体的工贸企业，迄今已有四十余年的历史。商场有四个楼面、2400平方米营业面积，主要经营金银饰品、珠宝首饰、旅游纪念品、工艺礼品和工艺服饰，商品种类近百种，品种逾万种。商场设置

了多种配套服务，有来料加工、定制、邮购、托运、外币兑换、信用卡结算、接待团体、贵宾购物等，各楼面设立了几十项便利服务，为光顾商厦的贵客提供优质的商品、优良的服务。✆ 021-63276530

淮海路

淮海路过去叫做霞飞路，它东起人民路，西至凯旋路，全长约 6 千米，是一条繁华而又高雅的大街，是一条堪与巴黎的香榭丽舍、纽约的第五大道、东京的银座、新加坡的乌节路媲美的大街。

淮海路东段云集了香港广场、上海广场等高档写字楼和百脑汇、赛博等电脑广场，规模较大的太平洋百货淮海店和大上海时代广场也在这里择居。从重庆南路到陕西南路的中段为高档商圈，两侧有很多装潢讲究、陈设高雅的店面、百货大楼，百盛、巴黎春天、二百永新、华亭伊势丹等时尚百货大楼都在此落户。西段是从陕西南路到常熟路，有专营高档女式服装的美美百货和以服饰为主、兼营工艺礼品的襄阳服饰礼品市场。

●大上海时代广场

大上海时代广场位于淮海中路 99 号，是卓越品味与超级规模的象征，更是一个品牌朝圣地，这里已拥有 GUCCI、Ferragamo、COACH 等顶级品牌及 ZARA、Sisley 等国际时尚大品牌，让热爱名牌的时尚男女怎能不为之疯狂？✆ 021-63910691

●华亭伊势丹

华亭伊势丹位于淮海中路 527 号，以女装为中心，以高质量、时髦为特色，一直是时尚先锋的代言人。华亭伊势丹采用的是国际流行的广场式商场布局，展示宽广舒畅的购物天地。一间间精品屋、名品屋相映成趣。所有服装、礼品、小百货都是开架陈列，看着舒畅，买得方便。✆ 021-53061111

四川北路

四川北路是一条具有悠久历史的商业街，以前叫北四川路，清光绪二十四年（1898 年），淞沪铁路（今轻轨虹口段）通车后，四

淮海路

川北路水陆交通便捷，商贩云集，商业中心开始由百老汇路（今大名路）、吴淞路向四川北路转移，并辐射周围。不久，四川北路商店鳞次栉比，客流量日增，成为了一个赫赫有名的商业区域。

四川北路步行街一直走的是平民路线，立足于国货名牌，是国内名牌最多、质量最优、门类最全的商业基地，一直是上海普通老百姓的最爱。在这里，可以搜到低廉的国内名牌商品，也有女孩儿最爱的时尚小店。

●东宝百货

东宝百货位于四川北路1666号，是一家大众平民商场，在四川北路上小有名气。它以流行为主题，众多商品在四川北路上只此一家，突出了同四川北路上其他商店的错位经营特色——人无我有。在五楼，有一个外贸超值特卖展场，深受时尚人士的欢迎。☎ 63561818

●巴黎春天

巴黎春天位于四川北路1688号，由闻名欧洲的法国巴黎春天百货公司策划及管理，糅合了法国百货精粹，经营中高档国际著名品牌，以化妆品、服饰和家居搭配商品为主体。商品主要来自意大利、法国等欧美国家和日本、韩国及国内合资企业。☎ 021-63098090

徐家汇商圈

徐家汇位于华山路、虹桥路、漕溪北路、肇嘉浜路与衡山路5条道路交会处，这里有素有“四大金刚”美誉的东方商厦、港汇广场、太平洋百货、汇金广场、百脑汇、太平洋电脑广场、宏图三胞形成的数码广场和美罗城。

●东方商厦

东方商厦位于漕溪北路8号，是集购物、休闲于一身的旅游涉外定点商店。它坚持“礼在东方”的经营理念，以“礼品的世界、礼仪的氛围和礼貌的服务”带来全新的购物享受和时尚体验。☎ 021-64870000

●汇金百货

汇金百货位于徐汇区肇嘉浜路1000号，以个性、认知性、流行性为选牌的主要依据，引进了诸如 Esprit、Jessica、丽莱、兰豹、ICB 等一批海内外的知名品牌。如今，汇金百货凭借准确的中高档百货定位、高品质的商品、优雅的购物环境和浓厚的文化气息深得广大消费者的认可和喜爱。☎ 021-64269999

●港汇广场

港汇广场位于徐汇区虹桥路1号，不可忽略的是它独具个性的主题活动，这里的节日与庆典常常令都市的时尚一族津津乐道，如纪念 HAPPER' S 全球庆典活动、中国大型纪念展、第七届香水节和化妆节等。而如此精彩、时尚的活动，当然是时尚人士的最爱。☎ 021-64070111

五角场商圈

五角场正在发展为上海东北角的徐家

汇，这里云集了万达商业城、沃尔玛、东方商厦、百联又一城、东上海乐活广场等现代化商厦。其中万达广场内有沃尔玛购物广场、巴黎春天百货、第一食品广场、万达国际影城、新华书店、和乐国际家居广场等。

●巴黎春天

巴黎春天位于杨浦区淞沪路1号，是世界顶级的时尚品和零售业集团。五角场的巴黎春天购物环境宽敞、明亮，营业员的服务也很热情。服装品牌以中高档为主，非常适合现在的小白领。另外，商场经常有折扣活动，可低价淘到自己喜欢的东西。

✆ 021-51613888/51613877

●万达商业广场

万达商业广场位于杨浦区邯郸路600号，是上海迄今为止拥有业态最齐全、商业氛围最浓厚、商业设施最完备的商业项目，这里有沃尔玛、巴黎春天百货、HOLA家居、万达国际影城、新华书城、黄金珠宝城、第一食品广场、宝大祥青少年儿童购物中心等知名商铺。✆ 021-65658666

特色商业街

●东台路古玩街

东台路原名安纳金路，位于上海市的东南部，近西藏南路、复兴中路。东台路古玩街是一条在海内外具有较高知名度的旧工艺品特色街，以“奇、特、怪、稀”著称，经营商品包括瓷器、玉器、铜器、木器、字画、文房四宝、杂件等。营业时间：10：00 ~ 16：30。

●万商花鸟市场

万商花鸟市场位于西藏路和会稽路口，毗邻东台路古玩街，老西门二手货交易市场，是市中心品种较为齐全的花鸟市场，观赏鱼经营规模较大，主要经营各种金鱼、热带鱼、鱼缸以及水族器材和用品。

●上海云州邮市

上海云州邮市的前身是太原路邮市，在我国邮品交易历史上也有着显赫的地位，与北京月坛邮票市场、广州人民公园邮票市场和成都署袜街邮票市场并称为当时的“中国四大邮市”。

云州邮市在集邮爱好者心目中有着重要的地位，特别是双休日地摊的开辟，为集邮爱好者提供了一个“捡漏”的好去处。

●泰康路艺术街

泰康路艺术街位于上海市区南部，左靠瑞金二路，右依思南路，与建国西路平行，在经历了旧厂房和民宅的改建后，成为一条海派文化艺术汇聚的艺术街。

泰康路200号是一幢原属于上海食品机械厂的大楼，现在已经全部置换成了艺术家车间。五层楼高、共计4500平方米的老厂房，根据不同的需要，被分割成若干独立的空间。目前已经有13个国家和地区的艺术家入驻其间。

五角场

上海娱乐

上海的娱乐形式可谓多姿多彩，娱乐场所比比皆是。上海作为中国电影的发祥地和世界九大电影节的举办地，拥有众多具备一流影音设备的电影院，让你感受无与伦比的观赏效果。还有一系列世界一流的艺术场馆、剧院。如果你是追星族、发烧友，那么在上海，你一定能大饱眼福。

另外，上海还有茶坊、书场等令人惬意的场所，茶坊都是24小时营业的，还有一部分是24小时无限量畅饮的。当华灯初上时，夜上海尽在灯红酒绿中，好戏开场的时间到了。在夜总会、卡拉OK、迪斯科、酒吧、咖啡馆等各种娱乐场所，来自四面八方的客人，开始了他们的又一种生活。在这里他们可以尽情地高歌、舞动，带走一天来的疲劳。而酒吧文化已经成了上海文化的一部分，咖啡厅更是上海小资们情调生活的体现。

酒吧

酒吧是上海一道独特的风景线，规模不等、风格迥异的酒吧遍及上海的每个角落。其中主要的有衡山路酒吧街、上海新天地、铜仁路酒吧街、茂名南路酒吧街。

酒吧

衡山路酒吧街

●百度CLUB

一个有着浑厚重金属摇滚外带一点点hip-hop音乐的迪高酒吧，有迪吧和演艺吧两种风格供你选择！现场8位DJ轮流打出最high的音乐，让你顿时激情澎湃。周五至周六卡座最低消费1080元，可容纳10人左右。✉ 徐汇区衡山路10号（真爱楼下）。

●波钵街

别名Bourbon Street。氛围不错，人很多，音乐很有特点，内圈设最低消费每人100元。✉ 徐汇区衡山路191号（近高安路）☎ 021-64737911

●Touch酒吧

在这家酒吧能见到许多好玩的人，比如著名的配音演员、知名的剪接师，以及其他一些优秀的做电视、电影后期的专业人士，还有一些正在热播或正在拍摄的影视剧的演员、模特、主持人等。事实上老板自己就是著名的配音演员。✉ 徐汇区衡山路62号

上海新天地

●CJW爵士酒吧

位于黄浦区新天地兴业路123弄2号楼

1楼，一如它的名字——Cigar+Jazz+Wine，“亦动亦静，随意自在”。暗红的色调、金色的水晶、摇曳的烛光，透着豪华奢侈的气息。黑人女歌手唱得非常有味道，钱包鼓鼓的时候，别忘了去体验一回。☎ 021-63856677

●SoHo英式酒吧餐厅

位于黄浦区太仓路181弄3号楼，餐厅内全新的玻璃结构，巧妙地连接了两旁保留下来的石库门建筑。在SoHo你可以享受许多东西，如音乐、足球、红酒，还有一份英式的闲适。☎ 021-33071000

●Racks M.D.B

位于黄浦区新天地南里广场7号5楼，不可思议的字母M.D.B就体现了这个酒吧的文化与气质。音乐、饮料和桌球是这个时尚娱乐场所的主题。☎ 021-63842718

●牡丹99

位于黄浦区马当路158号（近太仓路），白天，它展示古今中外的琉璃艺术。夜晚，华丽娇艳的牡丹闪动明媚，琉璃墙在灯光映照下，瞬息变幻，色彩斑斓。☎ 021-53829886

新天地夜景

●K2 JAZZ

K2是一个先锋视听设备的展示厅，同时也是新天地里一家与众不同的酒吧。推门而入，你就能看见一“缸”很吸引人的热带鱼。用手碰碰“缸”壁，鱼儿就会随着你的指尖或游弋沉浮或索食嬉戏，栩栩如生、趣味盎然。原来，这是用先锋50英寸等离子显示器制作的电子鱼缸。在K2，上下两层楼面共错落有致地摆放有12台等离子显示器。

铜仁路酒吧街

●东方风韵酒廊

这是铜仁路上一间颇有名气的酒吧，异国情调浓郁，装饰上也很有风格，是海外人士和附近的商务人员喜欢光顾的地方。这里的饮料非常与众不同，鸡尾酒是其主要特色，虽然店铺不大，但情调却相当好。。

●蓝蛙酒吧

位于静安区铜仁路86号，名字听起来很性感，英文叫Blue Frog。老板是美国人，酒吧也具有很浓厚的美国色彩，装潢很简朴，桌椅摆放得异常整齐，吧台边墙上有一幅端着酒杯的蓝色青蛙的酒吧LOGO，墙上布满相框，是蓝蛙周游世界的相片。☎ 021-62470320

●BLOCK60

位于静安区铜仁路60号（近延安西路），与南京西路仅几步之遥。它的门口是一色的清水泥墙面和台阶，推开门，入口处灰色的极大化使用是空间对视觉残留色彩做的清洗，然后以最饱和的视觉去感受内部空间不断变化的色彩，这时，你不得不佩服设计者的创意。☎ 021-62894538

茂名南路酒吧街

●Judy 's Too

面积不大，上下两层，音乐比较火爆，调酒师是一个加拿大人。一楼可以跳舞，夏天大门敞开，二楼则是餐厅。

●SkyBar

是位于黄浦区茂名南路花园饭店33楼（近淮海路）的一间酒吧，也叫空中酒廊，同时也提供一些西式简餐。这里的环境不错，整体以蓝色、白色为基调，窗外的夜景不是很耀眼，比较温馨，晚上还有钢琴演奏。坐在这里，轻柔的吟唱、摇曳的烛光、浩瀚的夜空，让你的思绪也就随之飘起来了，天马行空的畅想，行云流水的回忆，一切都安静下来了。☎021－64151111－5219

●BlueFrog

位于黄浦区茂名南路207号（近复兴中路），听名字，就知道这里是一个很性感的酒吧。来这里，可以享受一个大优惠，即一进门就有免费的5杯饮料。这里的气氛很好，在这里喝喝酒、聊聊天，都是一个不错的选择。☎021－64456634

●1913Pub

位于黄浦区茂名南路112号（近南昌路），这里老式的留声机、明星海报、老式电话、昏暗灯光下服务员的黑色旗袍，都让人仿佛进入了旧时的上海。在这里，吃东西倒不显得那么重要，重要的是那一份心情。

☎021－64725264

咖啡厅

在上海，没有咖啡就等于失去了生活的色彩。这种咖啡文化，已经成为上海人生活中不可缺少的一部分了。蓝山、拿铁、爱尔兰、摩卡、上岛、卡布奇诺等咖啡都颇受大众喜爱，星巴克、上岛、真锅、巴西等咖啡厅在上海也是无处不在。

上海，随处可见依附于建筑物而存在的风格各异、大小不同的咖啡馆，大街小巷、树荫广场、河岸游船、阳台高楼总有着各色

咖啡厅

咖啡厅的影子。夏天，露天的咖啡座更是上海人浪漫生活的写照，花花绿绿的遮阳伞成为点缀繁华大道的独特街景。晚上，在闪烁的灯光下，人也仿佛变得缥缈起来。

●星巴克咖啡新天地店

在上海，一杯名叫星巴克的咖啡，是小资的标志之一。虽然从味道上来讲，星巴克绝不是最好的咖啡，但从价格、方便性来看，星巴克无疑是众多人士的选择。每间星巴克的店面都经过精心的设计，休闲的美式爵士乐、无线上网的便利都让人不得不痴迷。

✉上海市黄浦区太仓路169弄18号楼。☎021－63200137

●汉源书店

汉源书店融书店、艺术品、博物馆与咖啡屋为一体，为喜欢文物的读者提供了一个良好的阅读环境。汉源书店内的畅销书不多，但书籍都是经过精挑细选的，坚持文化品位与艺术气质的融合是这家书店的特色。除此之外，汉源书店还有书店主人出版的各类精美画册。

✉上海市黄浦区绍兴路27号。🚌乘坐955、128、104、41路等公交车可到。☎021－64732526

●老麦咖啡馆

老麦咖啡馆内有木质的窗棂、自制的菜单、涂鸦的留言板、店主世界旅行收集的纪念品、老照片与旧唱片等，这便是老麦所营造的世界。点一杯老麦招牌咖啡，一块提拉米苏，沉醉在老麦营造的世界里，你甚至可以与空气谈恋爱。如果是女孩子的话，一定要尝试下老麦的蓝莓奶昔，确实与众不同，或许你能在其中吃出别样的滋味。✉ 上海市徐汇区桃江路25号甲（桃江路宝庆路路口，近衡山路） ✆ 021-64660753

●小小花园

小小花园有洒满阳光的天井、富有异国风情的欧式复古家具、随意摆放的英文书，桌上每日不同的鲜花，都让人感到一种轻松和惬意。咖啡、Cheese、熔岩巧克力蛋糕、布朗尼，款款都是料足味正，甜得甚至有些腻口，或许这就是幸福的滋味吧。✉ 上海市徐汇区康平路220号（天平路华山路之间） ✆ 021-52582058

●Vienna Cafe

Vienna Cafe的店门是白框木门，让人恍若置身于欧洲的某个街边咖啡小店。店内明亮通透的天井、深褐色的地板和椅子、大理石花纹的小圆桌，还有老远就能闻到的咖啡混合着蛋糕的香气，总是让人如痴如醉。

点一份维也纳风味的巧克力香蕉蛋糕，敦实醇厚，口感层次丰富，甚至能让你在其中品出淡淡的朗姆酒的味道；招牌维也纳咖啡、滚烫的现煮咖啡，拌入巧克力糖浆，最后甩入冰奶油，口味像极了一杯“mocca和latte”的混合体。有奶香亦有巧克力的醇香，未曾入口心已醉。✉ 上海市黄浦区绍兴路25弄2号（近瑞金二路） ✆ 021-64452131

●The Living Room

The Living Room是上海最纯正的英伦下午茶小店，开在华山医院对面，店堂间和普通人家客厅差不多大，但布置很英伦：厚重的实木家具，怀旧而稳重的色调，搭配舒缓优雅的英伦音乐，尽显英伦贵族般的格调。✉ 上海市静安区华山路480号（近乌鲁木齐中路） ✆ 021-62482206

●格子咖啡

格子咖啡藏在弄堂里，仅用一道门，就隔绝了世俗的喧闹。店铺客厅的设计一如老友般亲切——原木的桌椅、柔软的靠垫、旧式的吊扇、舒缓的Bossa Nova和一只常年瞌睡状态的猫咪。咖啡和手工饼干是“午茶时间”的轻松点缀，好喝的咖啡、可以自己动手做的“手工饼干”，都会让你的整个下午过得充实又有收获。✉ 上海市静安区南京西路1025弄162号（近江宁路） ✆ 021-52132139

●马里昂巴咖啡馆

马里昂巴咖啡馆坐落在话剧艺术中心对面，常有话剧界的“名角”与“爱好者”在其中消磨时光。咖啡馆造型走的是英伦风，旧沙发、旧桌子、旧台灯，看似乱乱的，但很有情调。连屋顶都是用旧英文报纸糊的，老式吊灯也给人“摇摇欲坠”的感觉。在微醺的灯光下，时间仿佛要停止了。✉ 上海市徐汇区武康路55号（近安福路） ✆ 021-54042909

●古董花园

古董花园是两层楼的小院，展示着各类

古董，情调特别好，家具也很有特色，窝在二楼的太妃椅中，点一壶茶或是咖啡，昏昏沉沉度过一下午，甚是惬意！ 上海市黄浦区思南路44号甲（近香山路） 021-53821055

●猫与爵士

这家小店完全是由家宅改造而成的，布置井井有条，就连猫舍都布置得很干净、精致。服务员也是"养猫专业户"，会热心地给你介绍每一只猫，和你聊猫的喜好。 上海市长宁区荣华东道79弄马赛花园3号301室（近古北路）。 021-62786377

●Tima Harbour（镇宁店）

TimaHarbour（镇宁店）的法式重乳酪蛋糕无愧"上海第一"乳酪蛋糕之"美誉"，口感细腻浓滑，芝士香流连于唇齿之间，一种触及灵魂的馥郁感觉，幸福，由此而生。除了法式乳酪，大理石蛋糕、提拉米苏、布朗尼和咖啡也值得一试，不妨按个人喜好搭配。 上海市静安区镇宁路11号（近昭化东路）。 021-62258684

品茶

上海是一个茶文化盛行的都市，在这里，连续5年举办了上海国际茶文化节。在上海，茶不仅仅是一种饮品，其丰富多彩、雅俗共赏的茶文化已成为都市文化的一个有机组成部分。

在上海的大街小巷，一个个茶馆、茶坊、茶座、茶室、茶楼、茶亭构成了上海的特色。其中有建于清朝乾隆年间，具有明清风格、古朴典雅的豫园湖心亭茶楼；建于闸北公园内的园林式茶艺馆——宋园茶艺馆；黄浦区少年宫小茶人茶艺馆、井苑茶艺馆、吴越人家和各具特色的北站街道百乐京剧茶座、左江西路街道的聋哑人文化茶座；还有遍布大街小巷的社区服务中心茶座、茶室等。

选一个慵懒的下午，约几位知己一同到茶馆品一杯香茗，聊聊天，寻找一种远离大都市喧嚣的清静。观赏着精致的茶具，感受着古朴中透露出的清雅，呼吸着空气中沁着的茶香。听着室内悠悠的古琴、管箫音乐声，看那一片片茶叶在水中舒展，每一个顾客都仿佛洗去了昨日的喧嚣，心也随之宁静了。

●古典玫瑰园

古典玫瑰园的创始人为著名玫瑰画家黄腾辉，他因热爱玫瑰及英国茶、下午茶、瓷器、玫瑰艺术而创办了这个茶室。走进门，你会发现整个茶馆到处都有玫瑰的踪迹。吊灯上有玫瑰的花纹，每张桌上铺着印有玫瑰图案的桌布，座位上是绣着玫瑰的靠垫，一排错落的大书架上摆放着成套的玫瑰花纹骨瓷茶具。茶馆内的服务员多数是男的，围着苏格兰裙子似的围裙，让人体验到完美的苏格兰风情。这里的水果茶、花茶非常值得一尝。上海的古典玫瑰园主要有两处，一处是正大店，另一处是淮海店。 上海市浦东新区陆家嘴西路168号正大广场1楼（正大店） 乘坐地铁2号线在陆家嘴下车可到，或乘坐123、71、940路等公交车延安东路外滩站下车也可到 021-50473012

茶室

●得和茶馆

得和茶馆极富江南小镇的韵味，走进得和茶馆，好像进入了时空隧道。这里，远离了上海的喧嚣和繁华，让人仿佛置身江南小镇。雕花的红木家具，悦耳的高山流水，清茶的淡香让人感到一种别样的风情。无论是精致小点、干果，还是美味小菜、汤羹，又或者是诱人的蔬果、冷饮，都会令你赞不绝口。上海市黄浦区建国西路135号卢湾体育馆2楼（陕西南路口） 乘坐236、327、42路公交车可到 021-54681117

●雅趣茶道馆

雅趣茶道馆是上海最早的茶道馆之一，它讲究品茗艺术，“泡好每一壶茶”“好茶与您分享”成为雅趣茶道馆的宗旨。另外，“雅趣”注重文化品位，始终与茶文化相结合，体现江南特色。在“雅趣”，不仅能体会到幽雅品茗的休闲氛围，同时也能领略到茶艺、琴艺、花艺、陶艺等相关艺术。上海市浦东新区东方路918号假日酒店对面（东方店） 021-68767305

●圆缘园

圆缘园起源于台湾的泡沫红茶、珍珠奶茶。1995年，圆缘园入驻大陆市场，并于同年在上海成立了管理咨询中心，以专业经营泡沫红茶、珍珠奶茶、中西简餐为主要特色。圆缘园凭借各式唇齿留香的茶饮料、精致营养美味的中西餐点、优质亲切的服务、休闲时尚的饮食环境和物超所值的享受，吸引了无数的顾客。上海市黄浦区西藏中路180号6楼（人民广场店） 021-63504502

豫园湖心亭茶楼

●湖心亭茶楼

湖心亭茶楼为豫园内景之一，参观豫园的同时可到此休闲品茗。湖心亭茶楼楼上供应西湖龙井、铁观音、茉莉银毫等名茶，楼下供应大众化绿茶。另外，每逢周一还有江南丝竹爱好者在此相聚，演奏优雅悦耳的古乐。

●汪怡记茶庄

汪怡记茶庄始建于1880年，是上海百年老店之一，目前在二楼开设了汪怡记茶艺馆。汪怡记茶庄的装饰高雅，具有浓重的华夏气息，摆设了传统的桌椅、茶具，融名茶的销售、品饮、批发和茶艺交流为一体，深受国际茶人的厚爱。“汪怡记”茶叶花色品种之多，为上海之冠。上海市黄浦区金陵中路28号

●宋园茶艺馆

宋园茶艺馆始建于1991年7月，是上海国际茶文化的发祥地和中外茶文化交流活动中心，始终坚持“以茶会友、以友辅仁、以茶兴商、倡导国饮、以茶倡文”，弘扬中华民族茶文化。

宋园茶艺馆相继推出了各具特色的名茶荟萃、茶道献艺、大小会务、知己小聚、古玩欣赏、书画笔会、民乐助兴、棋技、评弹等经营项目，是休闲、娱乐的理想场所。

上海市静安区共和新路1667号

●小茶人茶艺馆

小茶人茶艺馆始建于1994年3月，它在

上海影城咖啡厅

上海乃至全国都享有一定的知名度。是为了在黄浦区青少年活动中心弘扬中华茶文化、培育新一代小茶人而创设的。✉ 上海市黄浦区浙江中路159号

电影院

不论什么年代，电影在上海都是一个不衰的话题，各个有名的电影集团，都会在上海设立电影院。

20世纪30年代，奥登电影院是最豪华的电影院，它既宽敞又华美。在这里人们可以第一时间看到好莱坞的大片，卓别林、格里菲斯等电影大师成为上海人茶余饭后的谈资。同时，上海的电影院也改变了人们的交流方式，成为人们增进感情的场所。

●上海影城

上海影城是沪上首家五星级电影院，也是上海国际电影节的主会场。它是集电影放映、会议、娱乐、书屋、广告、展览为一体的国内最大影城之一。影城内共有9个风格迥异的电影放映厅，拥有最佳声场效果布置的世界顶级JBL单元扬声器和现代化的音视频硬件设施。

✉ 上海市长宁区新华路160号

🚌 乘坐113、506路等公交车幸福村站下车可到

☎ 021-60806088

●万裕国际影城

万裕国际影城是一座设计风格独特、服务设施完善的现代化多厅时尚影院。它有四个风格各异的放映厅，厅内全部采用阶梯式宽排距固定座椅。影城还引进先进的放映、音响设备及电子售票设施，采用国际先进的数码高保真环音系统，其硬件设施达到国际一流标准。在这里，即使是电影尚未开场，就已让你进入状态，仿佛在参加一场神秘而快乐的派对。

✉ 上海市黄浦区淮海中路99号大上海时代广场6楼

🚌 乘坐41、104、955路等公交车淮海中路下可到

☎ 021-63910363

●星美正大影城

星美正大影城是国内首座以埃及文化为主题的影城。置身于星美正大影城，宛如置身于浩瀚的埃及文化海洋之中。另外，影城里还有丰富多彩的电影附加产品，影迷能够在海外大片发行的同时购买到相关的产品。

✉ 上海市浦东新区陆家嘴西路168号正大广场8楼

🚌 乘坐985、85路等公交车陆家嘴地铁站下可到，也可以乘坐地铁2号线陆家嘴下车

☎ 021-50478026

●永华影城

永华影城是一家集多厅式电影放映、娱乐经营项目于一身的综合性现代化影城。永华影城拥有11个放映厅，配置上采用了当今世界上最先进的电影视听设备：低视点、宽视角银幕和SRD、DTS、SDDS等全套高保真音响还原系统。特别是整套引进美国进口立体四维电影的最新设备，以其无与伦比的音响效果，多种特技效果将听觉、视觉、嗅觉、触觉等元素完美地融为一体，其真感实觉让人惊叹不已。

✉ 上海市徐汇区虹桥路1号汇港广场6楼

🚌 乘坐42、920、926路等公交车徐家汇下可到，也可以乘坐地铁1号线徐家汇站下车

☎ 021-64076622

国泰电影院

●国泰电影院

国泰电影院在淮海路、茂名路转角上，是1932年建造的。过去，它曾以优美典雅的建筑造型、专业的放映效果，吸引着无数的上海市民。现在的它，犹如一杯美酒，给年长者老克勒的醇香，给中年者温馨浪漫的回忆，给年少者美轮美奂的享受。

✉ 上海市黄浦区淮海中路870号

🚌 乘坐地铁1号线到陕西南路站下或乘公交96、911、945、926、864路陕西南路站下可到

☎ 021-54042095

●柯达超级电影世界

柯达超级电影世界是亚洲第一家按照美国"电影放映质量认证体系"标准来建设的电影院。电影院由四个电影厅组成，拥有先进的放映系统、数码立体声音响。影院采用八声道环绕立体声设计，音响设计逼近完美。因此在超级电影世界，从一声喘息到飞机的轰鸣，声声入耳。影院所有的扶手都是活动的，所以任何相邻的座位都可以成为亲密的"情侣座"。值得一提的是，超级电影世界的外墙面是由长达100米的电影画面巨幅灯箱装饰的，犹如一幅中外电影的"清明上河图"，它让人还未看电影，就先被笼罩在辉煌瑰丽的电影文化之中了。

✉ 上海市黄浦区淮海中路99号大上海时代广场6楼

🚌 乘坐108、109、112、123等路公交车可到

☎ 021-63910363

上海电影院

●上海电影院

上海电影院隶属于世纪环球院线，拥有三个专业电影放映厅，按国际现代影院的标准设计，高起坡、低视角、宽银幕，并配置了最先进的SRD数码立体声放映设备，逼真地还原音响效果，使人身临其境。另外，上海电影院的票价比较便宜，而且还会放映一些其他影院没有上映的片子，是名副其实的老百姓影院。

上海市徐汇区复兴中路1186号

乘坐地铁1号线陕西南路站下或乘17、41、42、45、96、104、786路等公交车陕西南路站下可到

021-64736057

●环艺电影城

环艺电影城是环艺电影城有限公司在大陆开设的第三家电影城。环艺电影城将现代化、艺术性、娱乐性相结合的多厅影院潮流带入中国，让人有步入纽约或者洛杉矶影院的错觉。影院的大堂装饰大胆而新颖，充分展现主体建筑的空间和光线。令人觉得新颖的是，美食部不仅有爆米花、饮料，还有上海的各种特色小吃。影院内还设有酒吧和咖啡吧，为新潮的朋友们提供休闲的场所。

上海市静安区南京西路1038号梅龙镇广场10楼

乘坐15、20、21、37、109、112路等公交车可到

021-62187109

●UME新天地国际影城

UME新天地国际影城是目前上海最新的顶级影院。影院共有6个大小不等的放映厅，数码放映技术、音响设备均采用最先进的全套高保真音响还原系统，符合国际标准。斥巨资从英国进口的主银幕，使观赏效果达到国际一流。华丽的装潢和先进的设施让观众能够享受到终极的电影体验。

上海市黄浦区兴业路123弄新天地南里6号5楼（新天地广场内）

乘坐802、930路等公交车淮海东路站下可到

021-63733333

剧院、舞厅

艺术在上海不容忽视。这里的人们，为了更好地满足自己对主观缺憾的慰藉需求和情感器官的满足，而创造出了一种瞩目的文化。各种歌剧、音乐剧，就是完美的艺术表现形式，成为人们在日常生活中进行娱乐游戏的一种特殊方式，又是人们进行情感交流的一种重要手段。为了让艺术家们有一个更好的展示舞台，各式各样的剧院、戏院、音乐厅也就应运而生了。

在上海，欣赏歌剧、音乐会的地方多得数不胜数，如上海大剧院、上海音乐厅、兰心大戏院等。这些音乐厅、歌剧院，不仅有华丽的外表、高雅的品位、先进的音响设备、完美的灯光设计，并且能承办歌剧、音乐剧、芭蕾、交响乐、室内乐、话剧、戏曲等各类大型演出和综艺晚会。

●上海音乐厅

原名南京大戏院，位于黄浦区延安东路523号，它作为全国第一座音乐厅，一直是上海音乐活动的中心，历届上海之春音乐节、国际广播音乐节都在此举办。

●兰心大戏院

位于黄浦区茂名南路57号，具有典雅欧式建筑风格的上海兰心大戏院是中国最早的欧洲式剧场，也是上海开埠至今历史最久的剧场之一。

●东方艺术中心

位于浦东区丁香路425号，由法国建筑设计师保罗·安德鲁设计。在浓浓夜幕下，东

方艺术中心宛如一朵白色的莲花，盛开在葱茏的绿树之间，引人遐思。这座位于浦东的艺术殿堂与上海大剧院遥相呼应，构架起一座属于上海的艺术桥梁。

●上海马戏城

位于静安区广中西路288号，有“中国马戏第一城”的美誉，其独特的建筑造型，金灿灿的穹形屋顶，成为上海又一标志性建筑。马戏城由杂技场、排练辅助房、娱乐城、兽房、演员接待中心五大部分组成，是以杂技、马戏表演为主体，融文化、体育、娱乐为一体的综合娱乐艺术场所。

●上海大剧院

位于黄浦区人民大道300号，市中心人民广场，是上海又一个标志性建筑，它使人民广场成为上海名副其实的政治文化中心。大剧场的建设要求极高，音响和灯光设备更具独特性能。音响系统选用美国JBL专业设备，灯光系统采用比利时ADB公司的顶级产品。

●百乐门舞厅

位于静安区愚园路218号，是上海著名的综合性娱乐场所，全称为“百乐门大饭店舞厅”。该娱乐场由杨锡建筑师设计，号称“东方第一乐府”。

戏曲

沪剧

沪剧是上海特有的地方戏剧种，源于上海浦东的民歌东乡调，清末形成上海滩簧，其间受苏州滩簧的影响颇多。后采用文明戏的演出形式，发展成为小型舞台剧“申曲”。1927年以后，申曲开始演出文明戏和时事剧。

上海沪剧院是于1982年1月，在上海沪剧团基础上建立的国家剧院。近年来剧院在促进创作、发展和演出方面不断取得新的成绩。剧院目前下辖一团、青年团和茅善玉艺术制作社等三个演出实体。沪剧院艺术阵容强大，拥有马莉莉、陈瑜、茅善玉等一批在观众中享有盛誉的著名演员。沪剧院创作力量也相当雄厚，有大批具有高级艺术职称，创作经验丰富的编剧、导演、作曲和舞美设计人员。作为全

上海马戏城

国著名的艺术表演团体，上海沪剧院数次赴外演出，还多次进京演出，多次参加在各地举行的全国性会演，扩大了沪剧的影响。剧院创作了《罗汉钱》《姊妹俩》《明月照母心》等一批优秀的沪剧剧目，并在全国戏曲观摩演出等活动中屡受好评，频频获奖。

越剧

中国汉族五大戏曲剧种之一，亦是“全国第二大剧种”。清末起源于浙江嵊县（即古越国所在地，因而得名），由当地民间歌曲发展而成。发展中汲取了昆曲、话剧、绍剧等特色剧种之大成。经历了由男子越剧为主到女子越剧为主的演变。曾称小歌班、的笃班、绍兴戏剧、绍兴文戏、髦儿小歌班、绍剧、嵊剧、剡剧。1925年9月17日，上海《申报》演出广告中首次以“越剧”称此剧种。1938年始，多数戏班、剧团称之为“越剧”。新中国成立后才统一称“越剧”。

滑稽戏

滑稽戏是在抗日战争中期，由上海的曲艺“独角戏”接受了中外喜剧、闹剧和江南各地方戏曲的影响而逐步形成的新兴戏曲剧种。它流行于上海、江苏、浙江的许多地区，受到广大观众的欢迎。

滑稽戏多以上海话作为表现语言，同时大量模仿吴语太湖片方言，偶尔也有对北方话、粤语等其他方言的模仿。表演形式上类似于北方的相声和小品。

著名的滑稽戏演员有王无能、江笑笑、刘春山、严顺开、杨华生、周柏春、姚慕双、王汝刚等。传统的曲目有《哭妙根笃爷》《各地堂倌》《清和桥》《一百零八将》《剃头》《七十二家房客》《白相大世界》等。

戏剧表演

节日和重大活动

民俗活动

名称	举办地	时间
撞龙华晚钟	龙华古寺	每年12月31日晚至次年1月1日凌晨
豫园元宵灯会	豫园商城	每年正月初一至十八
上海龙华庙会	龙华古镇	每年农历三月十五前后

景区节庆

名称	举办地	时间
上海南汇桃花节	南汇	每年三、四月
上海国际花卉节	长风公园	每两年举行一次，在4月份
上海桂花节	漕河泾风景区	每年9～10月
上海旅游节	上海	每年九月第一个周六开始，历时二十余天

其他重大活动

名称	举办地	时间
上海国际茶文化节	静安区	每年4月26日～5月2日
上海国际电影节	上海	每年6月
国际音乐烟火节	浦东世纪公园	每年国庆假日期间
上海奉贤风筝节	奉贤区	每年9月27日～10月6日

索引

我们的理念

做发现者，才能走得更远。发现秀美景色、探寻历史痕迹、体验文化脉络、寻找地理起源等深层次的旅行知识，是我们不停脚步的动力。我们不仅是在做一本旅行指南，能为旅途上的行者做出一部内容丰富、态度严谨、值得边走边读的行囊书，是我们永恒不变的追求。

《发现者旅行指南》编辑部

总 策 划 丁海秀
执行策划 李荣强　安颖侠

项目统筹 周国宝　龚道军
内容编辑 刘　挺　王叶青　方明杨
刘秀红　丁天丰　张文齐
商子微　张亚飞　苏雪莹
沈　皓　魏建飞　张灵燕
许晨晨　杨康健　张　鑫
刘晓璐　刘慧慧　王春雪
刘智勇　李荣强
美术总监 左小文
美术编辑 侯心如　王春晓
图片编辑 朱盼盼　马志鹏
插图绘制 尚祖山　李秋红
排　　版 水长流　赵媛媛

图片提供 微图网　汇图网
中国图库网　全景网
锐景创意　集成图像
站酷海洛　shutterstock
fotoe　dreamstime
孙西国　马林宏　徐　行
高应胜　薛　冬
西部老马　钱多多

出炉过程

在编辑部成员的共同努力下，这套耗时两年有余的旅行指南终得以付梓。其间，我们亲历景点，翻遍资料，只为确保撰写的内容准确有效；我们实地考察，联系景区，只求绘得一幅精美的景区图；我们花尽心思，几易版式，只为呈现出前所未有的阅读体验。如今，这套精心打造的旅行指南，能放到您的行囊或书架，我们深感荣幸。我们期待与您一起走向远方，重新发现旅行的价值。

联系我们

我们的成长需要您的支持。您对本书的每一条意见我们都会珍视。同时也欢迎您与我们一起分享旅游体验，稿件一旦被采用，您将会获取相应稿酬。您可以将意见和稿件投递到我们的邮箱（tepfx@163.com）。

丛书策划　丁海秀
责任编辑　陈凤玲

图书在版编目（CIP）数据

上海 /《发现者旅行指南》编辑部编. -- 北京：旅游教育出版社，2016. 6（2019.8）
（发现者旅行指南）
ISBN 978-7-5637-3374-3

Ⅰ. ①上…　Ⅱ. ①发…　Ⅲ. ①旅游指南—上海市　Ⅳ. ①K928.951

中国版本图书馆CIP数据核字（2016）第082711号

上　海（第2版）

《发现者旅行指南》编辑部 / 编

出版单位　旅游教育出版社
地　　址　北京市朝阳区定福庄南里1号
邮　　编　100024
发行电话　（010）65778403　65728372　65767462（传真）
本社网址　www.tepcb.com
E-mail　tepfx@163.com
印刷单位　北京华联印刷有限公司
经销单位　新华书店
开　　本　905毫米×1100毫米　1/32
印　　张　12
字　　数　412千字
版　　次　2019年8月第2版
印　　次　2019年8月第1次印刷
定　　价　78.00元

特别提醒

本书信息在出版前已经认真核实过。但由于现实发展太快，旅游信息随时可能发生变化，我们无法承诺保证本书信息的准确性和完整性，并只能在法律规定范围内承担责任。如因此给读者带来不便，我们深表遗憾。

中国地图

审图号：GS(2016)1582号